努力让人民群众在每一个司法案件中都能感受到公平正义。

—— 习近平：《在首都各界纪念现行宪法公布施行三十周年大会上的讲话》

（2012 年 12 月 4 日）

法学方法论
前沿问题研究

舒国滢（1962—）

中国政法大学教授，博士生导师，法学院教授委员会主席，德国哥廷根大学访问学者，主要研究方向为法哲学、法美学、法学方法论。著有《在法律的边缘》《法哲学：立场与方法》《法哲学沉思录》，译有《法律智慧警句集》《法律论证理论》《论题学与法学》等。

王夏昊（1970—）

中国政法大学教授，博士生导师，法学院法学方法论研究中心主任，主要研究方向为法哲学与法学方法论。著有《法律规则与法律原则的抵触之解决》《司法公正的技术标准及方法保障》等。

雷　磊（1982—）

中国政法大学教授，博士生导师，德国基尔大学、海德堡大学、瑞士弗里堡大学访问学者，主要研究方向为法哲学与法学方法论。著有《类比法律论证》《规范理论与法律论证》《法律体系、法律方法与法治》《规范、逻辑与法律论证》，译有《像法律人那样思考》《法律逻辑》等。

法学方法论
前沿问题研究

舒国滢

王夏昊

雷　磊

| 著 |

中国政法大学出版社

2020 · 北京

总 序

2017 年 5 月 3 日，习近平总书记考察中国政法大学并发表重要讲话。他指出，全面推进依法治国是一项长期而重大的历史任务，也必然是一场深刻的社会变迁和历史变迁。全面推进依法治国，法治理论是重要引领。办好法学教育，必须坚持中国特色社会主义法治道路，坚持以马克思主义法学思想和中国特色社会主义法治理论为指导。我们要坚持从我国国情出发，正确解读中国现实、回答中国问题，提炼标识学术概念，打造具有中国特色和国际视野的学术话语体系，尽快把我国法学学科体系和教材体系建立起来。加强法学学科建设，要以我为主、兼收并蓄、突出特色。要努力以中国智慧、中国实践为世界法治文明建设做出贡献。希望法学专业广大学生德法兼修、明法笃行，打牢法学知识功底，加强道德养成，培养法治精神。

习近平总书记的重要论述深刻阐释了法治人才培养的重要意义以及法学学科体系建设的突出地位和特殊使命。法治人才培养是法学教育的核心使命，法学教材体系是法学学科体系建设的重要内容。没有科学合理的法治人才培养机制，没有适合我国国情的法学教材体系，没有符合法治规律的法学教育模式，就不可能完成全面推进依法治国的历史重任。大力加强法学教材体系建设是培养高素质法治人才的基础性工作，对于加强法学学科建设，培育社会主义法治文化，坚持和发展中国特色社会主义法治理论，推进国家治理体系和治理能力现代化都具有重要意义。

为了深入贯彻习近平总书记考察中国政法大学时重要讲话精神，创新法学人才培养机制，加强法学教材体系建设、发展中国特色社会主义法治理论，充分利用中国政法大学作为国家法学教育和法治人才培养主力军的地位，发挥中国政法大学法学学科专业齐全、法学师资力量雄厚、法学理论研究创新方面的优势，我们组织专家学者编写了这套中国特色社会主义法治理论系列研究生教材，期待着为建立健全法学学科体系和教材体系贡献尽绵薄之力。

整体而言，这套教材有以下几个鲜明特色：

第一，坚持以中国特色社会主义法治理论为指导。中国特色社会主义法治理论是新时代法治建设的指导思想，也是该套教材编写的理论指导。在教材编写中，我们坚持以中国特色社会主义法治理论为指导，把立德树人、德法兼修作为法学人才培养的目标，努力探索构建立足中国、借鉴国外、挖掘历史、把握当代、关怀人类、面向未来的中国特色社会主义法学学术和话语体系。教材既立足中国，坚持从我国国情实际出发，又注意吸收世界法治文明成果，体现继承性、民族性、原创性、时代性、系统性和专业性，努力打造具有中国特色和国际视野的学术话语体系。努力为培养高素质法治人才提供基本依据，为完善中国特色社会主义法治体系、建设社会主义法治国家提供理论支撑。

第二，坚持反映我国法治实践和法学研究的最新成果。与传统的法学教材相比，这套教材作为"中国特色社会主义法治理论系列研究生教材"，其特色在于"研究生教材"的地位。不同于传统的以本科生为阅读对象、以基本概念和基础法律制度为主要内容的法学教材，这套教材意在提升法学研究生的问题意识和学术创新能力，培养法学研究生的自我学习意识和自我学习能力，反映我国法治实践和法学研究的最新研究成果。可以说，党的十八大以来在科学立法、严格执法、公正司法、全民守法等各方面的理论和实践创新都在这套教材中有所体现。

第三，坚持理论与实践相结合。习近平总书记强调"法学学科是一门实践性很强的学科，法学教育要处理好知识教学和实践教学的关系。"法治是治国理政的基本方式，法律是社会运行的基本依据，法学是社会科学的基本内容。这三个层面都决定了法学是面向社会、面向生活、面向实践的学科。长期以来，法学教育内容与法治实践需求相脱节始终是我国法学教育面临的突出问题。这套教材坚持理论与实践相结合，着力凸显法学学科的实践性，坚持法学教育内容与法治实践需求相结合，在教材中大量反映中国特色社会主义法治实践、社会实践、制度实践的内容，注重引导学生更加关注鲜活的法治实践、社会现实和制度变革。

　　由于能力有限，时间较紧，这套教材肯定还存在不少问题，期待各位专家和读者批评指正。

　　是为序。

　　　　　　　　　　　　　　　　　　　　马怀德

　　　　　　　　　　　　　　　　　中国政法大学校长

目录

CONTENTS

专题八　法律漏洞的填补/ 386

参考文献/ 440

专题一 | # 法学方法论的概念

全面推进依法治国是一个系统工程，是国家治理领域一场广泛而深刻的革命。[1]党的十八届四中全会提出，全面推进依法治国，要实现科学立法、严格执法、公正司法、全民守法，促进国家治理体系和治理能力现代化。十九届四中全会进一步提出要健全公平正义法治保障制度，确保司法公正高效权威，努力让人民群众在每一个司法案件中感受到公平正义。公正司法构成了新时代中国特色社会主义法治建设的重要一环。正如习近平总书记所指出的："公正司法是维护社会公平正义的最后一道防线。"[2]坚持公正司法，既需要优化司法职权配置，规范司法行为，加大司法公开力度，深化司法改革等宏观层面的制度完善，也需要司法裁判的方法、准则等微观层面的技术保障。法学方法论的意旨，正在于通过个案的解决和具体正义的逐步积累，来推进法治的进步。那么，什么是法学方法论？法学方法论的研究对象和任务是什么？它的意义和功能又是什么？

---

〔1〕 参见习近平：《加快建设社会主义法治国家》，载《求是》2015年第1期。

〔2〕 中共中央文献研究室编：《习近平关于全面依法治国论述摘编》，中央文献出版社2015年版，第67页。

一、法学方法论的界定

（一）法学方法论中的"法学"含义

无论在中国还是在西方，"法学"都是一个具有多种意义的概念。所有以法或法律为研究客体的知识体系，都可以被称为"法学"。法学方法论中的"法学"是哪种意义上的"法学"呢？要回答这个问题，我们首先要明白下列问题：通常所谓的"法学"包括了多少种类？这个问题涉及法学的分类问题。拉伦茨指出："时至今日，有一系列不同的学科以法为研究客体，其中最重要的包括法哲学、法理学、法社会学、法史学及法学（＝法教义学）。"[1] 阿尔尼奥认为，法律科学的家族有不同的成员，按照它们对法律兴趣的不同，主要成员有：法教义学、法社会学、法的历史研究和法的比较研究等。[2] 佩岑尼克认为，按照研究的方法不同，法律研究有不同的类型，主要包括：法历史学、法社会学、法和经济学、法哲学和法教义学等。[3] 这些法学家关于法学的分类有以下两方面的共同点：一方面，他们的分类标准是研究者对法或法律的研究视角、兴趣、方法；另一方面，无论他们各自所列举的法学种类有多少种，都有一个共

---

〔1〕 ［德］卡尔·拉伦茨：《法学方法论》，陈爱娥译，商务印书馆2003年版，第72页。在这里，拉伦茨所谓的"法理学"不是中国法学当中所谓的法理学，而是指法理论。

〔2〕 Aulis Aarnio, *Reason and Authority*, Dartmouth Publishing Company, 1997, p. 75.

〔3〕 Aleksander Peczenik, *On Law and Reason*, Kluwer Academic Publishers, 1989, p. 17.

同种类，即法教义学。法学方法论中的"法学"是指法教义学。我国法学界很多人之所以将"法学方法论"称为"法律方法论"，就在于他们不明白法学的这种分类以及法教义学是什么。

毋庸置疑，法教义学（legal dogmatics）是德语国家法学中的一个术语，即"Rechtsdogmatik"。在中国法学界，不同的人对该词有不同的译法，大陆地区的学者一般将其翻译为"法教义学"，[1]部分台湾地区学者将其翻译为"法律信条论"，[2]还有的学者将其翻译为"法释义学"。[3]这些不同的译法就说明，不同的人对法教义学有不同的理解。那么，到底何谓法教义学呢？

考夫曼认为：教义学，依康德的意思，认为对于本身之能力不予预先批判的纯粹理性的独断手续的教义学者，通常从一个前提出发，即对一件事物不加考虑，而以预先赋予的真理加以接受。法教义学家通常不提出疑问，即法律究竟是什么？法律的认识是不是存在？在何种范围以何种方式存在？不过这并不意味着法教义学是在毫无批判的情况下进行的，法教义学在进行批判性的研究时是从体制内部的问题进行论证，而不及于现行体制之是非上着眼。[4]那么，法教义学对于那个预先赋予的真理加以接受的前提是什么呢？它就是，特定国家现行有效

---

〔1〕［德］阿图尔·考夫曼、温弗里德·哈斯默尔主编：《当代法哲学和法律理论导论》，郑永流译，法律出版社2002年版，第4页。

〔2〕［德］亚图·考夫曼：《法律哲学》，刘幸义等译，五南图书出版公司2000年版，第12页。

〔3〕颜厥安：《规范、论证与行动——法认识论论文集》，元照出版公司2004年版，第26页。

〔4〕［德］亚图·考夫曼：《法律哲学》，刘幸义等译，五南图书出版公司2000年版，第12页。

的实在法。这就意味着，法教义学将特定国家现行有效的实在法作为其不容怀疑的合理的研究前提或研究对象。正如拉伦茨所说："法学（法教义学——引者注）不想转变成一种或者以自然法，或者以历史哲学，或者以社会哲学为根据的理论，而想维持其法学的角色，它就必须假定现行法秩序大体看来是合理的。"[1]既然法教义学将特定国家现行有效的实在法作为预先接受的合理的研究前提和研究对象，那么，法教义学者为什么还要研究现行有效的实在法呢？法教义学的研究内容或任务是什么呢？

任何特定国家的现行有效的实在法，都是被规定在该国家的不同国家机关所制定或发布的无数法律文件之中的，例如制定法和判例。这些法律文件都是用日常语言表达的，而日常语言与其所表达的意义之间并不是完全固定的一一对应关系。这就导致了下列问题：特定国家现行有效的实在法的意义是什么？或者说，它们的内容是什么？这就需要对特定国家的现行有效的实在法进行诠释或解释，从而揭示和说明现行有效的实在法的意义或内容是什么。这就是法教义学的研究任务之一。作为一种科学或学科，法教义学不仅仅诠释或解释法律的意义或内容，即生产关于法律的信息；而且，还要将其诠释或解释的法律的意义或内容体系化。这样，法教义学的研究任务可以用两个词予以标示：解释（interpret）和体系化（systematize）。以解释为焦点的法教义学可称为实践（务）的法教义学，而以体系化为焦点的法教义学也可称为理论的法教义学。[2]法教义学的

---

〔1〕 ［德］卡尔·拉伦茨：《法学方法论》，陈爱娥译，商务印书馆 2003 年版，第 77 页。

〔2〕 Aulis Aarnio, *Reason and Authority*, Dartmouth Publishing Company, 1997, p. 75.

实践部分与理论部分即解释与体系化是相互作用的。每一个法律解释都是在一定的理论即概念框架下被生产的，而这个理论或概念框架是由理论法教义学所阐述的。在疑难案件的情形中，这个概念框架并不能给一个可接受的解释结果提供支持，这就需要更仔细地重新确定必要的概念背景。另外，一个新的概念框架一般会导致一系列新的实践解释。如果没有关于法律规范的详细且大量的知识，法律的体系化就不可能完成。相反，每一个法律解释结果都必须在一定的体系框架中被实现。总之，体系化和解释共同作用的结果是法体系，而该法体系为每一个法律解释方法（interpretative approach）提供了必要的概念框架。[1]

在各种各样关于法律的研究中，法教义学是一种最古老的法律研究。在欧洲大陆，它的历史与欧洲大学的历史一样长。欧洲大学的历史开端于意大利的博洛尼亚大学，该大学对法律的研究事实上就是对罗马法的研究或解释。法教义学的许多概念、思想工具都来自于罗马法。在这个意义上，法教义学与罗马人所创立的法学即"Jurisprudentia"是一脉相承的。[2]前述的其他法律研究，大多都是在19世纪之后产生的。法教义学与其他法律研究之间的区别何在呢？根据前述关于它们之间的分类标准，它们之间的区别主要在于其各自对法律的研究方法和研究兴趣不同。

法社会学的知识兴趣不是有效的法律规范的内容，而是法律社会中行为的规律性或不变性，因此，它的研究对象是人的

---

〔1〕 Aulis Aarnio, *Essays on the Doctrinal Study of Law*, Springer Publisher, 2011, pp. 184, 195.

〔2〕 法教义学的历史及其与罗马法学的关系，参见舒国滢：《罗马法学成长中的方法论因素》，载《比较法研究》2013年第1期。

法律行为和作为指导行为的因素的法律规范。它研究法律所运用的方法是经验的社会科学的方法，如统计方法。它与法教义学的区别在于，前者属于经验科学，后者属于诠释学。法教义学虽然在解释有效的法律规范的过程中可能运用法社会学所提供的事实，但是解释本身具有非经验的性质。[1]法史学的知识兴趣是历史上或过去的有效的法律规范的内容，因此，它的研究对象是过去时代的法律。它研究法律所运用的方法是历史学的方法，或描述或解释（explain）。法史学或解释因果关系或解释意图。它既可研究单个的现象如某个法律规范的历史，也可研究法律制度，亦可研究事件。法教义学和法史学在方法上的区别不是决定性的。因为两者都要运用法的渊源解释法律文本，其不同在于论证或推理的过程中所使用的材料。法史学只运用它感兴趣的那个时代的有效的法的渊源。它首要的兴趣不在于按照一定的法律论证或法律推理的原则运用法的渊源，也就是说，它的研究目的不在于为解决案件提供一个正当的法律决定，而在于过去的社会规律或制度变化。[2]比较法学研究的对象是外国的法律，而法教义学研究的对象是特定国家的现行有效的法律。前者运用的研究方法主要是解释方法，辅助的方法是经验方法和历史方法。因此，这两者的主要区别不在于研究方法而在于研究对象。[3]法教义学与法哲学的最主要区别在于，前

---

〔1〕 法教义学与法社会学之间的关系，参见 Aulis Aarnio, *Essays on the Doctrinal Study of Law*, Springer Publisher, 2011, 以及 Aulis Aarnio, *Reason and Authority*, Dartmouth Publishing Company, 1997, pp. 75 – 76.

〔2〕 法教义学与法史学之间的关系，参见 Aulis Aarnio, *Reason and Authority*, Dartmouth Publishing Company, 1997, pp. 76 – 77.

〔3〕 法教义学与比较法学之间的关系，参见 Aulis Aarnio, *Reason and Authority*, Dartmouth Publishing Company, 1997, pp. 77 – 78.

者是以特定国家的现行有效的实在法为其前提，而后者则超越特定国家的实在法。也就是说，法教义学不逾越现行法，是在体制内批判现行法；而法哲学不局限于现行法的范围，是对现行法采取超越体制的立场，以哲学的方式反思、讨论法律的根本问题或根本难题，它仅对现行法有关价值（正面价值）与负价（负面价值）感兴趣。[1]但是，任何法教义学都要预设一定的法哲学；同时，法教义学也不是片面地从属于特定的法哲学，对其也有一定的促进作用。[2]

与其他的法律研究相比较，法教义学的典型性质是以特定国家的现行有效的实在法为其研究对象，生产关于实在法的意义或内容，并将其体系化。在这个意义上，法教义学是一个实践或实务（practical）领域，或者说，是一种接近于实践的研究。从这个社会实践中，我们获得了关于根据特定法秩序的信念是什么的内容。[3]这样，有人就可能提出下列问题：法教义学与法律实践或实务之间的关系是什么呢？最典型的法律实践或实务是司法裁判或法官作法律决定。因此，前述的问题就可以转换成下列问题：法教义学与司法裁判或法官作法律决定之间的关系是什么呢？在逻辑上，法官针对特定案件作法律决定可以分为三个步骤：确定特定案件的事实；厘清法律规范的内容；将事实与规范联结到一起。但是，事实上，法官作法律决

---

〔1〕［德］亚图·考夫曼：《法律哲学》，刘幸义等译，五南图书出版公司2000年版，第7~8页。

〔2〕法教义学与法哲学之间的相互关系，参见［德］卡尔·拉伦茨：《法学方法论》，陈爱娥译，商务印书馆2003年版，第120~121页。

〔3〕Aulis Aarnio, *Essays on the Doctrinal Study of Law*, Springer Publisher, 2011, p. 195.

定并不是这三个步骤先后相继的过程。事实的确定离不开法律规范内容的厘清，法律规范内容的厘清离不开案件事实的确定。法律规范的内容作为法官的"前知识"，像一面镜子，他或她通过这个镜子必然地考量证据的证明。因此，法官作法律决定必须解释特定国家的实在法。这就意味着，无论是法教义学还是法官在各自的实践中都必须解释法律。在这个方面，他们具有相似的内在视角，即认识论上的内在视角。[1]法官作法律决定不仅离不开法教义学对实在法的解释，而且必然和必须利用法教义学的理论部分即法体系。原因在于，确认司法问题的规范维度与事实维度，即解释的基本功能，必然是在目前被接受的法体系所提供的认知背景中发生的，只有在一定的法体系之中，法官才可能确认将要解决的正确问题以及法律决定所需要的法律解释结果。对于法官发现待决案件属于哪一个具体法律规范，仅仅有法体系是不充分的，但是，法体系为司法问题的解决提供了不可或缺的理论背景。[2]总而言之，法官作法律决定既离不开实务法教义学也离不开理论法教义学。从法教义学的角度看，法教义学家必须像法官一样论证他的观点。如果他使用了其所属法律职业共同体不熟悉、不了解的法律解释方法，如果他所运用的论据与其所述的法律职业共同体所接受的有效论据不相容，那么，他的结论要么作为非法律的结论，要么作为被拒绝的法律结论。因此，法教义学家必须运用与法官相同的法的渊源，也必须使用与法官相同的方法论规则。只有在这些前

---

〔1〕 Aulis Aarnio, *The Rational as Reasonable*, D. Reidel Publishing Company, 1986, pp. 9 – 10.

〔2〕 Aulis Aarnio, *Essays on the Doctrinal Study of Law*, Springer Publisher, 2011, p. 183.

提条件下，法教义学才能向法律职业共同体提供关于有效实在法的内容或信息。[1]

法教义学不仅与司法裁判紧密相关，而且与立法紧密相关。立法者需要了解、掌握立法所涉及事项的社会事实情况及其所要达成的目标或目的，因此，首先需要经验性的社会调查、医学、生物学、心理学或其他经验科学的帮助。在这些经验科学的帮助下，立法者才能明白：被建议的规定方式在不同的社会事实领域中将发生何等影响，以及在该当事物范围究竟有哪些可供选择的做法、哪些可供选择的手段、其各自的优缺点如何。这只是立法工作的第一步。立法者要完成立法工作还必须将这些必要的资料、经验素材转化为法律方案，将已经获得的目的观念转化为可资利用的规范，而且必须将这些规范纳入现行有效的实在法秩序的范畴内，使之成为该法秩序的一部分，必须符合宪法，符合宪法基础的价值原则，并且与主导宪法的社会观相一致。[2]这样，立法者的立法工作就离不开法教义学所提供的概念、基本法律结构、价值预设和理念预设。在这个意义上，立法并不是从无开始的，每一次新的立法仅仅是改变、补充或厘清旧的东西，以前体系化的立法是作为新的立法的工作框架而存在，每一次立法草案的起草者都从法教义学获得其基本的概念。[3]拉伦茨将法教义学在立法工作中的作用归纳为以

---

〔1〕 Aulis Aarnio, *The Rational as Reasonable*, D. Reidel Publishing Company, 1986, p. 16.

〔2〕 ［德］卡尔·拉伦茨：《法学方法论》，陈爱娥译，商务印书馆2003年版，第76～77页。

〔3〕 Aulis Aarnio, *Essays on the Doctrinal Study of Law*, Springer Publisher, 2011, pp. 180 – 181.

下三点：其一，法教义学将待决的立法任务当作法律问题清楚地显现出来，并指出因此将要产生的牵连情事。其二，法教义学必须与其他科学，尤其是经验的法社会学合作，研拟出与现行实在法体系相配合的解决建议，作为立法者选择的方案。其三，法教义学必须在起草技术上提供帮助。[1]总而言之，法教义学绝对不只是司法裁判之学，也必须参与到立法实务之中；反之，立法实务也离不开法教义学。

前述的内容说明，法教义学必然地参与到包括了立法与司法的法律实践或实务之中，法律实践或法律实务必然且必须地预设并运用法教义学的知识、概念与原理。与司法和立法一样，法教义学参与到了法律的社会动力之中。在这个意义上，德国法学家恩吉施（Karl Engisch）说，法教义学"不是陪伴法律和随法律而行，而是可以在法律之中和根据法律共创法律本身和生活"。[2]更为重要的是，正如前述，法教义学本身是一种社会实践。通过这个实践，我们了解了我们所属国家现行有效的实在法的内容或意义是什么。每一个社会都存在着下列的需要：了解或知道现行有效的实在法的内容。对于这种知识，不仅法官、立法者、行政官员、律师需要，普通公民也需要。只要这个需要——人们关于现行有效的实在法的内容的问题——存在，法教义学就存在，即使特定国家不存在"法教义学"这个术语或名字。这就是说，只要存在法教义学存在的条件，作为生产或提供实在法的意义或内容的法教义学就存在，只不过那些从事

---

〔1〕［德］卡尔·拉伦茨：《法学方法论》，陈爱娥译，商务印书馆2003年版，第114页。

〔2〕［德］卡尔·恩吉施：《法律思维导论》，郑永流译，法律出版社2004年版，第3页。

这种活动的人没有使用"法教义学"的名字而已。正如一位美国法学家指出：欧洲大陆法学家所做的法教义学研究在美国也存在。那些努力将某个部门法体系化而且做原理研究的法学学者就是在从事法教义学研究，只不过，他们不知道他们正在从事法教义学的研究。[1]只要一个国家存在现行有效的实在法，只要存在人们需要了解或知道现行有效实在法的内容或意义的条件，这个国家就存在法教义学。在这个意义上，我们可以说，法教义学广泛地存在于世界各个国家。在历史上，存在着法教义学的地方，不一定存在着法社会学、法经济学或其他法律科学。但反过来说，存在着法社会学、法经济学或其他法律科学的地方，一定存在着法教义学。前者的例子是古罗马、中国传统社会，后者的例子是现今世界上的各个国家。

（二）法学方法论的界定

无论人们对科学有多么不同的看法，都不能否认下列命题：每一门科学或研究都必须具有某种方法，各种各样的方法虚无主义都使科学或科学商谈成为不可能。因此，方法是科学的重要标准之一。在这个意义上，我们可以说，没有方法就没有科学。方法的核心特征之一是有组织的怀疑主义。如果没有怀疑主义，就没有知识；但是，如果没有被组织起来，怀疑主义就仅仅成为与偶然的好奇相关的东西。无论怀疑主义与有组织的研究活动之间的关系如何，怀疑主义都不足以构成科学的标准，除非方法能够保证对科学研究过程以及作为这种研究过程所取

---

〔1〕 Golding, "My Philosophy of Law", in Luc J. Wintgens (eds.), *The Law in Philosophical Perspectives*, Dordrecht Cluwer Academic Publisher, 1999, p. 47.

得的结果即命题的控制。[1]那么，现在的问题是，每门科学的方法能否以及在多大程度上保证这个控制呢？这就需要对每门科学所必然要求的方法作出陈述和反思。这就是所谓的方法论。因此，每门科学的理论都有自己的方法论。法教义学作为一门法学学科有自己的方法，其他法学学科也各有自己的方法。正如拉伦茨所说："法史学家只能运用历史学的方法，法社会学家则应用社会学的方法，而法律家作为法律家而非法史学家或法社会学家时，亦须运用法学（法教义学——引者注）的方法。"[2]既然法教义学有其自己的方法，那么，我们所谓的法学方法论就是指对法教义学方法的陈述与反思。因为方法是对研究过程及通过该过程所取得的结果的反思，所以，方法论不仅仅是对方法本身的陈述与反思，还包括对每门科学本身进行的情况、思考方式、所利用的认识手段的反思。[3]

既然法学方法论是对法学方法的陈述与反思，那么，何谓法学方法呢？我们尝试着将其定义为法律人在了解、认识并运用特定国家现行有效的实在法的内容或意义的过程中必须遵循的一系列标准和规则。为了更准确地理解这个定义，我们需要把握以下几个方面：

首先，法学方法的主体是法律人。按照一般观点，法律人可分为实务法律人（practical lawyer）和学院法律人（academic

---

〔1〕 科学与方法之间关系的具体论述，请参见 Aulis Aarnio, *Essays on the Doctrinal Study of Law*, Springer Publisher, 2011, pp. 74 – 75.

〔2〕 ［德］卡尔·拉伦茨：《法学方法论》，陈爱娥译，商务印书馆2003年版，第74页。

〔3〕 ［德］卡尔·拉伦茨：《法学方法论》，陈爱娥译，商务印书馆2003年版，第119页。

lawyer)。前者主要包括法官、检察官、律师、立法工作者等，后者主要是指法学研究者或称法（教义）学家。在所有法律人的工作中，法官的裁判工作占据了主导地位。一方面是因为立法者的工作并不是目的，立法的目的在于适用法律，在于法律的实施；而且从诠释学的眼光看，"法律最终是什么"是在法官的判决中体现出来的。另一方面，无论是检察官、律师、法学家，还是关心法体系的公民，当他们对其所属的法体系的特定内容提出支持或反对论据时，他们最终还是会诉诸一个想要作出正确决定的法官必须如何判决。[1]

其次，法学方法属于诠释学的方法而非经验科学的方法。无论是法教义学家还是实务法律人，他们的工作都是探讨其所属国家的现行有效实在法的内容或意义是什么，这些内容或意义既不能通过实验过程中的观察，也不能通过测量或计算来获得，只能通过理解和解释来获得。因此，法律人关于现行有效实在法的内容或意义的陈述，并不是关于可观察的、通过观察及实验可予以证实的事实的陈述。但是，这并不意味着法律人在工作中不处理或不涉及外观上可观察的情事。相反，法律人提出法律问题都是针对外观上可观察的情事而提出的。但是，法律人最终关注的不是该当情事自身而是该当情事的法律意义。[2]对现行有效实在法的意义的了解、认识、获得及运用，不属于经验科学的活动而是诠释学活动。法学方法就是要控制法律人对其所属国家现行有效实在法的意义的了解、认识和运

---

〔1〕 ［德］罗伯·阿列西：《法概念与法效力》，王鹏翔译，五南图书出版公司2013年版，第42页。

〔2〕 ［德］卡尔·拉伦茨：《法学方法论》，陈爱娥译，商务印书馆2003年版，第114页。

用的活动，从而保证法学达成其认识目标及其实务上的任务。因此，法学方法属于诠释学的方法。

最后，法学方法是关于法律推理或论证（method of legal reasoning）的方法，其本质是商谈的或论证的。法学属于诠释学的家族，它在这个家族中有其特殊的位置。法律人的工作，无论法教义学家还是实务法律人，他们都在生产或提出令人信服的推理或论证。[1]原因在于，法律人了解、认识现行有效实在法的内容或意义所获得的命题是实践命题或规范命题，即关于人们行动的必须、禁止或可以的命题。与事实命题或描述命题不同，实践命题或规范命题的真值不是"真或假"的问题，而是"正当或不正当"的问题。"真或假"的问题是一个非此即彼的问题，也就是说，就一个事实命题或描述命题而言，其要么真要么假。"正当或不正当"的问题是一个程度问题，也就是说，就一个实践命题或规范命题而言，它的正当或不正当都是相对的，需要特定理由来支持，而支持是有程度大小的。因此，对于特定实践命题或规范命题的证成，证成者都是以一定的理由来说服人们在理性上接受该命题。这就意味着，法学方法在本质上是商谈或论证的。

正如前述，法学方法属于诠释学的方法，那么，法学方法论与诠释学之间的关系是什么呢？要回答这个问题，我们首先要回答下列问题：法学方法论与法学即法教义学之间的关系是什么？原因在于：一方面，法学方法论是对法学方法的陈述与反思，而不是对其他科学或学科的方法的反思；另一方面，法

---

[1] Aulis Aarnio, *Essays on the Doctrinal Study of Law*, Springer Publisher, 2011, p. 193.

学本身也属于诠释学家族。前述的两个问题可以转换为下列的
三元关系：法学方法论与法学（如果没有特殊指出，下文中的
法学仅指法教义学）、诠释学之间的关系。法学方法论是对法学
方法的陈述和反思，而法学总是要根据特定国家的实在法的一
种制度化学问或学术。因此，如果说法学方法论是特定法学的
方法论，那么在一定程度上，它也是特定法体系的方法论。这
就意味着，法学方法论必须与法学本身密切相关，伴随着或紧
随法学而进行，而且不能完全不顾作为特定法学基础的特定国
家的现行有效实在法的实际状况。但是，这并不意味着法学方
法论属于法学，或者说，就法学而言，方法论不具有一定的独
立性。质言之，法学方法论相对于法学具有独立性。如果法学
方法论不与法学保持一定的距离，它就不可能对法学及其方法
进行反思了。法学方法论不仅仅是陈述法学方法，更为重要的
是，它要追问下列问题：对于法律人来说，在什么时间和什么
条件下对现行有效实在法的解释及其运用是正当的？特定法学
的价值及其可能的成效如何？在这个意义上，法学方法论在根
本上不是"描述的"而是"规范的"。问题在于，法学方法论
对法学及其方法进行反思的标准何在呢？正如前述，法学方法
是了解、认识及运用特定国家实在法的意义及其关联的方法，
因此，法学方法论探讨的是理解、解释及运用实在法的意义及
其关联的特殊方式。这样，法学方法论就与一般的诠释学取得
了联系，就与法学及其所属的法秩序保持了一定的独立性，就
能够对法学方法提出批判性的标准。这就意味着，法学方法论的
特征在于，以诠释学的眼光对法学进行反省。既然法学方法论是
以诠释学为基础，从诠释学的角度反思和批判法学及其方法，那
么，前者是否完全可以被后者吸收呢？答案是否定的。原因在于：

一方面，正如前述，虽然法学属于诠释学家族，但它有其特殊的地位，不仅仅在于它独特的研究客体，而且在于它有特殊的思考方式与方法；另一方面，虽然诠释学的认识可以改变法学上的自明之理，但是它也可以从法学运用的方法中取得新的认识与知识。总之，法学方法论既与法学紧密相关也与诠释学取得了联系，但它既不能被诠释学也不能被法学完全吸收，它是诠释学与法学之间的媒介，既不能归于前者也不能归于后者。[1]

法学方法论既不能算法学的一部分也不能算诠释学的一部分，那么，它应该属于谁的一部分呢？我们认为，法学方法论属于法理学或法理论（在此，我们不对法理学与法理论作出区分）的一部分。这个观点本身就意味着法理学可以被区分为不同的部分。与所有的科学理论一样，[2]法理学大致上包括：①法概念论或法的存在论，主要论述法律体系中的共同概念及它们之间的逻辑关系、法的本质以及与此相关联的法的效力根据等问题。②法的认识论与方法论，前者探讨的是我们能否获得对现行有效实在法的认识或知识，以及何种意义上的知识，涉及法学是否是科学的问题；后者探讨的是我们按照什么方法获得对实在法的认识或知识，这些方法的价值与成效如何；它们探讨的核心问题——法律人（包括学院法律人和实务法律人）在解决具体法律问题的过程中如何认识和确定"法是什么"的问

---

〔1〕 法学方法论与法学及诠释学之间关系的具体论述，参见［德］卡尔·拉伦茨：《法学方法论》，陈爱娥译，商务印书馆 2003 年版，第 120~123 页。

〔2〕 一般来说，任何科学理论都要完成下列任务：①概念假设；②事实假设；③存在论假设；④认识论假设；⑤方法论假设；⑥与价值有关的假设；⑦形而上学的假设。Aulis Aarnio, *Essays on the Doctrinal Study of Law*, Springer Publisher, 2011, pp. 76 –77.

题。③法的价值论，主要讨论法律价值的概念、具体内容及其位阶问题。④法的社会结构论，主要讨论法所涉及的社会组织及其关系，如家庭、国家、市场等。[1]这样，我们要想明白法学方法论是什么，就必须明白它与其他法理学部分之间的关系。

法学方法论离不开一定的法的存在论的预设。虽然法学方法论是以特定国家的实在法体系为其工作前提，或者是以假设该实在法大体上是合理的为其前提，总是一种体制内的思考，但它的最终问题还是如何适当地认识"法"这个事物。而"法"这个事物的问题却是法哲学要而且有能力回答的，然则法学方法论不能也不必要回答。[2]任何一种法学方法论都有与其相对应的法的存在论。正如麦考密克所说："任何关于法律推理的阐述都要假设有法的本质。"[3]但这并不是说，"法学方法论就必须片面地从属于特定的法哲学前提（这里的法哲学就相当于我们所说的法的存在论——引者注）"。[4]而且，法学方法论对法的存在论有反作用。正如拉伦茨所说："所有规则必然需要解释，都有漏洞，在很大程度上需要具体化，这些方法上的认识也可以质疑某些法哲学的立场，例如纯粹的法律实证主义或静态的自然法思想。"[5]或者说，"有关法的本质的理论能够

---

〔1〕 法理学的概念以及体系或结构的具体论述，参见颜厥安：《法与实践理性》，中国政法大学出版社 2003 年版，第 20、324～327 页。

〔2〕 ［德］卡尔·拉伦茨：《法学方法论》，陈爱娥译，商务印书馆 2003 年版，第 120 页。

〔3〕 Neil MacCormick, *Legal Reasoning and Legal Theory*, Oxford University Press, 1978, p. 129.

〔4〕 ［德］卡尔·拉伦茨：《法学方法论》，陈爱娥译，商务印书馆 2003 年版，第 120～121 页。

〔5〕 ［德］卡尔·拉伦茨：《法学方法论》，陈爱娥译，商务印书馆 2003 年版，第 121 页。

根据它们在与法律推理的关系中的含义被检测"。[1]总之，法哲学或法的存在论是被作为关于形而上学和价值的问题，即关于法的非技术要素的问题，是从一个形而上的法律视角出发的，目标在于以一个关于世界的整体视角理解法律。相反，一般理论是将法律作为一个技术问题（discipline）进行处理的，主要包括在法律的目标和功能的维度下处理法律的规范结构，法律思维的结构、方法和程序。既然这两部分是关于法律知识自身不可分离的部分，那么，法的认识论就非常难以将两者分离开来。[2]

法学方法论必然关联到法的价值论。正如前述，法规范和法律活动中均包含有价值判断的因素，因此，法学本身是一种价值导向的思考方式；那么，法学方法中就必然地包含了有关价值导向思考的一些方法，作为对法学方法进行反思的法学方法论就必然对这些方法进行研究，除非否定人的理性能够对价值判断作合理的论证。任何一个法律人面对具体的个案纠纷，实质上就是面对不同价值之间的冲突问题。那么，他或她如何作一个合理的判断即如何获致一个正当的法律决定？这是现代法学方法论的中心问题。这就必然涉及法的价值论的核心问题——何谓正义。因此，如果一个合格的法律人没有对法的价值的内容及其位阶适切的认识和理解，也就不可能作出所谓的正当法律决定。正如法学方法论对法的存在论有反作用，法学方法论对法的价值论也会产生一定的影响。众所周知，人们关

---

〔1〕 Neil MacCormick, *Legal Reasoning and Legal Theory*, Oxford University Press, 1978, p. 129.

〔2〕 Geoffrey Samuel, *Epistemology and Method in Law*, Ashgate Publishing, 2003, p. 20.

于法的价值的陈述往往是一些形式化或普遍化的陈述，其丰富的内涵只有在具体的情景之中或事例之中才能显现出来；而且随着时间的推移或历史运动，它的内涵会不断地丰富和具体，这样的过程对作为历史存在着的有理性的人来说，永远是一个未完成的过程。也就是说，有关价值的问题永远是开放的，即永远没有一个最终的放之四海而皆准的答案。质言之，人永远走在朝向正义的途中。如果说人类的价值经验或体验凝结在其所属的共同体的语言中，我们就可以理解海德格尔的话——人类走在语言的途中。这样，我们通过法学方法论，就可以不断地补充我们对法的价值的陈述，就可以不断地充盈我们价值判断的经验与方法，就可以不断地校正或修正我们对价值内容位阶的认识。正如科殷（Helmut Coing）所说："各种社会道德的价值是可能作明确规定的，它们意味着在某些特定的生活情景中的某一种被设想为典范的行为。那么，此时，关于某一种特定的行为的某一种价值判断就会产生，因此，我们就用那样典范的行为举止来衡量它，与它比较，把它归纳到在价值规定的理想的行为举止里……倘若涉及的情景与此不切合，那么将可能通过类比法推论来建立同某一种特定价值的关系。就此而言，伦理学的思维就如法学的思维一样，是一个案例一个案例地逐渐进步的……在作伦理判断之时，详细查明和分析客观实际的状况、事实，这在很大程度上发挥着某种作用。"[1]

　　法学方法论必然涉及法的社会结构论。如果有人认为法学方法论是有关方法的研究，而方法属于形式的范畴，因此，法学方法论的研究不会涉及实质内容——如国家机关之间权力分

---

〔1〕　[德] H. 科殷：《法哲学》，林荣远译，华夏出版社 2002 年版，第 94 页。

配问题——也是错误的。因为从来就不存在无形式的内容，也不存在无内容的形式。举例来说，法学方法论研究的主要内容之一即法律解释方法的研究，表面上看，有关这方面的研究好似只是一个关于技术或技巧或价值中立的研究；而实质上，主张或采取的法律解释方法不同，就会涉及国家机关之间权力的分配问题。如果强调法官只能按照语义学解释的方法适用法律而反对客观目的解释的方法，就意味着司法机关只是立法机关的"嘴巴"，甚至是一个附庸。这样产生的问题是，司法独立体现在何处？权力制衡，即司法权对立法权的制约体现在何处？如果认为法官应按照客观目的的解释方法适用法律而反对历史解释和语义学解释的方法，就意味着主张"只有司法裁判才真正决定，在今日什么是合法的，什么是今天真正有效的法律内容"。这样产生的问题是：法官依据宪法应受法和法律约束的原则体现在何处？三权分立体制中的立法权是人民意志的体现的原则就很难实现了。正如拉伦茨所说："民主法治国的基本规定之一就完全落空了，而借法律以保障标准一致的作用，也就完全不可能达成了，由是法的安定性亦受到严重的损害。"[1]总之，法律解释方法或规则的选择问题不仅关涉到技巧（technique）的问题，而且涉及更为基本的问题即权力分立和法治的问题。它也会产生以下的问题：人们如何会知道法官是在执行立法的目的而不是使法律成为（人们所认为的）公共利益的体现？[2]

---

〔1〕［德］卡尔·拉伦茨：《法学方法论》，陈爱娥译，商务印书馆2003年版，第34页。

〔2〕J. W. Harris, *Legal Philosophies*, London Butterworths, 1980, p. 153.

二、法学方法论的研究对象与任务

(一) 法学方法论的研究对象

正如前述，法学方法是关于法律推理或论证的方法，因此，法学方法论的研究对象与范围取决于人们对法律推理或论证的性质和过程的理解和认识。法律人包括学院法律人的工作，都是以特定国家现行有效的实在法为出发点或起点的。无论是制定法和判例还是其他所谓的法的渊源，它们都是用语言表达的。正如前述，法律人工作的核心之一是对实在法意义的解释。而表达实在法的语言往往有多种意义，也就是说，法律人关于实在法的解释有多种选择。对于法律人的工作来说，语言的多种意义或解释的多种选择在逻辑层面有以下三个层面：①语义学上多种可能的意义；②法律上多种可能的意义；③语境中多种可能的意义。第一层面的意义包括了所有在我们关于词汇的理解的基础上所承认的意义，有些意义很少使用于法律之中。第二层面的意义是特定国家实在法秩序所允许的意义，也就是说，实在法秩序总是指示出语言表达的某种使用界限。第三层面的意义是指，表达实在法的语言在特定语境中的意义。在简单案件中，单一的语境意义是可能的；但在疑难案件中，法律人常常面对多种语境意义，他们工作的任务就是要在这多种意义中选择一个意义或解释。[1]这三个层面的区分是逻辑上的区分，

---

〔1〕 Aulis Aarnio, *Essays on the Doctrinal Study of Law*, Springer Publisher, 2011, p. 132.

而且是层层限制的关系，即第二层面是对第一层面的意义范围的限制，第三层面是对第二层面的意义范围的限制。但是，法律人实际工作的焦点往往在于第三层面。对于法律人来说，第三层面所谓的语境意义是指表达实在法的语言在案件事实的情境中的意义。这就意味：一方面，法律人解释表达实在法语言的意义总是要针对案件事实，即使学院法律人不将实在法适用于实际案件，但他总是要筹划出实在法所包括的典型案件；另一方面，法律人要针对案件事实或在一定语境中选择一个意义或解释，而且无论法官还是学院法律人，都要选择一个正确或正当的意义或解释。

正如前述，法律人的核心工作是解释特定国家现行有效实在法的意义。哪些文本或资料属于现行有效实在法呢？这就是我们通常所谓的法的渊源的问题。对于法律人来说，法律推理或论证的结论之所以是法律结论而不是非法律结论，即法律判断或法律决定之所以是法律判断或法律决定，就是因为该结论一定得到了现行有效实在法即法的渊源的支持。这就是说，法律推理或论证之所以是法律推理或论证，就在于它的大前提或论据之一一定是来自于法的渊源的。因此，法的渊源的原理决定了什么是法律推理而什么不是法律推理。任何特定国家的法的渊源的范围都有一定的限制，也就是说，所有规定规范的那些文本资料不可能都是法的渊源。如果法的渊源的范围是无限制的，那么，就意味着法律人可以无限制地选择法律推理或论证的大前提或论据。如果法律人可以无限制地选择，那么，他们所得到的法律结论或法律判断或法律决定就不可能具有一定的确定性。那么，特定国家的法的渊源的范围有多大呢？这是法教义学必须回答的问题之一。虽然特定国家的法的渊源的范围是有限制的，但是，这并不意味着特定国家只有一种法的渊源。即特定国家有多种多样的法的渊源，例如制定法、判例。即使同一类的法的渊源，也包括了许多不同的形式，例如在中国，制定法包括法律（狭义的）、行政法规、地方法规、规章等。我们如何适用这些不同的法的渊源证成，或论证特定的法律结论或法律判断或法律决定呢？在特定的语境下，这些各种各样的法的渊源，既可以支持特定的法律结论、法律判断或法律决定，也可以支持相互对立的法律结论、法律判断或法律决定。对于后一种情况，法律人应该选择哪一个或哪一些法的渊源来支持或论证法律结论、法律判断或法律决定呢？这些问题都是我们在下文法的渊源部分要论述的。

在法律推理或论证中，法律人是在针对特定案件事实即在一定语境下解释法的渊源文本即实在法的意义。这就意味着，在逻辑上，法律人不仅要确认案件事实，而且要解释实在法。这就是我们通常所谓的事实问题与法律问题的区分。法律人对案件事实的确认或证成不同于对纯粹事实命题的证成。这主要体现在：一方面，法律人不仅要承认和接受运用自然科学和其他科学所承认的证据和证明规则所证明的事实，而且要运用其所属的法体系中的有关法律规定的证据与证明规则。后者不是经验规则而是具有法律约束力的法律规则，它们不具有经验有效性，甚至不具有经验意义。更为重要的是，对于一些案件事实，例如评价决定的事实、否定事实，法律人仅仅运用经验证据、证明规则与法律规定的证据、证明规则是不可能证成的，还必须运用在相关评价基础上被接受的证据进行证成。质言之，在法律推理中，对案件事实的证成，不仅是一个经验命题的证成或事实判断，而且涉及对法律规范和评价命题的证成。另一方面，法律人要运用被适用的实体法的法律规范的语言描述被证成的事实，这个按照法律规范的语言所描述的命题是可接受的吗？这就意味着法律人要对这个描述进行证成。[1]这样，在法律推理或论证中，法律人确认或证成案件事实不仅要运用经验、逻辑，也要进行评价或价值判断，而且同时需要对法律进行解释。后者也就是通常所谓的事实与规范之间的循环。一言以蔽之，法律人在法律推理或论证中确认案件事实有其特殊性，其运用的方法也具有特殊性。我们将在下文相关部分具体论述其特殊方法。

在法律推理中，法律人要针对特定案件事实对可适用的实在法或法的渊源文本进行解释。但是，正如前述，无论是在语义学层面还是在法律层面和语境层面，法的渊源文本都具有多种意义的可能性。对于这多种可能性，无论实务法律人还是学院法律人，都必须选择一种意义。法律人应该选择哪一种意义呢？这就意味着法律人应该选择具有正当性的意义，即应该对其所选择的意义进行证成。不同于普通人，法律人对法的渊源的解释必须要按照其所属的法律人职业共同体所承认或接受的法律解释方法进行解释。在这个意义上，凡是能够得到一定法律解释方法支持或证成的那种意义就具有一定的正当性。但是，特定法律人职业共同体不可能只有一种法律解释方法，而是有多种法律解释方法。如果法律人针对特定案件事实适用不同的解释方法对可适用的法的渊源文本进行解释得到了相互对立的法律解释结果，那么，他们应该按照哪种法律解释方法进行解

---

[1] 关于案件事实确认或证成的特殊性的具体论述，参见 Jerzy Wróblewski, "Legal Decision and Its Justification", in H. Hubien (eds.), *Legal Reasoning*, Brussels Press, 1974, pp. 415 – 416.

释呢？这就是我们通常所谓的法律解释方法的冲突。为了解决这个问题，法学方法论的研究者们致力于在各种法律解释方法之间确立一个优先次序，即法律解释方法的位阶。如果法律解释方法之间存在着一种固定的位阶关系，那么，法律解释方法的冲突问题即可得到解决。但是，到目前为止，大家一致认为，各种法律解释方法之间不可能存在着一种固定的位阶关系，依次最终地确定各个法律解释方法的重要性；但是，他们也认为，各种法律解释方法之间的关系不是一个并列关系，法官针对特定具体案件不可以任意或随意地选择任何一种解释方法。[1]这就说明，法律解释方法在法律推理或论证中具有一定的局限性。导致局限性的原因在于，一方面，法律解释方法之所以具有证成力就是因为它们各自被价值所奠基，尤其是被法秩序和宪政秩序中的根本价值所奠基。这就是说，价值形成了各种法律解释方法证成的最终层面，它们各自被适用的最终层面也是价值。[2]另一方面，法律解释方法作为证成法律解释结果及其法律决定的理由是一种形式理由，而形式理由运用必然地涉及实质理由。这就说明，法律解释方法的冲突是其背后的价值或实质理由之间的冲突。因此，法律解释方法的适用涉及价值判断或评价问题。虽然法律解释方法具有局限性，但是法律人针对特定案件事实做法律判断或法律决定的过程必然地要解释实在法，要解释实在法就必须遵循法律解释方法。有关法律解释方法的种类、适用准则及其位阶的作用问题，我们将在下文法律解释部分予以详细论述。

---

〔1〕〔德〕卡尔·拉伦茨：《法学方法论》，陈爱娥译，商务印书馆2003年版，第221页。

〔2〕D. Neil MacCormick and Robert S. Summers, *Interpreting Statutes: A Comparative Study*, Dartmouth Publishing Company, 1991, p. 532.

　　针对特定情形，无论实务法律人还是学院法律人，在其工作过程即法律推理或论证过程中，仅仅解释法律是不够的，他们还需要从事法律漏洞的填补或法的续造的工作。正如拉伦茨所说："法律不仅必须被一再解释，也必须被填补漏洞……"[1]对于实务法律人尤其是法官来说，他们在其工作中总会遇到下列情形：法律没能给一些属于法律调整范围而且需要法律调整的事件提供答案，即法律漏洞。现代法治国家实行禁止拒绝裁判的原则，因此，法官有义务解决这些所谓的"法律漏洞"的案件，即法院或法官必须填补漏洞。[2]对于学院法律人来说，他们不仅解释实在法，而且要将其解释结果体系化。但是，以一定理论为基础所构建的法体系包括了许许多多的规范，规范的表达可能是不精确的，也可能是矛盾的。这就会产生知识上的缝隙。在有的情形中，规范可能被一个规范性缝隙所损伤，也就是说，特定的规范体系根本不包括与待决问题相关的有效法律规范。就矛盾的清除而言，我们必须要考虑到规范体系自身是不可能矛盾的。因此，如果存在两个相互矛盾的体系，那么，矛盾的清除就意味着要选择一个体系而抛弃另一个体系。这样，作为科学的法教义学就需要努力地详细说明不精确、堵塞规范缝隙或漏洞并清除矛盾。这就是说，法教义学具有创立法律的性质。[3]由此可见，无论是法官还是学院法律人，他们

---

〔1〕　［德］卡尔·拉伦茨：《法学方法论》，陈爱娥译，商务印书馆 2003 年版，第 112 页。

〔2〕　［德］卡尔·拉伦茨：《法学方法论》，陈爱娥译，商务印书馆 2003 年版，第 246～247 页。

〔3〕　Aulis Aarnio, *Essays on the Doctrinal Study of Law*, Springer Publisher, 2011, p. 195.

承担相同的任务，即填补法律漏洞、发展法律。他们在填补法律漏洞或发展法律时必须要遵循一定的方法。如果他们不遵循一定的方法，那么，他们在这些特殊情形下所做的法律决定或法律判断就是武断的、恣意的，也是不合理的、不正当的。那么，法律人应该遵循的填补法律漏洞的方法有哪些呢？这取决于法律漏洞的概念及其分类。这些问题，我们将在下文法的续造部分予以具体论述。

法律人进行法律推理或论证，总是要得到一个法律判断或法律决定。正如前述，法律人所得到的法律判断或法律决定必须要得到法的渊源的支持，否则，该判断或决定就不应该被称为法律的判断或决定。这是法律推理或论证的一个要求，它的另一个要求是法律人做法律判断或决定能够被重构为一个在逻辑上正确的推理过程。[1] 所谓的"逻辑上正确的推理过程"是指，法律人按照逻辑演绎规则从一定前提推论出法律判断或法律决定。然而，无论是在案件事实的确定过程与法律解释结果的确定过程中，还是在法律漏洞的填补过程中，除了演绎推论的前提与结论之外，都存在着其他要素。质言之，在法律判断或决定的证成中，即法律推理或论证中，前提与结论之间在演绎逻辑上总是存在着一个"跳跃"。这就意味着，"跳跃"是在演绎推论之外，是受理性商谈标准所调控的。[2] 由此可见，法律推理或论证的过程中即法律判断或决定的证成中，总是存在着超越了演绎推论的前提与结论的东西。因此，法律推理或论

---

〔1〕 Aleksander Peczenik, *On Law and Reason*, Kluwer Academic Publishers, 1989, p. 30.

〔2〕 Aulis Aarnio, *Essays on the Doctrinal Study of Law*, Springer Publisher, 2011, pp. 134 – 135.

证不可能是一个纯粹演绎推论的过程。但是，这个过程又必须能够被重构为一个逻辑上正确的推理过程。这两个方面就说明，逻辑演绎推论在法律推理或论证过程中既有一定的不可或缺的作用或功能，也有其局限性。这些作用或局限性有哪些呢？法律人在法律推理或论证中运用演绎推论，是否需要遵循一定的准则？关于这些问题，我们将在下文相关部分予以具体论述。

正如前述，学院法律人或法教义学家不仅解释实在法，而且将解释结果体系化。这就意味着，学院法律人将实在法体系化即法体系。而法体系是由一个个法律规范组成的。对于实务法律人来说，他们所作的法律判断或法律决定所依赖的大前提也是法律规范。法律规范是一种关于人们行动的命令、禁止和允许的应然命题。一方面，法律规范作为一种命题而存在，而命题总是通过语句或语言来表达。在现代国家，它主要是通过法律条文表达的。这就是说，法律条文是表达法律规范的语句。因此，法律规范与法律条文是两个不同层面的范畴。在逻辑上，法律规范是由不同要素构成的。一般来说，它是由事实构成要件与法律后果构成的，它的逻辑形式是（x）（Tx→ORx）。这样，一个法律规范既有可能不是由一个法律条文表达，也有可能是由一个法律条文表达的。法律条文作为法律命题——法律规范——的语言表达，是语词与语词的联结。语词表达概念。因此，从逻辑的角度来说，法律规范作为命题，是概念与概念之间的联结。概念有不同种类，既有描述性概念、评价性概念与论断性概念，也有分类概念与类型概念，还有不确定性概念和定义。作为命题的法律规范，运用的概念种类不同，其适用方式也不同。另一方面，法律规范作为法体系的构成要素或单位。特定法体系都是由许多法律规范构成的，而且这些法律规范之间是相互联结的。它们之间是如何相互联结的呢？这就涉及法律规范的分类问题。众所周知，法律规范有许多不同的分类。在这些不同的分类中，只有法律规则与法律原则之间的区分在法学方法中被反思。这就是说，将法律规范区分为法律规则与法律原则在法学方法中才是有意义的，其他的法律规范的分类对法学方法来说是无意义的。[1]对于法学方法来说，为什么法律规则与法律原则的区分才是有意义的呢？原因在于，一个规范是规则还是原则，取决于它所处的推理层面（reasoning level）：如果它处于涵摄的层面，那么，它是规则；如果它处于衡量或平衡的层面，那么，它是原则。[2]法律规则与法律原则对法体系的构建具有什么意义和作用呢？它们对于法律人做法律推理又有什么作用和意义呢？这些问题以及法律规范与法律条文、概念等之间关系的具体内容，我们将在下文相关部分予以论述。

综上所述，法学方法论的研究对象是法律人在法律推理或论证过程中必须遵循的方法。法律人进行法律推理或论证总是要得到一个法律判断或法律决定。因此，法学方法论的研究对象也是法律人在证成一个法律判断或法律决定的过程中必须遵循的方法。

（二）法学方法论的研究任务

法学方法论作为法理学的一个学科或分支内容，其研究任

---

〔1〕 Aulis Aarnio, *Essays on the Doctrinal Study of Law*, Springer Publisher, 2011, p. 119.

〔2〕 颜厥安：《法与实践理性》，中国政法大学出版社2003年版，第57页。

务不仅仅在于陈述法律人在法律推理或论证过程中应该遵循的方法，更为重要的是对这个过程及其方法的反思。这里，所谓的"反思"指的不是对法律人做法律判断或决定过程的心理分析。心理分析的预设前提是，将法律人做法律判断或决定过程看作受到其欲望、感觉、偏见、利益立场等因素的影响或支配的活动或行为。因此，所谓心理分析是对各个法律人的欲望、感觉、偏见、利益立场等主观或主体因素对其做法律判断或决定的影响和作用的分析。法学方法论的研究之所以要排除心理分析，其原因在于：首先，诸如欲望、感觉等心理因素不仅对法律人做法律判断或决定的行为或活动产生影响和作用，而且对其他所有的行为或活动也产生影响和作用。这就是说，对做法律判断或决定过程的分析或研究并不能揭示和说明法律人做法律判断或决定所具有的特质、功能和目标。其次，心理因素对法律人做法律判断或决定的影响具有不确定性。特定国家的不同法律人的欲望、感觉、偏见以及利益立场等心理学因素是不同的，而且欲望、感觉、偏见、利益立场等各个心理学因素对不同的法律人会产生不同的影响。也就是说，有的法律人受其欲望的影响大，有的法律人受其利益立场的影响大，有的法律人受其他的心理因素影响大。更为重要的是，各个不同的心理学因素会随着法律人作法律判断或决定的时空条件的不同而产生不同程度的影响。也就是说，在某个场景中，法律人作法律判断或决定受其偏见影响大；在另一个场景下，法律人作法律判断或决定受其他心理学因素的影响大；而且，每个法律人每次作法律判断或决定的场景或时空条件都是不同的。最后，法律人不会公开其心理因素对其作法律判断或决定的影响，因此，人们（包括法律人）无从知道这些心理因素究竟在多大程度上起作用，他们只是作为旁观者的研究者自己对法律人作法律判断或决定活动的观察和推测。即使研究者能够从心理分析归纳和总结出特定国家的法律人的心理因素影响其作法律判断或决定的规律性的东西，但这些规律性的东西对法律人作法律判断或决定来说也不具有普遍的应然必要性。也就是说，这些规律性的东西并不是每一个法律人在作法律判断或决定过程中即法律推理或论证过程中必须或应该遵循的。总之，我们认为法学方法论的研究任务不包括心理分析。但这并不意味着我们主张下列命题：心理分析是无意义的。

既然法学方法论对法律推理或论证过程及其方法的反思不是心理分析，那么，它是什么？法学方法论反思或探究的是下列问题："特定方法可以提供的贡献为何，其不能贡献者为何，如何才是方法上'正确'的做法，何种做法不能获得无可指摘的结论，因此可认其有方法上的错误。"[1]拉伦茨的这段话，说明法学方法论的研究任务有两个方面：一方面，它研究特定法学方法的价值及其可能的成效；另一方面，它研究如何正确地运用法学方法。这两个方面是相互关联的。它们的目的都在于说明特定法学方法能否协助法教义学达成其认识目标及其法律实务上的任务。这样，法学方法论的研究任务就与法学或法的认识论关联在一起了。法学或法的认识论涉及下列四个问题：①法教义学中，对实在法的解释作为命题具有真值或真假属性吗？如果这是可能的，那么真假的标准是什么？②如果使用真值的观念是有问题的甚至不可能的，那么，在法教义学中是否

---

〔1〕〔德〕卡尔·拉伦茨：《法学方法论》，陈爱娥译，商务印书馆2003年版，第121~122页。

存在着与真值观念类似的观念？③在疑难案件中，认识或了解特定国家实在法秩序的内容是可能的吗？④如果谈论关于法教义学的知识是有问题的甚至不可能的，那么，使用一个类似的概念是可能的吗？与这四个问题一一对应，方法论也涉及下列四个问题：①在确立真值时，法教义学使用了什么方法？②在确立如此的"真值"时，有哪些方法是可利用的？③什么方法被用于获得知识？④是否存在着一些发现如此类似知识的方法？[1]认识论与方法论中的前两个问题主要与法学方法论的研究的第二个任务——如何正确使用法学方法——相关，后两个问题主要与法学方法论的研究的第一个任务——特定法学方法的作用及其局限性——相关。但是，这并不意味着法学方法论的第二个研究任务与后两个问题无关，也不意味着它的第一个研究任务与前两个问题无关。总之，法学方法论的两个研究任务与法学认识论和方法论中的四个问题是相关联的。它们之间是如何关联的，我们将在下文具体论述。

法学方法论的研究任务之一是探究"特定法学方法可以提供的贡献为何，其不能贡献者为何"，即特定法学方法的作用及其局限何在。这里所谓的"贡献或不能贡献"是针对什么来说的？也就是说，特定法学方法对什么能够提供贡献和不能提供贡献呢？正如前述，它是针对法教义学的认识目标及其法律实务上的任务来说的。无论是学院法律人还是实务法律人，他们进行法律推理或论证都是为了获得特定的法律判断或法律决定，而且该法律判断或决定所依赖的大前提必须或一定是特定国家

---

〔1〕 Aulis Aarnio, *Essays on the Doctrinal Study of Law*, Springer Publisher, 2011, p. 28.

现行有效的实在法的内容。从逻辑的角度看，法律判断或决定属于个别法律规范命题，其所依赖的大前提属于一般法律规范命题。从认识论的角度看，这就会涉及两个问题：法律人是否可以从特定国家现行有效的实在法秩序了解、获得知识，即一般法律规范命题？法律人能否从一般法律规范命题与关于特定案件的事实命题获得一个判断或决定，即个别法律规范命题呢？前者的目标在于发掘规范的内在一体性及其一贯的意义关联，后者的目标在于针对不同的案件事实将规范具体化。[1]与这两个问题相对应，法学方法论也有两个问题：法律人运用什么方法确立一般法律规范命题？法律人运用什么方法确立个别法律规范命题？正如前述，法学方法论不仅仅陈述法律人的思维及方法，而且反思这些思维及方法在多大程度上有助于获得这些知识或命题，即方法的作用及其局限性。如果这些特定的法学方法能够与前述的认识目标相适宜，能够达成这些目标的实现，那么，这些方法就得到了法学方法论的认可，否则，就不可能得到法学方法论的认可。[2]这些法学方法的局限性何在呢？这就不仅仅取决于认识目标，而且取决于法律规范命题的真值性质及其证成标准。这样，法学方法论的第一个研究任务就与认识论的前两个问题相关联了。

法学方法论的第二个研究任务是探究如何正确运用法学方法。正如前述，这个问题涉及认识论的前两个问题，即法律规范命题是否具有真值？如果使用真值的观念是有问题的甚至不

---

〔1〕 ［德］卡尔·拉伦茨:《法学方法论》，陈爱娥译，商务印书馆 2003 年版，第 120 页。

〔2〕 ［德］卡尔·拉伦茨:《法学方法论》，陈爱娥译，商务印书馆 2003 年版，第 120 页。

可能的，那么，法律规范命题是否具有与真值观念类似的观念呢？第一个问题的答案是否定的。原因在于：事实命题或描述命题具有真值或真假的属性。法律规范命题不属于事实命题或描述命题，而属于规范命题或实践命题。举例来说，"雪是白的"是事实或描述命题，如果这个命题与"雪是白的"这个事实相符，那么，这个命题就是真的。"人不应该撒谎"是规范或实践命题。正如前述，这类命题不存在真假问题，只存在"正当或不正当"的问题。这两类命题的有效性形式分别是：①"雪是白的"，是真的；②"人不应该撒谎"，是正当的。由此可见，②中的"正当的"与①中的"白的"处于不同的逻辑位置，而与①中的"真的"处于相同的逻辑位置。这就说明：一方面，事实或描述命题与规范或实践命题都包含一种有效性要求或主张；另一方面，它们各自的有效性要求或主张的内容不同，前者是"真或假"，后者是"正当或不正当"。[1] 由此，我们可以得出下列结论：法律规范命题不具有真值观念或真假属性；但是，它具有与真值观念相类似的观念："正当或不正当"。这样，法律规范命题与事实或描述命题的性质不同，其有效性要求或主张也不同。因此，证成法律规范命题和事实或描述命题的理由，与证成标准是不同的。这就说明：一方面，证成事实或描述命题的理由不一定适合证成规范或实践命题。举例来说，逻辑推论规则可以保证事实或描述命题的普遍性，但是它不能保证规范或实践命题的普遍性，这就是说，逻辑推论规则在规范

---

〔1〕 关于描述性命题与规范性命题之间的相同性质的具体论述，参见王晓升：《商谈道德与商议民主——哈贝马斯政治伦理思想研究》，社会科学文献出版社2009年版，第83~86页。

或实践命题的证成中具有局限性。因此，特定法学方法的作用及其局限性的判断标准与法律规范性命题的有效性要求或主张的证成紧密相关。另一方面，法律规范命题的证成标准与事实或描述命题的证成标准不同，前者是融贯论的真理观，后者是符合论的真理观。法律规范性命题的证成标准是融贯性的真理观，因为它具有可反驳性。具有可反驳性的命题或知识，必须通过逻辑可演绎性以外的推论的合理性来保证命题或知识的正确性。这个"逻辑可演绎性以外的推论"就是融贯性。[1]因此，如何正确运用法学方法的判断标准是融贯性真理观的标准。这就是说，我们应该根据融贯性真理观的标准来建构法学方法的运用准则。

实务法律人尤其是法官，都是特定国家的法律人或法官。因此，他们作法律判断或决定都是在特定国家的实在法秩序的要求下或框架中作出的。不同国家的实在法秩序都会对本国的法官或法院的活动作出一定的规定和要求。这些规定和要求必然地会参与到确定法官的论证方法与说理风格中，例如刑法中类比推理适用的禁止。因此，法学方法论的研究就必须考虑特定国家实在法的规定和要求，将这些规定和要求视为既存的界限。但是，这并不意味着法学方法论不能对这些规定和要求进行反思和批评。[2]既然法学方法论对法学方法的研究要考虑到特定国家的实在法关于法官或法院活动的规定和要求，那么，这是否意味着它的研究任务就必须包括对法官或法院作法律判

---

〔1〕 颜厥安：《规范、论证与行动——法认识论论文集》，元照出版公司 2004 年版，第 96 页。

〔2〕 ［德］卡尔·拉伦茨：《法学方法论》，陈爱娥译，商务印书馆 2003 年版，第 122~123 页。

断或决定所要求的司法制度的研究呢？这个问题涉及制度与方法之间关系。任何特定国家的法官都是在一定的宏观司法制度与诉讼程序规则中，按照一定的法学方法作法律判断或决定的。制度为方法的运用划定一定的空间，即方法是在一定的制度框架中被运用的。制度是针对法学方法运用的缺陷而设计的。但是，它们是相互独立的两类规则。制度规则是对法官作法律判断或决定活动的一种外在限制与约束，法学方法是法官作法律判断或决定活动的一种内在限制与约束，它们共同保证法官作出正当的、有效的法律判断或决定。这就意味着制度规则不是方法规则，方法规则也不是制度规则，它们属于不同层面的范畴。因此，法学方法论的研究不包括对宏观司法制度与诉讼程序规则的研究。但是，法律人在了解、认识、获得并运用这些制度的意义或内容时，必须要遵循他们所属的法律职业共同体所承认的法学方法。

正如前述，法学方法论首先是某特定法学的方法论，而法学是以特定国家的实在法为研究对象，因此，法学方法论在一定程度上是特定法体系的方法论。这就意味着，每一个实在法体系都会各自发展出特定的方法论。但是，每个法学方法论最终所要回答的问题是同一个问题：如何正确认识"法是什么"，或如何正确认识"法这个事物"。这就意味着任何法学方法论都会必然地预设一种法概念，这样，法学方法论的研究最终要导向对"法是什么"的研究。这是否意味着对"法是什么"的研究也是法学方法论的研究任务呢？我们认为，它不是法学方法论的研究任务。正如前述，对"法是什么"的研究是法概念论的研究任务。然而，这并不意味着法概念的研究对法学方法论的研究不产生影响，也不意味着法学方法论的研究对法概念的研究不产生影响。法概念立场的不同必然会影响到对法的认识立场，认识立场不同会导致认识目标的不同，认识目标不同就会影响法学方法论的研究任务。同理，法学方法论的研究也会影响到法概念的研究，对某些法学方法的认识与反思可以质疑或澄清某些法概念的立场。例如，所有实在法的适用都需要解释，总是会存在着漏洞，这些认识至少可以澄清狭义的法实证主义的法概念立场的片面性。[1]总之，虽然法概念的研究与法学方法论的研究相互影响，但对"法是什么"的研究不可能是法学方法论的研究任务之一。

三、法学方法论的意义与功能

（一）法学方法论与知识论

人们对于这个主张——法学及其方法论有助于法律人的实务工作——是毋庸置疑的。但是，有人对法学及其方法论能否提供知识上的贡献产生了疑问。这种疑问并不是古已有之，而是在西方近代自然科学的昌盛、实证主义的兴起、科学逐渐成为自然科学的代名词、知识也蜕变为自然科学的知识等之后才产生的。拉丁文中的"scientia"并不具有与现代"科学"（science）术语相同的含义，而是意味着知识。古罗马人所创立的法律科学（scientia iuris）本身是指关于法律的知识，而且这些知识能够充分允许法律家（jurist）获得正当法律决定。[2]由于近代自然科

---

〔1〕 关于法学方法论与法概念论之间关系的具体论述，参见 [德] 卡尔·拉伦茨：《法学方法论》，陈爱娥译，商务印书馆 2003 年版，第 120～121 页。

〔2〕 Geoffrey Samuel, *Epistemology and Method in Law*, Ashgate Publishing, 2003, p. 54.

学对知识概念和真理概念的哲学解释和论证占据统治地位，法实证主义认为法律科学（legal science）能够将自然科学作为出发点，数学和物理学成为它的核心范式（central paradigms）。[1]因此，近代以来的法实证主义努力将价值及其判断排除在法律和法学之外，从而保证法律科学能够像自然科学那样具有精确的客观性和必然性，法律适用能够具有像测量、计算及纯粹逻辑性的思考操作那样的精确程度及逻辑上的严密性。但是，现代的哲学和法律科学研究已经证明，法律及法律活动不可能是价值无涉的。法实证主义认为，对于具有价值判断的法律及其活动不能作合理、必然可证实的陈述，它们只是单纯的意见的组织体。这些"意见"与所谓的知识相反，既不能证其为真，亦不能证其为伪，具有任意性。因此，法学方法论虽然有一定理解上的作用，但不能说有任何认识上的功能。[2]正是由于这种认识，才使法实证主义拒绝承认法学方法论也能提供知识上的贡献。这样，一个无法解决的悖论就出现了：一方面，现在大部分人承认法律及其活动中存在价值及其判断；另一方面，有人认为"只有在不受价值影响的思考范围，运用可量化的方法取得者，才算是知识"。这两种观点的结合就产生了如下的结论：法学及其方法论不能有认识功能，不能获得知识；法律人的法律活动只是一种纯粹意见表达的活动。

我们不能同意法实证主义将知识窄化在自然科学范围内的主张。我们认为自然科学只是知识的一种，法学及其他人文科学是

---

〔1〕 Geoffrey Samuel, *Epistemology and Method in Law*, Ashgate Publishing, 2003, p. 54.

〔2〕 ［德］卡尔·拉伦茨：《法学方法论》，陈爱娥译，商务印书馆 2003 年版，第 116 页。

与自然科学相并列的一种知识。如果我们同意了法实证主义关于知识的观点，就无异于同意了人类理性对大多数人类生活问题的破产。无论如何，法学都不应在此宣告上签署表示赞同。虽然许多法学家根本没有意识到，但是法学的确创造出一些价值导向的思考方式，它应该足以与原则上不受价值影响的学问并列。[1]这不仅是法学家的观点，也是哲学家的观点。德国哲学家加达默尔在其名著《真理与方法：哲学诠释学的基本特征》的导言中指出："本书探究的出发点在于这样一种对抗，即在现代科学（自然科学——引者注）范围内抵制对科学方法的普遍要求。……在经验所及并且可以追问其合法性的一切地方，去探寻那种超出科学方法论控制范围的对真理的经验。这种精神科学就与那些处于科学之外的种种经验方式接近了，即与哲学的经验、艺术的经验和历史本身的经验接近了，所有这些经验是那些不能用科学方法论手段加以证实的真理借以显示自身的经验方式。"[2]总之，我们在探讨法学方法论于知识上的贡献时，必须要秉持这样的观点，自然科学认识只是我们认识世界的许多方式中的一种，我们绝不能以近代自然科学的知识和真理概念作为衡量一切其他认识方式的标准。法学也是认识世界的方式的一种，也可以提供知识上的贡献。那么，我们为什么必须要秉持这种观点呢？首先，我们在哲学上看一看何谓实证主义以及它的局限性何在。

实证主义认为，知识的起点是观察事实或者说观察事实是仅有知识的对象，通过对这些观察事实的整理和分析，寻找出

---

〔1〕〔德〕卡尔·拉伦茨：《法学方法论》，陈爱娥译，商务印书馆2003年版，第117页。

〔2〕〔德〕汉斯－格奥尔格·加达默尔：《真理与方法：哲学诠释学的基本特征》（上卷），洪汉鼎译，上海译文出版社2004年版，序言第4页。

它们之间的因果关系，做出某种预期，然后再回到观察事实中，让观察事实来验证。这种经过检验的事实，就成为科学规律，科学是仅有的真实知识。[1]实证主义的错误不在于对这种认识模式的肯定的论证，而在于认为这种近代以来的自然科学（如物理学、化学）的认识方式是所有对世界的认识方式的楷模，即所有的认识模式都必须遵守，如果不这么做就是没有意义的，就不是真正的知识而是一种过了时的形而上学。但是实证主义所谓的自然科学认识模式在哲学上有其局限性，这表现为：其一，实证主义对观察事实如何检验这个假说、这个假说如何从观察事实里得出来，即对科学假设的性质与地位说不清楚。科学假说是从观察事实中归纳或抽象出来的吗？如果是，那么从观察事实也就是个别的东西中抽象出共同点，是靠什么抽象？靠的这个东西是不是已经是普遍的东西呢？其二，"意义的标准"是什么？实证主义认为，有意义的命题只是那些可能被经验观察证实或否证的命题。但是问题在于，如果不知道意义是什么，又怎么能够说被证实或被否证呢？也就是说应该先有意义，然后才能进行证实。实证主义的错误就在于，用这个"意义标准"把"意义还原为可能证实，可能否证"的这样一种本末倒置的问题。因此，实证主义回答不了下列问题：这个"意义标准"是有意义的还是没有意义的？这个"意义标准"适用于这个标准本身，能够被经验证实或否证吗？如果"意义标准"是无意义的，那能够成为什么标准呢？[2]总之，实证主

---

〔1〕 张祥龙主讲：《朝向事情本身——现象学导论七讲》，团结出版社2003年版，第20页。

〔2〕 张祥龙主讲：《朝向事情本身——现象学导论七讲》，团结出版社2003年版，第21页。

义的理论无法真正解决哲学上的千古难题——一般与个别问题。法学方法论解决的核心问题是，事实与规范或者个案与法律规范之间的缝隙或矛盾问题，在哲学上就是一般与个别或现象与本质的问题。如果实证主义在哲学上未能真正打通个别与一般之间的关联，也就无法为法学问题的解决提供坚实的基础。

实证主义知识论的另一缺陷是，它所谓的"可证实或否证"的标准的狭隘性。命题的可证实或否证的标准并不像实证主义所认为的那样仅仅是观察事实，也包括人类的经验或生命的体验。强调观察事实是将知识仅仅限定在以实体存在为研究对象的科学，而人文科学包括法学的研究对象就不是实体对象而是一种关系。如法律就不是实体而是关系，是人与人之间以及人与成为法律的客体的事物之间的关系。[1] 显然，这种不以实体存在为研究对象的命题是不能仅仅由观察事实来验证的。如果我们不将"可证实或否证"的标准仅仅局限在观察事实上，那么我们可以说人文科学包括法学的命题是"可证实或否证的"。这就说明：自然科学的认识模式本身就具有局限性，不适于也不能解决法律及法学中的认识问题；法学有自己的知识和真理，而且法学本身也能获得知识和真理。自然科学的认识模式和知识标准，并不能作为所有认识和知识的标准。正如加达默尔所说："自古以来就存在一种神学的诠释学和一种法学的诠释学，这两种诠释学与其说具有科学理论的性质，毋宁说它们更适应于那些具有科学教养的法官或牧师们，并且是为这种实践活动

---

[1] [德] 亚图·考夫曼：《法律哲学》，刘幸义等译，五南图书出版公司2000年版，第66页。

服务的。因此，诠释学问题从其历史起源开始就超出了现代科学方法论概念所设置的界限。……它根本就不是为了构造一种能满足科学方法论理想的确切知识。——不过，它在这里也涉及知识和真理，在对流传物的理解中不仅文本被理解了，而且见解也被获得了，真理也被认识了。"[1]自然科学不是所有科学的基础，它的根恰恰是在深层的生活中。在生活世界里，也不能没有意义。所以胡塞尔认为，现代欧洲的科学危机也好，精神危机也好，都来源于实证主义认为真理就在自然科学或实证科学之中，来自于认为在实证主义之外都是伪知识、假真理。[2]科学的观念被实证地简化为纯粹事实的科学，科学的危机表现为科学丧失了生活的意义。

有人认为，法学及其方法论不能提供知识上的贡献的理由是：法学的研究对象即实在法是可变的，具有恣意性，因此，它没有合乎科学研究的客体。最早提出这个反对理由的是帕斯卡尔（Pascal）。他在 1670 年说："无法找到不随气候而变更其本质的法与不法，移近南北极点三个纬度，就可以把整个法学弄得乱七八糟，经度决定了真理……，法律有其时期，土星进入狮子座表明了此种或彼种犯罪的发生。有趣的正义被一条河所限定。在庇里牛斯山那边是对的事，在山的这边则是错的。"[3]这个理由的最著名的提出者是基尔希曼（Kirchmann）。

---

〔1〕 ［德］汉斯－柏奥尔格·加达默尔：《真理与方法：哲学诠释学的基本特征》（上卷），洪汉鼎译，上海译文出版社 2004 年版，第 17 页。

〔2〕 张祥龙主讲：《朝向事情本身——现象学导论七讲》，团结出版社 2003 年版，第 22 页。

〔3〕 ［德］亚图·考夫曼：《法律哲学》，刘幸义等译，五南图书出版公司 2000 年版，第 65 页。

他的名言是："立法者修正了三个字眼，整个藏书就变成废纸一堆。"[1]实质上，这些反对者总是有意或无意地用自然科学的标准来衡量法学及其方法。如基尔希曼说："如果法学像自然科学，直接走进客体面前，法学将会好很多。"[2]但是，法学的客体却只有另一种特性，即偶然性，因而自己却成了偶然性。这种以自然科学的标准反对法学的科学性的观点，在哲学上是以主客体分离为前提的。但是，主客体二元分离的命题在现代也不再是继续有效的。而且，自然科学的研究客体本身也不是那么客观且不变的。既然自然科学的研究客体不再像这些反对者所认为的那样，法学的研究客体的可变性与意志性怎么能够成为反对法学及其方法的知识贡献呢？因此，从现代自然科学理论和哲学角度去审查，这项反对理由是不能成立的，这是其一。其二，法学方法论是以一个国家的现行有效的实在法为研究界限的，虽然实在法随着时间与条件的变化而变化，但是实在法所应对的问题——人类面临的问题并不总是变化的，实在法本身的变化只可能说明在新的时空条件下，我们人类对此问题有了新的认识。奥斯汀的知识理论，"我知道"只是说明了在目前情形中，我没有具体的理由提出质疑，我们人类所要求的只是在人的限度内的确定的知识，而不是非人性的理想的知识[3]。因此，实在法的变化并不能说明我们不能认识实在法所面临的

---

[1] ［德］亚图·考夫曼：《法律哲学》，刘幸义等译，五南图书出版公司2000年版，第65页。

[2] ［德］亚图·考夫曼：《法律哲学》，刘幸义等译，五南图书出版公司2000年版，第65页。

[3] 杨玉成：《奥斯汀：语言现象学与哲学》，商务印书馆2002年版，第158～159页。

问题，而恰恰说明我们人类是能够认识的，而且认识在不断丰富，我们人类应对问题的经验在不断丰富，从而为解决问题提供了更多的可能性。事实上，很多法律问题在不同时代一再地出现，如契约法中缔结契约的人的资格问题、契约成立的条件、契约是否变更。不仅在私法中有很多这样的问题，而且刑法中也会存在这样的问题。只不过，这些问题在不同的时代会以不同的形式再现，而且不同时代的实在法会对此作出不同的解答，这些解答具有历史的有限性即以某种缺陷为代价换得，因此，答案不能长期维持。[1]因此，拉伦茨总结道："的确有一些法这个事物固有的问题存在，或者更一般地说，的确有法这个事物存在。"[2]其三，虽然法学方法论是以特定法秩序此时的现行法为界限，但是，该现行法所要应付的问题会在不同的国家出现。例如，如何防止传染病——艾滋病——这个当代国际社会面临的一个共同的公共卫生问题。在制定防治艾滋病的法律时，现在许多国家都面临着一个共同的难题——如何处理保障艾滋病患者的人权与公众健康之间的冲突。虽然不同的国家会以不同的法律规定来解决这个问题，但面对的问题是相同的。通过对不同国家法律的不同规定的研究，可以帮助我们更好地发现解决该问题的最佳方案，至少可以给我们提供解决该问题的多种选择方案，能够使我们更全面地认识并解决该问题。正如拉伦茨所说："假使不局限在特定实证法秩序的范围内思考手段，那么，任何对法律问题的严肃处理，都能扩充我们对'法这个事

---

〔1〕 ［德］卡尔·拉伦茨：《法学方法论》，陈爱娥译，商务印书馆 2003 年版，第 118 页。

〔2〕 ［德］卡尔·拉伦茨：《法学方法论》，陈爱娥译，商务印书馆 2003 年版，第 118 页。

物'的认识。"[1]

还有人认为，法学及其方法论不具有认知功能、不能做知识上的贡献的第二个理由是人类理性对价值及其判断不能做最终的确定性的陈述，而只能是一种意见。对此问题，我们可以做出下列回答：其一，不要将自然科学所指的"最终的""确定性"等标准作为所有认识世界的标准。如果说，自然科学追求的是"必然的""必要的""不可能的"，那么，人文科学包括法学追求的就是可信的、符合的、可拥护的。[2]不同的科学有不同的范畴和形式。其二，虽然人类理性对价值不能做一个放之四海而皆准的陈述，但是在一定的范围内或一定的前提下，人类理性可以对价值作出正确性的论述。正如拉伦茨所说："在一个由评价准则所构成的，虽然只是被粗略界定了既有的体系范围内，能否就其内容、效力范围及重要性作一些——于此体系范围内——可主张其具有正确性的陈述。就此，我们必须作肯定的答复。"[3]其三，一个价值主张或判断的正确性不能从一般意义上来判定，只能在特定的语境或情境中才可能作出正确与否的判定；也就是说，某一个具体的价值判断只能说在具体的情形中正确与否。例如，我们在一般意义上探讨自由与平等何者重要是无结论的，因为自由与平等对人类的生存来说都是必需的，在一般意义上，我们谁也不能主张只要自由，不要平

---

〔1〕 〔德〕卡尔·拉伦茨：《法学方法论》，陈爱娥译，商务印书馆2003年版，第118页。

〔2〕 〔德〕亚图·考夫曼：《法律哲学》，刘幸义等译，五南图书出版公司2000年版，第67页。

〔3〕 〔德〕卡尔·拉伦茨：《法学方法论》，陈爱娥译，商务印书馆2003年版，第117页。

等；也不能只要平等，不要自由，人类的存在缺少了任何一种价值都是不允许的。对于这个问题，我们只能说在特定的情形或语境中，自由重要还是平等重要。实质上，这就是说，对于价值问题，虽然我们人类理性最终不能完全解决，但在具体的境遇中，我们人类的理性还是能够指导我们做出选择。其四，如果有人主张人类能够就价值及其判断得出一种统一的公式化的解决方案，那么，他实质上就否认了个人作为私人而存在，即否定了人的多样性存在和多样性人的存在，也否定了人的选择自由，从而否定了每个人是具有理性的人。以赛亚·伯林在对人类的价值观进行论述时指出："相信可以发现某种单一的公式，凭借它就能和谐地实现人的所有不同目的，这种想法可以证明是虚假的。我相信，如果人的目的是众多的，而所有这些目的大体上并不相容，那么，冲突和悲剧的可能就永远无法从人类生活——个人或社会的生活——中完全排除。因而，在各种绝对的主张之间做出选择的必要性，是人类处境的一个不可避免的特征。"[1]总之，我们认为法学方法论涉及的不仅是规范、法律制度以及显现在司法判决中的裁判准则之形式结构，而且也关心它们的实质正义内涵。因此，法学及其方法论能够使我们充分意识到正义的内涵，发展主导性的法律原理，并且在不同的情境下将之具体化，发展成"内部的体系，借此我们能对正当法秩序的原则有更好的认识"。[2]

---

〔1〕 转引自〔英〕A. J. M. 米尔恩：《人的权利与人的多样性——人权哲学》，夏勇、张志铭译，中国大百科全书出版社1995年版，第93页。

〔2〕〔德〕卡尔·拉伦茨：《法学方法论》，陈爱娥译，商务印书馆2003年版，第119页。

（二）法学方法论与法治

法治不仅仅是一种口号或理念，更是现代社会的一种控制机制。作为口号或理念的法治非常具有吸引力，但是没有太多的实践意义。作为控制机制的法治被证明是非常困难的。困难的原因在于：法治一方面要求它能促进规律性（regularity）、理性和各部分官员的整体性（形式），又要求它能够保证受影响的个人的合理预期（实质）；或者说，法治的形式方面不能提供专门内容，而实质方面又要求它必须根据每代人的实践理性精心构思。[1]质言之，困难在于法治的形式方面与实质方面的冲突。用法学术语来说，这个冲突就是规范与事实之间的冲突和缝隙；用哲学术语来说，就是价值与事实、一般与个别的矛盾与冲突。如何解决这个冲突与矛盾，如何弥合这个缝隙，以及谁有能力解决这些问题与困难呢？毋庸置疑，解决这些困难与问题需要专门的知识、技术与经验，只有具备了这些专门的知识、技术与经验的人才能解决这些困难与问题。这些人就是我们现代所谓职业的法律人（professional lawyer）。正如季卫东先生所说："在现代国家职业法律家之所以享有举足轻重的地位，不仅由于他们掌握了法律专业知识与技术，尤其重要的是他们通过法学教育和实践体验所形成的独特的思考方式适应了时代的需要。"[2]这些专门的知识、技术与经验就是以古罗马创立的 Jurisprudentia 为传统的法（教义）学及其法学方法论。中国人在讨论法治时，往

---

[1] Carl F. Stychin and Linda Mulcahy, *Legal Method: Text and Materials*, London: Sweet Maxwell, 2003, p.77.

[2] 季卫东：《法治秩序的建构》，中国政法大学出版社1999年版，第199页。

往只认识到古希腊人创立的自然法对于现代西方法治的意义。但是，自然法理论只能说明为什么要实行法治及其实质价值是什么，而不能保证法治在现实社会中得到正确的运行。自然法理论的这个缺陷是由法（教义）学及其方法论来弥补的。[1]总之，我们可以说：西方近代社会如果没有古希腊传统的自然法理论，就不可能确立法治；如果他们没有古罗马传统的法学，他们的法治就不可能成为活生生的现实。我们认为，法学方法论在法治中的功能包括：

1. 法学方法论使国家机关之间的分工精确化

无论是大陆法系的法学者还是英美法系的法学家都认识到，法学方法论的问题不仅是一个技术或技巧问题，而且最终涉及国家机关之间权力的分配问题。如德国法学家伯恩·魏德士（吕特斯）所说："方法论的问题最终涉及法治国家权力分立的问题，也就是国家权力分配及其透明度的问题。"[2]英国法学家哈瑞斯说："刚才讨论的许多制定法解释标准是宪法性原则，因为它们意味着划定了立法与司法的各自的范围。"[3]

由语言本身的特质所造成的法律意义与目的的多种可能性，在现代民主国家就可能产生如下的问题：到底哪种意义与目的是立法机关制定法律时赋予该法律的？哪种意义和目的是执行和适用法律者在法律实施中赋予该法律的？在现代民主国家，一般都认为，法律的执行者和适用者在解释法律、执行和适用

---

[1] 关于自然法理论在西方法治中的作用与缺陷的具体论述，参见舒国滢等：《法学方法论问题研究》，中国政法大学出版社 2007 年版，第三章第一节的内容。

[2] [德] 伯恩·魏德士：《法理学》，丁晓春、吴越译，法律出版社 2013 年版，第 282 页。

[3] J. W. Harris, *Legal Philosophies*, London: Butterworths, 1980, p. 146.

法律的过程中应该选择那种立法者赋予法律的意义和目的。但问题在于，法律意义和目的有多种说明的可能性，到底哪种意义和目的是立法者赋予的？我们怎样来保障法律的执行者和适用者受到立法机关制定的法律的约束？也许，在法律文字的意义与目的是清楚的、简单的情况下，法律执行者和适用者只要按照语义解释规则来解释就可能做到这一点。但是，在疑难案件或法律漏洞的情况下，我们怎样保证法官既能作出正当的法律决定，又遵守了法律或者不背离民主原则呢？这就需要我们对法律解释规则或标准或方法，或者说填补法律漏洞的方法与标准进行详细完备的研究。这也是当今法学方法论研究的重要问题。我们很难设想没有法学方法论作为知识和技术支持，就能真正地解决这个矛盾。在民主原则的要求下，现代法学方法论者大部分主张对法律解释的方法或标准的选择应是有顺序的而不是随意的。一般来说，法律执行者或适用者首先应该按照语义解释方法来解释和适用法律规范。如果它不能解决问题也即得不到正当的法律决定，法律执行者和适用者就被允许适用法意或历史解释方法解释和适用法律规范。最后，法律执行者和适用者才被允许适用客观目的解释方法。而且，适用客观目的的解释方法所得到的结果必须与整个法律体系的内在体系相一致和融贯，而不是一种漫无边际的客观目的解释。由此可见，法学方法论能够使国家机关之间的职能分配精确化和明细化。西方近代以来的法律解释方法或标准的不断变迁，与立法权和司法权之间关系的变迁相一致。

2. 法学方法论可以确保平等原则的实现

正如习近平总书记指出的，政法机关维护社会公平正义，必须坚持法律面前人人平等。[1] 法学方法论有利于"法律面前人人平等"原则的实现。"法律面前人人平等"在法的适用方面的主要要求是，相同情况相同处理、不同情况不同处理。质言之，在于保护相同事物受到相同的对待。"何者为相同的、何者为不同的，只有借助先前已确立的法律或规则才能确立，也就是说只有当法律适用者明确地列举出其依据和规则，才可能检验和确保平等对待。"[2] 法学方法论的三个要求能够保证实现这一点：其一，它要求法律适用者首先有义务说明用来认定和确定案件事实的法律是具有一般性的法律规范。其二，它要求法律适用者公开其适用法律的步骤，具体来说，他必须说明他是怎样认定和确定案件事实、怎样选择或寻找相关法律规范的、他是怎样从两个前提中进行推导的、他要宣布法律后果。其三，它要求法律适用的结论与用以判决的前提之间存在一个可检验的推导关系。[3] 即这个推导关系必须是有根据的、有规则可循的、事后可审查的，而不是一个主观虚拟的推导关系。这一点就使得法官必须尽量准确地表达他对法律规定的解释，必须清楚地说明据以宣布具体的法律后果的条件是什么。其中的第二点要求对于确保平等原则的实现是非常必要的，因为如果我们不知道法官适用法律的步骤，我们就完全不知道法官为什么对某一事实要适用某一法律规范。只有这样，才可能检验法官在

---

〔1〕 参见习近平：《在中央政法工作会议上的讲话》（2014 年 1 月 7 日），载中共中央文献研究室编：《习近平关于全面依法治国论述摘编》，中央文献出版社 2015 年版，第 96 页。

〔2〕 〔德〕卡尔·拉伦茨：《法学方法论》，陈爱娥译，商务印书馆 2003 年版，第 39 页。

〔3〕 〔德〕伯恩·魏德士：《法理学》，丁晓春、吴越译，法律出版社 2013 年版，第 282~283 页。

事实上是否对同样的案件作出了相同的裁判。

上述法学方法论对法律面前人人平等原则的实现的作用，对于一般所谓的简单案件来说是无异议的，但是在疑难案件的情况下，法学方法论如何保障平等原则的实现呢？这就必须求助于体系性的考量。法的体系并不是自明的，而是通过法学家的研究从而发现现行有效的规范性文件中的法律规定之间的意义关联，而且将这些意义关联通过一种无矛盾的、和谐的整体方式表现出来。体系化的考量之所以能够保证在疑难案件的解决中平等原则的实现，是因为它将对个案的解决放在与其他法律规范的比较之中，放在整个法秩序的脉络中进行考量。从而可以发现或清楚地显示出其中的异同，以至于可将具体个案的特殊之处与法律的一般性更好地协调起来。西方近代的法学方法论之所以发展出体系化的思维，就在于它强调法律的形式合理性和法律的一般性，保证法律的安定性得到最大程度的实现，从而为人们在复杂而变化莫测的社会生活中提供更高程度的预测性，这在客观上促进了西方近代市场经济的发展，造就了西方经济与科技的高度繁荣。因为市场经济的公平自由竞争的成功，本质上必然要求市场规则或法律规则的可计算化或高度可预测性。

3. 法学方法论有利于法律人的自我认识和自我监督

法学方法论有利于法律人的自我认识和自我监督。德国法学家伯恩·魏德士（吕特斯）在谈到法学方法论的意义时说了一段意味深长的话："几年之后（1933 年后）则表明，倘若（当时）及时地研究法律方法论，可能非常有帮助。倘若注重了方法问题，那么参与其中的法学家可能就不会对民族社会主义中整个法律秩序通过解释而发生的嬗变那么狂热了。如果（当时）对他们的行为进行方法上的分析，就能使他们明白，'民族法律更新'只不过是将新的世界观添加到现行的法律秩序中的做法。"[1]这段话实质上揭示了为什么德国法学家在第二次世界大战后热烈讨论法学方法的原因。那么，为什么注重法学方法论的研究及其教育，就可能在法律方面抵制民族社会主义呢？现代的法学及其法学方法论的研究已经表明，立法者在制定法律时无论用多么精确明白的语言对有关事项进行具体与详细的规定，法律适用者在面对具体个案适用法律规范时，不仅存在着一定的解释空间和法律漏洞，也会存在表述法律的语言文字的目的与意义有各种不同说明的可能性。而法学方法论是要探究特定的方法可以提供的贡献如何，如何才是方法上"正确"的做法，何种做法实际上不可能获得无可指摘的结论，因此，可认为其有方法上的错误。[2]如果 20 世纪二三十年代德国法学界注重对法学方法论的研究，法律人受到了这种法学方法论的教育，增强了法律人方法论的意识，他们就可能认识到，虽然法律文字没有变，即法典没有变，但法律适用的目标与精神已变化；虽然他们适用的法典和法律文字与以前相同，但该法典与法律文字在适用具体案件的过程中掺杂了自己的偏见、价值观。法律人就会对某些方法的思维模式保持特殊的、批判性的警惕，防止这些方法或思维模式被用来使法适合当时权力者的任何改革愿望的、唯命是从的工具，法律人就会刻意地防止自己代替立法者或剥夺立法者的权力，使法律纯粹成为自己意志

---

〔1〕 ［德］伯恩·魏德士：《法理学》，丁晓春、吴越译，法律出版社 2013 年版，第 279 页。

〔2〕 ［德］卡尔·拉伦茨：《法学方法论》，陈爱娥译，商务印书馆 2003 年版，第 121～122 页。

的体现。这就是说，"对法律工作者而言，对方法的忠诚起着自我监督的作用。当'法律适用的精神和目标'，毫无约束地专行时，方法就发挥着报警器的作用；反之，如果赋予法律适用者自身以单独的精神，那么已经意味着他踏上了非理性的道路。也许只有具体的法律适用者的精神在起作用。如果法律适用者不打算用自身的法政策愿望和目标来代替立法的地位，那么方法上的自我约束是有益的"。[1]

4. *法学方法论有利于对法官的裁判实施合理的外部监督*

法学方法论有利于对法官的裁决进行恰当的批评和监督。正如前述，法学方法论主要是围绕着法律推理或论证而展开的；它揭示法律适用的步骤及在各个步骤中法律适用者所运用的标准。这不仅为法律的适用者提供了裁判个案获得正当决定的过程所遵循的方法和标准，也为对他们的裁判进行批评提供了标准和框架。而且，现代法学、哲学、法哲学及法学方法论的研究成果一再表明，法律适用的过程中存在着价值判断。按照传统的观点，价值判断不像事实判断那样是以感觉为基础的，因此不能以观察及实验的方法来证明；那么，价值判断不能以科学的方法来审查，仅是判断者个人主观情感的显现。如果我们既承认法律中存在价值判断，也认为它只是主观的，而不能被理性认识的，那就意味着我们无法对存在着价值判断的法官裁决的正当性、合理性作出一个恰当的评判，也就意味着法官的判决不存在正当性的问题，从而我们也无法对其作出批评和监督，法官的判决就成为恣意的表现。但现代法学方法论已针对

---

〔1〕［德］伯恩·魏德士：《法理学》，丁晓春、吴越译，法律出版社 2013 年版，第 283～284 页。

价值判断的思考发展出一些方法，如类型、必须具体化的标准、功能界定的概念。当然，这些方法并不是一些解题技巧，它们也并不一定能够保障法官运用这些方法或标准就一定能得到正当的裁决。但是，借助于这些方法或标准，我们就可以理解和转述既定的价值判断从而进一步地进行评价，其至少在一定的界限内以先决的价值判断为准则。[1]更为重要的是，我们可以借助于这些方法和标准对法律适用者的裁决过程进行事后审查，发现他们的思考过程中是否遗漏了重要的东西，可以强制解释者说明解释过程。[2]正是在这种意义上，我们才可以说，价值判断的行为是可以审查的，可对之亦得为合理的批评。[3]反之，如果我们没有法学方法论的帮助和提示，就无法对法官是否作出了正当的裁判作出合理的评判，从而进行监督。正如拉伦茨所说："我们不能轻率地接收法官的裁判，特别是当他们包含有价值判断时，我们必须审查他们与其他裁判以及一般承认的原则是否相符，他们在事理上是否恰当。然而，这些要求全都无法达成，假使我们不尊重一定的方法的话。"[4]这就意味着我们要想对法官的裁判进行正当的评判及监督，就必须是受过法学教育和法律训练、懂得和掌握法学方法论的人，否则，我们就不具备对法官的裁判进行评判和监督的能力与资格。这就意味

---

〔1〕 〔德〕卡尔·拉伦茨：《法学方法论》，陈爱娥译，商务印书馆2003年版，第20页。

〔2〕 〔德〕卡尔·拉伦茨：《法学方法论》，陈爱娥译，商务印书馆2003年版，第122页。

〔3〕 〔德〕卡尔·拉伦茨：《法学方法论》，陈爱娥译，商务印书馆2003年版，第20页。

〔4〕 〔德〕卡尔·拉伦茨：《法学方法论》，陈爱娥译，商务印书馆2003年版，第20页。

着司法裁判的评判和监督只是职业法律人共同体内部之间的评判和监督，而不是纯粹的外部的社会监督。这个意义下的所谓的司法独立只是指法官独立作出法律裁决，而不意味着他们的法律裁决不受其他法律人的评判和监督，只不过这种评判和监督只是职业法律人共同体内部的事情。我们认为，这才是西方所谓司法独立的真正意蕴。

5. 法学方法论有利于保障法治的形式品质的实现

法学方法论有利于保障法的内在道德性或法的形式品质的实现。法既有其实质价值也有其形式价值。前者是指法要实现和追求的目的；后者是指法为了实现其追求的目的，其本身应该有的价值或品质。正如朗·富勒教授所说："作为一种目的性事业，法律必然要履行一定道德的前提要求，这种道德前提要求可以被称为法的内在道德性，或合法性原则，或者程序自然法。"[1]这实质上就是说，法的形式品质或内在道德性是法的目的实现的前提要件。如果法自身不具有这些形式品质或内在道德性，法的目的或实质价值就不可能实现。朗·富勒教授认为法的形式品质或内在道德性主要有：①法的普遍性或一般性（generality）；②法的公开性；③法的不溯及既往；④法的清晰性（clarity）；⑤法的无矛盾性；⑥法的可操作性（possibility of compliance）；⑦法的稳定性（constancy through time）；⑧已公布的规则与官员行为之间的一致性（congruence between official action and declared rule）。[2]

我们认为朗·富勒教授所说的法的八种内在道德性，是任

---

〔1〕 J. W. Harris, *Legal Philosophies*, London：Butterworths, 1980, p. 130.

〔2〕 J. W. Harris, *Legal Philosophies*, London：Butterworths, 1980, p. 130.

何法治语境下的法所必然要具备的品质或价值，即使我们不从法治的实质理性，而是从法的八种内在品质审查，也可以发现这个国家的法治现状。而且，现代任何一个国家都不可能认为该国的法不应具有或不具有这八种内在品质。而法学方法论能够确保法的这八种形式品质或内在道德性的实现。这可以从上述法学方法论的论述中得到证明。例如在立法角度，法的普遍性或一般性要求法针对的是一般的人或一般的事，在国家主权管辖范围内普遍有效。在法的实施角度，要求的就是相同案件相同处理，这也就是前述的平等原则。我们已论述法学方法论是如何可以保证平等原则实现的。又如法的清晰性，法学方法论对法律解释的研究就在于保障法律运用者对法律的意义与目的正确揭示，确保法的明晰性。再如法的无矛盾性，近代以来，法学方法论强调体系思维，其实质就在于使不同规范性文件中的法律规则和原则成为一种具有内在一致性的和谐整体。在法律适用的过程中，近代法学方法论的体系思维强调法律运用者的个案的法律裁决标准必须与整部法律、法体系一致。总之，法学方法论对法的内在道德性而言是不可缺少的前提，如果没有法学方法论，这种价值或者法的内在道德性就不能得到保持。如果法的形式价值得不到保持，法的实质价值就很难得到实现。

法律中的概念

　　无论是在日常生活还是在理论活动中，概念都是人们进行清晰思考和对象认知的必要工具，对于法学研究和法律实践而言同样如此。在法理学教科书中，法律概念一般与法律规范并列为"法的要素"。[1]各个部门法理论的体系化构造也往往是从本部门的基本概念入手，如民法中的"法律行为"、刑法中的"犯罪"与"刑罚"、行政法中的"行政行为"与"行政关系"等。同样地，在法学方法论中，法律规范的适用往往涉及的核心问题就是特定案件能否被毫无疑义地涵摄于特定法律规范所包含的概念之下；而法律适用的争议焦点也往往表现为概念之内涵和外延的争议。所以，了解、掌握法律概念的基本理论对于正确的法律适用而言具有基础性的意义。

　　法律概念有狭义与广义之别。狭义上的法律概念指的是，为法律和法学所独有并具有特定之法律意义的概念，如"无因管理""紧急避险"。而广义上的法律概念指的则是一切具有法律意

---

　　〔1〕　如参见张文显主编：《法理学》，高等教育出版社、北京大学出版社2007年版，第112页。

义的概念，它既包括狭义上的法律概念或者说专门概念，也包括其他可能起源于日常生活但具有法律意义的概念，如"自然人""财产"。有学者将它们分别称为首要概念与次要概念，[1]或者真正的法律概念（或"专业法律概念"[2]又或"纯法律概念"[3]）与法律上相关的概念。[4]方法论中的"法律概念"一般是从广义上来理解的，它指的是在法律和法学（尤其是法教义学）活动中所使用的一切具有法律意义的概念。[5]

那么，法律概念有什么样的性质与功能？它包括哪些类型？法律上的定义与通常所说的涵摄又是什么关系？

一、法律概念的性质与功能

（一）法律概念的重要性

1. 法律人为概念争执的原因

为什么法律概念十分重要？我们都知道，概念或者定义（用语言表达出某个概念）的基本功能在于区分。正因为我们要区分出在我们看来性质十分不同的对象或客体，所以我们才需

---

〔1〕 Vgl. Rolf Wank, *Die Juristische Begriffsbildung*, München: C. H. Beck'sche Verlagsbuchhandlung, 1985, S. 5.

〔2〕 Karl Larenz, *Methodenlehre der Rechtswissenschaft*, 6. Aufl., Berlin u. Heidelberg: Springer – Verlag, 1991, S. 226.

〔3〕 Josef Esser, *Wert und Bedeutung der Rechtsfiktionen*, 2. Aufl., Frankfurt a. M.: Vittorio Kostermann, 1969, S. 108.

〔4〕 Gustav Radbruch, *Rechtsphilosophie*, 6. Aufl., Stuttgart: Koehler, 1963, S. 219f.

〔5〕 类似的观点，参见 Karl Engisch, "Die Relativität der Rechtsbegriff", in Murad Ferid Hrsg., *Deutsche Landesreferate zum V. Internationalen Kongreβ für Rechtsvergleichung in Brüssel*, Berlin: Walter de Gruyter, 1958, S. 59.

要大量的概念。就好比我们起名字一样，你叫"张三"，他叫"李四"，正因为有了这些名字，我们才能将张三和李四这两个人区分开。概念不清、定义不明会造成我们认知的混淆，从而给我们的生活带来不便。法律概念也是如此，它的基本功能就是将法律概念（如"婚姻"）所指涉的对象与其他对象尤其是看上去相似的对象（如事实同居关系）区分开来。但相比而言，法律概念要比其他领域的概念更为重要。这可以从两方面来说明：

第一，法律概念是属于人文社会科学的概念，与自然科学的概念相比，具有明显的利益关涉性。一般而言，自然科学领域的定义不会直接引起有关人们的行为及其利益的变化。例如"物理"和"化学"的概念就是如此。我们都知道，物理是研究物体运动规律的学科，而化学是研究物质组成成分和结构的学科。但物理和化学所研究的对象和这两门学科所使用的称呼并无内在关联。我们可以将研究物体运动规律的学科称为"化学"，也可以将研究物质组成成分和结构的学科称为"物理"，这并不会对从事相关研究的人带来影响——除了由于改变既有的称呼带来主观感受上的不适之外。这是因为自然科学的概念往往是人类约定俗成的产物，其起源也大多带有偶然性。与它们有关的人类活动主要涉及外在的自然现象和对象（外部指向型），它们并不会对人类的行为及其利益产生直接的影响。与此相反，人文社会科学领域的定义会引起人们不同的行为后果及其利益变化。比如"行为艺术"的概念。艺术是人类珍重的价值，行为艺术作为艺术的一种形式，自然要求分享这种价值。某个行为能不能算作行为艺术，就意味着它能不能得到艺术这种价值的保护以及应不应该受到尊重。比如去过西欧的朋友会发现，在西欧国家的街头经常会遇见这样的情形：远远望去，街头静立着一个浑身涂满金粉或银粉的"塑像"，但走近了他会突然动起来，向你眨眼睛。而在这其中，有的人裸露着或半裸露着身体。这样的行为属不属于"行为艺术"？如果我们认为这属于行为艺术，就意味着他们的行为应得到尊重甚至赞赏；如果不属于，他们的行为就无法得到这种评价，甚至可能会因此得到负面的评价——伤风败俗——而被人鄙夷、驱赶。所以，与人文社会科学概念相关的活动主要涉及的是个人的内在倾向或者人们内部的关系（内部指向型），它们具有明确的利益关涉性。

第二，法律概念属于独特的人文社会科学的概念，对于人们的行为及其利益的影响要比其他社会准则来得更为重大。人文社会科学的概念都会在一定程度上影响人们的利益。在社会领域，除了法，其他社会规范（如宗教、道德、习惯等）同样能对行为产生约束与限制。但它们与法律相比，对于行为及利益的影响是不同的，区别何在？举个例子。我国 1979 年的旧刑法中规定了一个口袋罪——"投机倒把罪"。后来我们都认为十分平常，甚至体现出经商天赋的许多行为，如利用两地的信息不对称和交通不畅低价买进、高价卖出，都可以被归在这个罪名之下，因而受到刑事制裁。但在实行市场经济之后，1997 年的新刑法中取消了这个罪名，这就意味着先前可被归于其下的那些行为现在成了正常的市场行为，最多可能会被人骂一句"缺德""挣黑心钱"，但在法律上不仅不会再受到制裁，反而可能要受到保护了。所以，如何给法律现象下定义，在一定程度上就等同于如何划定法律与宗教、道德、习惯等其他社会准则之间的界限。而之所以要划定界限，是因为法与这些社会准则给人们带来的利益影响是不同的：法律在框定人们行为准则之范围的同时，在此范围内附加了公共的强制制裁，因而涉及人们的重大利益。这种影响的重大性表现在于，法律轻则可以没收个人的财产，重则可以剥夺人们的生命。而在政教分离的现代国家中，其他社会准则一般不会给人带来如此重大的影响。

同时我们也能明白，正因为法律概念涉及人们利益乃至重大利益，会严重影响到人们的行为方式，所以大家对于它的内涵和外延要取得一致见解十分困难。

2. 法理论上的规范主义

要理解法律概念的重要性，还必须要面对并反驳当代法理论中一种强有力的反对意见。在法学方法论的语境中，这个反对意见涉及的问题是：在法律（法律推理）活动中，法律概念与法律规范的关系是什么？在当代法理论研究中存在着一个明显的倾向，那就是通常以"规范"作为理解法律现象的基本范畴。几乎可以说，大多数学者都或明或暗地将"法律规范"（法律规则、法律原则）作为法律最基本的构成单位。[1]德国法哲学家冯·德尔·普佛尔滕（von der Pfordten）把这种将一切要素都还原为法律规范的做法称为"法理论上的规范主义"。[2]假如这种做法能够成立，那就意味着法律概念至多只是相关法律规范的组成部分，法律概念的意义可以由相关的法律规范来决定。换言之，它们并没有自己独立的意义。那么，这种立场真的能成立吗？

---

〔1〕 例如参见 Manuel Atienza and Juan Ruiz Manero, *A Theory of Sentences*, Dordrecht: Springer Science, 1998, p. xi. 当然，两位作者在书中用的称呼是"法律条文"。

〔2〕 Vgl. Dietmar von der Pfordten, "über Begriff im Recht", *ARSP* 98（2012）, 440.

在发表于 1958 年《哈佛法律评论》的一篇著名论文《图图》（Tû - Tû）中，丹麦法学家罗斯转述了一位人类学家所描述的一则故事：在南太平洋的某个岛屿上生活着一个原始部落，原住民们有一种信奉"图图"的信仰。如果有人触犯了特定的禁忌，比如与他的岳母碰面、杀死被奉为图腾的动物或吃了首领的食物，就会被这个部落的人说成是"图图"。但没有人能说清"图图"的含义究竟是什么，只是认为它类似于某种附在那个有罪之人身上的危险力量或传染病，它会将灾难降临到整个部落。因此，成为"图图"的人必须要经受一种特殊的净化仪式的洗礼。在罗斯看来，如果去掉附加在其上的迷信色彩，"图图"这个概念是没有任何意义，也即没有任何语义所指的。在那个原始部落的语言用法中，与"图图"这个概念有关的无非是如下两类宣称（为了简化问题，我们仅以"吃了首领的食物"这一情形为例）：

(1) 假如某人吃了首领的食物，那么他就是"图图"。
(2) 假如某人是"图图"，那么他就应当经受净化仪式的洗礼。

很显然，无论"图图"意味着什么，甚至它没有任何意义，当将这两个宣称放在一起并运用普通逻辑规则进行推导时，就会得出如下这个宣称作为结论：

(3) 假如某人吃了首领的食物，那么他就应当经受净化仪式的洗礼。

这三个语句表达的其实都是一个意思，也就是吃了首领食物的人应当经受净化仪式的洗礼。可见，"N. N. 是图图"语义所指就是由流行的语言用法所确定的上述两种事态，而"图图"这个概念本身没有独立的语义所指，它不外乎一种"幻觉"，作用仅在于它是一种表达技术。[1]设想如果没有"图图"这个词，这个部落就得累赘地使用三个具有同样结果（应当经受净化仪式的洗礼）的宣称，而有了这个词就可以大大简化语句的表达。

在罗斯看来，在法律中充斥着"图图"式的术语，如"权利""义务"等。这些术语是人类文明早期的古老遗产，例如在原始的思维中人们会相信"权利"是一种无形的力量，一种位于权利对象内部的、看不见的支配力，一种彰显在强力践行（判决与执行）中的力量。但其实，它不过是处于构成条件的要件事实与受条件限制的法律后果之间的一种中介性工具或因果联系的一环，旨在促发法律后果或者说为之提供基础。[2]例如，从①"假如某人 x 合法地购买了某物 y，x 对 y 就拥有所有权"和②"假如 x 对 y 拥有所有权，x 就有权使用 y"可以合乎逻辑地推导出③"假如某人 x 合法地购买了某物 y，x 就有权使用 y"。"所有权"这个术语在这里所起到的作用就像"图图"一样，是为了将"合法购买"与"有权使用"两者联系起来。与"图图"一样，"所有权"是一种简化表达的技术。

当然，在法律体系中，这类术语还能起到运用"图图"的原始部落中所没有的另一种功能，那就是呈现体系性秩序。因

[1] See Alf Ross, "Tû‐Tû", *Harvard Law Review*, 70 (1956‐1957), 817.

[2] See Alf Ross, "Tû‐Tû", *Harvard Law Review*, 70 (1956‐1957), 818.

为我们知道，x 获得对 y 所有权的方式不只有"购买"一种，也包括"继承""发现无主物"等；而 x 对 y 行使所有权的方式也不只有"使用"一途，还有"处分""收益"等，甚至包括"对于因 y 造成的损害负责"这样的义务性后果。如果离开"所有权"这个术语，法律体系就必须将每种行为与每种后果分别表达为一个规范，这不仅十分烦琐，而且无法看出这些规范之间的联系。可见，"所有权"这一概念的使用大大减少了法律规范的数量，并展现出不同要件事实与法律后果之间的体系性关联。因此，罗斯认为，法律思维的任务正在于以这样的方式来对法律规则做概念化处理，即它们可以被还原为体系性秩序，并借此来尽可能清晰和方便地说明现行法。[1]而这一点可以借助于法律概念这一表达技术来达成。总之，法律语言中所使用的"所有权""请求权"以及其他术语与"图图"具有相同的功能，它们本身是没有意义、没有语义所指的语词，只是作为一种服务于体系性目的的表达技术来使用。如果愿意，甚至可以将上述三段论推理中的"所有权"替换为"旧奶酪"，结论依然可以成立。[2]

从罗斯关于法律概念的理解中可以推出如下两个互有联系的论点：其一，法律概念是没有自身意义和语义所指的"傀儡"，它们只是呈现语言的实体，只具有简化表达的功能。其二，法律概念完全由包含它们的法律规范来决定和穷尽。它们在法律推理的过程中旨在将包含它们的不同命题联系起来，或者说将它们所指涉的不同事态（"要件事实"与"法律后果"）

---

〔1〕 See Alf Ross, "Tû - Tû", *Harvard Law Review*, 70 (1956 - 1957), 819.

〔2〕 See Alf Ross, "Tû - Tû", *Harvard Law Review*, 70 (1956 - 1957), 823.

联系起来，而方式却是作为中项被"对消掉"。第一点涉及概念（法律概念）的意义，而第二点涉及法律概念的功能。

（二）法律概念的性质

1. 概念的性质

在学说史中，对于"概念是什么"这一问题，存在着四种观点：[1] ①理念论：将概念理解为非呈现性的实体，它独立于其他自然的或社会的非概念性实体，例如独立于自然物质或社会制度。②唯实论：将概念理解为其他单数的自然或社会实体的非呈现性属性。因此，概念被认为是主谓语句中的谓词或概念词的所指或者说意涵，或者这些谓词或概念词的意义。③观念论：将概念理解为对象的内在或外在属性或者实体在个人（也许也包括高等动物）精神中的呈现（但这并不意味着它们就是这些属性或实体的"图像"，也即精准复现）。④唯名论：将概念理解为呈现性的语言实体，即语词、语词组合（词组）或呈现语言体系的类似组成部分。这一脉络中最著名的分支是维特根斯坦（Wittgenstein）的"使用论"——"语词的意义就在于它在语言中的使用"。[2]

理念论是一种本体论上晦涩不明的观点，难以被证明。即便这种晦涩实体（如柏拉图的理念）真的存在，它们也必须要以某种方式被察知和理解，故而人们依然需要关于它们的某种精神呈现方式。在这种意义上，理念论与观念论并不矛盾，但

---

〔1〕 这种分类法，参见 Dietmar von der Pfordten，"über Begriff im Recht"，*ARSP* 98（2012），442–443.

〔2〕 Ludwig Wittgenstein，*Philosophische Untersuchungen*，Frankfurt a. M.：Suhrkamp，1984，S. 41.

必须要使用不同的术语来区分它们所指涉的不同现象。由于很多人质疑这类实体是否真的存在，所以将"概念"这一表达保留给那种理念性的实体并不合适。唯实论则混淆了对象与对对象的精神呈现。我们没有理由将某个概念还原为某个客体的属性，或者将作为事实之组成部分的属性与作为对这些属性之精神呈现的概念相混淆。

需要更认真对待的是唯名论，也就是将作为精神呈现的概念还原为诸如语词和词组这样的语言实体的做法，因为正是它与"法理论上的规范主义"存在紧密关联。这是由于，一方面，如果概念只是语词或词组，那么它们就可以与语词一样具有任意性。它们偶然被构造出来，继而被弃用，就像在不同语言中不同的语词出于不同的目标被偶然地构造继而被弃用那样。由此，像正义、所有权或自由这类概念在内容上就不是必然的了。另一方面，如果概念只是语词或词组，那么为了满足其语言表达的功能，重要的就只有它作为语句，也即语言组成部分这一点。于是，"语境原则"就会发生效用：只有在某个语句或命题的语境之中，语词（即唯名论所指的"概念"）才具有意义。[1]人们甚至可以像罗斯那样更进一步，认为语词（概念）的意义完全由规范来决定乃至穷尽，而没有自身独立的意义，因此只要分析规范就足矣。

那么，唯名论是令人信服的吗？这里，可以提出三个反对将概念还原为语言实体的论据：其一，唯名论混淆了语词与语词的意义。我们通常认为，同一个概念可以用不同的语词来表

---

[1] Gottlob Frege, *Die Grundlagen der Arithmetik*, Stuttgart: Reclam, 1987, S. 92.

达。用不同语言中的不同语词来表达，并不影响概念或意义本身。例如，中文中的"制定法"、英文中的"statutory law"和德文中的"Gesetz"指的都是同一个概念。如果某人知道制定法是什么，并熟悉中文表达"制定法"，继而学习了德语翻译"Gesetz"，那么在他自己及其他人看来，他并没有学习到一个新概念，只是学到了一门外语中的一个新词汇而已。其二，唯名论无法区分语言表述的意义与所指，也就是内涵与外延。内涵与外延是一个被广泛接受的区分，内涵是它的含义即概念，是事物特有属性的反映，而外延是语词所指的事物所组成的那个类。如"人"的内涵（可能）是"理性的生物"，而外延则指古今中外一切人所组成的类。由于唯名论将概念等同于语词（符号），而语词（符号）只取决于其所在的语言系统（如在中文中"人"这个词是如何使用的，或者说有关"人"的语言使用规则是如何说的），所以无法区分内涵与外延。其三，唯名论混淆了思维的层面与语言的层面。使用作为命题之组成部分的概念属于思维的层面（理解），而使用作为语句之组成部分的语词属于语言的层面（言说），两者具有不同的功能。语言的首要功能在于交流，次要功能在于支持我们的记忆。而思维，也就是在命题或思想中使用概念及其组合，是理解世界、构造精神呈现之复杂秩序的手段。尽管在某种意义上理解依赖于语言，但这并不意味着它与语言是等同的，或者可以被还原为语言。在此基础上，我们可以顺便对弱规范主义作出回应：概念是思维的要素，可以独立于语言而存在，语词只是表达概念的一种符号而已。"语境原则"只适用于语言层面，它只是意味着：语词的意义，也即概念的语言表达要受制于语词所在的语句（规范）。这与在思维领域中概念具有基础性地位并不矛盾。[1]

在此基础上，观念论可以借由这样的假定被证实，即我们能够通过不同主张的相同意义或几乎相同的意义来"理解"概念。无论法的概念以何种语言来表达，我们对于法的概念的理解都不应当有差别。但概念作为精神呈现只是我们思考和理解的一个要素。我们为了思考和理解这个世界及世界上的现象，还需借助于其他要素，这其中最重要的就是判断或命题。规范性命题就是命题的一种。所以，这里的关键问题就在于，在我们的思维中，哪种要素更为关键：概念还是判断（命题）？虽然概念和判断都是理解世界的辅助手段，但它们对于这一目标的贡献是不同的。对现象的理解要以具体的意涵察知，如以具体的色觉与音觉为前提。为了把握我们这个复杂的世界，这些具体的感受必须被组合成整体。有两种办法能实现这一任务。一种是个别式的办法，也就是将每种独特的具体感受与其他具体的感受结合在一起，以获得一种关于具体感受的无限组合（其形式为：X_1，X_2……X_n）。另一种是概念式的办法，它并不对涉及所有不同特性的每种感受都作个别化处理，而是通过概念（作为我们理解能力的表现）将除了时空情境外的所有其他意涵察知都组合起来（其形式为：X）。出于认识论、本体论和语言上的理由，采用个别式的办法是不可行的。首先，个别式的办法在认识论上是不可能的。我们人类只具有有限存储能力和精神资源（如我们的记忆力）。或许我们能够接收前后相继的无限的感觉材料，但我们却没法将它们都储存起来。其次，个别式

---

〔1〕 Vgl. Dietmar von der Pfordten, "über Begriff im Recht", *ARSP* 98 (2012), 445.

的办法在本体论和语言上有弊端。如果在时空结构中比较稳定的事物只有通过具体的感受才能被认知，那么我们就无法维系这种稳定性，也无法区分关于这类稳定事物的知识与瞬间存在的印象，如海市蜃楼或一声惊雷。我们也不可能用数量有限的语句来表达我们无限的感受。故而，为了获得关于世界的有意义的认知，同时也为了能对世界进行塑造，我们需要运用概念。进而，如果概念是对具体感受进行组合的工具，那么它们与判断（命题）相比就更接近于这些感受。判断（命题）并不能直接将这些感受联结起来，它们只能通过概念来间接地将感受联结起来。如果说感受是我们关于世界之知识的基础，那么概念就比判断（命题）更接近于这一基础。这也同样适用于规范性判断（规范）。规范是一种特殊类型的判断，它将言说者的这种意志与描述性判断相关联，即特定行为应当被实施，或特定状态应当被实现。但这种额外的功能要基于概念的认识论功能，因为概念构成了每个规范的组成部分。就像判断中的概念一样，规范中的概念相比于规范要更接近于我们（作为察知世界之基础）的感受。故而有鉴于其与实际现象之间具有更紧密的联系，概念要比规范更为基础。

　　总之，概念就是精神过程的物化，不同特质的精神过程要被视为概念性的成果。正如"愤怒"这个概念是对愤怒状态的物化描述，一般意义上的概念就是对被呈现式的理解之属性的物化。没有呈现式的理解就没有概念。[1]所以，概念并不是语词，而是思维的工具，它无法被还原为语词或词组，也不由存

---

　　〔1〕 Vgl. Dietmar von der Pfordten, "über Begriff im Recht", *ARSP* 98 (2012), 446.

在于语言层面的规范来决定和穷尽。

2. 法律概念的性质

应当承认，像"权利""义务""所有权"这类语词的确缺乏如同"桌子""吃饭"那类语词一样的语义所指。"桌子""吃饭"这类日常概念的语义所指是占据一定时间和空间维度的物理性事实（对象或事态）。比如我们可以用手指着一张桌子说"这是桌子"，指着在桌子边吃饭的张三说"张三在吃饭"。但我们却无法用手指着一个东西或一个状态说"这是权利""那是义务"。但是，"事实"无法被"自然事实"所穷尽，因为除了自然事实外，事实还可以指社会事实。如果说自然事实独立于人们的思维和想法而存在，那么社会事实则是依赖于人们的思维和想法而存在的。社会事实至少可以通过两种方式来获得：一种方式是，有足够多的社会成员相信存在这些事实，并相信大多数其他成员也拥有相同的确信。也即，这些事实之所以存在，是因为它们被相信存在，并且其他成员也拥有相同的确信。例如，某大学与外校之所以存在广泛联系，是因为这个学校的大多数人都体会到并相信存在这些联系，并且与该校有关的其他社会成员也体会到并相信这些联系。这种被大多数（相关的）成员所相信的事实，可以被称为"基本社会事实"。[1]另一种方式是，某个社会事实可以作为"制度性事实"而存在于社会现实中。当且仅当存在一个规则，它将某个事实的存在与其他事实的存在相联结时，这个事实就可以作为制度性事实而存在。这些其他事实可以但不必然是社会事实本身。换个角度说，假

---

〔1〕 See Jaap Hage, "The Meaning of Legal Status Words", in Jaap Hage and Dietmar von der Pfordten（eds.）, *Concepts in Law*, Dordrecht: Springer, 2009, p. 60.

如某个命题的真不仅取决于世界上的行为或事件的存在，而且也取决于适用这类行为或事件的规则时，它就是关于制度性事实的命题。[1]例如，"张三受法律制裁"就是一个制度性事实。它通过一个规则，即"盗窃应受制裁"，被联结于张三偷了某个东西这一事实。或者说，"张三应受制裁"这个命题是否为真，不仅取决于张三偷了某个东西这一事件，也取决于存在"盗窃应受制裁"这个规则。

制度性事实的根本特征在于，它是根据规则而存在的社会事实，没有这些规则就没有这种社会事实的存在（也许存在外观一样的自然事实，但不会具有社会事实的"意义"）。在此意义上，这些规则相对于制度性事实而言就具有构成性，因而可以被称为"构成性规则"。[2]而如果这些构成性规则具有法律的属性，那么它们所联结的事实就成为要件事实。法律概念是有语义所指的，它的客体就是作为制度性事实的要件事实。要件事实同样是一种事实，只是要构成要件事实（也就是使得自然事实具备法律意义），仅有外在的物理事实是不够的，还必须要有法律规则的存在。尽管要件事实以法律规范作为构成性条件，但与法律规范相关的推论分析并不能决定法律概念的意义，而只是以提供获得相关要件事实之语义条件或特征的方式帮助人们去知晓其意义。假如不同法律体系之规范对这些条件或特征的规定完全不同，那么相同的法律语词所指的就是完全不同的法律概念。从这个意义上说，纯粹规范上的推论分析无法赋予

［1］ See John Searle, *Speech Acts: an Essay in the Philosophy of Language*, Cambridge University Press, 1969, pp. 50-53.

［2］ See John Searle, *Speech Acts: an Essay in the Philosophy of language*, Cambridge University Press, 1969, p. 33.

法律概念以意义。

有人可能会认为，法律中既会运用来自于日常语言的概念，也会运用所谓自身独有的专业概念。即便以上所说对于日常概念而言是成立的，对于专业概念来说也未必如此，因为专业概念更多受到法律规范的影响，甚至完全由法律制度来决定。对此要作进一步的分析。对于日常概念而言，法律规范只能施加极少的影响。日常概念可以是概括—抽象的（如人、行动），也可以是具体—经验的（如房屋、树林）。法律体系中概括—抽象的日常概念主要来源于非法律领域，并将法律概念的体系与我们关于世界的非法律理解耦合在一起，以至于它们不能完全由法律规范来决定。法律体系中具体—经验的日常概念只能回溯到感官体验（第一性语言游戏）中去加以理解，它们主要不由法律规范来决定。因此，对于使用者（无论是立法者还是法学家）而言，只有当日常语言的表达在法律语境中以相同的意义被理解，而在其他情形中可以清晰表明其偏离性意义时，它才应当被运用。[1]当立法者有意选用日常语言的表达时，我们就可以推测他也想让相关规范的受众在惯常的日常语言的意义上来理解这一表达。[2]

对于专业概念而言，同样不只受到法律规范的影响，因而并不完全由其决定。一方面，应当看到法律概念对于其他概念的依赖性。例如，很清楚的是，所有权的概念不仅由联结财产权的取得条件与规范性后果的规范来确定，而且也受到更抽象

〔1〕 Vgl. Hans‐Martin Pawlowski, *Methodenlehre für Juristen*, Heidelberg: Müller Juristische Verlag, 1981, S. 315.

〔2〕 Vgl. Franz Bydlinski, *Juristische Methodenlehre und Rechtsbegriff*, 2. Aufl., Wien: Springer, 1991, S. 438.

之概念（如权利）和更具体之概念（如对有体物和无体物的所有权）的影响。另一方面，即便是被法律打上深刻烙印的概念在非法律世界中也有某种事实的，也即自然的、社会的或文化的对应关系。对应的形式例如可以是人、物与关于物之被普遍承认的权力之间的物理关系或心理关系。这一点鲜明地体现在为某一国家的法秩序所独有的概念上。例如，《中华人民共和国继承法》（以下简称《继承法》）第 31 条规定了"遗赠扶养协议"这个独具中国特色的概念。这一概念就是在农村"五保户"和"供给"制度的长期实践基础上发展起来的。对于缺乏劳动能力又缺乏生活来源的鳏寡孤独的老人（遗赠人），实践中发展出了两种赡养的办法：一种是由老人的亲属、街坊邻居或者其他亲朋好友等承担其生养死葬的义务，而遗赠人死后将其遗产遗赠给扶养人；另一种是由集体组织"五保"（吃、穿、住、医疗、丧葬），老人死后的遗产（房屋和其他财物）归集体组织所有。[1]假如在现实中，这些事实上的关系和实践不存在，就没有理由来创设任何与"遗赠抚养协议"相关的法律后果，如当遗赠人的遗产被第三者占有时，被遗赠人可以请求返还。因此，即便是那些处于标尺另一端的专业化程度很高的概念，当它们在教义学中被构造和完善时，同样在外部经验世界中要有对应的事实关系和状态。

　　所以，无论是日常概念还是专业概念，都无法仅由法律规范来决定，而或多或少必须存在，或被相信存在外部世界的对应关系，即便这种对应关系并非精确的"复制"，即便作为观念

―――――――――

　　〔1〕　参见王作堂：《试论遗赠抚养协议》，载《政治与法律》1985 年第 6 期，第 15 页。

它们有可能被打上主观的烙印。

（三）法律概念的功能

尽管我们并不认为法律概念是没有自身意义与语义所指的语言表达，但毋庸置疑的是，在法律推理的结构中，法律概念的确承担着"法律中项"的角色，故而至少在形式上可以在推理中被对消掉。那么，怎么理解法律概念在法律推理中的功能呢？

1. 语义的确认与确证

有的时候，特定法律体系自身规定了某个法律概念（语词）的语义。如《中华人民共和国刑法》（以下简称《刑法》）总则部分第 95 条针对"重伤"规定的三种情形就构成了认定重伤的条件或特征（它表述的规范构成了创制性规则）。而刑法分则中诸多规定涉及侵犯人身权利之犯罪的规范（只要具有重伤的情节）都是后果性规则。此时至少看起来"重伤"这个概念仅仅发挥着中介者的作用，因为法律的规范效果在于将特定的法律后果赋予那三种情形之一。但更多时候，法律体系并没有规定法律概念的语义，对大量的法律概念而言，其意义在语义上的澄清工作是由法教义学和司法实践来完成的。有时，提供语义的规则来自于日常语言实践或法学通说，此时法律概念的语义在事先被确定了。但在许多情形中，法律概念的语义并没有通过法律规范或日常语言规则被确定或者被完全确定。当实践中涌现出新的案件时，解释者往往要提出新的语义规则或修正原有的语义规则并为此提供理由。这就涉及语义的确认与确证的区分。[1]语

---

〔1〕 Vgl. Robert Alexy, *Theorie der Juristischen Argumentation*, Frankfurt a. M. : Suhrkamp Verlag, 1983, S. 289.

义的确认指的是根据既有语言用法（来自自然语言、专业语言，尤其是法教义学），运用语义论据来确认某个概念的语义；而语义的确证则是指当不存在语言用法和语义规则时，运用别的论据来确定某个概念的意义。后者涉及不确定法律概念的问题。

方法论通说认为，不确定法律概念包括三种类型：歧义、模糊与评价开放。[1]对此，我们将在本专题第二部分再予以详述。这里要指明的是，主要在模糊和评价开放的情形中，有时也在存在歧义的情形中，并不存在只需确认的语义规则，而是需要通过语义的确证为相关概念创立新的解释性规则。如果人们在不清楚要件事实a是否属于法律概念T时确证a属于T，那么就创造出了这样一条新规则：只要当特定特征组合M（它在a中存在）出现，相关变量就是T。该规则的形式为：$(x)(Mx \rightarrow Tx)$。但有时也有这样的情形：立法、日常语言或教义学尽管已经提供了一个有效的语义规则$(x)(M^1x \rightarrow Tx)$，但不清楚个案事实a究竟是否是M^1。在这种情况下，要对M^1进行进一步的解释，从而表述出另外一条语义规则$(x)(M^2x \rightarrow Tx)$。也有可能为了得出M^2，还要表述出相应的第三条语义规则，以此类推。一个理想的状态是，要将这些规则逐步确定下来，直到某个点，对于概念T之表述的可适用性不存在怀疑或争议为止。而当法律规范的适用者（如法官）自己不再有疑虑，并认为没有人能理性地争议其可适用性时，就可以认为已经达到了这个点。

---

〔1〕 Vgl. Hans‑Joachim Koch, "Einleitung: über juristisch‑dogmatisches Argumentieren im Staatsrecht", in der Hrsg., *Seminar: Die juristische Methode im Staatsrecht*, Frankfurt a. M.: Suhrkamp Verlag, 1977, S. 44f.

所以，在法律推理中，法律概念无法被简单地对消掉。这是因为：其一，很多时候并不存在既有的语义规则，法律概念的语义需要由解释者来确证；其二，很多时候即便有效地确认了语义规则，尚需要有其他解释性步骤将具体的个案事实与这些规则（表述的条件或特征）合乎逻辑地联结起来，这些步骤同样构成了对法律概念语义的澄清。不进行这些工作，就无法赋予特定要件事实以相关法律后果。

2. 法律概念与法律后果

罗斯用以支持法理论上规范主义的一个重要观点认为，语词的定义既可以被替换为推论的条件，也可以被替换为推论的结果。例如，"假如 N. N. 吃了首领的食物，那么他就是图图"这句话就相当于"N. N. 是图图，因为他吃了首领的食物"（如果 $x = y$，那么 $y = x$）。"假如 N. N. 是图图，那么他就应当经受净化仪式的洗礼"（罗斯也将它说成"N. N. 是图图，因为净化仪式的规范可适用于他"），这句话也可以被替换为"净化仪式的规范可适用于 N. N. ，因为他是图图"（如果 $y = z$，那么 $z = y$）。这些语句都是等值的（因为如果 $x = y$，且 $y = z$，那么 $y = x = z$）。这一等式也可以被运用于"所有权"的情形。真的如此吗？

将法律概念 y（T）与创制性规则所规定的适用条件 x（M），以及后果性规则所规定的法律后果 z（OR）等同是错的。一方面，前面说过，无论 x 来自于立法、日常语言、教义学，还是当下案件中法官的确证，它往往只是构成了法律概念 y 的（部分）适用条件或辨识 y 的语义特征，本身并不等同于 y 的意义。某人合法购买了某物，他就取得该物的所有权，能因此就说，所有权（的意义）就是合法购买吗？即便用合取式将所有取得所有权的方式都联结起来（$x_1 \wedge x_2 \wedge x_3 \wedge x_4 \wedge \ldots \to y$），也不能说"所有权"指的就是取得它的全部方式（$y = x_1 \wedge x_2 \wedge x_3 \wedge x_4 \wedge \ldots$），除非 x 是对 y 的完全定义（$x \leftrightarrow y$），但这在实践中是比较罕见的。

另一方面，更不能将法律后果作为法律概念的意义。一则，法律概念与法律后果之间可能存在一对多和多对一的关系。前者指的是一个法律概念可能会引发多个法律后果。比如，"所有权"的概念就会引发有权使用、有权处分、应对损害负责等法律后果。后者指的是特定法律后果可以由多个法律概念所引发，或者说多个法律概念可能会共享同一个法律后果。比如，有权使用这一法律后果就既可能是由拥有所有权引发的，也可能是由拥有用益物权所引发的，等等。故而在法律逻辑上，通常用外延蕴含式（x）（$Tx \rightarrow ORx$），而不用相互蕴含式（x）（$Tx \leftrightarrow ORx$）来表示后果性规则。[1]而要将 T 与 OR 在语义上相等同只能采取相互蕴含式。二则，更重要的是，在法律推理中，个案要件事实符合法律规范中法律概念的特征是引发特定法律后果的前提，而不是相反：个案要件事实应该引发特定法律后果，所以它符合特定法律概念。因为包含法律概念的法律规范通常只是一种外壳，或者说是引发当事人去实施被要求的行为之必要但非根本性的手段。而法律解释与推理的问题通常涉及的是法律概念及其分析的问题。比如《中华人民共和国宪法》（以下简称《宪法》）第 47 条规定，公民有进行文学艺术创作的自由。它确保了"文学艺术创作自由"作为我国公民的一项基本权利的地位。与其他基本权利（如《宪法》第 37 条规定的"人身自

---

〔1〕 关于这两种蕴含式，参见〔德〕乌尔里希·克卢格：《法律逻辑》，雷磊译，法律出版社 2016 年版，第 191~194 页。为适合本专题的语境，符号有所变动。

由")一样，这一基本权利要受到特定的法律限制——除了一般性的立法明文限制（《宪法》第51条规定："中华人民共和国公民在行使自由和权利的时候，不得损害国家的、社会的、集体的利益和其他公民的合法的自由和权利。"）外，通说认为在个案中相冲突的基本权利对它也会形成一种限制。但是在冲突情形中，适用这一规范的前提性问题恰恰在于："文学艺术创作自由"究竟是什么？或者更具体地说，文艺创作行为相比于经济行为、政治行为或宗教行为的特性何在？因为只有回答了这一问题，才能继续去判断：其一，某种行为能否被归于"文艺创作行为"，从而作为基本权利获得宪法的（初步）保护；其二，它是否因立法明文限制或与其他基本权利相冲突，因而要受到限制。对于这些问题的回答，只能建立在分析"文艺"概念的基础之上。故而在逻辑上，特定法律概念是引发特定法律后果（充分或必要）的前提，而不是相反。

3. 法律规范的文义与目的

上述论点或许会遭遇一种反驳，它来自于所谓的"后果主义思维"：即便确定法律概念的意义看上去是引发特定法律后果的前提，但在许多真实的情形中（尤其是需要由法官自己来确证法律规范之文义的场合），恰恰是因为法官想要将这一法律后果赋予个案事实，所以他才会如此这般去解释法律概念。如果我们将后果视为目的之一种，那么后果主义思维就可以被刻画为这样一种实践三段论的形式：[1]

---

[1] 参见王鹏翔、张永健：《经验面向的规范意义——论实证研究在法学中的角色》，载《"中研院"法学期刊》2015年第17期，第240、243页。

（1）目的 Z 应该被实现（或后果 Z 是好的）。

（2）对于法律概念 T 采取解释 M 有助于实现 Z（或者导致后果 Z；或者如不采取解释 M，则无法达成 Z）。

（3）因此，对于法律概念 T 应采取解释 M（或者法律概念 T 的文义应该是 M）。

我们也可以将 Z 称为导致法律后果 OR 的规范性理由。正是因为这种目的或者说规范性理由的存在，才使得法官确证特定法律概念具有特定的语义。这么做就是为了满足这种规范性理由，继而意欲引发特定法律后果。所以，真正重要的依然是目的或后果，而不是法律规范的文义。这说明，作为法律规范文义的承载者，法律概念亦不重要，它起到的最多就是一种手段意义上的"玻璃窗"功能，透过它，我们可以去找寻真正重要的规范性理由和后果。正是在此意义上，瑞典法学家林达尔（Lindahl）认为："法律概念应当统一起这样的规范性联结的集合，它们不仅分享相同的法律后果，而且分享着相同的规范性理由。"[1] 这里涉及对法律规范的文义与目的之间关系的理解。

在此，我们要区分出两类情形：一是法律规范的文义与目的相协调的情形；二是两者不相协调的情形。在前一类情形中，法官的目的和后果考量与法律规范之文义解释相一致，也就是说，目的考量符合法律概念的语义。此时，目的考量对于法官至多只是起到"启发式的"效果：法官在实际思考的过程中，受个人动机、情感、实用主义因素乃至偏见的影响意欲支持某

---

〔1〕 Lars Lindahl, "Deduction and Justification in the Law: The Role of Legal Terms and Concepts", *Ratio Juris*, 17（2004）, pp. 198 – 200.

个观点，并在此引导下发现既有的语义规则支持这一观点。此时，文义与目的不存在冲突。但有论者或以为，此时"真正起作用"的正是法官心理中的那种目的和后果考量，而不是见著于纸面的文义解释，后者只是"事后的正当化"而已。这里就涉及方法论上的一个经典区分，即法的发现与法的证立之间的区分。[1]在法律适用过程中，一方面，法的发现与法的证立这两个层面可以相对分离；另一方面，法学主要研究的并不是法官在事实上如何作出裁判，而是他如何证立其裁判。不是原因，而首先是理由才是法学的研究对象。[2]所以，即便目的考量是裁判的"真实"原因，但只有文义才是裁判的理由。

当然，目的思维也可能不仅停留于心理和原因的层面，而进入理由和论证的层面。此时它就成为目的论证（或后果主义导向的论证），前文中的实践三段论就是其形式。这种情况主要发生于文义与目的不相协调的情形中，它又可以分为两种场合：

第一，文义不清晰、目的论证帮助裁判的场合。在这种场合中，根据语义规则无法确定个案事实 a 是否归属于法律概念 T，因此应否引发法律后果 OR 不确定。此时，就需要文义论据之外的其他论据（如发生学论据、历史论据、体系论据等）介入，其中也包括目的论据，此时法官就要进行目的解释的工作。但文义于此并非毫无作用：一方面，文义毕竟为这种目的解释的活动划定了界限，超出文义框架外的解释（将否定候选域的对象拉入概念之中，或是将肯定候选域的对象排除于概念之外）

---

〔1〕 具体参见本书专题四第二部分第 184~186 页。

〔2〕 See Massimo La Torre, "Bedeutung, Norm, Rechtswissenschaft: zur Problematik Einer Epistemologischen Begründung der Jurisprudenz", *Rechtstheorie*, 22 (1991), 315.

都是无效的。另一方面，个案中目的解释的结论可以沉淀为特定的法教义，尤其是如果它成为通说，它对于后来审理同类案件的法官而言就将构成新的语义规则（法律概念语义的新成分）。此时法官无须再去进行相同的目的论证工作，只需进行语义确认即可。

　　第二，文义可以清晰涵摄个案或不涵摄个案，但目的论证要求超越文义进行裁判的场合。在这种场合中，根据法律概念 T 的清晰语义，个案事实 a 可以被确定地归为 T 或被排除于 T 之外，因此要求引发或不引发法律后果 OR。但在目的论证中，为了追求目的 Z 而应当采取的措施 M 却可能超越 T 的语义：要么 M 比 T 的语义来得宽（a 落入 T 的否定候选域，但 Z 所要求的法律后果却同样是 OR），要么 M 比 T 的语义来得窄（a 落入 T 的肯定候选域，但 Z 所要求的法律后果却是¬OR）。我们将前者称为文义的包含不足，而将后者称为文义的过度包含。[1]为了追求个案公正，应对包含不足的主要方法是目的性扩张，而应对过度包含的主要方法是目的性限缩。有时，法官也可能会运用基于一般法律原则的法律续造。此时，法官进行的就是传统上称之为"反于法律的法律发现"[2]的活动。但无论采取何种方法，都必须要在论证中考虑到文义及其背后的价值的反制作用。法官受"制定法的拘束"是裁判的一项基本义务，而制定法的拘束首先就体现为制定法文义的拘束。当法官追问，在什

---

　　〔1〕 也可称为"规定过窄"与"规定过宽"，参见［美］弗里德里克·肖尔：《像法律人那样思考：法律推理新论》，雷磊译，中国法制出版社 2016 年版，第 29 页。

　　〔2〕 Jörg Neuner, *Die Rechtsfindung Contra Legem*, München: C. H. Beck'sche Verlagsbuchhandlung, 1992, S. 1.

么样的个案中可以为了贯彻某些目的（实质考量）而作出逾越或违背制定法文义的判决时，他也必须超越个案去思考，进行这种法的续造是否会违反权力分立（法官须受立法者所制定之法律的拘束）的要求。法官在依循目的论证作出合理和正确之裁判的同时，也必须尊重由文义所体现的立法者的权威（民主原则、权力分立与法安定性原则的要求）。

综上，法律概念在法律推理中发挥着首要功能：首先，很多时候需要由解释者自己对法律概念的语义进行确证或具体化；其次，特定法律概念是引发特定法律后果的前提，而不是相反；最后，法律概念的语义构成目的论证的界限。

二、法律概念的类型

类型化对于法学研究，包括方法论研究具有重要意义。法律概念同样可以分类，不同的概念具有不同的意义，在方法论上也会导致以不同的方法来应对。从不同的角度，可以对法律概念进行不同的分类。例如，根据功能的不同，法律概念可以分为描述性概念、评价性概念与论断性概念；根据定义要素的不同，法律概念可以分为分类概念与类型概念；根据是否确定，法律概念可以分为确定的法律概念与不确定的法律概念，不确定的法律概念又可进一步被区分为描述性不确定概念与规范性不确定概念。

（一）描述性概念、评价性概念与论断性概念

从某种意义上说，所有的法律概念都是规范性的。因为它们出现在规范之中，而且会引发规范性的后果。这与法律规范

的基本功能是分不开的：法律规范旨在指引人们的行为，它会对特定的情形赋予法律上的规范性后果。而作为法律规范之基本组成部分的法律概念同样具备这种效果。它并非像一般概念那样旨在帮助人们"认知"客观之物或者为此提供相关的信息，而是致力于（直接或间接地）调整特定的对象。就如法学者库普曼斯（Koopmans）说过的："如果生物学家将一头鲸鱼归类为哺乳动物，而不是一条鱼，在事实的世界中这不会造成任何改变"，"但是，如果法学家将酒吧的一个高脚凳视为动产，而非不动产，他们的意思就是说，在酒吧老板破产的案件中，对这个高脚凳享有权利的不是作为抵押权人的银行，而是酿酒厂"。[1]在这一意义上，法律概念总是规范性的，无论它们是来自日常语言还是专业语言。借用哲学家安斯库姆（Anscombe）的话来说，法律现象与法律概念之间的关系呈现出"世界对于语言的适应指向"，而非如一般概念与其对象之间的关系那般的"语言对于世界的适应指向"。[2]但是，这并不意味着我们不能依据其功能，将法律概念本身划分为描述性概念、评价性概念与论断性概念。[3]

1. 描述性概念

一个法律概念在内容上可以完全是描述性的。简单地说，描述性概念就是对事实进行描述的概念。但什么是事实？事实

---

〔1〕 T. Koopmans, *Denken en Doen in het Recht*, in T. Koopmans, *Juridisch Stipplwerk*, Deventer: Kluwer, 1991, S. 68. 转引自 ［荷］扬·斯密茨：《法学的观念与方法》，魏磊杰、吴雅婷译，法律出版社 2017 年版，第 20 页。

〔2〕 See G. E. M. Anscombe, *Intention*, 2nd edition, Cambridge (Mass.): Harvard University Press, 1957, p. 56.

〔3〕 这种分类及其阐述，参见 ［德］英格博格·普珀：《法学思维小学堂：法律人的 6 堂思维训练课》，蔡圣伟译，北京大学出版社 2011 年版，第 9~21 页。

不只是经由纯粹的感官知觉就能正确把握的对象，它同时需要在精神上加以正确理解。例如，"汽车""自行车""辐射"这些都是描述性概念，这些概念的特性在于，那些含有描述性概念并将之运用到某种情形上的语句有真假之别，判断的标准就在于这些语句与被描述之对象或情形是否相符。但是，这些概念不仅是在描述某个纯粹的经验材料，也必须同时需要描述的主体具有某种观念或精神。假如没有关于汽车、自行车或辐射的观念，即便面对相关的经验材料，也无法产生"汽车""自行车"或"辐射"的认识。试想，一个从未见过或听过"汽车"这个概念或不理解这个概念的原始森林中的原住民，在第一次见到一辆汽车时，他只能用感官感受到这辆车的形状、颜色和质料，或许他也会认为这是个大铁盒，却无法产生"这是汽车"的认识。所以，如果没有认识主体在精神上的理解，他就不可能正确地运用这个概念。这一点在原则上适用于每一种概念，也包括那些最简单、日常生活中最一般性的概念。

描述性概念的对象不仅包括自然事实，也包括制度性事实。上面所举"汽车""自行车""辐射"的例子都属于自然事实。制度性事实的例子如"婚姻""家庭""所有权"等。前面说过，与自然事实相比，制度性事实最大的特征在于必然存在一些"构成性规则"，构成了这些事实存在的前提——没有构成性规则就不会出现制度性事实。例如，"张三在北京三环边上拥有一套房产（的所有权）"就是制度性事实。有一些规则规定了某人成为不动产所有人的条件。如，张三可以因为从他父亲那里继承了这套房产而成为它的所有人。这就是由一个法律规则，即我国《继承法》第 10 条规定的。根据这一规则，子女是遗产的第一顺序继承人，可以通过法定继承取得其父母遗产的所有权。当然也存在许多其他规则，规定了可以成为不动产所有人的其他方式。这些规定在何种条件下获得所有权这一制度性事实的规则，可以被称为"创制性规则"。也有许多规则是规定所有权如何丧失的。例如，假如张三死了，或者他将房产卖给了李四，他就将丧失其所有权。规定某种制度性事实如何丧失的规则，可以被称为"终止性规则"。此外，还有一些规则规定的是所有权的后果。如，作为房产的所有人，张三可以对未经同意的闯入者采取合法强制手段，他可以抵押他的房产，可以出租它；同时，他也有义务为这个房产缴纳相应的税，为承租人提供相应的适住条件等。规定某种制度性事实之规范后果的规则可被称为"后果性规则"。[1]同一个制度性事实的创制性规则、终止性规则与后果性规则合在一起，从规范的角度规定了与这一事实相关的条件。要注意的是，某个制度性事实的后果性规则同时可以作为另一个制度性事实的创制性规则。例如，某国的税法可能规定，不动产所有人有义务进行簿记和纳税申报。如果张三从他父亲那里继承了某处房产，那么他就自动成为税法上的"不动产所有人"，因而要簿记和纳税申报（继承法上后果性规则成为税法上的创制性规则）。

一个描述制度性事实的语句同样有真假之分。假如张三从他父亲那里继承了一套房产，那么我们说"张三对这套房产拥有所有权"这个语句就是真的；假如张三租了一套房子自住，那么我们说"张三对这套房产拥有所有权"这个语句就是假

---

〔1〕 关于这三类规则的划分，参见 Neil MacCormick, "Law as Institutional Fact", in Neil MacCormick and Ota Weinberger, *An Institutional Theory of Law*, Dordrecht: D. Reidel Publishing Company, 1986, pp. 52 – 53.

的。含有描述制度性事实之概念的语句的真假，取决于它是否与制度性事实相符，而后者则取决于那种事实是否是依据构成性规范来产生的。

2. 评价性概念

评价性的概念是包含对事物之价值判断的概念，例如《中华人民共和国民法总则》（以下简称《民法总则》）第 8 条规定的"公序良俗"，以及《德国刑法》第 211 条中的"出于卑劣动机杀人"。一般认为，公序良俗包括公共秩序与善良风俗两个部分，前者是指"法律的一般原则和法律学说的概括"以及"法制本身内在的伦理道德价值和原则"，常表现为一种法律上的和意识形态上的概念；后者是一种一般道德或社会的最低伦理标准。[1] 至于这些意识形态的伦理道德原则和最低伦理标准是什么，虽不无客观基础（习惯与生活），但也在很大程度上受适用者主观评价的影响。同样地，通说认为，德国刑法中"出于卑劣动机杀人"中的"卑劣"指的是"在道德上处于最低的层次，因此应受指摘和鄙夷"。这同样充满着评价色彩。比如，出于为报杀死亲人之仇而去杀人的动机是否符合这一概念？有人可能会将这种动机评价为卑劣；也有的适用者可能会充分体谅这种动机（如"父仇不共戴天"），因此不把这种动机称作道德上最低的层次，也即不认为它是卑劣的。评价性概念的特征在于，前面那批人不能将后面那批人所表达的语句称作假的，反过来也一样。这说明，评价性的语句是没有真假可言的。

---

〔1〕 参见于飞：《公序良俗原则研究——以基本原则的具体化为中心》，北京大学出版社 2006 年版，第 20～21 页。

评价性概念以一种特殊的方式指涉被评价的事实,即被评价的事实本身也是评价意义的组成部分。也就是说,评价与被评价的事实是混合在一起的,评价不同,向我们所展示的"事实"本身也就不同。在二战中,德国一艘舰艇的舰长朗斯朵夫发现敌军的武力优势后,为了拯救自己舰上官兵的生命,让他们乘救生艇逃生,并炸沉了自己的战舰,而没有遵循上级命令战到最后一颗子弹。这是"勇敢"还是"懦弱"?有人认为,为了逃生而抗命避战是懦弱的行为;但也有人认为,在毫无希望的情形中,为了拯救官兵性命而抗命炸沉战舰是勇敢的行为。在这里,"为了逃生而抗命避战"这一事实与"怯懦"的评价,"在毫无希望的情形中,为了拯救官兵性命而抗命炸沉战舰"这一事实与"勇敢"是分不开的。

3. 论断性概念

论断性概念的功能在于:基于某个事实的确认来认定(论断)另一个事实的存在。后一个事实在此意义上被论断了。论断性概念的例子有民法上的推定和刑法上的"罪责"。推定可以被分为可推翻的推定与不可推翻的推定。可推翻的规定的例子是"宣告死亡"的概念。《民法总则》第46条第1款规定:"自然人有下列情形之一的,利害关系人可以向人民法院申请宣告该自然人死亡:①下落不明满4年;②因意外事件,下落不明满2年。"这意味着,只要存在"下落不明满4年"或"因意外事件,下落不明满2年"这两个事实中的一个,就可以论断自然人死亡的事实。但这种推定是可推翻的。因为同法第50条规定:"被宣告死亡的人重新出现,经本人或者利害关系人申请,人民法院应当撤销死亡宣告。"也就是说,基础性事实与论断性事实之间的推定关系可以通过举证被推翻。相反,不可推翻的规定则无法通过任何方式被推翻，即便这种推定是反事实的。例如，民法上的"劳动成年者"的概念就提供了这样一种不可推翻的规定。《民法总则》第 18 条第 2 款规定："16 周岁以上的未成年人，以自己的劳动收入为主要生活来源的，视为完全民事行为能力人。"这意味着，只要存在"16 周岁以上、以自己的劳动收入为主要生活来源"的事实，就推定其为"完全民事行为能力人"，而不论满足前一事实的人实际上是否具备年满 18 周岁那般的心智成熟程度。可推翻的推定与不可推翻的推定在功能上不同：可推翻的推定实际上是对举证责任的分配，是对承担举证责任一方当事人所负的举证责任的具体规定，是对这一事实的声明——假如负有责任的一方当事人没有举证，或者举证了但没有满足他的举证责任，那么这一事实就被认为存在；不可推翻的推定完全不同。在结构上，它们类似于可推翻的推定，因为不可推翻的推定同样说明了法律假定存在的事态（即使并不存在）。但因为法律不允许另一方当事人挑战不可推翻的推定的结论，所以它与举证责任并无关联。实际上，除了表述形式外，不可推翻的推定与法律规则几乎没什么区别。[1]而论断性概念，其实就是对法律规则的浓缩。

"罪责"概念则是刑法方面的一个典型例子。《德国刑法》第 20 条对罪责下了一个定义，即"行为人辨识其行为之不法的能力及依其辨识而行为的能力"。其前提是，行为人在作出行为的决定时是自由的，自由意味着行为人必须在行为当时具有其

---

〔1〕 参见 [美] 弗里德里克·肖尔：《像法律人那样思考：法律推理新论》，雷磊译，中国法制出版社 2016 年版，第 246 ~ 247 页。

他（不同于其实际之所为）行为的能力，他对这个行为才具有罪责。至于特定行为人在特定状况下能否做出与其实际所为不同的行为，是无法查证的事。基于此，刑法典原则上论断每个成年人都具有这种能力，除非出现精神上的缺陷。也就是说，除非存在可证明的反证，否则就论断每个成年人都具有罪责能力。

描述性概念、评价性概念与论断性概念如何区分？评价性概念与论断性概念的共同点在于，两者都实现了两个意义成分：一是被评价或论断的概念内容；二是评价或论断的前提。描述性概念与论断性概念也具有共同点，那就是：被描述或论断的不是评价，而是事实。故而大体可作这样的区分：描述性概念直接描述事实，评价性概念依一定评价前提对事实进行评价，论断性概念则依一定规范前提对事实进行推导。

（二）分类概念与类型概念

1. 分类概念

分类概念采取下定义的方式，即列出具体案件中对此概念之实现而言系属必要且充分的要素。这些必要的个别要素，可以是累积的，也可以是选择式的。在前一种情形中，这些个别要素相互之间通过"并""且""并且"等连接词连在一起，可以被称为"联言式的定义"；在后一种情形中，这些个别要素相互间通过"或""或者"等连接词连在一起，可以被称为"选言式的定义"。联言式的定义，比如"窃取，是指破坏他人对某物的持有并且建立自己对于该物的新持有"。选言式的定义，比如"取得某物，是指将该物的本体或该物的价值并入自己的财产中"。

学界曾经长期不承认选言式的定义是一种定义，因为它没有说明满足定义中某个个别要素的对象与满足另一个个别要素的对象是在何种观点下相同，以至于它们可以在法律上被等同对待。例如，为什么"将某物的价值并入自己的财产"要和"将某物本身并入自己的财产"等同视之？但选言式的定义相比于联言式的定义有一个好处：因为一个联言式定义的概念越是一般，它的适用范围越大，这个概念所包含的要素就必须越少。而包含的要素越少，这个要素可能就会越抽象和晦涩。比如，如果我们用联言式来给"取得某物"下定义，它可能就是这样的："取得某物，是指将该物自所有权人处持续剥夺，并且至少暂时地以该物之所有人自居。"这里就很不明确，什么叫"以所有权人自居"？相反，选言式定义的概念就没有这个问题，因为我们可以在不减少该概念之固有要素的前提下，加入新的（数量不特定的）个别要素，来扩大该概念的适用范围。例如，我们从"取得某物，是指将该物自所有权人处持续剥夺，并且至少暂时地将之并入自己的财产"这一定义出发，再将第二个定义补充进去："将有价证券的价值从它的所有权人那里持续地剥夺并且将之并入自己的财产，亦属于取得某物。"这种方式一方面扩展了"取得"这个概念原本的适用范围，另一方面也不会损害这个概念在内涵方面的要素丰富性和清晰易懂性。虽然尚需举出理由来证明，为什么要将这两个选择性的要素同时当作"取得"来处理，但这个理由就不再需要定义的形式了。当然，选言式定义的个别要素也可能与联言式定义的个别要素一样模糊，但将选言式定义适用于个案中时却可能会比较清晰。因为将一个额外的个别要素加入一个选言式定义时，虽然这个概念整体上看起来不会因此变得更准确，但它在特定个案中的适用的确会因此变得更清晰。[1]关于定义理论，我们将在本专题第三部分再来详述。

2. 类型概念

类型概念是在其中至少出现一个可区分层级之要素的概念。这一要素之外的其他要素，要么也是可区分层级的，要么是可选择的。一个可区分层级的概念要素在个案中实现的程度越高，其他可分级之要素所必须被实现的程度便可随之降低，或者其他选言式的要素就越不需要被实现，两者间呈现出"此消彼长"的情形。以"持有"这个类型概念为例："持有，是自然人出于支配意志，对于某个对象所具有的一种事实、社会上的支配。"这个概念表明，"持有"既和事实上对某物的支配力有关，也和社会对这种支配力的承认有关。事实上的支配力与社会对支配力的承认都是可分级的概念要素。一方面，某人事实上对某物的支配，强度上可能是或多或少的：①该人把该物握在手中时，事实上的支配力是最强的；②该人将该物放在他随手能拿取的地方时，事实上的支配力就变得较弱些；③该人把该物放在他能自由进出的空间，而他自己并未处于该空间时，事实上的支配力就会变得更弱；④该人把该物放在公共空间且知道它在哪里，但无法立刻取得该物时，也还是有事实上的支配力，只是这个支配力以最弱的形式存在。另外，社会对支配力的承认也可以区分出不同的等级：①占有权享有最高等级的承认；②无权占有同样享有民法上的保护，可以之来对抗他人的侵占，对于妨碍占有的行为可以请求排除妨害或者消除危险，因侵占或者妨害造成损害的可以请求损害赔偿（《中华人民共和国物权

---

〔1〕　参见［德］英格博格·普珀：《法学思维小学堂：法律人的6堂思维训练课》，蔡圣伟译，北京大学出版社2011年版，第22~24页。

法》第 245 条）。如果将这两个可分级的概念要素联结起来，就可以发现，就持有概念的实现而言，一个人在事实上对于某物的支配力（拿取可能性）越强，社会对此支配的承认就可以越弱；反之，社会对于此种支配的承认度越高，事实上拿取该物的可能性就可以越弱。比如，窃贼在商店拿取到一块表时依然不算持有，只有离开柜台时才算；而所有权人即使对于停放在远处的汽车还是具有持有关系。[1]

分类概念与类型概念的区别在于：[2] 其一，分类概念在"普遍—具体"两端中处于普遍（或许是不当的普遍）的地位；类型相比普遍接近于具体事实但又有别于后者，它构成"普遍与具体的中间点"。因此，一方面，类型与抽象的—普遍的概念相区别。后者是指通过一些有限的、彼此分离的特征下定义，与直观相互对立；而前者更接近现实，虽然有一个意义内核，但没有固定的界限。另一方面，类型亦有别于个别事物和个别现象，因为只有在可比较的事物范围内才有类型，它的存在以事物的区别为前提，因而绝非是对特殊性的简单复述，而是在区别中对个别的整理和普遍化。其二，分类概念的组成特征绝对不可或缺且具有同等重要地位，而类型注重的是特征构成的整体形象，各特征的重要性是相对的，相互之间的关系也是或强或弱的。这是类型最重要的特点。虽然考夫曼承认类型有一

---

〔1〕 参见 ［德］英格博格·普珀：《法学思维小学堂：法律人的 6 堂思维训练课》，蔡圣伟译，北京大学出版社 2011 年版，第 25～27 页。

〔2〕 以下参见 ［德］亚图·考夫曼：《类推与"事物本质"——兼论类型理论》，吴从周译，颜厥安审校，新学林文化事业有限公司 1999 年版，第 111～119 页；［德］卡尔·拉伦茨：《法学方法论》，陈爱娥译，商务印书馆 2003 年版，第 100～101 页；林立：《法学方法论与德沃金》，中国政法大学出版社 2002 年版，第 126～132 页。另外，有部分为笔者个人的见解。

个固定的"核心",但对此绝不能作物性化的理解。这个核心,指的是意义和事物本质而不是外在的物理特征,也不是所谓的本质特征。因为所谓本质特征的前提仍然是分类概念的思维,即将概念分解为许多充分且必要的特征,其中最重要的一个就是本质特征。而类型并不注重单个的特征,它在一种"整体性视野"下判断具体事例是否属于某个类型。在形形色色的特征组合呈现出的"弹性的标记结构"之中,只要能体现出同一意义,就属于一个类型,而其每一个事例内部的众特征则是有机结合、相互依存的,它们共同形成一个意义性。其三,分类概念是封闭、静止性的,在适用上是"非此即彼"的,是一种"分类"思维;类型是开放的,具有流动性和极大的弹性,在适用上是"或多或少"的,如何适用和能在多大程度上适用某一类型需要根据具体情境来决定,它是一种"归类"思维。类型建立在对世界复杂性的认识上,采取一种包容和开放的态度。这种开放性包括两层含义:①层级性。一个类型内部可能会存在无数的层级次序。比如在"红色"这一类型中,会有大红(中国红)、玫瑰红、紫红、橘红等不同程度的层级。②边界的不明性。在类型内部从一个层级到另一个层级,在类型外部由一个类型到另一个类型之间存在模糊的边界地带,呈现"流动的过渡"状态。从外部看,或许只有量的差别(然而从内部看,量积累到一定程度则形成质的飞跃即改变意义),因而类型又被称作"比较式的次序概念"。

所以,分类概念可以被定义,而类型概念不能被定义,只能被描述。这里有两种描述的方式:一种是只给出该类型的名称,例如我国《刑法》第 257 条规定的"暴力干涉他人婚姻自由",并没有给出任何关于暴力干涉他人婚姻自由的组成要素。

另一种是不完全列举，例如《民法通则》第80条对"非法转让土地"的规定：土地不得买卖、出租、抵押或者以其他形式非法转让。不完全列举只是举出某个概念适用的典型情形，却没有穷尽式地为之下定义，而需要适用者自己去加以填补（对此参见下一专题中"法条的类型理论"）。因此，分类概念采用"价值中立"的涵摄方式来适用，而类型概念始终坚持价值导向的思考程序（权衡不同要素的分量）。

（三）描述性不确定概念与规范性不确定概念

一个法律概念的要素可以是清晰的，也可以是不清晰的。要素清晰的法律概念是确定的法律概念，而要素不清晰（或至少包含一个不清晰之要素）的概念是不确定的法律概念。这里必须区分"构成上的清晰"与"认识论上的清晰"这两个概念。某个概念的要素是否清晰并不取决于这一事实，即特定认识主体清晰地认识到其意义。某个概念在语义上是否清晰，这是一个问题；而这一点是否以及如何在认识论上被获知，是另一个问题。这里所讲的确定概念与不确定概念涉及的是概念的语义构成的清晰性问题。不确定的法律概念可以分为描述性不确定概念与规范性不确定概念。前者如"夜间""噪音""物"等，后者如"恶意遗弃""重大事由""显失公平"等。描述性不确定概念涉及对客观对象的描述，此时的不确定性是由判断标准的不明（如究竟是以哪个时刻点或者以何种天黑的程度来判断是否进入了"夜间"）造成的，但这个标准是存在的，一旦以某种方式确定了这一标准，不确定的情形就会马上消失。在此意义上，描述性不确定概念也可被称为"封闭的不确定概念"。相反，规范性不确定概念涉及适用者的主观评价，原本就不"存在"一个固有的客观标准，所以它们是"开放的不确定概念"。此外，不确定的概念还可以有另一种分类方式，即被区分为歧义、模糊与评价开放的概念。[1]其中歧义属于描述性不确定概念，评价开放属于规范性不确定概念，模糊则位于两者之间。

1. 有歧义的概念

歧义指的是一个法律概念与多种不同的语义发生关联的情形。换言之，这多种语义本身是明晰的，只是在当下情形中应该选择何种语义尚不确定。它又包括两种情形：第一种情形是，概念在不同的语境中拥有不同的语义，而在同一语境中则语义相同。例如，"本人"在一般语境中指的是"我自己"，而在代理法律关系中则指"被代理人"。再如，德语"Gesetz"在《德国基本法》第 20 条第 3 款中指的是"立法机关通过的制定法"，而在其他地方则既包括形式的制定法（议会通过），也包括实质的制定法（客观上的普遍规则）。可见，在同一语境内部，概念的语义事实上是清晰的。这种情形中的歧义通过"语境原则"来解决即可，即通过区分不同语境来明确特定的清晰语义。此时，涉及的依然是语义的确认。第二种情形是，语词在同一语境中拥有不同的意义，这种情形也可被称为"不连贯"。不同的受众在同一语境中可以不同的方式来运用同一个概念，这些概念彼此不相容，从而造成逻辑矛盾。此时的一般解决办法为：如果既有日常意义，又有专业意义，后者优先；如果专业

---

[1] Vgl. Hans - Joachim Koch, "Einleitung: über juristisch - dogmatisches Argumentieren im Staatsrecht", in der (Hrsg.), *Seminar: Die juristische Methode im Staatsrecht*, Frankfurt a. M.: Suhrkamp Verlag, 1977, S. 44f.

意义有疑义，日常意义优先；如果无法预先决定何者优先，只能取决于不同受众为此提出的论据。

2. 模糊的概念

"模糊"指的是一个概念的语义并不明显，或者说一个概念的外延范围无法被确定，某个对象是否应涵摄于该概念之下不确定。一个概念的对象领域可以被分为肯定候选域（positive kandidaten）、否定候选域（negative kandidaten）与中立候选域（neutrale kandidaten）。[1]肯定候选域是肯定属于该概念之对象领域的事实集合，否定候选域是肯定不属于该概念之对象领域的事实集合。在这两个领域中，概念的语义是清晰的，它们构成了表达概念之语词的界限，也有相应的语义规则来进行确认。真正的模糊出现于概念的中立候选域，在该领域中，根据语义规则不能肯定某个要件事实 a 属于法律概念 T，也不能肯定 a 不属于 T；也就是说，a 既可能是 T，也可能不是 T。如果概念是对现实之观念的呈现，那么中立候选域就是这样一些情形，在其中仅凭其语义无法进行涵摄，因为相关观念在此并不清晰。对中立候选域而言，概念是开放的，因此无法进行语义的确认，而只能进行确证，即需要凭借其他的论据，如概念的形成史、概念所处的体系、概念运用的目的等，来创立新的语义规则。

3. 评价开放的概念

这类涉及未被确定的价值要素。法律中有大量的价值概念，如"善良风俗""重大过失""恶意"等。这些价值概念可以被

---

[1] Vgl. Hans - Joachim Koch und Helmut Rüβmann, *Juristische Begründungslehre*, München: Beck, S. 195.

区分出描述性的意义成分与评价性的意义成分。[1]例如，当我们追问什么是"善良风俗"时，至少可以区分出"合法""合乎日常道德""合乎特殊道德（如宗教）"三层含义。每层含义都既有描述性意义成分，又有评价性意义成分。例如，有时存在客观清晰的日常道德要求，此时适用者只需通过描述来判断某种情形是否合乎日常道德即可；但有时并不存在这种客观清晰的日常道德要求，此时适用者就需要添加自己的主观评价。在后者中，存在着一种主张评价正确性宣称的偏好关系，其中难免藏有无法被证立的决断成分，但这并不表示完全无法对于评价进行证立。此时，同样需要运用其他理性论据进行词义的确证。

如何进行主观评价的客观化？司法实践中发展出了不同方式。这里仅举三例。《中华人民共和国产品质量法》第46条规定，本法所称缺陷，是指产品存在危及人身、他人财产安全的不合理的危险。何谓"不合理的危险"？举两个小例子：一个是，原告李某购买了数瓶蓝剑啤酒，酒瓶爆炸造成原告右眼球受伤，原告要求蓝剑啤酒厂赔偿。另一个是，原告谢某在绍兴肯德基分店就餐，拿热果珍时倾倒在自己大腿上，致使大腿烫伤，原告要求绍兴分店赔偿医疗费、误工费和精神损失费。这两种情形都属于"不合理的危险"吗？似乎不是。那么该如何说理？一个可以考虑的方式是围绕产品的"使用价值"来进行。一个产品的使用价值由其自身的性质来决定。在例子中，啤酒

---

〔1〕 黑尔称，表达这些概念的语词为"次要的评价性语词"，以此与只有评价性意义成分而没有描述性意义成分的"首要的评价性语词"（如"好""坏""善""恶"）相区分（Vgl. Richard Mervyn Hare, *Essays in Ethical Theory*, Oxford: Clarendon, 1993, p. 116ff.）。

瓶的使用价值在于装啤酒，而啤酒的使用价值在于喝。案件中啤酒瓶爆炸，显然已经超出了啤酒和啤酒瓶的使用价值，应该属于不合理的危险。相反，热果珍的使用价值在于它是热饮，而如果热饮有可能会烫伤人（这是常识），则属于热饮在使用价值内的合理危险。谢某不慎将果珍倾倒在自己大腿上，致使烫伤，属于合理危险。这里就提出了一个使得"不合理危险"的判断客观化的标准：危险发生在产品的使用价值范围内的属于合理危险，发生在产品的使用价值范围之外的属于不合理危险。[1]这是根据事物的性质来一般性地划定范围。

《德国刑法》第 316 条规定："由于服用酒精饮料而无法安全驾驶汽车的"，要承担相应的刑事责任。这里的问题在于，是否"服用酒精饮料"是一个可以通过检测手段判断的客观问题，但"无法安全驾驶汽车"该如何判断？由于每辆车的车况（新车或旧车以及折旧的程度）、道路交通情形（车辆行人密集的地段还是人烟稀少的地段），以及每个驾驶员的个人情况（老司机还是新手、驾车的时速等）都不同，很大程度上需要作出个别化的判断。而这个判断是个复杂的事，需要综合考虑多种变量因素。即便两个驾驶员面对的客观情形一致，也难免可能有一个属于完全驾驶汽车，而另一个不属于的情形存在。于此，德国刑法教义学上做的是一个客观量化的工作：当汽车驾驶员的血液中酒精含量达到 0.1‰时，就认为他属于不能安全驾驶汽车。这就使得"无法安全驾驶汽车"这个概念去规范化了，成了一个描述性概念。以后法官审理案件时不需再去作评价性考量，只需依据交警检测酒精含量的结果作简单判断即可。这种

---

〔1〕 梁慧星：《裁判的方法》，法律出版社 2003 年版，第 185 页。

做法有点类似于民法上的推定。但要指出的是，这种方法永远无法完全成功，因为它虽然提供了充分条件，却没有提出必要条件。[1]因为相对无驾驶能力总是可能存在的，这需要个别评价（例如可能有人沾酒即醉，即便他血液中酒精含量没有达到0.1‰，也无法安全驾驶汽车）。

在德国还发生过这样一个案例：一名气体风流观测员发现矿井瓦斯的变化，但他与矿工工长短暂相遇时并没有告知后者这件事，两小时后，当他确认了高度易爆的矿坑瓦斯浓度后，为了保命居然径自逃离而没有警告在场的矿工，最终6名矿工死于矿坑瓦斯爆炸。这一行为是否构成过失致人死亡罪？关键问题在于，是否能"期待"被告忍受危险去进行通知行为涉及对德国刑法上判断某人应否承担刑事责任的一个前提——"期待可能性"这个概念的理解。"期待可能性"如何判断？有人认为，期待是不可能的，因为被告自己也与矿工一样处于巨大且不可预料的危险中，他无法确知爆炸会马上发生，还是（如实际上那般）隔一段时间才会发生。但也有人认为，期待是可能的，理由有二：其一，被告身为观测员，处于一种特别法律关系中，这种关系让他负有忍受较高危险的义务；其二，被告对于直接的生命危险也有责任，因为第一次发生气体变化时他并未促使矿工疏散以避免危险。相比较而言，多数人较容易接受第二种论证，因为作为一个气体风流观测员，在原本有机会通知矿工撤离的情况下，其自行逃生的理由的分量比不上不这么做的理由的分量。"具备期待可能性"具有更强的说服力或者说

---

[1] 参见［德］英格博格·普珀：《法学思维小学堂：法律人的6堂思维训练课》，蔡圣伟译，北京大学出版社2011年版，第15页。

可接受度。这里涉及的其实是理由间的权衡与实质的说理。

三、法律上的定义与涵摄

（一）定义理论

1. 语义三角

概念属于思维层面，而定义属于语言层面。为了更清晰地展现它们之间的关系，我们可以引入奥戈登（Ogden）和理查兹（Richards）所绘的"语义三角"来加以说明：[1]

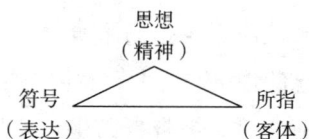

语义三角表明：一方面必须将思想（精神）、符号（表达）与所指（客体）区分开来；另一方面也要看到这三者之间存在关联。这里存在三种关系：其一，"符号—客体"关系。现实中的对象可以通过符号得以复现，符号可以是语言符号，也可以是图像符号。符号既可以用来称呼某个对象（如"桌子"），也可以用来称呼事实（如"桌子倒了"）。其二，"符号—思想"关系。表达和思想之间不存在自然的联系。也就是说，在某个语词的语音型构与其思想之间不存在像语义自然主义所想的那

---

〔1〕 Vgl. Charles Kay Ogden und Ivor Armstrong Richards, *Die Bedeutung der Bedeutung : eine Untersuchung über den Einfluß der Sprache auf das Denken und über die Wissenschaft des Symbolismus*, Frankfurt a. M. : Suhrkamp, 1974, S. 18.

种自然的联系。[1]符号既可以指涉个体，也可以指涉类型，后一种情况涉及的是通过符号所共同归属的个体。其三，"思想—客体"关系。某个符号背后的思想有别于符号所指称的客体。德国逻辑学家弗雷格（Frege）为此提供了一个例子：人们不能在任何时候都用"维纳斯（金星）"（Venus）来称呼"启明星"（Morgenstern）。故"启明星与长庚星（Abendstern）是同一颗星"这句话能指明某种信息内容，而"金星与金星是同一颗星"（即将对象与意义相等同）就不能。[2]

在这个三角中，概念位于思想的一角，而定义位于从符号对思想的趋向之中。站在思想的一角，可以说定义是语言符号对概念的表达（概念也要指涉客体）。而站在符号的一角，可以说概念其实就是定义的内涵（语词的意义），而所指就是定义的外延（客体）。但定义也可能超出对概念的说明之外，成为纯粹的语词说明（参见下文"实际定义"与"名义定义"）。但无论如何，法律活动也是一种语言活动，法律概念需要用定义的形式来展现，这是毋庸置疑的。在此意义上，需要研究定义理论及与其相关的涵摄问题。

2. 定义论的基础理论

按照传统定义论学说，定义可分为名义定义与实际定义。它们也可以被称为语词说明与实质说明。名义定义陈述出某个语言符号的精确意义，后者则确定某个对象的本质。如果拥有

---

〔1〕 Vgl. Hans - Joachim Koch, *Seminar*: *Die juristische Methode im Staatsrecht*, Frankfurt a. M. : Suhrkamp, 1977, S. 29.

〔2〕 Vgl. Gottlob Frege, "über Sinn und Bedeutung", in ders. , *Funktion*, *Begriff*, *Bedeutung*, hrsg. v. Günther Patzig, 4. Aufl. , Göttingen: Vandenhoeck & Ruprecht, 2011, S. 52.

某个对象的名义定义，那么拥有的就只是它的名字。但如果拥有这个对象的实际定义，那么就拥有了它的概念。名义定义的技术在于一种确证，而实际定义的定义技术在于确认：一方面确认包含有待定义者的最接近的属；另一方面也确认有待定义者和包含在同一个属中的其他对象区分开来的特征。这一方法通常被归结为一个著名的公式：定义就是属加种差。如：人是有理性的生物。生物就是这里所说的"属"，而"有理性"就是这里所说的"种差"。

而按照现代逻辑（演算逻辑）学说，定义则可以被进行更细致的分类。首先，它们可以被分为原本的定义（或真正的定义）与非原本的定义（或伪定义）。这里区分的标准在于，是进行语义的确认抑或语义的确证。例如，命题"伪证是……"和"侮辱是……"显然可能具有不同的意义，这要看它是立法者在"兹规定：伪证是……"这一类型之确证的意义上说出的，还是法官在"刑法典规定：伪证是……"这一类型之确认的意义上说出的。语义的确认有真假问题，而语义的确证却没有真假问题。以下分述之：[1]

（1）原本的定义或真正的定义。

它又包括：首先，广义上的明确定义。这是一种对有待使用之符号进行约定的方式来作的定义。这种定义的约定可以等式的形式来阐述，其中左边是新引入的符号或新引入的符号组合（被定义项），右边则是已知的符号或已知的符号组合（定义项）。作为定义性规定的象征，可以在演算内使用等号"="，

---

〔1〕 以下参见［德］乌尔里希·克卢格：《法律逻辑》，雷磊译，法律出版社2016年版，第122~133页。

并通过添加上符号"Df"来标识出定义符,为的是表明定义涉及的并非是可推导的公式。这样,定义等式就具有 X = Df Y 这一形式,其中 X 指的是被定义项,而 Y 指的是定义项。多数时候,定义项和被定义项总是显现为复杂程度不等的语词、词组或句子。但也有可能的是,虽然定义项由自然语言的语词(或词组或句子),但被定义项却由另一种类型的一个符号或符号组合组成。

广义上的明确定义又可进一步被区分为狭义上的明确定义与操作性定义。在狭义上的明确定义中,被定义项仅由新符号或新符号组合组成。立法者确证涉及的就是狭义上的明确定义,它涉及的是这样一种清晰情形:它关涉在语词之最宽泛意义上来使用某个符号组合的约定,也即涉及一种关于如何使用相关语词的约定。这种约定原则上可以任意作出。从逻辑的角度看,它们原则上并无约束力,因为并不存在判断明确定义之真假的标准(这也适用于下面要说到的隐含定义、通过抽象化的定义和归类定义)。但这并不意味着立法者可以任意为之,因为他还要受到目的论的限制。对于想要颁布一部新刑法的立法者来说,他可以使用人造术语甚至字母或数字来给概念下定义,这是完全自由的。如果他决定这么做,相关的定义就不能被批评为假的,而至多只能被批评为违反目的的。所以,只有当追问某个定义等式型的表达之真假没有意义时,才存在真正的定义。确认某个制定法语言用法的法官并没有在下定义,而是在贯彻一个符号说明,此时追问他的确认的真假是有意义的。

操作性定义是这样的定义,其中被定义项除了包括新符号或新符号组合之外还包括其他要素。换言之,操作性定义是关于一个新符号的约定,其中这个新符号本身并没有意义,但这一约定陈述出,包含这个符号的句子应该具有什么意义。例如,我国《刑法》第95条规定："本法所称重伤，是指有下列情形之一的伤害：①使人肢体残废或者毁人容貌的；②使人丧失听觉、视觉或者其他器官机能的；③其他对于人身健康有重大伤害的。"这就是对"重伤"的操作性定义，它并没有明确说出重伤是什么，只是列举了重伤的几种情形，以便于司法运用。操作性定义相对来说是不精确和不那么清晰的，因为人们并非毫无疑问地能够给予上述例子中的操作性定义以定义等式的形式。

其次，隐含定义。也被称为通过假设的定义、通过要求的定义或通过公理的定义。这种定义通常出现在一个公理系统之中。这一系统要确定某些非逻辑符号（相关公理化领域的基本概念）之间的形式逻辑关系，而隐含定义就可以被理解为是对这些非逻辑符号的符号化定义。它的作用在于，可以不考虑这些非逻辑符号的意义（即用变量来取代它们在公理系统中的位置）的前提下，保留住任何关系要件之间的特定结构关系。隐含定义的前提在于，人们拥有相关学科或子学科的公理系统。因为在法律科学中并非如此，所以这类定义目前并没有被法学者所注意到。这类定义在法律科学中能否运用、运用的范围有多大，取决于法律体系能被公理化的程度。

最后，归类定义。它被理解为对于演算或准演算（即类似于演算且多少精确的语句系统，它位于某个准公理性的关联情境之中。例如，在这一意义上，实在法体系——例如现行中国法的体系——就是一种准演算）的说明性规定，只要相关演算应该从根本上模写出某个特定的对象域。这一定义性规定将特定的演算符号或符号组合与有待模写的对象耦合在一起。一般而言，归类定义只有在对演算进行说明时才可能出现，但它们对于法律科学而言也有一定意义，即它们在将法条适用于具体实际案件的过程中默示地被预设为前提，因为只有当将相关事实归类于法条体系时，这种适用才可能进行。

（2）非原本的定义或伪定义。

首先，实质说明。实质说明在广义上意味着关于所谓某个对象之本质的命题，例如关于刑法之社会学意义的命题。它们可能是真的，也可能是假的。只要本质认识的概念具有一种可检验的意义，那么当从社会学的角度出发获得关于刑法意义之穷尽性的认识并用事实说明确定下来时，从社会学的角度来看刑法的本质就得到了认识。

其次，符号说明。即正确查明出现的某个符号或语言用法。许多司法判决要去探寻的是立法者对于任一特定且有争议的概念的理解是什么，但由于立法者只在相对很少的情形中明确认定语言用法，所以上述这类确认通常会导向去查明，出于默示或明示的惯习被固定下来的语言用法是什么。

最后，概念建构与概念拆分。概念建构在法律逻辑领域中可能以两种形式出现：一是作为立法者的概念建构在表述其制定法时出现；二是作为司法与法律科学的概念建构出现。第一种情形基本上涉及的要么是明确定义，要么是归类定义。相反，司法与法律科学中的概念建构通常涉及符号说明，因为这里涉及对某个多数时候被默示地预设为前提的语言用法的查明。概念拆分涉及的则是定义等式的回读法，即依次将每个定义都尽可能地视作被定义项，直至遭遇不可定义的法律基本概念或一般基本概念为止。

（二）概念涵摄

1. 涵摄的意义

给概念下定义与法律适用的基本模式——涵摄——存在着

紧密联系。学界对于涵摄这一术语的使用在概念上并未统一，我们大体上可以从宽到窄归纳出三种观点。最广义上的涵摄是指"确定生活事实与法律规则之间关系的思维过程"，它与"许多、通常也很复杂的思维步骤相关联"。[1]广义上的涵摄等同于"法律涵摄推理"，即作为法律适用过程中所运用之法律论证的一种。[2]依照这一观点，涵摄就是将特定案件事实归属于法律规则的构成要件之下，以得出特定法律后果的推论过程。[3]另有学者区分了作为整体的涵摄推理与作为小前提之组成部分的涵摄，后者即狭义上的涵摄，指的是"具体待决案件与为制定法构成要件所确凿涵盖之案件之间的等置"。[4]狭义上的涵摄构成了广义上涵摄的一部分，其核心就在于将某个个案事实涵摄至规范构成要件的概念之下。于此，涵摄是否成功，主要就取决于构成要件的定义能否涵盖个案事实。关于广义上的涵摄，我们将在本书专题四探讨"内部证成的结构"问题时再来介绍。现在我们关注的是狭义上的涵摄。

狭义上的涵摄其实是一种关于"某个特定的概念实现了另一个概念"的陈述，也就是在叙述某个特定概念是另一个概念的一种特殊情形（如"王海"是"消费者"）。这个陈述有时是非常明显的，不需要任何进一步的论证。如"张三趁李四不注

---

〔1〕 例如参见 Bernd Rüther，Christian Fischer，Axel Birk，*Rechtstheorie mit Juristischer Methodenlehre*，8. Aufl. ，München：C. H. Beck，2015，S. 413.

〔2〕 例如参见 Laus F. Röhl und Hans Christian Röhl，*Allgemeine Rechtslehre：Ein Lehrbuch*，3. Aufl. ，Köln：Carl Heymanns Verlag，2008，S. 132.

〔3〕 参见王泽鉴：《法律思维与民法实例——请求权基础理论体系》，中国政法大学出版社 2001 年版，第 200～201 页。

〔4〕 例如参见 Karl Engisch，*Logische Studien zur Gesetzesanwendung*，3. Aufl. ，Heidelberg：Carl Winter Universität Verlag，1963，S. 19，26.

意，一把抢过李四手中的包并立刻跑走"，可以被涵摄于"抢
夺"这个概念之下，而不需要进一步的论证。但有的时候，涵
摄的上位概念与被涵摄的下位概念之间无法形成直接的对接，
而需要由所谓的中间概念来将两者衔接起来，主张由这个中间
概念主张它实现了事实情况原本应被涵摄的上位概念，并形成
涵摄链条。这一链条连接起上位概念与个案事实，并一直进行
到个案事实对于中间概念的涵摄是如此明显，以至于不再需要
任何进一步的说明。

2. 涵摄的两种类型

形成中间概念的方式有两种：要么将上位概念拆解成个别
的要素，然而将个案事实的各部分分别涵摄于这些个别要素之
下，此谓"水平的概念涵摄"；要么将中间概念作为上位概念的
特殊概念（更为具体，在抽象的层级构造中位居前者之下），以
便形成"垂直的概念涵摄"。水平的概念涵摄其实就是给上位概
念下定义，而垂直的概念涵摄是在用概念换（套）概念。[1]

（1）水平的概念涵摄。

我国《刑法》第 388 条规定："国家工作人员利用本人职权
或者地位形成的便利条件，通过其他国家工作人员职务上的行
为，为请托人谋取不正当利益，索取请托人财物或者收受请托
人财物的，以受贿论处。"此即"斡旋受贿"。《刑法》第 388
条相当于给"斡旋受贿"下了一个定义，它由四个要素组成：
①行为人利用的是其他国家工作人员的职务行为；②行为人利
用了本人职权或者地位形成的便利条件；③必须是为请托人谋

----

〔1〕　参见 ［德］ 英格博格·普珀：《法学思维小学堂：法律人的 6 堂思维训练
课》，蔡圣伟译，北京大学出版社 2011 年版，第 37 页。

取不正当利益；④索取了请托人财物或者收受了请托人财物。现在让我们来审查，下列事实是否能被涵摄于斡旋受贿这个概念：国家机关工作人员甲在离退休前通过其下级国家工作人员乙为请托人丙谋取不正当利益，但其与丙约定，在其离退休以后再收受丙的财物。甲是否构成斡旋受贿？这里的关键在于，甲是否利用了本人职权或地位形成的便利条件。实务认为，应认定为构成斡旋受贿罪中的利用本人职权或地位形成的便利条件。这是因为：一是甲为丙谋取不正当利益时，凭借的是当时本人拥有的职权或地位；二是其与丙约定时其仍未离退休，身份上仍然符合斡旋受贿罪的主体要求。这个例子比较清晰地说明了可以通过定义链条得出不再需要进一步说明的涵摄。但是，并非每个案件都可以这么清晰地解决。例如，甲在为丙向乙请托时只是出于人情，而无索取或收受丙财物的行为或意思表示（此点与上例不同）。但在甲退休后的春节，丙出于报答甲之请托行为的目的向甲送钱，而甲明知此点仍欣然接受。这是否构成"斡旋受贿"？无论如何，关于斡旋受贿的定义还是能帮助我们更精确地确定问题所在。

（2）垂直的概念涵摄。

垂直的概念涵摄，是从法律概念出发，由较为一般的上位概念进展到较为特殊的下位概念。这个链接的环节，并不是通过给出一般概念的定义连接在一起的，而是通过将特殊概念被涵摄于先前较为一般的概念之下来实现连接的。这一链条不能中断，即不能在涵摄的链条之外加入新的概念。这一链条的末尾，同样也是一个个案事实的涵摄，也就是将个案事实涵摄于符合一般概念之构成要件的无限接近于个案事实的特殊概念之下，这个过程常常因非常显而易见而被忽略。例如，在德国刑法上，"身体伤害"是指"身体上的虐待"或"对健康的损害"。在一例中，甲想要从乙那里套取某个消息，于是在两人一起喝酒时，一再偷偷地将烈酒倒入乙的啤酒杯中，最后使得乙酩酊大醉。显然，在一般概念"身体伤害"（"健康损害"）和特殊概念"酩酊大醉"之间存在落差。此时，我们要来解释"健康损害"。在德国刑法教义学中，健康损害也包括对正常身体功能的干扰。酩酊状态属于对书中不同身体功能的干扰，同时它有程度之分，让某个无论如何都会出现的酩酊状态加剧，也属于惹起酩酊状态。甲以暗中添加烈酒的行为使得乙的酩酊状态加剧，属于损害乙的健康。可见，通过加入"对正常身体功能的干扰"这个中间概念，一般的上位概念与特殊的下位概念之间形成了链条。

我们也可以将较为特殊的中间概念视为一般概念的局部定义，因为这些特殊概念给出了实现上位概念的充分而不必要条件。局部定义并不以掌握某个概念的所有适用情形为目标，相比于完全定义，它更为精确、清晰且简单。只要能证立这个局部定义真的实现了相应上位概念的充分条件，局部定义就比完全定义更贴近事实。这样，我们就能够在将个案事实清晰且令人信服地涵摄于上位概念之下的同时，无须处理这个上位概念的模糊和不确定之处，从而避免争议。立法上经常使用局部概念定义这种技术，尤其是遇到比较模糊和需要评价的概念时。一般而言，立法是提出一个一般性概念，然后再明示列举出一些清晰实现了这个一般性概念的特殊类型。如《德国刑法》第211条规定：谋杀者，是指出于谋杀癖好、为了满足性欲、出于贪婪，或是基于其他卑劣动机而杀害他人者。"或是其他"这个表述表明，前面所举的各种动机要被理解为"卑劣动机"的例示。换言之，"出于谋杀癖好、为了满足性欲、出于贪婪"构成了"卑劣动机"的局部定义。只要实现了它们三者之一，就无须再去考虑行为人的行为是否出于卑劣动机的评价了。比如说，如果个案事实清晰地表明，行为人的行为可以被涵摄于"贪婪"这一特殊情形之下，法律适用者还去探究这是不是一种出于卑劣动机的行为，就犯了法律技术上的错误。再如，《中华人民共和国土地管理法》第 2 条第 3 款规定："任何单位和个人不得侵占、买卖或者以其他形式非法转让土地。土地使用权可以依法转让。""或者以其他"的表述表明了这一条款给出的是关于"非法转让土地"这一概念的局部定义。它意味着，只要是"侵占""买卖"土地的，就属于"非法转让土地"。至于除了这两种情形外，还存在哪些"非法转让土地"的情形，只要个案不涉及，就在所不问了。局部定义的使用一方面能避免与个案适用无关的争端，另一方面也可以简单且明确地证立个案的涵摄结论。

法条与法律规范

法律人跟法律打交道时，往往从法律规范开始。而一切法律规范都必须以法律语句的形式表达出来。离开了语言，法律就无法被记载、表达、解释和发展。[1]这种法律语句就是法律条文（简称"法条"）。虽然法律规范需要借由法条来表达，但法律人在适用法律解决具体问题时适用的不是法条（语句）本身，也不是法条所包含的字词本身，而是法条所表达的意义。因此，法条与法律规范需要被区分开来，法条和法律规范各有各的分类方法。同时，特定法秩序中存在的大量法律规范也不是杂乱无章的堆砌，而是有着内在结构的整体。

那么，法条与规范有何关系？法条与规范各有哪些类型？不同规范又以何种链条被组合为体系呢？

---

〔1〕〔德〕伯恩·魏德士：《法理学》，丁晓春、吴越译，法律出版社2013年版，第73页。

一、法条与规范的概念

（一）法条的概念

法条，是在制定法中基于立法技术之需要而发展出来的建构单元，它以条次的编号带头为其起始，并以下一条之起始标识本条之终结。[1] 例如，我国《民法总则》第 13 条规定："自然人从出生时起到死亡时止，具有民事权利能力，依法享有民事权利，承担民事义务。"这就是一个法条，它以"第 13 条"这一编号为起始，并以下一条，即"第 14 条"标识本条的终结。所以从形式上讲，标号就是一个独立之法条的标志。

但法学方法论上所称之"法条"通常需要作进一步的判断。它通常固然指的是制定法中各个条号界定之条文，但事实上仍应再按一个条文所包含之规范事项或构成要件是否相互独立认定，再予划分。[2] 所以，有时制定法标明之一条内的一款也被视为一个法条。例如，《民法总则》第 26 条规定："父母对未成年子女负有抚养、教育和保护的义务。成年子女对父母负有赡养、扶助和保护的义务。"通常我们说，这一条是由两款构成的，它们之间彼此独立：第 1 款说的是父母对未成年子女的义务，而第 2 款说的是成年子女对父母的义务。在方法论的意义上，我们认为它们构成了彼此独立的两个法条。这是因为，第 1 款或第 2 款已

---

〔1〕 参见黄茂荣：《法学方法与现代民法》（第 5 版），法律出版社 2007 年版，第 133 页。

〔2〕 黄茂荣：《法学方法与现代民法》（第 5 版），法律出版社 2007 年版，第 134 页。

经各自独立地表达出了法律规范的完整要素。在将第 26 条适用于
具体案件时，只需涉及其中的一款，而不是同时适用两款。

（二）规范的概念

"规范"是一个被广泛用于法律理论、社会学、语言学、道
德哲学与逻辑学的术语，但关于其含义是什么并没有形成一致
见解。大体上来说，我们可以从两个角度来研究规范。一个角
度是将规范作为一种思想或命题来对待，也即将规范视为一种
意义内容；另一个角度是将规范作为社会现象来对待，也即将
规范视为一种社会事实。阿根廷学者阿尔乔龙（Alchourrón）和
布柳金（Bulygin）区分了规范的前谓述观念（hyletische konzep-
tion）与表述性观念（expressive konzeption）。在前谓述观念中，
规范被视为命题，即特定语句（规范语句）的意义。这种观念
中的规范不具有语言依赖性，虽然它只能用语言来表达，但它
的存在与任何语言行为无关。相反，表述性观念将规范视为某
个主体对语言进行规定性运用（意志行为）的结果。同一个命
题可以被不同的主体在不同的场合用来做不同的事，如主张、
命令、猜测、质疑。它们的区别不在于命题的内容，只在于语
言使用的语用学层面。[1]正因为如此，也有学者分别称它们为
规范的语义学观念（semantic conception）与语用学观念（prag-
matic conception）。[2]

---

〔1〕 Vgl. Carlos E. Alchourrón und Eugenio Bulygin, "Expressive Konzeption der Nor-
men", in Eugenio Bulygin und Ernesto Garzón Valdés（Hrsg. ）, *Argentinische Rechtstheorie
und Rechtsphilosophie heute*, Duncker & Humblot, 1987, S. 16 – 17.

〔2〕 See Pablo E. Navarro and Jorge L. Rodríguez, *Deontic Logic and Legal Systems*,
Cambridge University Press, 2014, p. 67.

我们也可以将这两种观念下的规范称为"语义学规范"与"实体论规范"。作为制度性事实，规范存在于特定的时间之中，但存在于什么时间段则完全是件偶然的事，在此意义上它是现实的实体。相反，作为语句意义，规范不能被附加时间的要素。在此意义上它是某种理想或理念的对象，就如某种客观意义上的特定思想。[1]这种意义上的规范，其实是规范性语言活动的载体。区分某个语句的意义与它在特定情境中所能满足的实用功能是重要的。如果某个法律创制机关发布了一个规范语句，对于语句的这种使用就会满足立法的实用功能。但这个语句本身承载着一条信息，它有待被接收者（规范的受众或任何其他人）所领会。这个语句的意义对于信息的发布者与接收者而言应当是相同的。信息的结果对于交流的双方而言也应当是相同的。[2]信息的发布者（即立法者）与信息的接收者（即知法者）共享的是语句的意义，或者说同一个语义规范。这说明，语句在交流渠道两端的交流过程中具有相同的语义值。这就确保了语义学规范相对于实体论规范的独立性。因为并非对某个规范语句的所有语言运用都是一种创设规范的意志行为，规范也可以被用于语言—逻辑分析，或作为不同交流过程的对象。[3]

从某种意义上说，我们也可以将"语义学规范"与"实体论规范"看作对同一规范不同层面的研究。"实体论规范"涉及

---

〔1〕 Vgl. Ota Weinberger, *Normentheorie als Grundlage der Jurisprudenz und Ethik*: *Eine Auseinandersetzung mit Hans Kelsens Theorie der Normen*, Duncker & Humblot, 1981, S. 67.

〔2〕 Vgl. Ota Weinberger, "Intersubjective Kommunikation, Normenlogik und Normendynamik", *Rechtstheorie*, 8 (1977), pp. 19 – 40.

〔3〕 Ota Weinberger, "Der normenlogische Skeptizismus", *Rechtstheorie*, 17 (1986), S. 29.

的是规范的本体论研究，它研究的是规范的概念或性质问题，就此而言，规范是一种实际存在的"事物"，与语义、逻辑无关。而"语义学规范"涉及的是规范的认识论研究，它研究的是规范的思维方式或适用问题，就此而言，规范是语言与逻辑的对象。方法论研究的是规范的认识论，方法论意义上的规范主要是"语义学规范"，也即将规范视为一种意义内容或命题（"规范性命题"），探究它的类型、结构及其在法律推理中的作用。法律规范是规范的一种，"法律"这一限定语只是表明了这种规范的来源——特定法秩序而已。

（三）法条与法律规范的关系

法条与法律规范之间的关系，就是表述形式与内容之间的关系。但是，正如哲学上"内容"与"形式"这对范畴所揭示的，一个事物的内容与其表述形式之间的关系并不是严格一一对应的，它们之间有可能呈现出比较复杂的面貌。

因为同一个内容可以由不同的形式来表达，所以产生的问题就是：除了法条，法律规范还能用别的形式来表达吗？答案是肯定的。因为在历史上，也在现代社会中，法律的存在除了制定法之外，尚包括判例法、习惯法等。法条仅仅是存在于制定法中的表述形式。判例法规范其实是审理嗣后案件的法官从判决理由（ratio decidendi）中提炼出来的规范，经典学说主张它由法院所发现的实质性事实和结论两部分组成。[1]所谓"遵循先例"，遵循的也正是判决理由的部分。但判决理由并不是以

---

〔1〕 Arthur L. Goodhart, "Determining the Ratio Decidendi of a Case", *Yale Law Review*, 161（1930）, 40.

法条形式存在的（没有编号），虽然它也是以判决书中的语句形式存在。类似地，习惯法是通过口口相传的方式或者以文字记载的方式流传下来的，但它也不具备像制定法那样严整的条文，因为它并非某个机关有意创造和精心规划的产物，而是来自对普遍的日常实践的记载，也不具有法条（通常也没有编号）的形式。所以，法律规范既可以用法条的形式来表达，也可以存在于判例法和习惯法这些形式的法源之中。

反过来，是不是所有法条都是用来直接表述法律规范的呢？答案是否定的。我们可以将法条分为两类：一类是直接表达法律规范的条文，另一类是不直接表达法律规范的条文。我们可以将前者称为"规范性条文"，而将后者称为"非规范性条文"。非规范性条义至少包括如下三种：

第一种是定义性条文。比如我国《刑法》第91条第1款规定："本法所称公共财产，是指下列财产：①国有财产；②劳动群众集体所有的财产；③用于扶贫和其他公益事业的社会捐助或者专项基金的财产。"这就是一个关于"公共财产"的定义性条文。再比如，《刑法》第94条规定："本法所称司法工作人员，是指有侦查、检察、审判、监管职责的工作人员。"这是一个关于"司法工作人员"的定义性条文。定义性条文并不直接表述法律规范，而是为其他条文中的相关概念下定义，从而起到解释其他条文、配合其他条文（这些条文通常是规范性条文）适用的作用。例如，《刑法》第304条规定："邮政工作人员严重不负责任，故意延误投递邮件，致使公共财产、国家和人民利益遭受重大损失的，处2年以下有期徒刑或者拘役。"这一条文在适用时，就必须要结合第91条关于"公共财产"的定义。再比如，《刑法》第399条规定："司法工作人员徇私枉法、徇情枉法，对明知是无罪的人而使他受追诉、对明知是有罪的人而故意包庇不使他受追诉，或者在刑事审判活动中故意违背事实和法律作枉法裁判的，处 5 年以下有期徒刑或者拘役；情节严重的，处 5 年以上 10 年以下有期徒刑；情节特别严重的，处 10 年以上有期徒刑。"适用这一条文时，就要结合第 94 条的规定来认定犯罪主体的范围。

第二种是附属性条文。附属性条文一般规定在法典的附则部分，起到配合正文中条文适用的作用。最常见的情形是，附属性条文规定本部法律的生效时间。如我国《刑法》第 452 条规定："本法自 1997 年 10 月 1 日起施行。"《民法总则》第 206 条规定："本法自 2017 年 10 月 1 日起施行。"这就相当于说，《刑法》正文中的所有条款都从 1997 年 10 月 1 日起生效，而《民法总则》正文中的所有条款都从 2017 年 10 月 1 日起开始生效。我们知道，公布生效是法律生效的基本原则，也就是说，哪天公布，哪天生效。但对于一些重要的法律（法典），公布后必须要留一段时间让社会公众了解、熟悉，特别是要让司法实务部门的工作人员为实施它做好准备，所以做了这种"间隔"处理。所以，我国《刑法》是 1997 年 3 月 14 日公布的，预留了六个多月的时间；而《民法总则》是 2017 年 3 月 15 日公布的，同样预留了六个多月的时间。另外，也有的附属性条文起到的是明确正文中法条所使用的一些常见语词之含义的作用（并非给它们下定义）。如《民法总则》第 205 条规定："民法所称的'以上''以下''以内''届满'，包括本数；所称的'不满''超过''以外'，不包括本数。"它就涉及对于各该涉及这些语词的条款如果遇到本数的情况，是否包括在内的问题。

第三种是宣告性条文。这类条文最典型的情形出现在宪法之中。例如，我国《宪法》第 1 条第 1 款规定："中华人民共和国是工人阶级领导的、以工农联盟为基础的人民民主专政的社会主义国家。"第 2 条第 1 款规定："中华人民共和国的一切权力属于人民。"这类条文显然不是用来直接指引公民的行为，即不是直接用来表达法律规范的，而是起到了某种宣示和通告的效果。上述两个条款宣告了中国的国体和国家权力的来源，为国家权力的正当性奠定了基础。事实上，《宪法》的序言部分也起到大体类似的作用。虽然它看上去是在描述中国近代以来的历史，并提出国家的奋斗目标和基本政策，但其实并不是在对客观事实进行描述，而同样是在宣告国家政权的正当性问题。当然，序言部分不像正文部分那样有编号，所以从外观上看并不具备条文的形式，而只是语句。

定义性条文与附属性条文都是技术性条文，它们需要与规范性条文合在一起才能发挥作用。与此不同，宣告性条文是独立的条文，它所起到的作用与规范性条文是不同的。但无论如何，这三类条文都是非规范性条文，它们并不直接表述法律规范。

规范性条文直接表述法律规范。但要注意的是，规范性条文未必都采用"规范语句"的形式。所谓规范语句，指的是在其中出现规范助动词（道义模态）的语句。根据规范语句所使用的规范助动词，可以将它分为命令句与允许句。命令句又可以分为狭义的命令句与禁止句。狭义命令句使用"必须""应当"这类助动词，而禁止句使用"不得""禁止"这类助动词，它们分别向规范的受众提出了作为与不作为的义务。前者如《中华人民共和国婚姻法》（以下简称《婚姻法》）第 8 条规定的，要求结婚的男女双方必须亲自到婚姻登记机关进行结婚登记。后者如同法第 7 条规定的，有下列情形之一的，禁止结婚：
①直系血亲和三代以内的旁系血亲；②患有医学上认为不应当
结婚的疾病。允许句是指使用了"可以""有权"这类助动词
的语句。如《中华人民共和国合同法》（以下简称《合同法》）
第 77 条第 1 款规定："当事人协商一致，可以变更合同。"允许
句一般表达出了授予规范受众以权利或权力的意思。但是，有
时法律规范也可能用不带任何这类助动词的语句，即陈述句来
表达。如《民法总则》第 25 条规定："自然人以户籍登记或者
其他有效身份登记记载的居所为住所；经常居所与住所不一致
的，经常居所视为住所。"这是个陈述句，但它并不是在描述
某个事实，比如某人在某天去某地进行了户籍登记，然后就住
在那里；而是在表达一个规范或规范性要求，它很容易就可以
被改写为规范语句："自然人应当以户籍登记或者其他有效身
份登记记载的居所为住所；经常居所与住所不一致的，经常居
所应当被视为住所。"所以，规范性条文既可以是规范语句，
也可以是陈述句。无论是规范语句抑或陈述句，它都表达了特
定的法律规范。

　　但即便是表达法律规范的条文（规范性条文），与法律规范
之间也并非总是存在一一对应的关系，而可能存在以下四种
情况：

　　第一，一个完整的法律规范由同一部法律文件中的数个法
条来表达。比如《刑法》第 382 条第 1 款规定："国家工作人员
利用职务上的便利，侵吞、窃取、骗取或者以其他手段非法占
有公共财物的，是贪污罪。"而第 383 条规定：对犯贪污罪的，
根据情节轻重，分别处以不同的刑罚。只有将这两个条文合在
一起，才可以看作是对涉及贪污罪之法律规范的完整规定。之

所以分开规定，是出于立法技术的考虑：因为第 383 条根据贪污罪的情节轻重分别规定了不同的刑罚，内容繁复；而第 382 条规定的贪污罪的主体除了第 1 款规定的国家工作人员外，还有第 2 款规定的受国家机关、国有公司、企业、事业单位、人民团体委托管理、经营国有财产的人员，以及与前两款所列人员勾结伙同贪污的人。如果将这些不同的情形组合一一规定，将十分冗长。

第二，一个完整的法律规范由不同法律文件中的数个法条来表达。例如《中华人民共和国收养法》第 31 条规定，借收养名义拐卖儿童的，依法追究刑事责任。但并没有说明具体该如何追究刑事责任（也即借收养名义拐卖儿童的法律后果），此时就需要联系《刑法》第 240 条关于拐卖妇女、儿童罪的刑法条文来处理。在这里，如果出现借收养名义拐卖儿童的案件，就需要结合收养法上的条文与刑法上的条文，合为一个完整的法律规范来处理。

第三，一个法条表述出了数个法律规范或其要素。如《刑法》第 114 条规定："放火、决水、爆炸以及投放毒害性、放射性、传染病病原体等物质或者以其他危险方法危害公共安全，尚未造成严重后果的，处 3 年以上 10 年以下有期徒刑。"这一条文就表达出了涉及"放火""决水""爆炸""投放毒害性、放射性、传染病病原体等物质""以其他危险方法危害公共安全"五个行为的法律规范。之所以将它们合在一个条文中，同样是基于立法技术的考虑：因为这五个行为被赋予相同的法律后果，如果分开规定就将造成冗余。

第四，法条仅仅规定法律规范的某个或若干要素。如《婚姻法》第 24 条规定，夫妻有相互继承遗产的权利。这条仅仅指明了相关法律规范适用的一个条件，即继承人与被继承人之间属于"夫妻"关系，却没有指明其他条件。很容易就可以推知，这个规范要能适用，还至少必须满足其他两个条件：一是夫妻一方死亡；二是死亡一方留有合法的个人财产。这两个条件都没有在条文中作明确规定，之所以不规定，是因为满足这两个条件是任何继承得以发生的当然条件，无须明言。

所以，主要是基于立法技术，也可能存在其他的原因，即便在制定法上，法条与法律规范之间也会呈现出错综复杂的关系。法律人在使用法律时从接触法条开始，但真正与之打交道的实际上是法条的意义内容，即法律规范。这就要求法律人对法条进行或拆分，或组合，或推导分析，以便阐明其背后的规范。

二、法条的类型与竞合

（一）法条的类型

法条可以被分为完全法条与不完全法条。完全法条是具备构成要件和法律后果这两个要素，必将法律后果连接于该构成要件的法条，又包括基本型法条、括弧型法条和拆配型法条三种。不完全法条并不具备构成要件或法律后果，而是对完全法条起到说明、限制作用、提示援引其他法条、将某事拟制为特定概念的法条，可以分为说明性法条、限制性法条、引用性法条和拟制性法条。以下分述之。[1]

---

〔1〕 参见黄茂荣：《法学方法与现代民法》（第5版），法律出版社2007年版，第159~205页。

1. 完全法条

（1）基本型法条。

基本型法条的构造为：一个法律构成要件加明确的法律后果。这是最典型也是结构最简单清晰的完整法条。它的结构可以被形式化为a→x。例如，《中华人民共和国侵权责任法》（以下简称《侵权责任法》）第6条规定："行为人因过错侵害他人民事权益，应当承担侵权责任。"这里的构成要件是"行为人因过错侵害他人民事权益"，法律后果是"应当承担侵权责任"。再如，我国《刑法》第295条规定："传授犯罪方法的，处5年以下有期徒刑、拘役或者管制……"这里的构成要件是"传授犯罪方法"，法律后果是"（应当）处5年以下有期徒刑、拘役或者管制"。所以，基本型法条的基本内容是"什么事""怎么样"，在构成要件和法律后果之间存在一一对应的关系。只是要稍加说明的是，此间的"明确"法律后果需从广义上来理解，指的并不是只有"一个"可供选择的法律后果。例如，上述第二例中的法律后果就允许法官从"5年以下有期徒刑""拘役""管制"这三种量刑方式中去选择；而且，"5年以下有期徒刑"也赋予了法官一定的裁量权，即究竟是判1年、2年、3年、4年还是5年，需要法官根据案件情节来判断。但不管怎么说，这里的构成要件和法律后果存在清晰的对应关系。所以，基本型法条并不意味着它在适用时没有裁量和选择的余地。

（2）括弧型法条。

这类法条指的是数个构成要件不同，但法律后果相同，列为一条的情形。括弧型法条的结构可以被形式化为：（a＋b＋c）→x。其典型表述为：

（遇有下列情形之一者），其效果为 x：

（1）构成要件 a

（2）构成要件 b

（3）构成要件 c

研读括弧型条文时，须将其括弧打开，还原为应有之数条基本型法条，即 a → x，b → x，c → x。例如，《合同法》第 19 条规定，有下列情形之一的，要约不得撤销（x）：①要约人确定了承诺期限或者以其他形式明示要约不可撤销（a）；②受要约人有理由认为要约是不可撤销的，并已经为履行合同作了准备工作（b）。

本条打开括弧，就可以被分为两个基本型条文：①要约人确定了承诺期限或者以其他形式明示要约不可撤销的，要约不得撤销（a → x）。②受要约人有理由认为要约是不可撤销的，并已经为履行合同作了准备工作的，要约不得撤销（b → x）。再如，《刑法》第 236 条第 3 款规定，强奸妇女、奸淫幼女，有下列情形之一的，处 10 年以上有期徒刑、无期徒刑或者死刑（x）：

（1）强奸妇女、奸淫幼女情节恶劣的（a）；

（2）强奸妇女、奸淫幼女多人的（b）；

（3）在公共场所当众强奸妇女的（c）；

（4）二人以上轮奸的（d）；

（5）致使被害人重伤、死亡或者造成其他严重后果的（e）。

本条打开括弧，就可以被分为 5 个基本型条文：①强奸妇女、奸淫幼女情节恶劣的，处 10 年以上有期徒刑、无期徒刑或者死刑（a → x）；②强奸妇女、奸淫幼女多人的，处 10 年以上有期徒刑、无期徒刑或者死刑（b → x）；③在公共场所当众强奸妇女的，处 10 年以上有期徒刑、无期徒刑或者死刑（c→x）；④二人以上轮奸的，处 10 年以上有期徒刑、无期徒刑或者死刑（d → x）；⑤致使被害人重伤、死亡或者造成其他严重后果的，处 10 年以上有期徒刑、无期徒刑或者死刑（e → x）。括弧型法条其实是数个构成要件共享同一个法律后果的情形，这些构成要件可以一一与这个法律后果相配，构造出数个法条。在将括弧型法条适用到具体案件时，适用的只是其中的一个条文，所以要打开括弧，还原为基本型法条。

（3）拆配型法条。

这类法条指的是原本有两个以上条文，但因其共同用语很多，未免重复，立法时合成一个法条，等到适用时再把它们拆开复归原形。这类法条与括弧型法条其实很接近，区别只在于：括弧型法条是将彼此不同的构成要件联结于同一个法律后果，拆配型法条可能涉及数个构成要件彼此间在某些要素上相同，而在其他要素上不相同，这些构成要件分享着同一个法律后果。例如，我国原《民法通则》第 24 条第 1 款规定："被宣告死亡的人重新出现或者确知他没有死亡，经本人或者利害关系人申请，人民法院应当撤销对他的死亡宣告。"[1]在这个条文中，其实涉及两个构成要件：一是"被宣告死亡的人重新出现且经本人或者利害关系人申请"；二是"确知他（被宣告死亡的人）没有死亡且经本人或者利害关系人申请"。这两个构成要件既有相同的部分"经本人或者利害关系人申请"，也有不同的部分：

---

〔1〕 现《民法总则》第 50 条删除了"或者确知他没有死亡"这一表述，从而使得这一法条变成了基本型法条。

前者是"被宣告死亡的人重新出现"，后者是"确知他（被宣告死亡的人）没有死亡"。两个构成要件的法律后果都是"人民法院应当撤销对他的死亡宣告"。所以，在适用时，这一法条要被拆配为两个法条：①被宣告死亡的人重新出现，经本人或者利害关系人申请，人民法院应当撤销对他的死亡宣告。②确知他（被宣告死亡的人）没有死亡，经本人或者利害关系人申请，人民法院应当撤销对他的死亡宣告。因为在具体情形中，只可能涉及其中之一。

2. 不完全法条

（1）说明性法条。

说明性法条包括定义性法条和补充性法条两类。首先，定义性法条的功能在于对完全法条构成要件中所使用之概念加以定义或解释。按其内容不同，定义性法条又可分为内涵型法条、外延型法条和注解型法条。

第一，内涵型法条。内涵型法条是在给特定的概念（被定义者）下定义，定义通常采取"属加种差"的方式。属是该概念所从属的上位概念，种差是该概念与属于同一上位概念之其他概念之间的差别。这是最经典的定义方式。例如，我们经常说，"人是有理性的生物"。这里，"人"就是有待定义的概念，"生物"就是属，而"有理性的"就是种差，因为它使得人与其他生物（如动物、植物）区分开来。法律上的例子，比如我国《合同法》第251条第1款规定："承揽合同是承揽人按照定作人的要求完成工作，交付工作成果，定作人给付报酬的合同。"这里的被定义项是"承揽合同"，属是"合同"（承揽合同是合同的一种类型），而种差则是"承揽人按照定作人的要求完成工作，交付工作成果，定作人给付报酬"，这是承揽合同有别于其他类型之合同的特征所在。再如,《刑法》第97条规定:"本法所称首要分子,是指在犯罪集团或者聚众犯罪中起组织、策划、指挥作用的犯罪分子。"这里的被定义项是"首要分子",属是"犯罪分子"(首要分子是犯罪分子之一),而种差则是"在犯罪集团或者聚众犯罪中起组织、策划、指挥作用"(以区别于犯罪集团或聚众犯罪中的一般参与者)。

第二,外延型法条。外延型法条不给特定概念下定义,而是或完全或部分指明该概念指涉的对象。它可以被分为两类:一类是把概念所涉及的具体事物一一列举出来,用以说明某一上位概念的意义的法条,被称为"列举排斥型法条"。这类法条有两个含义:从正面讲,它指明了特定概念所指涉的所有对象;从反面讲,它隐含着将未列举出的对象排除于该概念的外延之外。拉丁法谚有云:"明示其一,即排除其他""省略规定之事项,应认为有意省略",就是此意。例如我国《刑法》第33条规定:"主刑的种类如下:①管制;②拘役;③有期徒刑;④无期徒刑;⑤死刑。"它的意思就是:我国刑法上的所谓"主刑"包括这五种刑罚,同时其余任何刑罚都不属于我国刑法上的主刑(要么是附加刑,如罚金、剥夺政治权利、没收财产,要么就不是刑罚)。另一类是将所欲阐明的事项先举例子,然后再加以抽象、概括的语句。此抽象文句相当于"上位概念",所举例子相当于"种差"。这类法条被称为"例示概括型法条"。它与"列举排斥型法条"最大的差别在于并没有将概念所涉及的具体事物一一列举出来。例如,我国台湾地区所谓"民法典"第69条第1项规定,称法定孳息者,谓利息、租金及其他因法律关系所得之收益。这里的例示就是"利息"和"租金",概括则为"因法律关系所得之收益",它是个半开放的结构,需要由适用者依据个案来加以认定，因而赋予适用者一定的裁量权。但它又不是完全开放的，因为填入概括之中的情形必须与例示具有特性上的等同性。在本例中，利息、租金的特性为"由原物所得"，故并非所有因法律关系所得之收益（如工资）都属于法定孳息，而必须也与利息、租金的特性为"由原物所得"。故并非所有因法律关系所得之收益（如工资）和法定孳息一样是由原物所得。故而拉丁法谚有云："例示事项之末，所加之概括文句，不包括与列举事项中明示事物性质相异之事项。"

第三，注解型法条。这类法条是对于完全法条中所使用的概念，在另一条、项中加以说明的法条。这种说明既非内涵（严格意义上的定义），也非外延（列举对象）。注解型的"定义"其实是一种立法解释。注解型法条不拘泥于形式，它可以说明"人"（对物有事实上管领之力者，为占有人）、"物"（不动产之出产物尚未分离者，为该不动产之部分），也可以是"方法"（年龄自出生之日起算）、"期间"（本法所称以上、以下、以内，包括本数）等。例如，《刑法》第 382 条第 1 款规定："国家工作人员利用职务上的便利，侵吞、窃取、骗取或者以其他手段非法占有公共财物的，是贪污罪。"这条并没有给贪污罪下一个定义，即"贪污是一种……的犯罪"，也没有列举出贪污罪的类型或对象"贪污包括……"，而是从这种犯罪的行为手段方面对贪污罪进行了一定说明。

其次，补充性法条旨在对于其他法条之法律后果加以具体化。例如，《合同法》第 107 条规定："当事人一方不履行合同义务或者履行合同义务不符合约定的，应当承担继续履行、采取补救措施或者赔偿损失等违约责任。"该条只是点明，当事人一方不履行合同义务或者履行合同义务不符合约定的法律后果为"继续履行""采取补救措施"或"赔偿损失"这三种违约责任之一或其组合，但没有具体说明这三种违约责任的表现形式是什么。对此，同法第109条规定："当事人一方未支付价款或者报酬的，对方可以要求其支付价款或者报酬。"这是对"继续履行"的说明。而第111条规定："质量不符合约定的，应当按照当事人的约定承担违约责任。对违约责任没有约定或者约定不明确，依照本法第61条的规定仍不能确定的，受损害方根据标的的性质以及损失的大小，可以合理选择要求对方承担修理、更换、重作、退货、减少价款或者报酬等违约责任。"这就是对"采取补救措施"的具体说明。

（2）限制型法条。

这类法条是指排除特定案件类型，以限制其他法条适用范围的法条。如果说明性法条是往其他法条中增添东西，那么限制性法条就是从其他法条中排除东西。适用限制性法条的条件是，法条的构成要件文义的范围太广，以致涵盖了原本不应适用其法律效果的案件，所以有必要加以限定。限制型法条包括两类，即但书型法条与除外型法条。

首先，但书型法条，是在法条本文之后，指出例外或附加限制，而以"但"字开端的语句。但书的主要内容有二：一是指出例外，即法条规定的后果需要有例外时指明之。如《民法总则》第204条规定："期间的计算方法依照本法的规定，但是法律另有规定或者当事人另有约定的除外。"这就指明了期间计算方法的例外：法律另有规定或当事人另有约定的，不按照《民法总则》第200条至第203条的计算方法来计算。这其实相当于特别法与普通法的关系，"法律另有规定或当事人另有约定的"作为"特别法"优先于《民法总则》第200条至第203条的"普通法"适用。二是附加限制，即法条规定的要件须加以限制时指明之。如《刑法》第 21 条第 2 款规定："紧急避险超过必要限度造成不应有的损害的，应当负刑事责任，但是应当减轻或者免除处罚。"这并不是在指明例外，也即"紧急避险超过必要限度造成不应有的损害的特殊情况下可以不负刑事责任"，而是施加限制，也即对"负刑事责任"的限度施加限制——"应当减轻或者免除处罚"。

其次，除外型法条，是法条中以"除"字开端，而以"外"字结尾的语句。除外型法条的作用同样有二：一是作出相反规定。如《合同法》第 22 条规定，承诺应当以通知的方式作出，但根据交易习惯或者要约表明可以通过行为作出承诺的除外。这意味着，根据交易习惯或者要约表明可以通过行为作出承诺的不需要以通知的方式作出，这与一般情形中"承诺应当以通知的方式作出"是不同的。二是指出特别法。如《民法总则》第 188 条第 1 款规定："向人民法院请求保护民事权利的诉讼时效期间为 3 年。法律另有规定的，依照其规定。""法律另有规定的"（例如规定了 4 年）就构成了"诉讼时效期间为 3年"的特别法，根据特别法优于普通法的原则，优先适用法律的另有规定。此外，除外型条款有时也用"不适用"三个字来表示。如《合同法》第 186 条规定："赠与人在赠与财产的权利转移之前可以撤销赠与。具有救灾、扶贫等社会公益、道德义务性质的赠与合同或者经过公证的赠与合同，不适用前款规定。"这意味着，"具有救灾、扶贫等社会公益、道德义务性质的赠与合同或者经过公证的赠与合同"是除外情形，它们不能像一般赠与合同那样被赠与人在赠与财产的权利转移之前撤销。这同样相当于作出了相反规定。但书型法条与除外型法条的功能基本相同，两者在很大程度上只是表述不同而已。

限制性条文不仅具有实体含义，而且往往承担程序法上的举证责任反向分配的功能。例如，《合同法》第 113 条第 1 款规定："当事人一方不履行合同义务或者履行合同义务不符合约定，给对方造成损失的，损失赔偿额应当相当于因违约所造成的损失，包括合同履行后可以获得的利益，但不得超过违反合同一方订立合同时预见到或者应当预见到的因违反合同可能造成的损失。"我们知道，"谁主张、谁举证"是民事诉讼法的基本原则。具体到本条中，"当事人一方不履行合同义务或者履行合同义务不符合约定，给对方造成损失的"，应由受损的一方当事人来举证其所受的损失有多大，包括因违约所造成的损失，以及合同履行后可以获得的利益。但是，第 113 条对这种损失的赔偿施加了限制，那就是"不得超过违反合同一方订立合同时预见到或者应当预见到的因违反合同可能造成的损失"。而这一点同时是由造成损失的一方当事人来举证的，他得证明订立合同时他所预见到或应当预见到的因违反合同可能造成的损失有多大。

（3）引用性法条。

引用性法条是指，构成要件或法律后果参引其他法条才能确定的法条。这类法条的功能在于，对于相似的案件类型，立法者明文赋予相同的法律效果，以避免烦琐的重复规定或挂一漏万，而实际效果为授权司法机关与法官进行法律补充（法内补充）。它又包括这样几种情形：首先，法条采取"适用"的规定，这意味着适用与被适用的案件类型实际同一或在规范上被评价为同一。如《合同法》第 423 条规定，本章（行纪合同）没有规定的，适用委托合同的有关规定。这意味着，立法者认为，只要行纪合同没有自身规定，它与委托合同在大部分事项上都是同一的，因而可以引用委托合同的规定来解决行纪合同的问题。与其他三类引用性法条相比，"适用"指的是径行适用，不必有所变通。其次，法条采取"参照""比照""准用"的规定，这意味着参照与被参照的案件类型事实上不同但类似，所以法律上要作类似评价。例如《合同法》第 175 条规定："当事人约定易货交易，转移标的物的所有权的，参照买卖合同的有关规定。"这意味着，易货交易与一般的交易（以钱易货）事实上并不一样：一个是货货交易，一个是一手交钱、一手交货，但立法者认为"转移标的物的所有权的"情形于两者而言是类似的，差别不大，所以要参照适用。唯要注意的是，"参照""比照""准用"等指的是须加以变通而为适用，与径行适用在程度上有别。再次，法条采取"亦同""有同一效力"的规定，其指的是两个案件类型属于同一上位类型，因而法律后果准用。如我国台湾地区"民法典"第 197 条规定，因侵权行为所生之损害赔偿请求权，自请求权人知有侵害及赔偿义务人时起，2 年间不行使而消灭，自有侵权行为时起，逾 10 年者亦同。也就是说，对于因侵权行为所生之损害赔偿请求权的诉讼时效，"请求权人知有侵害及赔偿义务人时起，2 年间不行使"与"自有侵权行为时起，逾 10 年"都属于可以消灭诉讼时效的类型。再如我国台湾地区"民事诉讼法"第 380 条规定，和解成立者，与确定判决有同一之效力。这意味着"和解"与"判决"都属于具有法定效力的非规范性文件。最后，法条采取"依……规定"，这是纯粹对构成要件或法律后果的参引。如《合同法》第 44 条规定："依法成立的合同，自成立时生效。法律、行政法规规定应当办理批准、登记等手续生效的，依照其规定。"这一条文要求适用者直接参看法律、行政法规是否有关于特定合同需经批准、登记而生效的规定，如果有，则从其规定，从而不适用"自成立起生效"的规定。

（4）拟制性法条。

所谓"拟制"，立法者明知案件类型 T1 与案件类型 T2 是不同的构成要件，为赋予它们相同的法律效果，而将两者视为等同。它又包括隐藏的引用与隐藏的限缩两类。首先，隐藏的引用。指的是将 T1 拟制为 T2 的方式，来实现引用 T2 之法律后果的目的。例如，《民法总则》第 18 条第 2 款规定："16 周岁以上的未成年人，以自己的劳动收入为主要生活来源的，视为完全民事行为能力人。"这其实是将"16 周岁以上的未成年人，以自己的劳动收入为主要生活来源的人"（劳动成年者），拟制为"年满 18 周岁的人"（完全民事行为能力人），从而将后者的法律后果在整体上赋予前者。那么，为何立法者有时不直接采用引用性法条而采拟制性法条呢？这主要是出于三方面的考虑：

第一，为了维持原有规定之一贯的外观，这是所谓的表见拟制。如《合同法》第 45 条第 2 款规定："当事人为自己的利益不正当地阻止条件成就的，视为条件已成就；不正当地促成条件成就的，视为条件不成就。"附条件生效的合同，原以约定条件成就为生效前提，此时在"条件成就"与"合同生效"之间存在着一贯的因果关系。假如一方当事人在签订合同后又反悔不想让合同生效，故意采取不正当方式阻止条件成就，那么在事实上就不具备让合同生效的前提；或者反过来，一方当事人在签订合同后想以不正当手段加速条件成就以谋取不当利益，那么在事实上则也不具备让合同生效的前提。唯在这两种情况下，必须进行反事实的拟制来剥夺合同生效或不生效的后果，以便否定当事人的不当行为。但为了依然维持"条件成就"与"合同生效"之间的一贯因果关系这一点，遂进行了将不成就视为成就、将成就视为不成就的拟制。

第二，立法者本身不十分肯定到底两个案型是否同一，此时他可能会采用推定式的拟制。例如《继承法》第 25 条第 1 款规定："继承开始后，继承人放弃继承的，应当在遗产处理前，作出放弃继承的表示。没有表示的，视为接受继承。"《合同法》第 78 条规定："当事人对合同变更的内容约定不明确的，推定为未变更。"推定有可能是反事实的。在上例中，某个继承人张三可能由于种种原因（如不知继承开始）没有在遗产处理前作出放弃继承的表示，但实则他是想放弃继承的；合同当事人确实要变更合同，只是补充协议中相关内容约定不明而已。但是，此时法律出于其他目的的考虑（如维系继承关系或合同关系的稳定性），作了反事实的推定，由法律直接赋予其效果。在推定式拟制中，"视为"与"推定"的效果是不同的：前者是不可推翻的推定，后者是可推翻的推定。不可推翻的规定不能借由任何相反的证据来推翻。也就是说，即便张三可以举证说，自己虽然在遗产处理前未作出放弃继承的表示，但自己确实想放弃继承，但是法律也将他与其他继承人一样进行继承分配。与此不同，可推翻的推定可以借由相反的证据来推翻。如果当事人对合同变更的内容约定不明确，但双方当事人对于补充协议中的条款理解是一致的，此时当可以认为他们变更了合同。因为之所以当事人对合同变更内容约定不明确的推定未变更，是因为担心在这种情况下，双方当事人对此会有争议。如果双方当事人没有争议，就可以认为合同已变更。

第三，采用拟制与引用法条一样是为了立法技术上力求简洁的考虑。这是所谓的引用性拟制。如《合同法》第 15 条第 2 款规定："商业广告的内容符合要约规定的，视为要约。"这相当于赋予内容符合要约的商业广告以要约的效果。再如，《合同法》第 16 条第 2 款规定："采用数据电文形式订立合同，收件人指定特定系统接收数据电文的，该数据电文进入该特定系统的时间，视为到达时间；未指定特定系统的，该数据电文进入收件人的任何系统的首次时间，视为到达时间。"这相当于将一般情况下"到达"的效果赋予数据电文进入特定或不特定系统的时间。

其次，隐藏的限缩。这是指以拟制的方式隐性地限缩某个法条的适用。如《合同法》第 117 条规定："因不可抗力不能履行合同的，根据不可抗力的影响，部分或者全部免除责任，但法律另有规定的除外。当事人迟延履行后发生不可抗力的，不能免除责任。"无论当事人是否迟延履行，不可抗力的发生都是客观存在的事实。但立法者认为，在当事人迟延履行后发生不可抗力所造成损失的情况下，当事人的迟延履行是首要原因。因为如果不迟延履行，不可抗力不会影响到该合同的履行。在这种情况下，"视为"不可抗力没有发生，从而不可抗力影响合同履行的情况也被视为不存在，因此也就不能免除迟延履行之当事人的责任。再如，《中华人民共和国海商法》第 267 条第 1 款规定："时效因请求人提起诉讼、提交仲裁或者被请求人同意履行义务而中断。但是，请求人撤回起诉、撤回仲裁或者起诉被裁定驳回的，时效不中断。"请求人撤回起诉、撤回仲裁或者起诉被裁定驳回，在事实上以请求人提起诉讼、提交仲裁的行为为前提。只是，立法者想要赋予"请求人撤回起诉、撤回仲裁或者起诉被裁定驳回"以不中断时效的效果，所以拟制这种情况相当于请求人没有提起诉讼、提交仲裁的行为。

（二）法条间的竞合

1. 法条竞合的含义

法条间的竞合，指的是不同法条构成要件重合（完全重合或部分重合）但其法律后果并不相同，从而对于个案发生适用效果上竞争状态的情形。法条竞合往往发生于个案处理的过程中，当法官在为个案裁判寻找恰当的依据时，发现有数个符合其构成要件但法律后果不同的法条，从而发生竞合问题。竞合产生的原因很多，可能是由于"法出多门"（不同的立法主体从各自的目的和视角出发对同一案型作出不同规定），可能是由于立法的疏忽（同一立法主体在制定不同规范性文件时制定了不同法律后果的法条），也可能是出于某些特殊考量。当法条发生竞合时，就必须依据某些准则去决定该适用哪一个。但在这里首先要作两点限定：其一，法条间竞合的解决准则只适用于（表述法律规则的）规范性法条之间。这里的意思包括两层。一方面，法条间的竞合通常指的是规范性法条之间的竞合，而不是非规范性法条之间或者非规范性法条与规范性法条之间的竞合。因为如前所述，非规范性法条规定的并非法律规范，也不具备构成要件和法律后果这样的要素，因此不符合法条间竞合的定义，没有所谓法律后果相竞合的情形。另一方面，下面要说到的法条间竞合的解决准则只适用于表述法律规则的法条之间，而不适用于表述法律原则的法条之间。法律原则的竞合无法通过预设的一般形式准则来解决，因为法律原则具有不同于法律规则的结构。对此，我们将于第三节再来涉及。其二，法条间竞合的解决准则只发挥"辅助性作用"。也就是说，当发生法条间的冲突时，首先应当考虑运用法律解释（尤其是合宪性解释）、目的论限缩等方法来"避免"冲突的发生，如果穷尽这些方法后仍无法解决冲突，再考虑运用下面所说的冲突解决准则。[1]

法条间的竞合包括两种情况：一种是不同法条之构成要件重合且法律后果相互兼容。此种情况问题不大，因为针对同一案件不同法律后果可以同时适用。例如某人犯罪，除了承担刑事责任外，还需向受害人家属进行赔偿，这两者并行不悖。此谓"并存式竞合"。另一种是不同法条之构成要件重合且法律后果不兼容。此时，必须有解决准则来决定在个案中适用哪个法律后果。此谓"择一式竞合"，或者说法条冲突。它又包括异位阶的法条之间的冲突与同位阶的法条之间的冲突两种情况。以下分述之。

2. 法条间冲突的解决

（1）异位阶的法条之间的冲突。

异位阶的法条之间的冲突是指，处于不同效力位阶的法律规范之间的冲突。因此，我们首先要处理的是如何确定规范之间的上、下位关系。对此，有论者提出了两个可资借鉴的标准：[2]其一，权力的等级性。这是根据国家权力的层级结构来划分空间位阶的标准。由于社会生活的复杂性和立法机关资源的有限

---

[1] 瑞典法学家佩岑尼克就持这一观点。（See Aleksander Peczenik, *On Law and Reason*, Dordrecht: Kluwer Academic Publishers, 1989, pp. 421, 422, 425.）

[2] 参见胡玉鸿：《试论法律位阶划分的标准——兼及行政法规与地方性法规之间的位阶问题》，载《中国法学》2004年第3期。此外，胡文还提及了"事项的包容性"这一标准，但由于违反这一点正是规范冲突的情形之一，故此处略去不谈。

性，一种法律形式无法涵盖所有的社会事实，这使得相应的权力机关必然拥有制定一定规范性法律文件的权限，并且由于权力的大小，使得不同类别的法律文件居于与其权限相称的位置。也可以说，这是根据法律渊源来确定位阶关系。在我国，其具体情形为：①人民主权高于国家机关的权力，宪法高于其他所有规范性法律文件；②国家立法权高于其他国家权力，法律高于一切法规、规章和其他规范性法律文件；③中央权力高于地方权力，中央一级的规范性法律文件高于地方的规范性法律文件。其二，权力的同质性。这是对于权力等级性标准的限制，尤其针对③而言。它要求，在判定法律位阶的上下关系时，不仅要以制定机关的政治地位为依据，而且要考虑它们所拥有的权力在性质上是否属于同一类型，如均属于行政权或司法权。只有同质的上下级权力之间形成的法律文件拥有位阶关系，不同质的上下级权力之间形成的法律文件则不存在位阶关系。如国务院制定的行政法规与地方人大制定的地方性法规，就不具有上下级关系。

本书采纳这两个标准，但对第二个标准需要进一步说明和细化，即权力的同质性标准应当只适用于立法机关以外的其他机关所制定的规范性法律文件之间。这是因为，立法机关的立法权是原生性的，其效力范围在政治权力的架构上可以分为横向和纵向两个方面：在横向上，它及于其他同级别的国家机关；在纵向上，它及于下级所有国家机关。如浙江省人大制定的地方性法规，就构成省政府以及省内所有市、县的国家机关的上位法。而立法机关以外的其他机关则不同，它们的立法权是派生性的，固然不能施效于同级别的其他国家机关，也不能及于下级不同性质的机关。如浙江省政府制定的地方规章只能构成省内市、县各级行政部门的上位法，而不能构成市、县人大的上位法。

上下位法律规范是否存在冲突，可以通过比较它们的行为模式（权利义务规定）和法律后果来认定。[1]其一，行为模式的冲突。其情形有：下位法扩大或缩小违法行为的范围、下位法对上位法必须为一定行为的规定作出了任意为该行为的规定、下位法扩大了上位法授予的权力范围且违反授权性质或上位法授权意图、下位法对上位法赋予的权利进行了剥夺或限制，等等。还有一些情形，表面看来是规范适用条件的冲突，实际上则是行为模式冲突的变种。例如，某规范规定在 C 条件下应授予行为人某权利，而其下位法则规定在 C∧C′（C′∠C）条件下才授予行为人这一权利。实际上，下位法排除了在 C∧－C′的条件下授予行为人权利的可能，因此与上位法冲突。这样的情形有：①授予权利的条件的冲突，如下位法增加上位法授予权利的条件、下位法减少上位法授予权利的条件又有悖上位法限制权利范围的意图等。②设定义务的条件的冲突，如下位法增设义务的条件并违背上位法意图、下位法扩展义务主体的范围、下位法减少上位法规定的违法行为的构成要件等。其二，法律后果的冲突。赞成与反对的后果差异自然构成上下位法律后果的冲突。此外，这种冲突主要发生在行政法领域，其情形有：①下位法超范围标准，如"超出上位法规定的给予行政处罚的行为、种类和幅度的范围"［《中华人民共和国行政处罚法》（以下简称《行政处罚法》）第 10 条第 2 款］标准设定处罚。

---

〔1〕 参见孔祥俊：《法律规范冲突的选择适用与漏洞填补》，人民法院出版社 2004 年版，第222～242 页。

②下位法超越职权，如超出了上位法准予设定行政处罚的权限范围（《行政处罚法》第10条第1款、第11条第1款、第12条第2款）设定处罚。③下位法在追究法律责任的时效上与上位法不一致［如《行政处罚法》第29条第1款和《中华人民共和国海关法行政处罚实施细则》（已失效）第8条第1款第3项］。

解决空间冲突的基本准则是"上位法优于下位法"（*lex superior derogate legi inferiori*）。《中华人民共和国立法法》（以下简称《立法法》）第87条至第89条通过具体的规定确立了这一准则。第87条规定："宪法具有最高的法律效力，一切法律、行政法规、地方性法规、自治条例和单行条例、规章都不得同宪法相抵触。"第88条规定："法律的效力高于行政法规、地方性法规、规章。行政法规的效力高于地方性法规、规章。"第89条规定："地方性法规的效力高于本级和下级地方政府规章。省、自治区的人民政府制定的规章的效力高于本行政区域内的设区的市、自治州的人民政府制定的规章。"再如我国台湾地区宪制性规定第171条、第172条：法律与宪制性规定抵触者无效，命令与宪制性规定抵触者无效。德国联邦基本法规定"联邦法优于州法"。这些都是上位法优于下位法原则在制定法上的展现。

一旦认定两个法律规范之间具有上下位关系，且它们之间存在冲突，就可以运用这一简单易明的准则径自适用上位法。下位法不得违反上位法，是基于法律体系统一性的要求。唯要注意的是，在技术层面上，可以通过"解释方法"或"目的论限缩"等操作避免直接宣布规范的冲突，而使法律体系更和谐。所谓"解释方法"，指的是可以通过对下位法在解释方式上的选择而消除冲突，其典型为采用"合宪性解释"，即如果可以对下位法进行两种以上的解释，其中一种合乎宪法规范而另一种则否，那么应选择合宪解释的结果。例如我国台湾地区司法机构在一起涉及"耕地三七五减租条例"对出租人耕地利用之限制的案例中，就运用了这一方法。[1]"目的论限缩"，是指对于规范的文义所涵盖的某一类型，由于立法疏忽没有排除在外，为贯彻规范意旨而将这一类型排除在规范适用范围之外。[2]如我国台湾地区司法机构曾依宪制性规定上的信赖保护原则对"民法"规定重婚行为无效的规范进行目的论限缩，将因信赖先前的离婚判决而后重婚的情形排除在此规范的适用范围之外。[3]

就我国《立法法》规定的法律渊源而言，下位法可以是上位法的实施性规定，如作为法律实施细则的行政法规、为执行行政法规制定的部门规章等。这种实施性规定与其上位法的关系，可以概括为效力优先与适用优先的关系。前者即指"上位法优于下位法"，当二者冲突时，适用上位法；后者则指，在二者不冲突时，实施性规定可以优先被适用和援引。适用优先显然要以效力优先为前提。[4]只有在不冲突的场合中，才能优先适用这种下位法，因为其具有更强的可操作性。并且，适用优先并不像效力优先那样具有排他性，即使优先适用实施性规定，也不绝对地排斥其上位法，如同时援引上位法，并无问题。与此相关的一个问题是，宪法规范的适用。从宽泛意义而言，任

---

〔1〕 参见月旦法学杂志编辑部：《"司法院"大法官解释/释字第58号至第582》，载《月旦法学杂志》2004年第112期。

〔2〕 杨仁寿：《法学方法论》，中国政法大学出版社1999年版，第202页。

〔3〕 参见秦季芳：《法律规范竞合关系的再思考》，载《玄奘法律学报》2005年第4期。

〔4〕 参见孔祥俊：《法律规范冲突的选择适用与漏洞填补》，人民法院出版社2004年版，第243~244页。

何法律、法规都可以被看作是对宪法规范的具体化，这就产生了何时可以直接适用宪法规范的问题。从国外普遍实践来看，在宪法适用上有所谓最小适用原则、间接适用原则、尊重具体法律原则等，即宪法的适用应当尽可能减小到最小范围，并尽可能让具体法律来解决纠纷。本书同意这种观点，即在法律与宪法的适用关系中，应较为严格地坚持适用优先原则：有具体的法律规定时适用具体规定，而尽可能不直接援引宪法规范，除非有"重大情由"，[1]这就需要特别的论证负担了。

（2）同位阶的法条之间的冲突。

同位阶的法条之间的冲突包括两种情况：一种是时间冲突，另一种是逻辑冲突。首先，时间冲突。时间冲突指的是处于同等的空间位阶但时间位阶不同（新与旧）的法律规范之间的冲突。判断两个法律规范之间是否存在时间冲突，需要从三方面进行考量：其一，法律规范的实际生效时间。许多时候，实在法的颁布日期与生效日期并不相同，如规定在颁布后一定时期或某个特定的日期生效，就可能造成颁布在前的法律反而生效在后的情况，此时如何判断新旧？诚如有论者认为，由于生效日期才是法律效力的始期，所以法律的新旧关系应当以该法律规范的实际生效之日为准。[2]其二，新旧法关系是否只存在于不同法律的规范之间。一般而言，新旧法关系不存在于同一法律的不同规范之间。同一法律中任何经过修正或增加的规范，对其他规范都不构成新法与旧法的关系，因为其他规范虽然未

---

〔1〕 如"公民的基本权利受到侵害"（参见蔡定剑：《中国宪法实施的私法化之路》，载《中国社会科学》2004 年第 2 期）。

〔2〕 参见秦季芳：《法律规范竞合关系的再思考》，载《玄奘法律学报》2005 年第 4 期。

经修正或增加，但它被容许与修正或增加后的规范一起并存的事实，就意味着立法者无意因后者的修正或增加而否定前者的效力。[1]当然这一点不是绝对的，同一法律不同规范的修正或增加无疑可以构成对同一事项认定的不同法律效果，而立法者也可能因为疏怠造成技术上的漏洞，所以规范修正的先后顺序仍然值得考虑。其三，新旧法关系是否只存在于同一立法主体制定的规范性法律文件之间。一般而言，新旧法关系的构成不仅需要两个法律规范处于同一空间位阶，而且它们应当是同一立法主体制定的，即"不得废除他人之法"。如，国务院财政部和商务部制定的规章虽然是同位法，但不出自同一部门，其规章的效力和适用范围要取决于各自的职权范围，因而在法律效力上不具有在前与在后的可比性。[2]故《立法法》第92条特别强调了"同一机关制定"这一限定语。这一点也适用于特别法和普通法关系的认定上。

解决时间冲突的基本准则是"新法优于旧法"（*lex posterior derogate legi priori*）。这一准则假定，立法者制定新法时，有意废除与新法相冲突的旧法，因此舍旧而取新。这一准则的适用一般不发生疑义，唯有三点需要说明：其一，新旧法的冲突有时也有程度问题，若新法明示废止或有意完全取代旧法，则旧法失效；若新法只是废止了旧法的一部分规定，则旧法未被废止的另一部分规定可以与新法并存而继续生效，并对新法起到补充和辅助的作用。其二，当上位法生效在前而下位法生效在

---

〔1〕 参见黄茂荣：《法学方法与现代民法》（第5版），法律出版社2007年版，第210页。

〔2〕 参见孔祥俊：《法律规范冲突的选择适用与漏洞填补》，人民法院出版社2004年版，第271页。

后时，并不适用"新法优于旧法"的准则，即下位阶的规范即使较新，仍然需要适用较早生效的上位阶规范。可见，解决规范间空间和时间冲突的两个准则的效力并不等同，其中"上位法优于下位法"之准则的强度要超过"新法优于旧法"，这是因为维护法体系统一性的需要优先得到肯认。这一优先关系也适用于下位法构成上位法之特殊情形的场合，后文不赘述。其三，当上位法修改、废止而其下位实施性规定未变动时，要区别情况对待：[1]一是因上位法的修改或废止，使得相应的实施性规定丧失依据的，后者不予适用；二是实施性规定与修改后的上位法相冲突的，不予适用；三是与修改后的上位法不冲突的其他实施性规定，可以继续适用。

其次，逻辑冲突。逻辑冲突指的是处于同等的空间位阶但逻辑位阶不同（特别与普通）的法律规范之间的冲突。罗马法即用"个别法"（ius singulare）和"共同法"（ius commune）来指称这一对范畴。对某一个规范加以变通的个别规范，表现为前者的例外，是为个别法。保罗就认为："个别法是立法当局为某些功利而引入的违背法的一般规则的法"。相应地，共同法是在例外规范以外而被适用的一般规范。[2]在逻辑上，若一条规范的构成要素为另一条规范所全部具备，而该另一条规范具有前一规范所没有的构成要素，则它相对于前一条规范就具有特别性。要注意的是，"特别—普通"关系既可以发生在不同法律的规范之间，也可以发生在同一法律的不同规范之间，如民法典总则

---

〔1〕 参见孔祥俊：《法律规范冲突的选择适用与漏洞填补》，人民法院出版社2004年版，第246～247页。

〔2〕 参见［意］彼德罗·彭梵得：《罗马法教科书》，黄风译，中国政法大学出版社1992年版，第10～11页。

和分则中的规范。此一点与时间冲突不同。

认定逻辑关系的标准有"效力范围"和"冲突部分的个别认定"两大类：[1]

第一，效力范围。法律适用范围的大小，可以作为区分普通法与特别法的分类标准。依内容，这些考量可分为人、事、时、地四个不同的区分标准。其一，以人为区分标准。普遍适用于一般民众的法律为普通法，例如民法、刑法；仅适用于具有特定身份的人的法律为特别法，如公务员法、军事审判法等。同一法律内，也可能因身份不同而有特别规定的存在，如我国《刑法》第 425 条规定的军人"擅离、玩忽军事职守罪"之于第 397 条规定的"玩忽职守罪"。同时，这一区分标准不以法律关系的主体为限，因对象的不同也可以构成特别关系。如《刑法》第 236 条第 2 款规定的奸淫幼女的行为之于第 1 款规定的强奸妇女的行为。其二，以事为区分标准。适用于一般事项的法律为普通法，如一般民事行为适用民法；仅适用于特殊种类的事项的法律则是特别法，如公司的设立要适用公司法。同一法律内，也可能因事项的不同而有不同规定。如刑法关于"走私毒品罪"的规定之于"走私罪"的规定。其三，以时为区分标准。适用于平时并未特别限定适用时期的法律为普通法，国家一般法律大都如此；而仅适用于某一特别时期或为某一时期的需要而制定的法律为特别法，如我国台湾地区曾颁布的"严重急性呼吸道症候群防治及纾困暂行条例"（已被废止）第 19 条规定，其

---

〔1〕 以下参见秦季芳：《法律规范竞合关系的再思考》，载《玄奘法律学报》2005 年第 4 期；黄茂荣：《法学方法与现代民法》（第 5 版），法律出版社 2007 年版，第 215~217 页。

效力自 2003 年 3 月 1 日起至 2004 年 12 月 31 日止。其四，以地为区分标准。适用于国家全部领土范围的法律为普通法，如《宪法》；仅适用于国内某一地区的法律为特别法，如《中华人民共和国香港特别行政区基本法》。

第二，冲突部分的个别认定。以上所论述的对于逻辑关系的确认，是从外在形式观察而来的，在判断上较为简单。但有时，许多相冲突的法律规范在构成要素上互有交集（交叉冲突），每个规范分别拥有其他规范所没有的特别构成要件。与上面四种冲突不同的是，这种情形下只有联系具体的个案才能判断规范之间是否存在冲突，也才能确定它们是否构成"特殊—普通"的关系以及何者为特殊。如我国台湾地区"民法典"第184 条规定，土地所有人建造房屋时故意或过失地越界侵犯邻人的土地，邻人可以请求拆屋还地，恢复原状。而第796 条规定，土地所有人建造房屋越界时，邻人明知而不提出异议的，不得请求恢复原状。比较第184 条和第796 条，前者多了土地所有人故意或过失的归责要件，而后者多了邻人明知而不提出异议的要件。如在个案中，土地所有人建造房屋时故意或过失地越界，邻人明知而不提出异议时，第796 条相对于第184 条就构成特别法。另有论者认为，在规范交集部分，有时不易判断特别关系，应以立法目的作为判断冲突适用的标准。笔者认为，一方面，的确不易判断两个规范有无特别关系；另一方面，所谓的立法目的，指的就是规则背后的价值原则。因此，当不能对冲突部分的逻辑关系进行个别认定时，可以适用原则竞合的解决方式。

解决逻辑冲突的基本准则是"特别法优于普通法"（*lex specialis derogate legi generali*），这是仅就特别法与普通法处于同一时间位阶而言的。当旧特别法与新普通法发生冲突时如何适用，在理论和实务上有不同的见解。有论者主张旧特别法优先于新普通法，我国台湾地区"法规标准法"第16条亦如此规定。[1]我国《立法法》第94条则将判断权分属法律还是行政法规的不同分别赋予了全国人大常委会和国务院，并未从实体上加以规定。在此，笔者借鉴我国台湾地区"最高法院"的意见，视情形的不同而采纳不同的做法：[2]①如果特别法仅属于旧法的加重或减轻情节，在新法施行后，如无明令废止，这项特别法应被认为继续有效。②如果特别法仅属于旧法的补充规定，而新法内已有此补充规定，这项特别法虽无明令废止，也应被认为失效。③如果特别法对于旧法而言，有一部分是加重或减轻的规定，一部分是补充规定，而新法对于补充规定部分虽已吸收在内，其他部分未经明令废止的，仍应被认为继续有效。

（3）特殊冲突情形的解决。

特殊冲突情形包括两种情况：一种是准则依据交叉的情形。即位阶关系与时间关系发生交叉，或者位阶关系与逻辑关系发生交叉的情形。例如，条文A既是上位法又是旧法，条文B既是下位法又是新法，该适用哪个条文？再如，条文A既是上位法又是普通法，条文B既是下位法又是特别法，该适用哪个条文？此时需注意，"上位法优于下位法"这一准则的效力是最强的：只要存在位阶关系，就无须再考虑两个条文之间是否还存在时间或逻辑关系，一概适用上位法。此即谓"位阶优势穿透

---

〔1〕 参见黄茂荣：《法学方法与现代民法》（第5版），法律出版社2007年版，第210页。

〔2〕 转引自秦季芳：《法律规范竞合关系的再思考》，载《玄奘法律学报》2005年第4期。

一切其他关系"。另一种是例外情形，也即不适用前述一般准则的场合。具体来说，又至少包括三种情形：

首先，从旧。从旧指的是行为时存在旧法，而争讼时新法生效，应当适用行为时的旧法。从旧的准则来自于"法不溯及既往"原则，其目的在于保障法的安定性和民众的预期利益。1789 年《美国宪法》第 1 条第 9 项第 3 款、1793 年《法国宪法》第 14 条、1794 年《普鲁士一般邦法》总则第 14 条，以及《关税及贸易总协定》第 10 条第 2 项都规定了这一原则。一般而言，这一准则主要适用于刑事领域（狭义），广义上则适用于所有的法律领域。我国《立法法》第 93 条采纳了广义说。从旧的准则也存在例外。这有两种情形：一是当从新规范对当事人权利的保护更有利时，适用新规范（参见下一部分）；二是若行为时的法律规范未作规定，可以参照新的法律规范，当然这主要发生在民事和行政法领域。实务中将第二种情形称作"空白追溯"，即在以前的法律有空白时，新的法律可以追溯。[1] 这种准则其实是一种漏洞填补规则，因此严格来说不属于法律规范冲突的情形。无论从旧还是其例外，都是就实体法而言的。而就程序法而言，则不存在溯及既往的问题。因为程序法是针对法律诉讼的程序所作的规定，当然应适用诉讼时有效的法律规范，而不能适用诉讼前（包括行为时）的法律规范。因此，总的来说，当发生行为时存在旧法而争讼时新法生效这一情形时，遵从"实体从旧、程序从新"的准则。

其次，从最有利。上述从旧准则的例外涉及了另一准

---

[1] 参见孔祥俊：《法律规范冲突的选择适用与漏洞填补》，人民法院出版社 2004 年版，第 329 页。

则——从最有利。从最有利既可以成为从旧的例外，也可以成为"新法优于旧法"的例外。这一准则的目的同样在于，为了不使当事人的法律地位发生未预见的恶化结果，在数个不同的规定之间，适用最有利于当事人的规定。在法律明文规定须适用从最有利准则的场合，这一准则取代其他所有准则而适用于案件。在民事和部分行政案件中，从最有利准则体现为"从优"。这可以体现在两方面：一是适用对当事人更有利的旧法。如《中华人民共和国行政许可法》规定，申请人在旧法时提出申请而新法时作出决定的，若旧法的规定对其更有利而新法又未禁止或废除该申请事项，可适用旧法。二是原本应适用旧法，但适用新法对当事人更有利的，则适用新法。如《最高人民法院关于适用〈中华人民共和国合同法〉若干问题的解释（一）》第3条规定："人民法院确认合同效力时，对合同法实施以前成立的合同，适用当时的法律合同无效而适用合同法合同有效的，则适用合同法。"在刑事和行政处罚案件中，从最有利准则体现为"从轻"。如新法生效前实施的行为在新法生效后被查处的，如果新法处罚较轻甚至不予处罚，则适用新法。再如，我国《刑法》第12条关于犯罪认定的规定也同样体现了这一点。

最后，从重。在刑法和行政处罚法领域，有时法律明言，"其他法律有较重处罚规定的，适用其规定"。如我国《刑法》第149条规定，构成第141条至第148条规定的生产、销售各种伪劣商品罪，同时又构成第140条生产、销售伪劣产品罪的，依照处罚较重的规定定罪处罚。也即，与从最有利准则一样，法律明文规定从重准则的，不考虑规范间的关系为何，而径自适用处罚重的规范。如上例其实就是用从重准则取代了"特别法优于普通法"的准则。这是一种立法政策的产物，它反映了重刑威吓及制裁优先于规范价值目的的特别考量，其结果却可能使各相关的法律规范原本的价值考量和彼此的关联不再被重视。[1]

三、法律规范的类型与体系

(一) 规范的要素分析

要了解法律规范，首先要了解规范，因为法律规范是特殊种类的规范。了解规范的恰当途径是对规范的要素进行分析。规范最基本的功能在于指引行为，其内容主要就是围绕"行为模式" (the pattern of behavior) 展开的。以"行为模式"为核心的规范可以被分为两大类要素：一类是具体的行动观念的要素，另一类是功能在于说明这一行动观念被呈现为某个行为模式的要素。如果用符号 d (p) 来表示规范，那么 (p) 表示的就是行动观念，而 d 表示逻辑算子或者说应然助词。[2]

1. 行动观念

行动观念又可分为规范的对象、规范的情境和规范的主题。

(1) 规范的对象。

一个行动必须被确定的人所实施，规范的对象指的是规范所提供的行为模式所指向的主体。规范的对象既可以个别的方式被确定，也可以一般的方式被确定。那么，如何区分"个别

---

〔1〕　陈志辉：《刑法上的法条竞合》，作者自刊，1998 年，第 36 页以下。
〔2〕　参见 [丹麦] 阿尔夫·罗斯：《指令与规范》，雷磊译，中国法制出版社 2013 年版，第 134 页。

的方式"与"一般的方式"呢?第一种区分方式是:指向一个特定之人的规范是"个别的"或"特殊的"规范,而不加限定地指向所有人的规范是"一般的"或"普遍的"规范。这种区分方式为芬兰哲学家冯·赖特(von Wright)所主张。但是这种区分方式存在问题,因为它没有囊括那种并非指向特定的个人也并非指向所有人,也即有限定地指向一些人的规范。例如,2013年6月4日从丹东海关入关的人应通过入关检查。这个规范的对象是一般的还是个别的?一方面,那天通过丹东海关的人数是特定的,"2013年6月4日"这个时间条件和"从丹东海关入关"这个情境条件本身就限定了所指向的对象。另一方面,极端情形中,也有可能当天从丹东海关入关的就只有一人。它很难被确定地归入赖特意义上的个别的或者一般的。

另一种区分方式是:如果对象被具体化为封闭的类(closed class),即其成员无法在逻辑上随着时间而变,那么对象就被个别地确定。这又包括两种情形:一是真正的专名(如科学家牛顿),二是附时间限定的描述(2013年6月4日从丹东海关入关的人)。原则上,总是有可能穷尽地列举一个封闭类的成员。相反,如果对象被具体化为开放的类(open class),即其成员可以随着时间而变,那么对象就被一般化地确定。如不附时间限定的描述(从丹东海关入关的人)。即使在某个特定时刻,这个类事实上只有一个成员,或只有一些确定数量的成员,它也是"开放的",即随着时间既可增加也可减少。个别地被确定的对象在语言上构成封闭词类,一般地被确定的对象在语言上构成开放词类。这种区分方式为丹麦法学家罗斯所支持。对象被个别地确定的规范称为"个别规范",对象一般地确定的规范称为

"普遍规范"。[1]

（2）规范的情境。

我们对于他人当如何行为的期待取决于他们身处的情境，规范被意图遵守的情境即规范的情境。规范的情境可以个别的、类别的或普遍的方式来确定。如果规范所要适用的情境被界定为封闭的类（附时间限定），那么情境的确定就是个别的。例如，规范所规定之事要在确定的时刻或确定的时间序列中被实施（"2013 年 6 月 4 日上午 10 点"）。再如，"在位的国王去世"。如果规范所要适用的情境被界定为开放的类（不附时间限定），规范情境的确定就被认为是类别化的。例如，"如果合同是在达到法定年龄的双方当事人之间签订的，那么……"如果规范在所有的情景，即任何情境中都被适用，那么其情境的确定就被认为是普遍的。如"不得杀人""不得说谎"，这两条规范可能被认为适用于所有的情境（因而在表述中省略掉了）。情境被个别确定的规范称为"偶然规范"，类别化确定的规范被称为"假言规范"（条件式规范），而普遍确定的规范被称为"定言规范"（无条件规范、绝对规范）。[2]

如果将这一分类与依照对象的分类相结合，就会产生六类规范，以下例举之：

> （1）个别的偶然规范，如"张三应当在 2013 年 6
> 月 4 日支付特定数额之钱款给李四"。

---

[1]　参见［丹麦］阿尔夫·罗斯：《指令与规范》，雷磊译，中国法制出版社 2013 年版，第 135 ~ 138 页。

[2]　参见［丹麦］阿尔夫·罗斯：《指令与规范》，雷磊译，中国法制出版社 2013 年版，第 139 ~ 140 页。

（2）个别的假言规范，"发生火灾时，张三有责任鸣响警报"。

（3）个别的定言规范，"在任何情景下张三都被禁止进入酒吧"。

（4）普遍的偶然规范，如"如果在位的国王去世，所有人都必须戴孝"。

（5）普遍的假言规范，"如果任何人借了钱，他都被要求在特定的时间内进行偿还"。

（6）普遍的定言规范，"所有人都负有不杀他人之义务"。

（3）规范的主题。

规范指明了它的对象在特定的条件下如何行为，具有这一功能的规范要素称作规范的主题（theme）。规范的主题可以个别地或类别地被确定，相应的规范称为严格规范与裁量规范。但这种区分只是相对的和模糊的，因而意义不大。例如，"马上关上这扇窗"是一个个别地被确定的行为，而"关上窗"被类别化地确定，涵盖在任何时刻关上任何窗的情形。但，"马上关上这扇窗"这个行为如何发生、结果是什么，无论使用左手还是右手，无论登梯还是拉绳，无论粗鲁地摔上窗还是温柔地关上它，无论是否发出声响，都没有说明。任何规范的运用都含有裁量空间，区分只是程度性的：依照主题被确定的精确化程度，规范要么严格一些，要么裁量程度大一些。[1]

---

〔1〕 参见［丹麦］阿尔夫·罗斯：《指令与规范》，雷磊译，中国法制出版社2013年版，第141～142页。

2. 逻辑算子（应然助词）

行为观念（规范的对象、情境、主题）要被转化为规范意义上的"行为模式"，必须加上逻辑算子（或称应然助词）。逻辑算子 d 表达的是"应当"，这与陈述语句区分开来（"是"），并表达了规范领域的归属律（imputation）。广义上的应当（d）包括狭义上的应当（O）、禁止（F）与允许（P）。它们分别代表三类行为模式：Op 表示"应为"，Fp 表示"勿为"，Pp 表示"可为"。三种行为模式的关系可绘图如下：

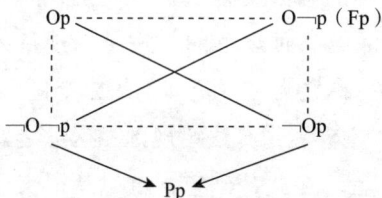

Fp 其实相当于 O ¬ p，而 Pp 相当于 ¬O ¬ p ¬ Op。在此基础上，我们可以看出它们之间的逻辑关系：Op 与 O ¬ p（Fp）之间、¬O ¬ p 与 ¬ Op 之间存在反对关系（也即"内部否定关系"，用虚线表示）；Op 与 ¬ Op 之间、O ¬ p（Fp）与 ¬O ¬ p 之间存在着矛盾关系（也即"外部否定关系"，用实线表示）；Op 与 ¬O ¬ p 之间、O ¬ p（Fp）与 ¬ Op 之间存在着蕴含关系（用短横和点相间的虚线来表示）。

（二）法律规范的类型

1. 法律规则与法律原则

尽管存在争议，但是法律规则与法律原则的区分在学界已得到广泛认可。最为常见的反对意见认为，规则与原则只是抽象性程度不同的规范而已。[1]按照这种意见，原则不外乎是比较抽象的规范、规则不外乎是比较具体的规范而已，它们之间的差别是相对的、程度上的。这里，首先要对"原则"的语词使用作一限定。在法学研究中，原则的概念至少有两种理解方式，它们经常被混淆在一起。[2]第一种方式是以规范在法律体系中的根本地位及重要性来界定原则，相当于德语中的"Grundsatz"。这种理解方式强调法律原则表达了法律体系的内在价值，构成了法律秩序内在统一性与评价一贯性的基础。[3]作此理解的原则与规则的确只有程度上的差别，因为重要性原本就是程度性的判断。第二种理解的方式是以规范的特征与适用方式来界定原则，可称之为"规范理论的原则概念"，相当于德语中的"Prinzip"。本专题中与法律规则相区分之意义上的"法律原则"指的是后者。在此基础上，可以从语义学、性质论及结构论三个方面来阐明法律规则与法律原则的区别。

（1）语义学差别。

在语义学的层面上，规则是一种确定性命令（definitive gebote），而原则可以被认为是一种最佳化命令（optimierungs gebote）。[4]作为"确定性命令"，规则是以一种"全有或全无"

---

〔1〕 例如参见 Joseph Raz, "Legal Principles and the Limits of Law", *Yale Law Journal*, 81 (1972), 832ff.

〔2〕 对于这两种原则概念的区分，参见 H. - J. Koch, "Rechtsprinzipien in Bauplanungsrecht", in Schlichter, Koller und Funk (Hrsg.), *Regel, Prinzipien und Elemente im System des Rechts*, Wien: Verlag Österreich, 2000, S. 245.

〔3〕 Claus - Wilhelm Canaris, *Systemdenken und Systembegriff in der Jurisprudenz*, 2. Aufl., Berlin: Duncker & Humblot, 1982, S. 301ff.

〔4〕 Vgl. Robert Alexy, "Zum Begriff des Rechtsprinzips", in ders., *Recht, Vernunft, Diskurs*, Frankfurt a. M.: Suhrkamp Verlag, 1995, S. 203.

的方式被适用的。对于某个规则而言，如果案件属于它的调整范围，它的法律后果就百分之百地发生（此时必须接受该规则所提供的解决办法）；如果案件不属于它的调整范围，它的法律后果就百分之百不发生（此时规则对裁判不起任何作用）。也就是说，规则是一种要么被适用，要么不被适用的规范。一旦规则被适用到某个案件之上，那么它的法律后果就确定地发生，没有斟酌的余地。因此，规则的典型适用方式是涵摄。当然，规则可能存在例外。例外一旦出现，就排除了规则的适用，从而无法推导出规则的法律效果。反过来说，规则的例外本身也是一个确定性的"规则"，同样也具有全有或全无的适用特性。因此，规则带有例外并不会影响到规则适用的确定性。

与此不同，作为最佳化命令，原则要求某事（通常是某种要追求的价值或目的）在相对于法律上与事实上可能的范围内尽最大可能被实现，并能以不同的程度被实现。作为最佳化命令，原则的特征在于具有"分量"的向度，即它能够在不同的情形中以不同的程度被实现，其所要求的实现程度既系诸事实上的可能性，也取决于法律上的可能性。如果某个原则完全不受任何限制，从而百分之百地实现，这当然是最理想的状态。但原则在法律体系中从来就不是孤立地被适用的，在决定考虑实现某个原则时，不可避免地要考虑到其他相对立之原则的存在和影响。相冲突的原则之间彼此相互牵制，如果要百分之百地实现其中一个，就必然要牺牲对另一个的保护；而如果要保护后者，就不免要对前者作出限制。换个角度来说，两者都不可能获得完全的实现，因此其中一个原则的实现程度越高，另一个原则的实现程度就会随之降低。举例来说，香烟生产商的职业自由与保护公共健康相冲突。如果对于香烟生产完全不作任何限制，等于是让香烟生产商的职业自由获得最大程度的实现，而保护公共健康的实现程度就会非常低（接近于零）。如果要求香烟生产商在生产香烟时必须在外包装上加警示语，可以算是对职业自由中等程度的限制，而保护公共健康的实现程度开始上升。如果完全禁止生产香烟，则是相当高程度的限制，此时职业自由只获得非常低程度（接近于零）的实现，而保护公共健康的实现程度此时就非常高。这说明，两个原则都无法获得百分之百的实现。此时只能作一取舍，来决定哪一个原则在当前案件中应该优先获得实现，或者说应该获得比较高的实现程度，这种取舍就是权衡。

（2）性质论差别。

从性质的角度看，规则可被称为"现实应然"（reales sollen）；相反，原则可被称为"理想应然"（ideales sollen）。[1]现实应然意味着已经考虑到各种现实的可能性之后，要求直接依照它的要求去做，无论是否存在相对立的要求，因此它是一种确定的应然。而理想应然是一种抽象的、尚未涉及经验与规范世界之有限可能的应然；它只有考虑到经验可能条件以及所有其他相关的原则，才能转化为现实应然。[2]因此，理想应然也可以被称为"仅此应然"（Pro - tanto - Sollen）[3]或初显应然（prima facie Sollen）。在作为最佳化命令与理想应然之间，存在着一

---

〔1〕 Robert Alexy, "Zum Begriff des Rechtsprinzips", in ders., *Recht*, *Vernunft*, *Diskurs*, Frankfurt a. M. : Suhrkamp Verlag, 1995, S. 204f.

〔2〕 Robert Alexy, "Ideales Sollen", in Laura Clérico und Jan - Reinard Sieckmann (Hrsg.), *Grundrechte*, *Prinzipien und Argumantation*, Baden - Baden: Nomos, 2009, S. 23.

〔3〕 Vgl. Susan L. Hurley, *Natural Reasons*, New York: Oxford University Press, 1989, pp. 130, 261.

种相互蕴含关系。理想应然蕴含着最佳化命令，反之亦然。[1]
这体现在，理想应然在与现实世界接触的过程中，会导向不可
接受的矛盾，因而它必须要被中断。因此，不仅原则有碰撞能
力，还有被权衡的需要，这要求进行权衡即最佳化。

换个说法，原则是目标规范，而不是行为规范。[2]目标规范
要想转变为行为规范，既要考虑到实现目标之经验手段的问题，
也要考虑到与之可能冲突的其他目标问题。所以，一方面，在现
实的经验世界中，为了能实现理想应然，就必须选择恰当的手段。
用形式化一点的方法来说，若规则的逻辑表述为 $T \rightarrow OR$，那么原
则的逻辑表述就是 Op，它在适用时需要作如下具体化：

(1) Op

(2) $\neg q \rightarrow \neg Op$

(3) Oq

要注意的是，q 表示实现 p 的必要手段，它本身是个情境化
的行动要求（规则）；同时，具体化的中间步骤可能不止一步。
例如，对于某人因相信有权处分而以合理价格从无权处分人处受
让财产的情形，此处存在的"信赖保护"原则必须作如下具体化：

---

〔1〕 Robert Alexy, "Zur Struktur der Rechtsprinzipien", in Bernd Schilcher/ Peter Koller/ Bernd – Christian Funk（Hrsg.）, *Regeln*, *Prinzipien und Elemente im System des Rechts*, Wien: Verlag Österreich, 2000, S. 39.

〔2〕 两者的区分，参见 Christiane Weinberger und Ota Weinberger, *Logik*, *Semantik*, *Hermeneutik*, München: C. H. Beck'sche Verlagsuchhandlung, 1979, S. 112, 119f.

（1）任何人在任何情况下的信赖利益都应当得到法律的保护（信赖保护）；

（2）假如某人善意受让了他人无权处分的财产却无法取得所有权，那么他的信赖利益就得不到法律保护；

（3）假如某人以合理价格受让他相信是有权处分人出让的财产，并符合法定所有权的取得方式，却得不到法律承认，那么就属于"善意受让他人无权处分的财产却无法取得所有权"的情形；

（4）因此，如某人以合理价格受让他相信是有权处分人出让的财产，并符合法定所有权的取得方式，就应当取得他人无权处分的财产。

在这里，一方面，手段 q 的选择需要符合适切性原则和必要性原则。它们来自于原则要求在事实可能的范围内尽最大可能被实现的义务，表达了帕累托最优的理念。另一方面，在现实的规范世界中，为了能最终决定该如何行动（形成行为规范），还必须要尽量考虑到与原则（目标）相对立的所有其他原则（目标），在顾及其他原则的情形下尽可能地实现本原则。这就涉及狭义上的比例原则，它来源于原则要求在法律上可能的范围内尽最大可能被实现的义务。适切性原则、必要性原则和狭义上的比例原则合起来构成了（广义上的）比例原则。所以，原则理论与比例原则相互蕴含，[1]后者指明了最佳化是如何以理性的方式来进行的。

---

[1] Vgl. Robert Alexy, *Theorie der Grundrechte*, Frankfurt a. M. : Suhrkamp Verlag, 1985, S. 100ff.

（3）结构论差别。

原则作为一种最佳化命令或理想应然具有初显性。前已述及，规则通常是一种确定性命令，并不意味着它在所有情形中无条件地得以适用，它也可能因原则而被创设例外。但规则与原则冲突和原则之间冲突的解决方式并不相同。在原则之间冲突的场合，只要权衡数个原则间的相对分量并决定哪一个具有优先性就可以了；而在规则与原则冲突的场合，原则若想在个案中被优先适用，不仅要确立此原则相对于规则背后赋予其正当性之彼原则的优先性，而且必须证明：为何此原则的重要性是如此之高，以至于可以偏离权威机关透过规则所作出的决定。[1]这就导向了一种结构论上的差别：原则的证立只需凭借自身分量（内容上的正确性）即可，它具有单一结构；而规则的证立不仅来自于它内容上的正确性，也来自于它来源上的权威性（如来自于民主立法者），因而它具有复合结构。换言之，一个规则的背后同时得到两类原则的支持，一类是实质原则，另一类是形式原则，它们合起来构成了规则的证立理由，也就是它"应被适用"的理由。实质原则与规则的内容相关，因规则内容的不同而不同，是规则目的的体现。相反，形式原则指向的是法的安定性，它没有实体内容，所表达的是诸如"立法者的意志应当得以遵守""如无重大理由不得偏离历来的实务见解"这类形式上的要求。[2]因此，形式原则并不因规则内容的变化而变化，它对于所有的法律规则而言都是一样的。此外，规则冲

---

〔1〕 Robert Alexy, *Theorie der Grundrechte*, Frankfurt a. M. : Suhrkamp Verlag, 1985, S. 89.

〔2〕 Robert Alexy, *Theorie der Grundrechte*, Frankfurt a. M. : Suhrkamp Verlag, 1985, S. 120, 267.

突发生在效力的层面，原则碰撞发生在适用的层面。效力的层面意味着：如果一条与其他规则相冲突的规则被判定为无效，就意味着它以后就不再存在于特定法律体系之中了，以后的法官在处理案件时无须再去考虑这条规则。而适用的层面意味着：即使一个原则在与其他原则相碰撞时，经个案权衡其重要性不如后者，也不意味法官在处理其他个案时不需要再去考虑前者，前者只是在特定个案中劣于后者，而非无效。

2. 独立法律规范与非独立法律规范

独立法律规范是可以独立而无须借助于其他规范的帮助来加以适用的法律规范。相反，非独立法律规范则一般需要借助于其他法律规范或者与其他法律规范相结合才能适用于个案。

（1）独立法律规范。

独立法律规范可分为行为规范与裁判规范（也可称为第一性规范与第二性规范）。行为规范指向一般社会公众，其法律后果是对特定行为的要求、禁止或允许。例如，《合同法》第9条规定："当事人订立合同，应当具有相应的民事权利能力和民事行为能力。"当事人依法可以委托代理人订立合同。这一项是要求，后一项是允许。再如，《合同法》第3条规定："合同当事人的法律地位平等，一方不得将自己的意志强加给另一方。"这就是一项禁止。与此不同，如果法律规范的意旨在于要求裁判法律纠纷的主体以它们为裁判的标准，那么它们就是裁判规范。[1] 换言之，裁判规范直接指向的对象不是一般的社会公众，而是裁判者。如《合同法》第52条规定："有下列情形之一的，合同

---

〔1〕 参见黄茂荣：《法学方法与现代民法》（第5版），法律出版社2007年版，第141页。

无效：①一方以欺诈、胁迫的手段订立合同，损害国家利益……"再如，《刑法》第266条规定："诈骗公私财物，数额较大的，处3年以下有期徒刑、拘役或者管制，并处或者单处罚金……"依照广泛接受的观点，任何裁判规范本身都包含着行为规范，因为从裁判规范可以推导出立法者对于社会公众的行为要求。例如，前述《合同法》第52条第1款指向的行为规范是"不得以欺诈、胁迫的手段订立合同，损害国家利益"。而前述《刑法》第266条指向的行为规范是"不得诈骗公私财物"。一般而言，裁判规范所包含的行为规范，其行为模式为"勿为"（不作为），也有可能是"应为"（作为）。后者如《刑法》第201条规定的"逃税罪"（应当纳税）。

（2）非独立法律规范。

它又包括这样四类：

第一，效力规范或适用规范。这类规范确定其他规范的效力或可适用性。例如《中华人民共和国涉外民事关系法律适用法》第44条规定，侵权责任，适用侵权行为地法律，但当事人有共同经常居所地的，适用共同经常居所地法律。再如，《刑法》第7条规定："中华人民共和国公民在中华人民共和国领域外犯本法规定之罪的，适用本法，但是按本法规定的最高刑为3年以下有期徒刑的，可以不予追究。"这两个规范都没有直接告诉我们某个案件中应该适用哪个实体法规范，而是需要我们去寻找和确定这个实体法规范的依据。

第二，授权规范。这类规范授予特定机关以法律权力（Rechtsmacht），但通常在内容上有所限定。依据其内容，授权规范又可细分为三类：一是权能规范。如《立法法》第65条规定，国务院根据宪法和法律，制定行政法规。行政法规可以就下列事项作出规定：①为执行法律的规定需要制定行政法规的事项；②《宪法》第89条规定的国务院行政管理职权的事项。二是主管规范。如《中华人民共和国治安管理处罚法》第7条第1款规定："国务院公安部门负责全国的治安管理工作……"三是任务指示规范。如《中华人民共和国人口与计划生育法》第45条规定，流动人口计划生育工作的具体管理办法、计划生育技术服务的具体管理办法和社会抚养费的征收管理办法，由国务院制定。

第三，组织规范。此类规范从国内法的角度规定了国家、各行政区划、基层以及行政机关、司法机关的架构（中央政府组织法、行政区划法、基层自治组织法、行政机关组织法、法院组织法）。

第四，地位规范。此类规范调整的是人的法律地位，无论是在私法领域（"自然人"）还是在公法领域（"公民"）。传统上，此类"人法"是与"物法"相对的，后者调整的是物或权利的法律地位。

（三）法律规范的链条与体系

法律规范是法律的基本组成单位和适用单位。但是，法律适用者面对的往往不是单个的条文或规范，而是大量规范的集合。这些法律规范并非杂乱无章地堆放在一起，而是相互之间呈现出某种链条状的结构，进而，这些链条状的法律规范会被组成一个法律体系。法律体系最大的特点在于，在其中，每个法律规范都有自己所处的位置，这些不同的位置或者说节点在体系中各有各的作用。因此，在这个意义上，单个法律规范只是组成法律体系的要素，而法律规范之间的链条关系则可能构造法律体系的结构。在适用法律时，适用者不仅要考虑单个法律规范的内容，而且要充分照顾到这种体系结构。大体上，法律规范之间会具有三种链接方式。

1. 以效力为依据的链接方式

这种链接方式强调不同法律规范之间的关系在于效力上的创设与被创设关系。从这一角度来看，法律体系具有阶层构造，形象地说，处于不同阶层且具有创设与被创设关系的法律规范具有上位阶与下位阶的空间关系，它呈现出一幅"阶梯式人工瀑布"的图景。例如，以"议会法治国"的法律体系的阶层构造为例。这类国家的特点，一是在于立法与司法、执法的功能区分，以及议会立法相对于后二者的相对优势；二是在于有一部由议会制定且拥有最高地位的宪法（在此不考虑英国）。总体而言，作为议会法治国法律体系之具体法律规范形式的有宪法、制定法、法规这些一般规范形式，以及（民事）法律行为、行政行为和司法裁判这些个别规范形式。[1]由于在现实中拥有同一种形式（如制定法）的规范不可能只有一个，所以法律体系不仅在垂直的方向上展现为从属关系，而且在水平的方向上表现为同一形式之规范间的协调关系。换言之，法律体系不仅由多阶层的上位阶与下位阶的规范序列构成，而且也由多个同位阶并列的规范序列构成。[2]对此，我们可以用下图来展现这种效力关系：

以效力为依据的链接方式在方法论上的意义在于，我们可

〔1〕 Vgl. Adolf Merkl, "Prolegomena einer Theorie des rechtlichen Stufenbaues", in Alfred Verdross (Hrsg.), *Gesellschaft*, *Staat und Recht—Untersuchungen zur Reinen Rechtslehre*, Wien: Springer, 1931, S. 259, 262.

〔2〕 Vgl. Adolf Merkl, *Die Lehre von der Rechtskraft*, Leipzig/ Wien: Franz Deuticke, 1923, S. 210.

宪法规范（NC）

制定法规范（N2）⟺制定法规范（N2'）

法规范（N1）⟺法规范（N1'）⟺法规范（N1"）

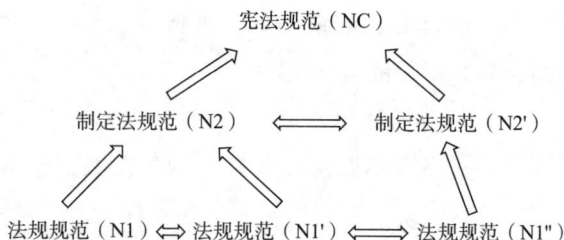

以根据不同法律规范所处的不同效力阶层来判断，不同位阶规范在适用发生冲突时该如何解决，因为在效力上被创设的下位法律规范是不能违背或抵触上位法律规范的。

2. 以理由为依据的链接方式

这种链接方式强调，法律规范可分为性质不同的两类规范，即法律规则与法律原则，而法律规则背后往往存在着其适用之实质理由的法律原则。也可以说，法律原则是法律规则的目的价值（暂且不考虑所谓"形式原则"的问题）。例如，我国《继承法》第16条第1款规定："公民可以依照本法规定立遗嘱处分个人财产，并可以指定遗嘱执行人。"这是因为这个"遗嘱处分自由"的规则的背后存在着民事领域的一个强有力的法律原则，即"意思自治"。可以说，意思自治就是这条规则背后的实质理由或者说价值目的。从这个角度看，首先，同一体系中的不同法律原则构成了一个柔性价值秩序。在体系中，原则与原则之间必须是融贯的，它们不能发生明显抵触（如宪法中同时规定"自由民主原则"与"全权国家原则"）。也就是说，一旦某个原则（价值）要成为客观价值秩序的组成部分，它的所有评价性结果都应该推展到极致，即可以将它们适用于所有可比较的情形，消除它们与已设定之价值之间可能的冲突，并在创设新原则（价值）时防止出现矛盾。[1]柔性体系也意味着价值的统一性。统一性意味着在一个法律体系的内部存在着少数的基本价值或者说一般法律原则，其他原则都可以回溯到这些一般原则，它们构成了法律体系的基础。一方面，其他原则与一般原则之间并不存在像规则那般的效力链条，它们之间的关系不如说是内容上的推导关系。也就是说，其他原则可以被视为对一般原则之内涵的个别化。例如契约自由原则、婚姻自由原则、政府最小干预原则等，它们可以被看作对作为一般原则之自由原则在契约、婚姻、市场等领域的个别化。一般原则与其他原则之间不存在效力意义上的等级关系，而是母原则和子原则的关系。其次，原则与规则的关系在某种意义上就是目的和手段的关系，原则提出了法律体系要去追求的价值性目的，而规则提供了实现它们的手段。但目的和手段并不是一一对应的，一个目的可以对应多个手段，而一个手段也可以对应多个目的。所以，规则与原则并不是处于简单的对应关系之中，很可能一个规则会得到几个原则的支持，也可能一个原则同时支持着几个规则。我们可以用下图来展现规则与原则之间的理由链条关系：

这里的箭头不同于"以效力为依据的链接方式"中的箭头，它表示的是目的论的回溯或者说推导关系，而非效力上的条件关系。以理由为依据的链接方式在方法论上的意义在于，它可以让我们明白法律规则与法律原则在目的上的衍生关系，从而为它们的适用提供线索。这主要体现在两个场合：一个是目的

---

[1] Vgl. Claus – Wilhelm Canaris, *Systemdenken und Systembegriff in der Jurisprudenz*, 2. Aufl., Berlin: Duncker & Humblot, 1982, S. 46.

体系性要求（正义原则）

一般法律原则A　　　一般法律原则B

较具体法律原则A1　较具体法律原则A2　　较具体法律原则B1……

法律规则a1　　法律规则a2　　　　　　　　法律规则b1

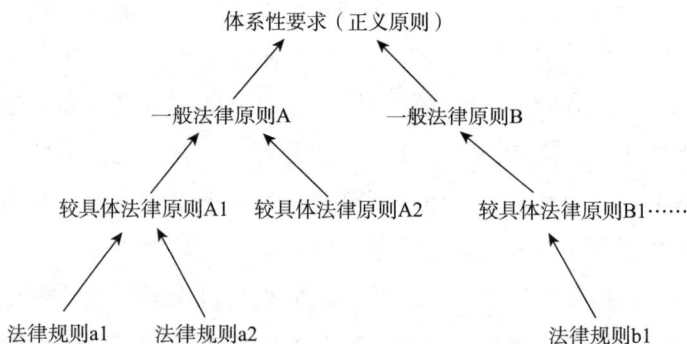

论论证，如对法律规则的目的解释或目的论限缩、目的论扩张、基于一般法律原则的法的续造（也包括合宪性论证）等，因为此时原则就扮演着规则之目的的角色；另一个是法律规则与法律原则相冲突的场合，它提示我们如何寻找出特定法律规则背后的法律原则，将之与其他相冲突的法律原则进行权衡。

3. 以功能—内容为依据的链接方式

这种链接方式强调，可以将法律规范依据其功能分为不同类型，而后依照其内容上的联系来进行整体上的考虑和适用。这里最主要的情形有两种：一种是将法律规范分为行为规范、裁判规范和程序规范。如前所述，行为规范与裁判规范之间是存在联系的。这体现在，裁判规范与对行为规范的违反有关，它授权有关机关对这种违反行为施加制裁或其他后果。这也可以被表述为：如果某人违反了行为规范，特定裁判规范将被有权机关适用于他。但是，有权机关"如何"适用这个裁判规范呢？这就涉及了程序规范。程序规范（诉讼法规范、仲裁法规范、调解法规范等）就是规定适用裁判规范之步骤、方式及其法律后果的规范。从这个角度看，行为规范是第一性的；而裁判规范是基于行为规范（的违反）被适用的，是第二性的；程序规范又是为适用裁判规范而存在的，是第三性的。[1]我们可以相应分别称它们为第一性规范、第二性规范与第三性规范。它们之间的关系如下：

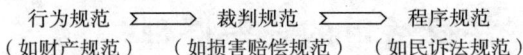

行为规范 ⟹ 裁判规范 ⟹ 程序规范
（如财产规范）　（如损害赔偿规范）　（如民诉法规范）

另外一种情形尤其存在于法典之中。在一部法典中，法典总则中的规范与法典分则中的规范之间存在着功能—内容上的联系。法典意味着将调整某一领域（如民事领域）之所有社会关系的法律规范放在一部文件中加以规定。这一领域的规范当然可以被归入不同的分支（即分则，如人格权法、物权法、债法、亲属法、继承法）。但在这些规范中，总有一些是适用于所有分支领域的，我们通常将它们提炼出来放在所有的分支之前，形成"总则"。因此，法典总则中的规范是适用于所有分则领域的。这意味着，当我们在适用法典分则中的法律规范，对它们进行法律解释时，同样不能违背总则中规范的要求。不仅解释和适用的结果不能与总则的规定相矛盾（连贯性），而且解释的结果在价值上应当与总则的价值要求尽可能保持一致（融贯性）。因此，以功能—内容为依据的链接方式在方法论上的意义往往在于，导向了法律适用中的体系化观点（典型如体系解释）。

---

[1] 参见［丹麦］阿尔夫·罗斯：《指令与规范》，雷磊译，中国法制出版社2013年版，第143~144页。

法律适用的一般原理

法律适用的活动在本质上是一种"说理"的活动。说理是提供理由（reasons）的过程，我们也可称之为 reasoning，即"推理"。法律推理也就是为司法裁判的结论提供理由，或者说证明结论之正当性的过程。因而这个过程同样可以被称为法律论证（legal argumentation）。所谓推理或论证，简单地说，就是举出理由支持某种主张或判断。[1]说理和论证的效果在于"证成"（justification），即为司法裁判的结论提供充足的理由与根据。那么，具体而言，说理和论证的目标何在？法律适用可以从哪些层面来观察？法律论证又包括哪些层次呢？

一、法律适用的目标

说理与证成要尽可能地实现法适用的最终目标，即获得一个正确的或者说理性的法律判决（a correct or rational decision）。

---

[1] 参见颜厥安：《法、理性、论证——Robert Alexy 的法论证理论》，载氏著：《法与实践理性》，允晨文化实业股份有限公司 2003 年版，第 98 页。

那么，什么是"正确的（理性的）"法律判决？这就涉及对司法裁判的性质的理解（或者说司法哲学）了。通常来说，正确或理性的司法裁判要满足两个方面的目标：一是依法裁判；二是实现个案正义。

（一）依法裁判

谈起司法裁判，恐怕人们最直接想到的就是"解决纠纷"。的确，司法裁判天然地与纠纷的解决联系在一起。但是，解决纠纷只是司法裁判的直接功能，而在这一点上，它与其他的纠纷解决机制是一致的。无论是裁判，还是调解、仲裁，抑或某个权威者的"一言而决"，都是中立的第三方通过和平方式来解决纠纷的途径。司法裁判的特点并不在于解决纠纷，而在于解决纠纷的方式。简言之，司法裁判是一种说理的活动。正因为如此，我们也将司法裁判在本质上理解为一种法律推理或法律论证。相应地，司法裁判中的法律推理，就是举出规范性理由和事实性理由来支持最终得出的具体判决。进一步讲，司法裁判与其他纠纷解决机制（以及立法活动中的推理）最大的差别，在于其所运用的规范性理由是一种事前已经以权威性的方式确定下来的一般性规范，即"法"。于此，正如庞德（Roscoe Pound）所指出的，司法裁判与其他纠纷解决机制在运作方式上的重要区别，就在于前者乃是一种"依（据）法裁判"。[1]所以，司法裁判在本质上不仅是一种法律论证活动，而且是一种依法裁判的论证活动。换言之，从严格的意义上说，只有依

---

〔1〕 参见［美］罗斯科·庞德：《法理学》（第2卷），邓正来译，中国政法大学出版社2007年版，第134页。庞德使用的术语是"权威性资料体系"。

"法"裁判的活动才能被视为"司法"。

从正面讲，依法裁判通常意味着：其一，法官的司法判决建立在已确立之一般法律规范的基础上，它不是法官个人主观擅断或心血来潮的产物；其二，这种一般法律规范是事先已经向社会公众公布的，而司法判决又是这种已公布的一般性规范的产物，所以公民有预测司法判决之可能。这就要求裁判者将判决建立在因事先公布并生效的一般性法律规范的基础上，并合乎逻辑地证明前者与后者之间的推导关系（inference）。从反面讲，依法裁判意味着尽量避免武断与肆意的裁判，意味着对于法官自由裁量权的尽可能约束。武断与肆意的判决意味着裁判结论无须受制于任何一般性规范，而只需凭借法官个人的（在较坏的情况下）主观偏好或（在较好的情况下）良知与智慧作出的裁判。例如，中世纪的卡迪司法或决疑术就是这类纠纷解决活动。最著名的例子如《圣经·旧约》中记载的"所罗门王的审判"：有两个女人争抢一个婴儿，请所罗门明断。所罗门说："那就把孩子分成两半，每人一半好了。"一个女人说："不要！我宁可他不在我的身边，也希望他能健康地活着。"另一个女人说："这样也行，如果不能给我，也不把孩子交给她。"于是所罗门王将孩子判给了第一个女人。虽然所罗门王的智慧和对人性的洞察备受称赞，但所罗门王的审判并不符合现代意义上的司法。因为所罗门王并没有将他的判决建立在已确立之一般法律规范的基础上，而完全取决于他的个人判断。试想一下，如果换了一位愚蠢的国王，说不定就想不出这个办法，或者真的采取将婴儿劈为两半的办法了。这里，是所罗门王担任裁判者还是别人担任裁判人，存在着重大差别。换言之，所罗门王是不可替代的。但对于满足依法裁判要求的"司法"而言，法官的可替换性是个基本要求（尽管无法完全满足）。也就是说，依法裁判的最佳效果是，无论是哪位法官，面对同一个案件都要得出基本一样的裁判结论。

依法裁判与一系列重要的价值或者制度安排相关，如服从权威、民主原则、权力分立、法的安定性（形式正义）、可预测性、合法性。依法裁判意味着裁判者要服从立法者的权威，因为"法"通常是立法的产物。为社会创制一般性规范不属于裁判者的任务，他的任务在于将立法已经确立的一般性规范适用于个案中，以证明个案的裁判结论与这些一般性规范之间的联系。现代社会之于法律的一个态度在于，认为法律不仅仅是概念、文义和语词的体系，更是价值、目的和意义的体系。司法裁判活动并不是僵化地适用概念、文义和语词的过程，而更应是一个发掘和主张价值、目的和意义的过程。因为法律本身服务于社会和社会实践，法官就应当在法律的"语词"之外去发现"意义"，辞穷之处去证明未言明的"客观的社会目的"。[1]但是应当看到，法律的独特之处在于，法律话语不仅仅是达成其所欲之事的手段，它所说之事本身就很重要。法律主要由规则构成，而规则运用的关键因素就在于规则的话语，即使规则的话语有时看起来是错的或与规则背后的正当化依据不一致，即使服从规则在某些场合会产生糟糕的结果。[2]因为依法裁判所要求得出的那个结论未必就一定是对实质理由进行通盘考量之后

---

〔1〕 想一想庞德对于法律的定义："法律是依照一批在司法和行政过程中使用的权威性法令来实施的高度专门形式的社会控制。"（［美］罗斯科·庞德：《通过法律的社会控制》，沈宗灵译，商务印书馆 2008 年版，第 20 页。）

〔2〕 See Frederick Schauer, *Thinking Like a Lawyer*, Harvard：Harvard University Press，2009，pp. 17 – 18.

最佳的那个结论。甚至可以说，依法裁判的最佳显现之处，恰恰是当假如不存在法律规范时，法官不会作出当存在法律规范时他所必须作出的那个判决。

例如，在美国的一个著名案例 United States v. Locke 案中，[1] 土地管理局拒绝了一份土地变更申请，理由是这份申请是在 1982 年 12 月 31 日当天递交的，而相关法律规定这类申请应当在每年的"12 月 31 日之前"递交。虽然对于法院和任何普通人而言，法律文本明显有误，议会真正想说的应该是"12 月 31 日当天及之前"，但最高法院的 6 位大法官认定土地管理局的做法并无问题。对于这一判决，某些持实用主义立场的学者认为它重视规则的实际用语到了极端荒谬的地步，[2] 但 6 位大法官认为需严格贯彻"12 月 31 日之前"这条规则字面意思的态度本身就说明，规则之所以具有"规则性"（ruleness），很大程度上恰恰在于规则的语词而不是其目的。严格依据文本和语词进行裁判追求的是法的安定性和可预测性的价值。这两种价值对于现代法治的重要意义不言而喻，而能承载起这类价值的只能是法律文本和语词本身，因为对于社会公众而言，经颁布而成为其行为准则的仅仅是法律文本和语词本身。同时，法的安定性价值的背后亦耸立着"权力分立"的政治价值。在 United States v. Locke 案的法官看来，洛克先生的主张本身的对错并不那么重要，重要的是一个更大的问题，即最高法院能否改写有明显错误的联邦制定法。法治与人治的一个根本差别在于，前者对不

---

〔1〕 471 U. S. 84 (1985).

〔2〕 Richard Posner, "Legal Formalism, Legal Realism, and the Interpretation of Statutes and the Constitution", *Case Western Reserve Law Review*, 37 (1986), p. 179.

受控制的个人判断（哪怕是来自于高度专家化的法官）保持高度警惕。所以，虽然有时适用一个清晰但会导致（法官看来是）错误的规则好像不太公正，但要求法官去遵从一个（他认为是）错误的规则恰好是法律的要求。[1]由于这些价值涉及的是法律（立法）的功能和权限问题，因而不同于各种实质价值（它们往往被统合在"个案正义"的名义之下），可以被称为"形式价值"。所以，依法裁判在有的时候意味着得出一个法官并不认为是最佳的决定，而这仅仅是因为存在着相关的法律规范。这绝不是"抠字眼"，而是因为有超越个案的考量。从法治的角度看，依法裁判实现的是形式法治的要求。

（二）个案正义

除了依法裁判，司法裁判要实现的另一个重要目标在于实现个案正义。个案正义的要求来自于公正司法的内在需求。正如习近平总书记所引用的英国哲学家培根的话说："一次不公正的裁判，其恶果甚至超过十次犯罪。因为犯罪虽是无视法律——好比污染了水流，而不公正的审判则毁坏法律——好比污染了水源。"[2]进而，司法裁判所要实现的并非一般的正义，而是个案正义。换句话说，它致力于"在具体的细节上，以逐步的工作来实现'更多的正义'"。[3]个案正义意味着司法裁判

---

〔1〕 See Frederick Schauer, *Thinking Like a Lawyer*, Harvard：Harvard University Press，2009，p. 10.

〔2〕 习近平：《严格执法，公正司法》（2014 年 1 月 7 日），载中共中央文献研究室编：《十八大以来重要文献选编》（上），中央文献出版社2014 年版，第 718 页。

〔3〕 ［德］卡尔·拉伦茨：《法学方法论》，陈爱娥译，商务印书馆2003 年版，第 77 页。

不仅要合法，也要合理，这就涉及实质价值或道德考量。这里所谓的实质价值或道德考量是有一定范围的或受到限制的，它们应当是特定国家或地区中流行的或符合大多数人道德观念的主流价值观。对于特定国家而言，一定历史时期的主流价值观集中体现为核心价值观。核心价值观是一个民族赖以维系的精神纽带，是一个国家共同的思想道德基础。在当代中国，倡导富强、民主、文明、和谐，自由、平等、公正、法治，爱国、敬业、诚信、友善的社会主义核心价值观。社会主义核心价值观，集中体现了当代中国精神，凝结着全体人民共同的价值追求。[1]它应当贯穿在法治建设的各个层面、各个环节，也包括在司法裁判之中。社会主义核心价值观构成了中国法律体系的基本价值依托和基本主导理念，也是司法公正和个案正义应最终诉诸的标准。

这意味着，法官不能将裁判仅仅建立在自身独特的价值判断的基础上，他所援引的价值判断必须尽可能具备可普遍化的特征。换言之，也就是要符合这样一个要求，即法官"只许对这样的价值—义务判断作出主张，即当他处在所有相关点均与其作出主张时的情形完全相同的所有其他情形时，他也同样会作出完全相同的主张"。[2]在一个国家的主流价值观中，有一部分属于制度化的价值，也就是得到法律制度化支撑的价值判断。在我国，这体现为将社会主义核心价值观的要求体现到宪法法律、法规规章和公共政策之中，转化为具有刚性约束力的法律

---

〔1〕 中共中央宣传部：《习近平新时代中国特色社会主义思想学习纲要》，学习出版社、人民出版社 2019 年版，第 143～144 页。

〔2〕 Robert Alexy, *Theorie der Juristischen Argumentation*, Frankfurt a. M. : Suhrkamp, 1978, S. 237.

规定。[1] 尤其是特定法治国家的宪法规定的一些该国家的公民都承认的、法律和公共权力应予保障与促进的实质价值，例如我国宪法规定的人权、自由和平等等。尤其是宪法中关于公民基本权利的规定，是任何国家机关包括立法机关制定的普通法律都不得违背的"客观价值秩序"，也是具有被贯彻于私法关系中之第三人效力的规定。同样，任何法官或作出法律决定的机关都不应违背这些宪法价值而作出裁判。

法官如何追求个案正义？大体上要具备三个要素：一是要具备规范基础。也就是说，法官的论证绝不能只是纯粹的道德论证或价值诉求，而必须在现有的法律体系内寻找到规范基础作为这种价值的支撑。通常情况下，一般法伦理原则可以承担起这一任务。一般法伦理原则既可能是来自于现行法的直接规定，如民法的基本原则（"公序良俗""诚实信用"）或者上面刚提及的宪法的基本原则，也可能来自对于现行法相关规定的归纳或推导（如"三权分立"原则并没有为美国宪法所明文规定，却可以从宪法关于立法、行政和司法的相关分权制衡的制度设计中推导出来）。一方面，这使得价值判断具备了法律的基础，使得其效力来自于现有的法律制度而非其他；另一方面，也因为上述法律原则大多都是"需进行价值填补的一般性条款"，适用于个案时需要被具体化，所以不可避免会涉及实质道德观念与价值判断。这些道德观念与价值判断通过法律原则的"外衣"进入到司法裁判之中。但是，这件外衣本身是非常重要的：一方面它可以赋予特定价值判断以合法性，另一方面也可

---

[1] 中共中央宣传部：《习近平新时代中国特色社会主义思想学习纲要》，学习出版社、人民出版社 2019 年版，第 145 页。

以将某些价值判断排除在外。二是要运用法学方法。即通过运用法律人共同体所普遍承认的法学方法，保证法律决定与实质价值或道德保持一致。这意味着，法官不能一味诉诸实质价值本身的表达甚至"说教"，而必须要运用各种法律解释、法的续造（如目的论限缩、目的论扩张等）的方法，即以理性的论证形式去"规训"实质价值的表达，使之不至于沦为纯粹道德情感的宣泄。本书专题七和专题八将具体介绍这些方法。三是要承担论证负担。也即，法官在超越依法裁判的层次去追求个案正义时，负有论证义务来说明他所主张和所欲实现的价值具备规范基础，是通过理性的论证形式得出的、符合宪法和社会主流价值观的价值。尤其是在突破法律规则以实现个案正义的例外场合中，法官更是要负担特殊证成（special justification）的负担。这一点随后再说。

个案正义同样与一系列重要的价值或者制度安排相关，如追求正义、正确性原则、实质正义、正当性、合理性等。从法治的角度看，个案正义实现的是实质法治的要求。

（三）依法裁判与个案正义的平衡

司法裁判需要同时追求依法裁判与个案正义这两个目标，从而在可预测性/法的安定性与正当性/实质正义之间保持最佳的平衡。一方面，司法裁判不能仅追求依法裁判。因为换个角度看，相对于法官而言，"法"是一种权威指令，因为它是由立法者这一权威向法官下达的指令。从这个角度说，依法裁判也就意味着尊重权威、尊重权威性指令（法律规范），而终止去追问这种指令背后的正当化理由。但是，这种做法在日常生活中也不罕见。我们在路边都看到过交通限速指示牌。例如，一条马路边限速牌标示"60"。显然，它的意思是，在这条路上开车的最高时速是 60 公里。假设在一个天气晴朗、交通流畅的星期天早晨，你驾驶一辆保养良好的新车外出。你是一位经验老到、为人谨慎的司机。你从来没有发生过车祸，也没有因为交通违章而被传讯过。外出条件也很理想，所以你决定以 70 公里的时速非常安全地驾驶汽车。此时从岔路边开出一辆警车，上面下来的警察拿着测速器命令你停车，告诉你已经超速，并要进行处罚。你对警察说："我知道我超速了，但限速是为了保障安全，而我刚才开车非常安全。交通顺畅，天气晴朗，高速公路路面干燥，我的车况良好，我也有完美的行驶记录。60 公里只是在考虑到一切条件和所有司机情况下的平均值，但限速的真正目的在于确保安全驾驶，而我开车时非常安全。"警察会接受你的理由么？当然不会。警察会指着限速牌告诉你，60 就是60，不管设定这个时速有什么样的考虑。限速牌就是一个具有规则特征的权威指令，它是恒定不变的：下雨时是 60，天晴时也是 60。交通拥挤时是 60，交通顺畅时也是 60。对于最高时速可达 200 公里的汽车来说是 60，对于最高时速只有 50 公里的汽车来说也是 60。对于安全驾车的老司机来说是 60，对于粗心大意、毫无经验的新手来说也是 60。[1]再如，你要求你的孩子每天晚上 8 点上床睡觉。他问"为什么"，你回答说："因为你需要充分的睡眠。"他又问"为什么要充分的睡眠"，你回答说："因为这样你才能健康成长。"他又问"为什么要健康地成长"，你回答："……"到最后，你可能会怒气冲冲地回答："因为这

---

〔1〕　这个例子仿自 Frederick Schauer, *Thinking Like a Lawyer*, Harvard：Harvard University Press, 2009, pp. 14 - 15.

是我说的！"或者"因为这是你妈说的！"此时孩子可能就不再问了，乖乖上床睡觉。这些都是服从规则、尊重权威而不去追问实质理由的例子。但如果司法裁判意味着服从立法权威与权威的法律指令，将无以区别于命令思维。

另外，司法裁判也不能仅追求个案正义，因为仅仅追求正义的是道德思维。前面的论述已然说明，司法裁判对于正义的追求绝不能是像"为了实现正义，哪怕山崩地裂"那般的正义的决堤，而只能是在规范基础上运用法学方法进行小心谨慎的论证。

因此，司法裁判要尽可能同时去满足依法裁判与个案正义的要求。在现代法治社会里，人们总是要求法律决定既具有高度的可预测性，又具有高度的正当性。法律决定的可预测性程度越高，人们有效安排和计划自己生活的可能性就越大。法律决定的正当性程度越高，人们安排和计划自己满意的生活的可能性就越大。任何正常的人都希望能够安排和计划满意的生活。如果法律决定不具有可预测性或可预测性的程度非常低，生活在社会中的人就不可能在理性的基础上计划和安排自己的生活，社会生活也就不可能正常进行。如果法律决定不具有正当性或正当性程度非常低，一个社会就不可能长治久安，也就是说，该社会的秩序最终可能解体。但是不能否认，依法裁判与个案正义、法律决定的可预测性与正当性之间有时存在着一定的紧张关系。原因在于，有的法律决定虽然是依法进行的，具有可预测性，但该决定与特定国家的法秩序所承认的实质价值或道德相背离。同时，我们也应该看到，有些法律决定是正当的，却是作法律决定的人武断和恣意地作出的。这就是所谓合法不合理、合理不合法的问题。这种紧张关系其实是形式法治与实质法治之间紧张关系的一种体现。此时该怎么办？通常情况下，依法裁判具有初始的优先性，因为法官的首要任务就在于依据法律作出决定。此时，只有在合法性的框架内才能去追求合理性，考虑与社会普遍接受之实质价值的吻合问题。例如，假如法律规定针对某种犯罪行为的量刑幅度为 3 年至 7 年，那么就只能在这一范围内，结合社会主流价值观对于这一犯罪行为之社会危害及犯罪人之人身危险性的评价，作出从重（7 年）或从轻（3 年）的处罚，但无论如何不能超出法律规定进行处罚（处 2 年或 8 年有期徒刑）。

但之所以说依法裁判具有的是"初始的"优先性，也就意味着这种优先关系可以逆转：在例外情形中，实现个案正义的要求会凌驾于依法裁判的要求之上。但假如真的如此，就需要裁判者承担相比于通常情形更重的论证负担。基于一般法律原则的法律续造就是这样一种例外情形。以我国台湾地区的一则案例为例：

陈周丰与蔡玉凤于 1973 年 2 月结婚，起初感情融洽，但育有子女后经常争吵，感情日渐恶化，蔡遂携子女前往美国。陈于蔡旅居美国期间，以蔡违背同居义务、恶意遗弃为由，提起离婚之诉，经一审辩论而由高雄地方法院于 1988 年 5 月 4 日判准离婚胜诉确定后，陈周丰于 1988 年 7 月与善意信赖其前婚姻关系已因确定判决消灭之许辰月结婚。嗣后蔡玉凤以陈周丰知其住所竟指其所在不明而兴讼，认为陈所取得之离婚确定判决有再审原因，提起再审之诉请求废弃原确定判决。获得胜诉后，再以陈许之婚姻违反我国台湾地区"民法典"（修正前）第 988 条第 2 款及第 985 条第 1 项规定，提请确认婚姻无效之诉。经判决确认，许与陈之婚姻无效，许辰月遂以该判决适用我国台湾地区"民法典"（修正前）第 988 条第 2 款之规定侵害其受台湾地区宪制性规定所保障之结婚自由权（台湾地区宪制性规定第 22 条）为由，声请"大法官释宪"。本案的焦点在于，当前婚姻关系已因确定判决（如本案之离婚判决）而消灭，而善意无过失之第三人因信赖该判决而与前婚姻之一方相婚，嗣后该判决又经法定程序（如再审）而变更时，导致后婚姻成为重婚时，是否仍应适用我国台湾地区"民法典"（修正前）第 988 条第 2 款之规定，认为该后婚姻为无效？我国台湾地区"最高法院"无疑采纳了肯定其无效的观点，但台湾地区司法机构"大法官会议"否认了这一观点。最终公布的"大法官"释字第 362 号解释理由书的主张（梗概）：我国台湾地区"民法典"（修正前）第 988 条第 2 款关于重婚无效之规定，乃所以维持一夫一妻婚姻制度之社会秩序，就一般情形而言，与我国台湾地区宪制性规定尚无抵触。唯适婚之人无配偶者，本有结婚之自由，他人亦有与之相婚之自由。此种自由，依我国台湾地区宪制性规定第 22 条规定，应受保障。如当事人之前婚姻关系已因法院之确定判决（如离婚判决）而消灭，自得再行结婚。后婚姻之当事人本于善意且无过失，信赖该判决而与前婚姻之一方相婚者，虽该判决嗣后又经变更，致后婚姻成为重婚，究与一般重婚之情形有异，依信赖保护原则，该后婚姻之效力仍应予以维持，以免我国台湾地区宪制性规定所保障之人民（尤其是妇女）结婚自由遭受不测之损害。首开规定未兼顾此类之特殊情况，与我国台湾地区宪制性规定保障人民结婚自由权利之意旨未尽相符，应予检讨修正。在修正前，上一规定对于前述因信赖确定判决而缔结之婚姻部分，应停止适用。如因而致前后婚姻关系同时存在，则重婚者之他方，自得依法请求离婚，并予指明。[1]

　　释字第 362 号解释的最终效果在于对我国台湾地区"民法典"（修正前）第 988 条第 2 款和第 985 条重婚无效的规则设立了一个新

---

　　[1]　参见《"大法官"解释汇编》（增订 10 版），三民书局 2013 年版，第 219～220 页。

例外：若第三人因善意无过失信赖前婚姻已因确定判决消灭，而与前婚姻之一方相婚，而该判决嗣后又经变更导致后婚姻成为重婚者，不在此限。而达成这一效果的依据则在于两个理由的比较性考量：一方面是认定陈许之后婚姻无效（重婚）的主张，以及支持这一主张的我国台湾地区"民法典"（修正前）第988条第2款与第985条（这两条合在一起构成了这样一个法律规定，即"有配偶而重婚者，其后婚姻无效"）及其背后的正当化依据（"维持一夫一妻婚姻制度之社会秩序"）；另一方面则是认定陈许之后婚姻有效的主张，以及支持这一主张的我国台湾地区宪制性规定第22条：凡人民之其他自由及权利，不妨碍社会秩序公共利益者，均受我国台湾地区宪制性规定之保障（作为基本权利的自由权，包含结婚自由在内）和本案的特殊情形所引发的一个尤为值得保护的法伦理原则（信赖保护原则）。比较的结果是，在本案中，后一方面的考量要重于前一方面的考量，因此要对本案给予特殊对待，即不适用重婚无效的规定。由于先例的类型化效果以及台湾地区司法机构"大法官"解释的权威性，这种个案的例外处理最终的效果则是为我国台湾地区"民法典"（修正前）第988条第2款和第985条重婚无效之规则设立了一个但书条款。也可以说，"大法官"依据"（婚姻）自由"与"信赖保护原则"对民法关于重婚无效的规定进行了修正，限缩了它的适用范围。由于这两个原则表达了我国台湾地区有关规定体系的内在价值，在这个意义上它们可被称为"一般法律原则"。

对基于一般法律原则对民法规则进行修正的实质理由，在"大法官"解释理由书中得到了比较充分的说明。但是，法律规则不仅是达成某种实质价值（法律原则）的手段，作为立法权威的产物，它本身也具有权威性，承载着法的安定性这一形式要求。我们之所以应遵守法律规则，法官之所以负有适用法律规则的义务，往往是因为法律规则是由权威机关（立法者）制定的，而不是（至少不完全是）因为适用规则的结果能实现某个实质价值或目的。也就是说，很多时候法律规则能够阻隔我们对于案件的实质判断，这不是（至少不完全是）因为权威机关做出的一定是正确的判断，而仅仅因为相关法律规则是被权威机关所发布的事实。此时，权威的效果在于我们用它的判断取代了我们自己的判断。在法律适用过程中，这意味着一般情况下，立法者的判断总是能压倒法官个人的判断而成为案件裁判的理由。所以，在通常情况下，法律规则之所以能排除对实质理由的考量而直接成为裁判的依据，不仅是因为某个机关（立法者）已经对相关的实质理由进行过权衡，而且也因为这个机关具有足够大的权威来对法官施加这样一道命令，即"无须权衡，径直照我说的去做！"其背后的理由本身并非涉及个案的实质理由，而只是对于决定权的分配（亦即对"应该由谁决定"这个问题）作出规定。从这个角度而言，法律规则（立法）的权威是一种形式理由。当然，作为一种形式理由，它并没有对法官提出"绝对服从规则"的要求。相反，它是诸如"权威决定应该尽可能被遵守""法的安定性与民主的决定应尽量予以维持"这样的初步性质的理由。[1]它要求法官在运用一般法律原则为法律规则创制例外以实现个案正义时，不仅要衡量一般法律原

---

[1] 有关上述案例的介绍与具体分析，参见雷磊：《论依据一般法律原则的法律修正——以"台湾地区大法官会议"释字 362 号为例》，载《华东政法大学学报》2014 年第 6 期。从这一角度出发，我们也看到了释字第 362 号的缺陷："大法官"在本号解释的论证过程中，只考虑到实质原则的相对分量，却忽略了形式原则的作用。"大法官"对于实质原则的权衡结果或许是正确的，但在解释理由中却完全没有处理这个结果对于立法者权威可能造成的影响，因而没有顾及法律修正是否可能逾越了必要的限度。

则与法律规则背后的目的（实质原则）之间的相对重要性，同样要衡量它与规则所承载的法的安定性（形式原则）之间的相对重要性。法官不仅必须证明，在个案中一般法律原则的重要性要高过支持法律规则的实质理由，同时也必须证明，在个案中实现这一一般法律原则的重要性是如此之高，以至于哪怕有损于实质法律规则的形式理由造成损害，即有损于法的安定性也在所不惜。

　　在个案中，欲将实现个案正义的要求凌驾于依法裁判之上所要承担的论证负担，除了上面所说的重要性证明外，还包括论证起点以及论证风险的分配两个方面。[1]一方面，依法裁判（依据既定法律规则进行裁判）在适用上具有推定优先性。这意味着，在论证的起点上，主张适用规则者享有这样一种特权：首先必须由反对适用规则者承担反对论述的论证负担，而不是相反。这是一种起点上的优先性。例如在一个涉及"机动车不得驶入公园内"这一地方性法规规则的案件中，某公园恰好阻断了一条交通要道，某甲因着急去办某事（例如签订一笔大订单）而亟须以最短的时间通过公园，但某乙（门卫）以这条规则为依据坚持不让甲通行。起点上的论证负担要求，只要当下案件落入规则的适用范围之内，就应当推定规则对于当下案件具有适用性。当下案件无疑落入了规则的适用范围之内，因此乙在一开始只需主张适用规则，而不需提出他这么做的实质理由。相反，甲要主张对公园有通行权，就必须首先由他来提出实质理由，如：本案与规则的事实构成相比，除了特征（公园）外，尚有特征"位于交通要道上"，并主张在这种事实构成条件下，以"通行自由与便利"

---

　　[1]　参见雷磊：《规范、逻辑与法律论证》，中国政法大学出版社2016年版，第367~369页。

为基础的"自由原则"的分量比以"公园的宁静不受干扰"为基础的"秩序原则"以及支持规则"机动车不得驶入公园内"之形式理由的分量还要来得大。乙只有在反驳这一主张时,才须提出实质理由进行论证。另一方面,论证风险的分配是指,当无法唯一地判断相比较之原则中的哪一方具有更大的分量时,由谁来承担不利之法律后果的问题。当出现这种"平手情形"时,就存在结构性的裁量空间。在结构性裁量空间中,形式理由的存在造成了这样的效果:此时法官不得自由选择是遵循规则还是以原则来推翻规则或为其创设例外,而必须依然作出遵循规则的决定。也就是说,此时他必须推定规则是具有拘束力的。这意味着此时要求法官依照规则及其后果来作出裁判。显然,此时论证的结果有利于主张依法裁判者,而不利于主张要超越规则、实现正义者。

所以,从初始优先性的设置与论证负担的安排都可以看出,司法裁判虽然要在依法裁判与个案正义之间"来回摆荡"、保持平衡,但其重心却在依法裁判这一端。在绝大部分情形中,只有在实现了依法裁判这一基础性要求的前提下,才应去追求个案正义。只有在极少数和极个别的情形中,法官才应当,也才有可能超越依法裁判去实现个案正义。

二、法的发现与法的证立

(一) 法的发现与证立之分

法律适用是一个"获取与证立具体应然之法律判断"过程。[1]

---

[1] Karl Engisch, *Logsiche Studien zur Gesetzesanwendung*, 2. Aufl., Heidelberg: Carl Winter Universitätsverlag, 1960, S. 3.

简单地说，所谓"具体的法律上应然判断"指的就是裁判结论。所以，法律适用指的是裁判结论的获取与证立。这就涉及理解法律适用的两个层面，即法的发现（rechtsfindung）与法的证立（rechtsbegründung）之间的区分。

法的发现与法的证立之区分的根源可以追溯到认识论中关于发现的脉络（context of discovery）与证立的脉络（context of justification）之间的区分。这一区分最早来自于科学哲学中心理与逻辑的区分，即实际的思想过程与思想的逻辑关联之间的巨大差异，或者说思想者发现定理的方式与他在公众面前阐述它的方式之间的差异。[1]实际如何发现某个定理是一回事，而如何对这个定理加以有效的证明和辩护是另一回事。这一区分被引入法学领域后，即造成法的发现与法的证立的区分。[2]前者是法律人思考得出某个法律结论的实际过程或"真实"过程，后者则是他对这个结论提供论据进行论证说理的过程。无须否认，直觉、偏见和价值偏好这些因素很可能影响法律人就法律问题作出的判断，但它们属于法的发现的过程，在法的证立的层面上，法律人还须对实际上作出的判断进行合理化证明以证明其是"正确的"。更准确地说，法的发现与法的证立并非两个先后发生的过程，而是同一个过程的不同层面。证立可被视为一种对发现脉络中所呈现之解释性假定的强化，其任务在于创设这样一种方式，它能确保在思维过程的出发点与结论之间引入一种无矛盾之体系或创设一系列正确的步骤，也即对其进行

———————

〔1〕 Cf. Hans Reichenbach, *Experience and Prediction*, The University of Chicago Press, 1938, pp. 6 - 7.

〔2〕 详细论证，参见焦宝乾：《法的发现与证立》，载《法学研究》2005 年第5 期。

理性重构。[1]

在法律适用过程中，法的发现与法的证立这两个层面可以相对分离。判决实际上如何作出和判决如何进行论证说理，是两个完全不同的问题。在法学方法论的诸多进路中，有的进路偏重于研究法的发现过程，如自由法运动与法律诠释学；有的进路则偏重于研究法的证立过程，如法律论证理论。前些年比较流行的法律诠释学就是典型的从发现的脉络出发来理解法律适用过程的学问。它旨在揭示出法律适用或法律理解的真实过程及其诠释学结构。在法律诠释学看来，传统学说中的法学三段论推理过程，即大前提、小前提和结论，是纯粹逻辑上的划分，并不能反映真实的法律活动。在实际的法律活动中，法律人适用有效法律规范解决个案纠纷的这三个步骤绝不是各自独立且严格区分的单个行为。它们之间界限模糊并可以相互转换。如：法律人查明和确认案件事实的过程就不是一个纯粹的事实归结过程，而是一个在法律规范与事实之间的循环过程，即目光在事实与规范之间来回穿梭。这是因为法律人要想将一定的规范适用在特定的案件中，就必须要把当事人向他叙述的纯粹生活事实转化为"要件事实"。在这个过程中，法律人必须要对生活事实进行整理、选择、判断。因为作为法律决定的小前提的案件事实即"要件事实"，"并非自始既存地显现给判断者，毋宁一方面考量已知的事实，另一方面考虑个别事实在法律上的重要性，以此二者为基础，才能形成案件事实"。法律人在确认特定案件的大前提即法律规范时，也不是一个纯粹的对法律

---

[1] Justyna Holocher, "Kontext der Erfindung und Kontext der Begründung in der Wissenschafts und Rechtsphilosophie", *ARSP* 96 (2010), S. 469, 472.

规范的语言进行解释的过程，而是一个有目的即要针对他所要裁决的个案纠纷所进行的解释。在这个过程中，法律人"至少要把法律应然思维的那些部分，即对于具体案件及判断是急需的部分，拉近、整合"。法律人通过法律解释就是要对一般和个别之间的缝隙进行弥合，就是要解决规范与事实之间的紧张关系。法律解释必须要受到诠释学的原理和一般原则的影响和制约，即解释活动都受到解释学循环规律和前理解的影响和制约。很显然，法律适用的过程是一个在事实与规范之间来回循环考察的过程。

（二）法的证立层面的优先性

法律诠释学的上述观点隐含着认为法的发现比法的论证更为重要的观点。相比于此，法律现实主义走得更远，它认为只有研究法律适用真实过程及其影响因素才属于司法裁判理论的真正任务。在法律现实主义者看来，法在本质上与现实相关联，是从个案到个案而被发展出来的，因而法官的任务在于通过个案权衡来作出合乎现实的判决。[1]法官裁判案件的过程通常是先有裁判结果，后找法律规范。法律规范往往决定不了裁判结果，它起到的作用无非是事后的正当化而已，或者说给已经作出的裁判披上一层法律的外衣。真正能对案件裁判起到作用的是大量法外的因素，如政治的、经济的、文化的、功利的、个人偏好的、情感的等。这些因素未必会出现在判决书之中，却是推动裁判的那只看不见的手。所以，令法律现实主义者特别

---

〔1〕 这种观点，参见［美］本杰明·卡多佐：《司法过程的性质》，苏力译，商务印书馆2002年版，第150页以下。

感兴趣的是对事实，尤其是对司法裁判的心理学或社会学基础进行研究。它反对法条的机械适用，强调案件的社会因素与/或法官的个人因素。

归纳而言，法律现实主义拥有一个理论假设与两个经验假设。一个理论假设在于，对司法裁判者真实判决过程的探究要比他为判决结果所提供的论证更重要，因为只有对司法裁判真实结构的研究（因果研究）才能揭示出司法裁判的"真相"。两个经验假设在于：①法官在进行裁判时总是先直觉式地产生判决然后再去寻找法律上的依据；②在一个复杂的法律体系中，法律上的依据总是可以找得到的。[1]这两方面的假定加在一起，就会导致这样的结论，即法律规范所起到的无非是"事后的包装功能"，真正重要的是现实影响判决的法外因素。所以，法律适用与普通的思维过程并无区别。正因为如此，任何形式主义方法包括逻辑在内，都被驳斥为"疏离于生活的"，是"逻辑强暴法律生活"。[2]正如法律现实主义的鼻祖霍姆斯（Oliver Wendell Holmes）对于形式主义的先驱兰代尔（Langdell）的批评——"将兴趣完全集中于事物间的形式关联性，即逻辑"，而忽视了"这样一些力量，它们外在于法律但却使得法律成其所是，不掌握它们就无法对法律进行哲学上的把握"，[3]而更为重要的却应当是"被意识到的时代需求、占主导地位的道德或政治

---

[1] See Frederick Schauer, *Thinking Like a Lawyer*, Harvard University Press, 2009, p. 138.

[2] 转引自 Josef Essr, *Grundsatz und Norm in der Richterlichen Fortbildung des Privatrechts*, Tübingen: Mohr, 1956, S. 221, n. 368.

[3] Oliver Wendell Holmes, "Book Notice of William Anson, Principles of the English Law of Contracts, and Christopher Columbus Langdell, Selection of Cases on the Law of Contracts", 2nd ed, *American Law Review*, 14 (1880), p. 234.

理论甚至法官和他的同行所持有的偏见"。[1]故而霍姆斯才会提出那句名言："法律的生命从来也不在于逻辑，而在于经验。"[2]在这种对司法活动的理解中，逻辑和理由几乎不扮演任何角色。

但是，我们必须看到，第一，相比于法的发现层面，法学方法论更应关注的是法的证立层面。研究本身并无高下之别。是更关注司法裁判的真实过程（像法律现实主义那样），还是更关注为裁判结论提供理由的方式与结构，很多时候有赖于研究者个人的选择。但任何学科都有自己的独特视角。法学作为规范性学科的特质决定了，法学研究的独特之处并不在于探究某项活动的现实成因和动机要素（社会学研究与心理学研究无疑更能胜任这项任务），而在于为这项活动提供辩护或正当化。所以，法学方法论关注的重点在于是否充分且完整地进行对法学判断之证立，而不在于这个裁判事实上是通过何种过程发现的。在经验中也显示，往往一个法学上之判断，先有结论，再找理由，这些结论也常常通过直觉产生。但是，只要这个结论可以经由逻辑严谨的步骤加以证立，当初这个结论是如何产生的并不重要。[3]也就是说，一个判决实际上是如何产生的并不那么重要，这是因为：一方面，发生学上的说明（因果关系）往往

---

〔1〕　Oliver Wendell Holmes, "The Common Law (1881)", Reprinted in *The Collected Works of Justice Holmes*: *Complete Public Writings and Selected Judicial Opinions of Oliver Wendell Holmes*, ed. by S. M. Novick, Chicago, IL: University of Chicago Press, 1995, p. 115.

〔2〕　Oliver Wendell Holmes, "The Common Law (1881)", Reprinted in *The Collected Works of Justice Holmes*: *Complete Public Writings and Selected Judicial Opinions of Oliver Wendell Holmes*, ed. by S. M. Novick, Chicago, IL: University of Chicago Press, 1995, p. 115.

〔3〕　参见颜厥安：《法与实践理性》，中国政法大学出版社 2003 年版，第 152 页以下。

有多种可能，我们常常无法来判定究竟是哪一个因素实际上促发了裁判；另一方面，这些因素往往与法官的真实思维活动联系在一起，而对于这种裁判的"内在层面"是无法进行有效的规范控制、检验和评价的。因此，司法裁判欲合理化，只能在"外在层面"进行评判和检讨。法官之所以在认可多元化的裁判要素的同时依然可以受到法律的约束，就是因为能够得到控制的不是法官的思维过程，而是他对判决的外在证立。这意味着，受约束的不是法官如何想，而是他在判决书中如何说。[1]直觉、偏见和价值偏好这些因素很可能影响法官就法律问题作出判决的过程，但所有这些均属于发现的过程，它们至多只是使裁判程序开始的因素，却不是最终使得裁判成立的依据。法官可以基于个人的价值作出裁判，但这样做的前提是这种价值也能够为理性的他人所接受，为此就必须进行充分的法律说理和论证。因此，司法决定的客观性置于司法证立的过程，即法官支持自己的结论时所给出的"合理化"。关键的问题在于所给出的理由对于确立结论是否合适，而不在它们是不是预感、偏见或个人价值前提的产物。[2]对此，德国学者科赫（Koch）和吕斯曼（Rüßmann）曾一针见血地指出："可疑的动机不会使得好的理由变坏，而高尚的动机也不会使得坏的理由变好。"[3]因此，如何组织论证说理、如何产生为裁判活动的参与者与受众所能接

---

〔1〕 Vgl. Shu – Perng Hwang, "Vom Wesen der richterlischen Rechtsanwendung. Eine überlegung zur Freirechtsbewegung", *Rechtstheorie*, 37 (2006), S. 221.

〔2〕 Martin P. Golding, "Discovery and Justification in Science and Law", in Aleksander Peczenik et al. (eds.), *Theory of Legal Science*, Dordrecht: Springer, 1984, p. 113.

〔3〕 Hans – Joachim Koch und Helmut Rüßmann, *Juristische Begründungslehre*, München: C. H. Beck'sche Verlagsbuchhandlung, 1982, S. 1.

受的结论，才是法学方法论应关注的重心。

第二，现实主义的经验假定也无法一般性地成立。其一，现实主义的关注点主要聚焦于上级法院审理的案件尤其是疑难案件。在这些案件（如美国联邦最高法院审理的涉及堕胎、平权运动、同性恋等问题的案件）中，法官的确会受到道德、政治、社会或意识形态等因素的影响，会先形成判断，然后再去找（如宪法的）法条依据。而这些法条依据的价值开放性看上去也的确会为主张对立的双方都提供基础。但如果将目光转向下级法院所审理的大量简单案件，就会发现在这些数量占绝对主体的案件中，法条的规定是明确的或少有争议的，法官只能得出唯一或者裁量权很小的结论。在这类案件中，事实一经确定，结论就是清晰的。也就是说，并非争议双方都可以提出同等分量的法律理由来支持自己的直觉和法感。或者说，事实认定一旦解决，双方就法律适用而言争议不大，只是一个从既定法条出发合乎逻辑地推导出结论的过程罢了。甚至由于重复处理同一类案件，相关法条和逻辑操作步骤可能已经内化为法官的直觉了。其二，即使在疑难案件中，也不应轻视理由及其证立的力量。在疑难案件中，法官所做的工作不是简单地为结论在既有法律体系中任意找一个"法律之父"，法官必须以令人信服的方式证明案件事实与法条之间具有可证立的关联，并以逻辑严谨的步骤连接起来。这些步骤会运用到经验知识和价值判断，但它们只能在法律制度的框架内被运用，并且必须以逻辑严谨的方式将任何一个推导前提和结论连接起来。当然，法律外前提的多元性是使得这类案件成为疑难案件的主要原因，但这并不是否认逻辑运用之必要性的理由。相反，很多疑难案件中争议产生的根源在于当事人各自的价值立场并不清晰，或者说一种自以为是的价值立场及其主张之间的关系并不清晰（存在逻辑跳跃），而逻辑推断能够使不清晰的前提和步骤清晰和完整起来，反而有利于在一定程度上消解困难。例如在 2015 年美国联邦最高法院关于同性婚姻合法化的判决（欧伯格菲诉霍奇斯案）中，多数意见援引美国宪法第十四修正案的正当程序条款和平等保护条款，来证明同性恋者和异性恋者一样享有宪法上平等的婚姻权，而代表少数意见的首席大法官罗伯茨（Roberts）却认为这场胜利关乎一切，"只是与宪法无关"。宪法在这场争论中究竟会说什么？从充满道德正确性的宏大权利话语中究竟能否推导出这一裁判结果？这都需要通过理性的论证从正确的前提得出正确的结论。

从法的证立的角度对法律适用过程的研究就被称为"法律论证理论"。法学方法论意义上对法律适用过程的研究，主要就是在法律论证的意义上来进行的。

三、法的证立的层次

（一）法的证立的两个层次

法律论证可以分为内部证成与外部证成两个层面。内部证成处理的问题是，所欲证立的法律命题是否从为了证立而引述的前提中被逻辑地推导出来，外部证成的对象则是这些前提本身的正确性或可靠性问题。[1]也有的学者称之为"一阶证立"

---

〔1〕 这一区分最早参见 Jezy Wróblewski, "Legal Decision and Its Justification", in H. Hubien（ed.）, *Le Raisonnement Juridique*, *Akten des Weltkongress für Rechts – und Sozialphilosophie*, Bruylant, 1971, p. 412.

与"二阶证立"、[1]"主图式"与"辅图式"。[2]这一区分来自于两种证立概念的差异：狭义上的证立与广义上的证立。[3]狭义上的证立涉及的是形式逻辑。显然，对于司法裁判而言，这一证立概念过于狭隘了。广义上的证立要求对法律裁决给予合适的理由，这些理由构成了推论的前提，因为法律论证不可被缩减成以形式逻辑为手段的推论。因此，广义上的证立不仅包括形式逻辑领域，也包括涉及规范和评价（它们属于论证逻辑的领域）的实践推理。司法裁判的证立反映了法律论证的理性，因而相应地，论证领域中也存在两种理性形式：内部理性与外部理性。内部理性具有相对性，即相对于推理的前提和推论规则而言的，它涉及的是前提与结论间的推论关系（形式理性）。外部理性则涉及前提的适当性，即实质性规范与评价性主张的可接受性（实质理性）。内部证成与外部证成的区分使得我们能够更清晰法律论证的内部构造，以及所需解决问题的不同层次。需要说明的是，这样一种划分仅仅是从论证层次或结构角度对法律论证的划分。它涉及的是对整个固定化了的论证，尤其是体现在法官判决书中的论证结构的解析，而不是从动态的角度对法律论证活动之阶段和步骤的划分。因此它是基于论证理性的一种重构，而不是对真实论证活动的复制或描述。我们可以通过参考著名的"图尔敏模式"（Toul-

---

[1] Neil MacCormick, *Legal Reasoning and Legal Theory*, Oxford: Oxford University Press, 1978, p. 19ff.

[2] Hans - Joachim Koch und Helmut Rüßmann, *Juristische Begründungslehre*, München: C. H. Beck'sche Verlagsbuchhandlung, 1982, S. 48ff.

[3] See Jezy Wróblewski, "Legal Syllogism and Rationality of Judicial Decision", *Rechtstheorie*, 5 (1974), 38 - 39.

min Modell)[1]来说明内部证成与外部证成:

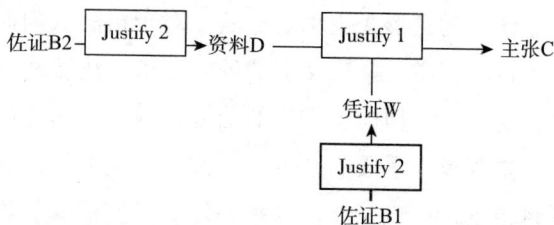

图尔敏模式尽管是关于普遍实践论证的结构图示，但由于图尔敏是以法律论证作为实践论证之典范的，因而这个模式最典型的适用场合就是法律论证。它涉及四个要素：①在法律论证活动中首先要提出某个法律决定，即"主张 C"；②对丁这种主张必须给出根据，当论证参与者追问"你有什么根据"时，提出主张者就需给出事实"资料 D"，它表现为事实命题；③参与者会接着进一步追问"你是如何从资料得出主张的"，此时就要提出法律命题，即"凭证 W"，它具有"如果 D，那么 C"的形式，资料与凭证合起来构成了通常所说的前提；④"佐证 B1"和"佐证 B2"是对凭证 W 或资料 D 进一步的证立，它要回答的问题是"为什么凭证 W 可以适用于某一特定案件"，或者"为什么资料 D 就是真实的"。在法律论证的语境中，主张 C 就是裁判结论，资料 D 是案件事实（事实命题、小前提），凭证 W 是法律规范（法律命题、大前提），佐证 B1 是用以证明法律命题 W 成立的依据（通常是它的来源即法源，也可能包括解释

---

[1] See Stephen Toulmin, *The Uses of Argument*, Cambridge：Cambridge University Press，updated edition 2003，p. 96. 为简便起见，略去了原图中的"限定"与"反驳"两项。

性命题、续造性命题等），佐证 B2 是用以证明事实命题 D 成立的依据（如经验法则、证据法则等）。显然，从事实命题 D 与法律命题 W 推导出裁判结论 C 的过程构成了一个证立的层次（justify 1），它涉及的是从既定前提中（在不质疑 D 和 W，或者在 D 和 W 的正确性或可靠性已得到证明的前提下）推导出作为结论的法律决定的有效性问题，它对应于前面所讲的内部证成的层面。而佐证 B1 对于法律命题 W 的支持、佐证 B2 对于事实命题 D 的支持则构成了另一个证立的层次（justify 2），它涉及的是前一个证立层次上所使用之前提（D 和 W）本身的正确性或可靠性问题，它对应于前面所讲的外部证成的层面。要注意的是，可能在特定外部证成的层面上，不仅存在一个层次的佐证，因为佐证 B1 和 B2 同样可能被人认为是不正确或不可靠的，此时支持者就得继续举出佐证 B1′、B1″……B2′、B2″……来对 B1 和 B2 进行进一步的证成。这张图同时也告诉了我们内部证成与外部证成之间的联系：外部证成解决的是内部证成所使用之前提得到与否的问题；在外部证成的层面上每证立一个命题，就必须在内部证成的层面上加入相应的逻辑推导链条。

（二）内部证成的要求与结构

1. 内部证成的要求

内部证成涉及的是从既定法律论证前提中推导出作为结论的法律命题的逻辑有效性问题。一个论证，当前提皆为真或正确时，则其推出的结论也必为真或正确。因此，前提的真实性或正确性与推论的有效性共同确保了所证立之结论的真实性或正确性。涵摄模式，就是确保推论有效性这一方面的理性形式，也即内部证成的逻辑形式。这似乎会给人造成一种印象：内部证成就是一种单纯的逻辑推演，而法律论证的重点只在于前提的获得与证立，至于涵摄则只有技术上的意义。因为只要能获得正确或真实的前提，结论的获得就不成问题。但这种看法并不正确，内部证成虽然关心的是论证的逻辑结构，但并不只是单纯的逻辑推演而已。从逻辑的观点看，任何一个命题都可以从自身推导出来，一个前提与结论为同一命题的推论在逻辑上是有效的，但从论证理论的角度看却很难称之为"证立"或"证成"（说理）。任何法律论证，都至少要包括三个不同的语句或命题，即规范命题、事实命题与结论。这说明，内部证成除了逻辑推论外尚有别的要求，这些要求主要包括：[1]

（1）连贯性要求。

法律论证的前提必须连贯且无矛盾，这是因为：一方面，如果作为前提的命题之间彼此不连贯，则其不可能皆为真或正确，其中必有一个为假或错误。但一个能成立的论证其前提必然都为真或正确，否则无法确保从它们中推导出的结论为真或正确。另一方面，从不连贯的前提集合中我们可以推导出任意结论，这在逻辑上被称为"爆炸原理"（*ex falso quodlibet*——从错误中可以推导出一切）。我们不仅可以推导出所欲证立的命题p，也可以推导出它的否定命题¬p，但对司法裁判而言，两者显然不能同时是真的或正确的。这意味着，以不连贯的命题为前提的论证无法区分正确与错误的结论，即可证立的与不可证立的结论，这也就使得论证丧失了它的基本功能。

---

〔1〕 Vgl. Erckart Ratschow, *Rechtswissenschaft und Formale Logik*, Baden – Baden: Nomos, 1998, S. 130f.

（2）可普遍化要求。

论证的前提中必须至少包含一条普遍性的规范和一个充分描述具体案件事实的命题。既然司法裁判是一种法律"适用"活动，即将法律规范适用于个案的活动，而法律规范通常又是以全称命题的形式来表达的，那么这第二个要求就似乎不证自明。但要注意的是，这里所谓的普遍性规范同样包括实在法规范以外的规范。法律体系有可能存在漏洞，有时它无法直接为司法裁判提供依据。此时，法官必须通过法的续造（如类比推理）方式创设出一条新的规范作为论证的大前提，而这条新的规范也必须是普遍的、适用于不特定多数人的规范。这主要是为了符合形式正义或平等原则：凡是满足同一构成要件的个案，都应当适用相同的法律后果；换言之，当两个具体案件在重要性特征上完全相同时，应该对它们得出相同的判决结论。[1]

（3）完备性要求。

如果具体案件事实的描述与法律规范的构成要件之间存在落差，则必须引入解释性命题（性质上是语义命题）来加以弥补，直至对具体案件事实是否符合构成要件不存在疑义为止。[2]平等原则不仅要求必须至少引用一条普遍性的规范作为大前提，而且当对这条规范能否适用于具体案件存在疑义时，还必须加入额外的前提来弥补规范与事实之间的落差。因为在司法裁判中，当两个具体案件在重要性特征上完全相同时，不仅是针对这两个案件赋予相同的法律后果，而且要引用同一条普遍性的规范，

---

〔1〕　Vgl. Robert Alexy, "Die Logische Analyse Juristischer Entscheidungen", in ders. , *Recht, Vernunft, Diskurs*, 1995, S. 19.

〔2〕　Robert Alexy, *Theorie der Juristischen Argumentation*, 2. Aufl. , Frankfurt a. M. : Suhrkamp, 1991, S. 280 – 281.

也就是将这两个案件事实都涵摄于同一个构成要件之下，但有的时候这种涵摄能否进行并不那么明显。举例而言，1950 年在德国曾发生过一个案件：一名男子（以"甲"命名之）将所携带的盐酸泼在了女收银员的脸上，并抢走了收银台里的财物。当时的联邦德国刑法第 250 条规定，行为人持武器实施抢劫的，构成抢劫罪的加重情形予以刑罚。[1]问题在于，假如我们以甲用盐酸泼收银员来实施抢劫的行为作为其应被加重处罚的理由，却又不能确定"甲持盐酸实施抢劫"的行为是否符合联邦德国刑法第 250 条"持武器实施抢劫"这个构成要件，那么我们就无法回答对于同样用盐酸泼收银员来实施抢劫的乙，是不是能以同样的理由判处相同的法律后果。因此，当构成要件与案件事实之间存在落差时，就不能直接得出法律后果，否则因就存在论证上的跳跃而不合乎逻辑。一个论证，即使其前提在内容上是正确的，如果它在形式上是个无效的推论时，依然没法保证结论的正确性。要避免跳跃论证，就必须加入额外的前提来弥补这一落差，而这正属于涵摄的主要任务。当然，由于这些前提无法从法条中直接演绎得出，它们正确与否就成了外部证成的重点。所以，涵摄不仅可以避免推论谬误的发生，也可以在论证过程中缺失或隐藏某些前提，从而规避对它们进行外部证成的工作。我们可以称之为涵摄的"逻辑完备性"或"演算完备性"功能。

总之，内部证成的上述要求其实是为司法裁判提出了一系

---

〔1〕 BGHSt 1, 1 (1). 关于本案的探讨，参见［德］考夫曼：《法律哲学》，刘幸义等译，法律出版社 2004 年版，第 107～109 页。这里对于第 250 条的表述有所简化。

列的论证标准，这些标准体现了形式正义，而对它们的满足则属于外部证成的任务。通过内部证成的分析，可以显明推论出法律后果所需的所有前提，从而确立需要进行外部证成的对象。[1]换言之，外部证成要证立什么、证立要符合什么样的标准，恰恰是由内部证成来决定的。在这一意义上，甚至可以说内部证成反而构成了围绕论证前提之正确性或真实性所进行之外部证成的"前提"。

2. 内部证成的结构

内部证成在结构上展现为涵摄模式，它既包括作为简单形式的司法三段论，也包括作为复杂形式的演绎。

（1）内部证成的简单形式：司法三段论。

司法三段论，有时也被称作"法学三段论"，一般认为可以追溯到亚里士多德的古典逻辑推论，即芭芭拉模式的推论。[2]但我们无须回溯到古典逻辑学说中去寻找重构的依据。在当代，对法学方法论影响比较大的是拉伦茨提出的模式。他认为司法三段论具有如下样态：

> 大前提：假使任何一个案件事实实现 T，则应赋予其法律后果 R。
>
> 小前提：特定案件事实 S 实现 T，质言之，其系 T 的一个"事例"。

---

〔1〕 Robert Alexy, *Theorie der Juristischen Argumentation*, 2. Aufl. , Frankfurt a. M. : Suhrkamp, 1991, S. 281.

〔2〕 Vgl. Jan Schapp, "Der Fall in der Juristischen Methodenlehre", in Gottfried Gabriel und Rolf Gröschner, *Subsumtion: Schlüsselbegriff der Juristischen Methodenlehre*, Tübingen, 2012, S. 232.

结论：对 S 应赋予法律后果 R。

拉伦茨将上述三段论称为"确定法律后果的三段论法"，并用符号将其形式化如下：

T → R（对 T 的每个事例均赋予法律后果 R）
S = T（S 为 T 的一个事例）
S → R（对于 S 应赋予法律后果 R)[1]

但拉伦茨并没有对他所使用之符号的含义进行精确界定，而只是以相当直观的方式进行了说明，至于为什么这是一个逻辑上有效的论证，也没有加以证明。[2]这样的一种形式化具有两个缺陷：最大的缺陷在于小前提的表现形式，即用等号（"="）来表示小前提。[3]等号通常用来表示等同关系，而等同关系具有对称性，也就是说，如果 S = T，那么 T = S。但司法三段论中的 S 表示的是具体的案件事实，而 T 表示的是普遍规则的抽象构成要件，具体的案件事实如何能等同于抽象的构成要件呢？仍旧以前述"盐酸案"为例。该案所适用之大前提中的构成要件 T 是"行为人持武器实施抢劫"，而案件事实 S 是"甲持盐酸实施抢劫"。如果按照拉伦茨的表述，小前提就应该是

---

〔1〕 参见［德］卡尔·拉伦茨：《法学方法论》，陈爱娥译，商务印书馆 2003 年版，第 150 页。出于吻合我国大陆地区译习的缘故，笔者将该译本中的"法效果"替换成了"法律后果"。

〔2〕 对拉伦茨三段论之逻辑有效性的讨论，参见陈显武：《法律推理与逻辑程式化》，载《政大法学评论》1996 年第 56 期。

〔3〕 Vgl. Jürgen Rödig, *Theorie der Gerichtlichen Erkenntnisverfahrens*, Berlin u. a.: Dunkel & Humblot, 1973, S. 165.

"持盐酸实施抢劫 = 持武器实施抢劫"。但根据对称关系，就应该推导出"持武器实施抢劫 = 用盐酸泼收银员来实施抢劫"，这显然是不可接受的。当然，按照拉伦茨的说明，"S = T"应被理解为"S 为 T 的一个事例"，如上例中小前提应被理解为"甲持盐酸实施抢劫是持武器实施抢劫的一个事例"。但"是……的一个事例"既非等同关系，也不具有对称性，因为"持武器实施抢劫"显然不是"甲持盐酸泼实施抢劫"的一个事例。所以，等号无法清楚地表达出拉伦茨想要表达的意思：除了其他特殊要素外，所有作为 T 的特征值要素，在 S 也都存在。[1]拉伦茨三段论的另一个缺陷则在于，从他所给定的两个前提出发，在形式上是推导不出结论的。暂且不论小前提的表述形式问题，假定拉伦茨三段论是有效的，他用以表述大前提和结论的是逻辑学中的条件句"如果……那么……"，这鲜明地体现在他所采用的蕴含符"→"上。这样一来，从大前提"如果行为人持武器实施抢劫，那么应当以抢劫罪的加重情形予以刑罚"和小前提"甲持盐酸实施抢劫是持武器实施抢劫的一个事例"就只能推出一个条件句"如果甲持盐酸实施抢劫，那么应当以抢劫罪的加重情形予以刑罚"，但无法得出个别的法律后果"甲应当以抢劫罪的加重情形予以刑罚"。[2]拉伦茨三段论的缺陷主要是来自于他所使用的逻辑符号无法恰当地分析法律论证在形式结构

---

〔1〕　拉伦茨其实也承认这一点，但他认为自己"实在想不出适当的符号来表达这个想法"（参见［德］卡尔·拉伦茨：《法学方法论》，陈爱娥译，商务印书馆2003 年版，第 159 页，脚注 34）。

〔2〕　要得出这一个别的法律后果，就必须将具体案件事实 S"甲持盐酸实施抢劫"作为额外前提加入原本的三段论中，使新的推论具有如下形式：（1）T→R（2）S = T（3）S→R（3'）S（4）R。

上的重要特征。要克服这些缺陷，就必须运用更为精确的逻辑工具来分析法律适用的结构。[1]

我们可以用下面这个例子来作为重构司法三段论的出发点：①饮酒后驾驶机动车的，处暂扣 6 个月机动车驾驶证，并处 1000 元以上 2000 元以下罚款（《中华人民共和国道路交通安全法》第 91 条）。②甲饮酒后驾驶机动车。③甲应处暂扣 6 个月机动车驾驶证，并处 1000 元以上 2000 元以下罚款。

这个例子说明，一般所谓的司法三段论与拉伦茨所展示的有所不同，它的大前提是一条普遍的适用于不特定多数人的法律规则，小前提是对具体案件事实的描述，而结论则是适用于此一具体案件的法律后果。[2] 为了更精确地展现涵摄的结构，我们需要引入一阶谓词逻辑来形式化作为大前提的法律规则以及涵摄的其他部分。我们用 x 来表示不特定的个体，用 a 表示具体特定的个体（如"甲"），而用 T 表示大前提的构成要件"饮酒后驾驶机动车"，R 表示法律后果"处暂扣 6 个月机动车驾驶证，并处 1000 元以上 2000 元以下罚款"，那么司法三段论的基本形式可以表述如下：

（1）对于所有的 x 而言，如果 x 满足构成要件 T，那么法律后果 R 就应当适用于 x。

（2）a 满足构成要件 T。

（3）法律后果 R 应当适用于 a。

---

[1] 参见王鹏翔：《论涵摄的逻辑结构——兼评 Larenz 的类型理论》，载《成大法学》2005 年第 9 期。

[2] Vgl. Karl Engisch, *Logische Studien zur Gesetzesanwendung*, 3. Aufl., Heidelberg, 1963, S. 10ff.

　　为了进一步分析司法三段论的逻辑结构，我们用"（x）"来表示"对于所有 x 而言……"，用"→"表示"如果……那么……"，"O"表示道义逻辑算子（deontic operator）"应当"，那么司法三段论的逻辑结构就可以被形式化为：

$$（I）　·　（1）（x）（Tx \rightarrow ORx）$$
$$·　（2）Ta$$
$$（3）ORa　　（1），（2）$$

　　（I）就是运用包含道义逻辑算子的一阶谓词逻辑对司法三段论的形式化。用一阶谓词的术语来说，T 与 R 都是表示某种性质的谓词，x 是所谓的个体变量，a 则是个体常量，（x）是全称量词，"→"是条件句的连接符。其中，大前提（1）（x）（Tx → ORx）是一个量化的条件式语句，代表"对于所有的 x 而言，如果 x 满足 T，那么 OR 就适用于 x"。小前提（2）Ta 表示"a 是 T"，在语义上意味着"概念 T 可以适用于个体 a"，或更准确地说，"个体 a 属于概念 T 的外延"，这样就可以避免拉伦茨的"S＝T"所带来的困扰。当然，这里最重要的还是（I）的有效性，因为如果无法证明（I）在逻辑上是有效的推论，那么就无法证明司法三段论是一种理性的论证模式。上面"（1），（2）"两行左边的点表示"（1），（2）"是推论的前提，而最后一行右边的"（1），（2）"表示（3）是从"（1），（2）"推论得出的，那么我们是根据什么样的规则从前提中推演出结论的呢？作为全称规范语句，大前提（1）表述了一条普遍性的法律规则。这意味着，对于其适用范围内的所有个体 a，b，c……，只要其满足（1）的构成要件 T，就将适用法律后果 R，这就是说，从

（1）可以推导出 Ta →ORa，Tb →ORb，Tc →ORc……或者说
（x）（Tx →ORx）就等于 Ta →ORa，Tb →ORb，Tc →ORc……
的综合。这是一个分析性的步骤，可以被称为"全称例示"或
"全称个别化"。由于它是通过消除（1）中的全称量词以及代
入个体常量而产生的，故可以将其称之为全消规则或替代规则。
这样一条规则说的不外乎是：对一切都有效的，对于每个个体
同样有效。[1]据此，我们可以从（1）推导出：

> （1'）Ta →ORa

（1'）是一个以 Ta 为前件而以 ORa 为后件的条件句。根据
命题逻辑中的"肯定前件律"以及分离规则，我们可以从一个
条件句以及该条件句的前件推导出它的后件：（p→q）∧ p →
q。故而，从 Ta →ORa 和 Ta 可以推导出 ORa。所以，司法三段
论的完整推论过程就变成了：

> （I'）· （1）（x）（Tx →ORx）
> · （1'）Ta →ORa　　[全消规则]
> · （2）Ta
> （3）ORa　　（1'），（2）[分离规则]

可见，从某种意义上说，涵摄就是对作为大前提之法律规
则的内涵的个别化过程。正是法律规则的逻辑结构决定和影响

---

[1] 参见［德］罗伯特·阿列克西：《法律判决的逻辑分析》，载氏著：《法
理性 商谈：法哲学研究》，朱光、雷磊译，中国法制出版社 2011 年版，第 12 页。

了涵摄的逻辑结构。当然，（Ⅰ）只是一种内部证成的简单形式，或者说涵摄的简单模式。在比较复杂的情形中，这不足以应对。这些复杂的情形包括：①一个法律规则包含多个构成要件要素，如《刑法》第382条第1款就包含了"利用职务上的便利""侵吞""窃取""骗取""其他手段""非法占有公共财物"等概念。②适用一个法律规则时必须运用说明性、限制性或指示性条款来加以补充。③有多个法律后果可供选择，如上例中的法律后果"处暂扣6个月机动车驾驶证，并处1000元以上2000元以下罚款"。在甲饮酒后驾驶机动车的情形中，除了处暂扣6个月机动车驾驶证的处罚外，究竟在"1000元以上2000元以下罚款"内处以具体多大数额的罚款，尚有待进一步确定。④为表述法律规则所使用的表达允许作多种解释。这主要发生在规范构成要件所使用的概念与具体案件的描述并不完全一致的情形。此时我们无法确定 a 究竟是不是 T，从而也就不清楚法律后果 R 是不是应当适用于 a。[1]其中，前三种情形主要涉及对大前提之重构：第一种情形涉及结合具体案件对法律规则之构成要件要素进行选择和组合，第二种情形涉及用在法律规则的基础上结合说明性、限制性或指示性条款来构造新的大前提，第三种情形涉及结合个案来使大前提的法律后果特定化。它们都属于外部证成的任务。而最后一种情形与内部证成直接相关。

（2）内部证成的复杂形式：演绎。

（Ⅰ）所展示的司法三段论之所以被称为涵摄的简单模式，

---

〔1〕　对这四种情形的列举，参见 Robert Alexy, *Theorie der Juristischen Argumentation*, 2. Aufl., Frankfurt a. M. Suhekamp, 1991, S. 276. 例子为笔者所加。

是因为它仅包含法律规则（大前提）与案件事实（小前提）两个前提，而且描述案件事实所使用的概念"饮酒后驾驶机动车"完全符合构成要件所运用的概念，所以不需要加入额外的前提即可直接推导出法律后果。但这样的情形在实践中非常罕见，只有当构成要件所使用的概念是所谓的"基本概念"，即无须通过其他概念来定义或说明的概念时，才可能如此。但大部分的法律概念不属于基本概念，例如我国《刑法》第 234 条第 2 款规定的"重伤"就需要进一步的界定才能适用。而在实际的案件中，对具体案件事实的描述也往往不完全等同于构成要件。例如在一个案件中，张三砍断了他人的左手拇指、食指与中指。法官通过自己的经验与前理解，会认为《刑法》第 234 条第 2 款所表述的意义可能会是适用于本案的法律规则，因而以"（1）致人重伤的，应处以 3 年以上 10 年以下有期徒刑"作为大前提，而以"（2）张三砍断他人的左手拇指、食指与中指"作为小前提。显而易见，从（1）和（2）并不能直接推导出法律后果"张三应处以 3 年以上 10 年以下有期徒刑"。因为大前提与小前提之间存在落差：大前提用的概念是"重伤"，而小前提中的事实描述是"砍断他人的左手拇指、食指与中指"，两者并不吻合，这里关键在于，无法即刻确定张三的行为是不是"致人重伤"，因此无法仅靠三段论来弥补。我们用"T"来表示"致人重伤"，"R"表示"处以 3 年以上 10 年以下有期徒刑"，"S"表示"砍断他人的左手拇指、食指与中指"，"a"代表"张三"，那么上述大前提与小前提就可以形式化为：

- （＊1）（x）（Tx →ORx）
- （＊2）Sa

我们可以非常清晰地看出大前提的构成要件"Tx"与小前提"Sa"并不吻合，所以也就不能通过全消规则与分离规则来获得法律后果"ORa"。要填补上述落差，就要确立一个额外的规则：

（＊1'）砍断他人的左手拇指、食指与中指就是伤害他人身体致人重伤。

加入这个额外的前提后，自然可以推导出法律后果"张三应处以 3 年以上 10 年以下有期徒刑"。但问题在于，我们通过（1'）所做的工作是一种什么性质的工作？我们仅仅是在确认一个我们的语言中已经存在的用法，抑或自己在对某个语言的用法作出规定（确证）？也就是说，（＊1'）只是表达出了我们语言习惯中将"砍断他人的左手拇指、食指与中指"约定俗成地视为"重伤"的做法，抑或我们其实是通过（1'）来对"重伤"这个概念作出了自己的判断？这里就涉及对语言用法之确认与确证的差别。除去这一点不论，我们还可以进一步追问，特定案件事实必须具备什么样的特征，才能被归到"重伤"这个概念之下？也就是说，"砍断他人的左手拇指、食指与中指"的行为具备了什么性质，才被视为是"重伤"？可见，正是因为法律论证的大前提与小前提之间存在落差，才出现了涵摄的必要：我们必须提出理由来论证"张三砍断他人的左手拇指、食指与中指"的行为符合《刑法》第 234 条第 2 款"致人重伤"这个构成要件，才能弥补案件事实与构成要件之间的落差。这个论证的过程属于涵摄的核心任务。与此相比，司法三段论中大、小前提由于完全吻合，所以可直接推导出法律后果，这甚至谈不上严格意义上的涵摄。只是鉴于本专题一开始所提出的广义上的涵摄概念，依然将其视为涵摄的（简单）模式。回到刚才的问题上来，（＊1'）只能算是（另一个）涵摄的结果，这意味着，除了法律规则与案件事实的描述外，尚需加入其他的前提才可能推论出（＊1'）以弥补落差。那么，在本例中，哪些额外的前提是推论出法律后果所必需的呢？首先，我们找到《刑法》总则部分第95条对于重伤的定义："本法所称重伤，是指有下列情形之一的伤害：①使人肢体残废或者毁人容貌的……"从该条文可以得出这个语义规则：

（＊3）使人肢体残废的，属于致人重伤。

再根据日常语言对于"肢体残废"的理解，还可以得出另一条语义规则：

（＊4）丧失手的机能，就属于肢体残废。[1]

但是，在加入前提（＊3）和（＊4）后，依然无法推导出具体法律后果，因为我们尚需确定"砍断他人的左手拇指、食指与中指"是否导致了手的机能的丧失。同样根据日常语言，"机能"指的是"细胞组织或器官等的作用和活动能力"。[2]而

---

[1] 根据《现代汉语词典》，"残废"是指"四肢或双目等丧失一部分或者全部的机能"［中国社会科学院语言研究所词典编辑室编：《现代汉语词典》（修订版），商务印书馆2000年版，第119页］。

[2] 中国社会科学院语言研究所词典编辑室编：《现代汉语词典》（修订版），商务印书馆2000年版，第582页。

根据日常经验，手的作用全在于手指，拇指、食指与中指被砍断，剩余的无名指与小拇指就丧失了作用。因为手的作用就在于抓取东西，而仅剩无名指与小拇指是无法抓取东西的。所以，拇指、食指与中指被砍断也就相当于整只手的机能丧失了。由此，我们可以得出两个进一步对"重伤"精确化的前提：

(＊5)　如果手指失去作用，就会丧失手的机能。
(＊6)　砍断他人的左手拇指、食指与中指，手指就失去了作用。

通过 (＊3)~(＊6) 对"重伤"这个概念层层递进的解释，即可以推论出 (＊1') 砍断他人的左手拇指、食指与中指就是伤害他人身体致人重伤。[1]换言之，加入上述四个新的前提后，就弥补了原本存在于法律规则与案件事实之间的落差，从而可以毫无跳跃地推导出法律后果"张三应处以 3 年以上 10 年以下有期徒刑"。我们将这一论证的前提与结论重新排列如下：

(1)　致人重伤的，应处以 3 年以上 10 年以下有期徒刑。
(2)　使人肢体残废的，属于致人重伤。
(3)　丧失手的机能，就属于肢体残废。
(4)　如果手指失去作用，就会丧失手的机能。

---

〔1〕　根据最高人民法院、最高人民检察院、公安部、国家安全部、司法部发布的《人体损伤程度鉴定标准》(2014 年 1 月 1 日起实施)，双手离断、缺失或者功能完全丧失为重伤一级。这样，就可以省却 (3) 和 (4) 这两个步骤。但无论如何，这不影响本例的说明效果。

（5）砍断他人的左手拇指、食指与中指，手指就失去了作用。

（6）张三砍断他人的左手拇指、食指与中指。

（7）张三应处以 3 年以上 10 年以下有期徒刑。

可以看到，前提（1）～（6）的性质各不相同：（1）是法律规则；（6）是具体案件事实的描述；（2）与（3）是为了说明"重伤"这个概念之含义的语义规则；（4）和（5）属于经验陈述，它的真实性是得到医学研究和日常经验确保的。要推论出（7），（2）～（5）都是必不可少的条件。为了更清晰地呈现出上述推论的逻辑结构，我们用"M_1"来表示"使人肢体残废"，"M_2"表示"丧失手的机能"，"M_3"表示"手指失去作用"。如此，整个论证就可以被形式化为：

- （1）$(x)(Tx \rightarrow ORx)$
- （2）$(x)(M_1x \rightarrow Tx)$
- （3）$(x)(M_2x \rightarrow M_1x)$
- （4）$(x)(M_3x \rightarrow M_2x)$
- （5）$(x)(Sx \rightarrow M_3x)$
- （6）Sa
- （7）ORa （1）～（6）

一方面，根据谓词逻辑的推导规则，我们可以从（2）～（5）推导出：

（8）$(x)(Sx \rightarrow Tx)$

这其实被看作对拉伦茨三段论的精确化，因为（8）其实就相当于拉伦茨三段论中的小前提。再根据前述全消规则与分离规则，从（8）和（6）即可推导出：

(9) Ta

（9）正是前文所提出的司法三段论的小前提，接着从（1）和（9）就可以推导出具体案件中的法律后果（7）ORa。由于（9）是以（2）~（6）作为前提所推论出来的，所以这一推论可以被视为形成司法三段论之小前提的过程。另外，从（1）~（5）也可以推导出下面这个普遍性的规则：

(10) (x) (Sx →ORx)

以（10）为大前提，以（6）为小前提，同样可以推导出（7）ORa。（10）也是一个全称规范语句，即"砍断他人的左手拇指、食指与中指者，应处以 3 年以上 10 年以下有期徒刑"。但它并不是由制定法直接提供的普遍性规则，而是仅以描述案件事实之概念作为构成要件，其规范的对象相较于（1）而言更为具体或外延更为特定。个案规范与具体案件事实描述之间是没有落差的，就相当于司法三段论中的大、小前提。关键的是，（10）仍需从（1）~（5）推论得出，这个推论过程可以被视为大前提的形成过程。由此可见，我们对于上述论证之有效性可以采取两种证明方式：要么从（2）~（6）推导出司法三段论的小前提，然后结合大前提（1）推导出结论，要么从（1）~（5）推导出司法三段论的大前提，然后结合小前提（6）推导出结论。在此，两者中最重要的部分（2）~（5）是重合的，我们既可以将其视为形成大前提的过程，也可以将其视为形成小前提的过程。

但不管怎样，这里的重点在于：当法律论证中具体案件事实与法律规则的构成要件之间有落差时，法学三段论不敷使用，此时必须通过演绎来弥补这一落差，即通过层层递进的解释（语义规则、经验规则等）来精确化法律概念的含义，直至能将具体案件事实与构成要件严丝合缝地连接起来为止。如果对这一演绎过程中每一步所运用的解释性命题发生质疑，就需要停下来对其正确性进行论证，直至无人发生质疑为止。这就落入了外部证成的框架，也就是法教义学的领域了。因为法教义学的根本任务就在于对所运用的制定法前提进行澄清。[1]它以教义性规则来补充制定法规则，使得法律个别化与法律具体化过程成为可能。可见，涵摄的过程往往不是三段论，而是需要教义学提供规则来进行连接的多段论。从形式上，这是一个演绎的过程，我们称之为涵摄的演绎模式，它的精确结构可以被这样形式化：

$$（Ⅱ）\quad ·\quad (1)\ (x)\ (Tx \to ORx)$$
$$·\quad (2)\ (x)\ (M_1x \to Tx)$$
$$·\quad (3)\ (x)\ (M_2x \to M_1x)$$
$$……$$
$$·\quad (n-1)\ (x)\ (M_nx \to M_{n-1}x)$$

[1] Vgl. Carsten Bäcker, "Der Sylogismus als Grundstruktur des Juristischen Begründens?", *Rechtstheorie*, 40 (2009), 411. 所以，前述公式中，前提（1）~（6）前面的点不仅意味着它们是前提，也意味着对于它们可能需要在外部证成中进行教义学论证。

- （n）（x）（Sx →M$_n$x）
- （n + 1）Sa
- （n + 2）ORa　　（1）~（n + 1）

在上述图式中，（1）表示法律规则，（n + 1）表示对具体案件事实的描述，（2）~（n）则通过 M$_i$（1≤ i ≥ n）对 T 进行的语义解释，其中（n）通常是一个经验命题 [如上例中的（*6）砍断他人的左手拇指、食指与中指，手指就失去了作用]。（Ⅱ）代表了法律论证的基本形式，它虽然没有考虑到含有多个构成要件或者法律后果的复杂情形，但已将涵摄的逻辑结构清晰地表达出来了。其他复杂情形的逻辑结构只需在此基础上作调整即可。试举一例：《刑法》第 385 条规定，国家工作人员利用职务上的便利，索取他人财物的，或者非法收受他人财物，为他人谋取利益的，是受贿罪。第 386 条和第 383 条则规定了受贿罪和贪污罪的法律后果，由于比较复杂，我们在此不进行赘述。这些法条合起来表达出了关于受贿罪的完整法律规则。我们用 T 表示"受贿罪"，OR 表示受贿罪的法律后果，则（1）（x）（Tx →ORx）可用来表示受贿罪的法律规则。《刑法》第 385 条规定了受贿罪的四个构成要件要素，即"国家工作人员""利用职务上的便利""索取他人财物""非法收受他人财物""为他人谋取利益"，可以分别以 M$_1$、M$_2$、M$_3$、M$_4$、M$_5$ 来表示。这五个要素对于受贿罪的意义并不相同：其中"国家工作人员"和"利用职务上的便利"是构成受贿罪的必要特征，而"索取他人财物"或"非法收受他人财物"且"为他人谋取利益"是选择性特征。如果用"∧"代表"且"，"∨"代表"或"，那么该条法律规则的结构就可以用（1*）（x）[M$_1$x ∧

$M_2x \wedge (M_3x \vee M_4x \wedge M_5x) \leftrightarrow Tx]$ 来表示。从（1＊）与（1）就可以推导出含有多个构成要件要素的规则：

$$(1 * *)(x)[M_1x \wedge M_2x \wedge (M_3x \vee M_4x \wedge M_5x) \rightarrow ORx]$$

这条规则等同于 $(x)(M_1x \wedge M_2x \wedge M_3x \rightarrow ORx) \vee (M_1x \wedge M_2x \wedge M_4x \wedge M_5x \rightarrow ORx)$。但具体案件中，法官可能只会运用到"或"前面的这部分或者后面的这部分。假定我们现在运用到"或"后面的这部分 $(1')(M_1x \wedge M_2x \wedge M_4x \wedge M_5x \rightarrow ORx)$。但这部分构成要件要素中的一个或数个与具体案件事实描述之间依旧存在落差，仍需要进行解释才能弥补这一落差。例如在我国 3 号指导性案例中，被告人利用各自职务便利，为请托人低价取得创业园区的土地等提供了帮助，并与请托人共同注册成立一家公司以"开发"上述土地。被告人既未实际出资，也未参与该公司经营管理。其后，请托人以公司名义将该公司及其土地转让给另一家公司，被告人以参与利润分配名义收受陈某给予的 480 万元。该指导性案例的裁判要点和裁判理由部分指出，该利润并非所谓的公司利润，而是被告人利用职务便利使陈某低价获取土地并转卖后获利的一部分，体现了受贿罪权钱交易的本质，属于以合办公司为名的变相受贿。所以国家工作人员利用职务上的便利为请托人谋取利益，并与请托人以"合办"公司的名义获取"利润"，没有实际出资和参与经营管理的，以受贿论处。这里涉及的主要是对"非法收受他人财物"（M_4）的解释。该指导性案例实际上是确证了一条新的语义规则，即"以合办公司的名义获取利润，没有实际出资和参与经营管理的，即为非法收受他人财物"。如果用 M_4' 来表示"以合办公司的名义获取利润，没有实际出资和参与经营管理的"，那么这条语义规则就可以被形式化为：

$$(2')\ (x)\ (\ M_4'x \rightarrow M_4x)$$

那么，对具体案件事实的描述就将是 $(3')$ $M_1a \wedge M_2a \wedge M_4'a \wedge M_5a$。[1] 如此，整个推论过程就将被形式化为：

- $(1')\ (x)\ (M_1x \wedge M_2x \wedge M_4x \wedge M_5x \rightarrow ORx)$
- $(2')\ (x)\ (\ M_4'x \rightarrow M_4x)$
- $(3')\ M_1a \wedge M_2a \wedge M_4'a \wedge M_5a$
- $(4')\ ORa\ (1') \sim (3')$

当然，实际案件中，除了 M_4 之外，M_1、M_2 和 M_5 都有可能存在需要进一步解释的空间，因而尚需在上述公式中加入类似于 $(2')$ 这样的语义规则来弥补落差。而 M_4' 可能仍需进一步具体化才能与对具体案件事实的描述相连接。所以，上述公式中的中间性步骤可能更多，而结构也更为复杂。但无论如何，（Ⅱ）都已经展示出了内部证成之复杂模式，即演绎的基本结构。

（三）外部证成的相关问题

1. 法律命题的证成

从前述图尔敏模式可知，外部证成的对象即内部证成所使

---

〔1〕 由于本案同样存在着数个与构成要件相对应的案件事实要素，故为了结构的清晰性和推论的有效性，我们不便以 Sa 来表示对具体案件事实的描述。

用的两个前提：法律命题与事实命题。外部证成的对象就是为这两个（组）命题提供佐证。就法律命题的证成而言，其核心问题在于：如何证明裁判者所找到的法律命题是正确适用于当前案件的大前提？

裁判者在寻找和证立法律命题的过程中，可能会遇到以下四方面的问题：

第一，应当去哪里寻找大前提？对于裁判个案的法官来说，适用于当下案件的法律规范并不是给定的，而是需要他自己去寻找的。这里遇到的第一个问题就是，他可用以证立裁判结论的大前提，其范围有多大？这个范围在不同的国家是有所不同的。例如对于德国法院的法官而言，这一范围包括宪法、制定法、法规以及宪法法院的判例。对于美国法院的法官而言，则既包括成文法也包括判例法。而对于中国法院的法官而言，它只包括规范性法律文件（制定法），表现为宪法、法律、行政法规、地方性法规、规章等。超出特定范围去寻获的法律规范无法成为裁判的依据，据此得出的裁判结论也不具有法律效力。处理裁判准则之来源和范围的理论，就是我们通常所说的"法的渊源"理论。"法的渊源"是个十分复杂的概念，我们既可以在法社会学的意义上将它理解为特定法律规范形成的原因（经济关系、阶级利益、习惯、历史传统、宗教或道德观念等），也可以在法理论意义上将它理解为应当从中推导出裁判标准的法律规范，[1]亦可从伦理学的角度将它理解为法律之所以具有道德拘束力的理由（上帝的意志、理性、契约、承认等法的"终

---

〔1〕 Klaus F. Röhl und Hans Christian Röhl, *Allgemeine Rechtslehre*, Köln：Carl Heymanns Verlag, 2008, S. 519.

极"渊源)。[1]但这里只限于在裁判理论的语境中来理解法源的概念：其一，它只是从法理论的视角来看待法源，既不关注法律形成之社会因素这样的描述性问题，也不关注法律拘束力的道德依据这样的评价性问题；其二，它关注的是司法裁判或法律论证的规范性理由，至于这种理解的背后隐含着何种法概念论的立场则在所不问。在这种意义上，我们大体可以将法源等同于"裁判依据"，它要解决的是法官去哪里寻找法律决定之大前提的问题。[2]我们将"裁判依据"理解为，一种在司法裁判中具有规范拘束力的制度性权威。当然，即便在法源内部，依然可以根据其规范性拘束力的大小进行法源的分类。我们将在专题六具体处理法源的问题。

第二，大前提与小前提之间存在缝隙怎么办？有时候，法官在特定的法源范围内找到一个可以直接适用于当下个案的法律规范，却发现这个法律规范（法律命题）与对个案事实的描述（事实命题）无法直接衔接起来。这是因为，法律规范具有一般性，它是面向不特定的主体和不特定的情境来制定的，在这一过程中会"抹去"许多个别化的细节，而仅在构成要件中保留那些类型化的特征并赋予其法律后果。从另一个角度说，立法者的理性也是有限的，他不可能预见到将来发生的所有事情并给予事无巨细式的预先规定，他会有意或无意地选用具有一定开放度和模糊性（当然这也由于法律规范中所使用的语词大多原本就具有这样的属性）的语词来构造规范要素，这就保

---

〔1〕　Alf Ross, *Theorie der Rechtsquellen*, Leipzig/Wien: Franz Deuticke, 1929, S. 291 – 292.

〔2〕　具体参见王夏昊：《法适用视角下的法的渊源》，载《法律适用》2011 年第 10 期。

留了将未来发生的个案囊括进这些语词和概念的可能。但是，这种囊括并非是无限度的，哪些个案事实可以囊括进来、哪些又不能，这需要裁判者自己通过方法来确定。此时，就涉及"法律解释理论"了。从这个角度看，法律解释并非是对法律规范事先所作的抽象的一般性阐释，或者像德沃金所说的那种"阴雨天猜谜做游戏"，而是具有强烈现实导向的法律活动。它的功能，正在于通过阐明大前提中某些概念术语的含义，使之不断具体化从而接近于小前提，最终将大、小前提无落差地衔接起来。在前文所举"张三砍断他人的左手拇指、食指与中指"的例子中，（2）~（5）都属于解释性的步骤，或者说它们都属于解释性命题。对于这些步骤中的每一步，或者说对于这些解释性命题中的每一个，我们都可以提出两个问题：其一，如何（＝用什么方法）得出这些解释性命题？其二，要用什么理由来支持这些解释性命题的正确性？这就需要运用作为特定论证活动的法律解释了，因为解释本身也同样是论证。[1]同时，我们也再一次看到了作为外部证成之法律解释与内部证成的密切关系：每当裁判者运用理性的解释方法，并提出充分理由使得某一解释性命题得以证成，他就可以将此一解释性命题"添入"演绎的结构之中。在逻辑严谨的演绎之中，每一个步骤都是必需的，这是出于内部证成之要求，但对它们的具体证成则属于外部证成的任务。关于法律解释理论，我们将在专题七具体处理。

第三，找不到可直接适用的恰当大前提怎么办？有时候，

---

[1] 参见［德］罗伯特·阿列克西：《法律解释》，载氏著：《法理性 商谈：法哲学研究》，朱光、雷磊译，中国法制出版社2011年版，第70页。

法官在法源范围内找不到一条可以直接适用于当下个案的法律规范来裁判案件。此时，法官并不能以"法无明文规定"为由拒绝案件的审理。1804 年的《拿破仑民法典》第 4 条规定，法官以法无明文规定为由拒绝审理案件的，以拒绝裁判罪追诉之。从那以后开始，"法官不得拒绝裁判"成为法治的一项基本准则。这就造成了两难的困境：一方面是不能拒绝裁判，另一方面则是缺乏明确的裁判依据。此时我们说法律出现了漏洞，也就是应当规定而没有规定的情形。面对这一情形该怎么办？在不同性质的案件中，法官应采取不同的办法：如果涉及的是刑事案件，那么基于"罪刑法定"这一刑法领域的最高准则，法官须以"法无明文不为罪"为由宣告被告人无罪，此时涉及的为"不可填补的漏洞"；但如果涉及的是民事案件，法官则需要运用特定方法去填补漏洞。德国法学将关于这套方法的理论称为"法的续造理论"。它要处理诸如漏洞的类型及其相应的填补方法的问题，例如类比推理、目的论扩张、目的论限缩、基于一般法律原则的法的续造等。之所以称为"法的续造"，乃是因为"造法"原本属于立法者的当然任务，然而当立法（有意或无意地）保持沉默时，法官就不得不接替立法者的任务"接着造法"。此时需注意的是，裁判依据尽管是通过个案来创设的，但它依然是具备一般规范属性的"法"，德国法上称之为"法官法"。因为唯有如此，才能保证不至于沦为决疑术。关于法的续造，我们将在专题八作具体处理。

第四，所引法律命题是否来自于有效的法律规范？效力是适用的前提，因为一个法律规范有效，就意味着它应当被遵守与适用。只有在确立了"应当被遵守和适用"之后，才有适用它来解决个案的余地。在大多数情形中，只要是在法源范围内寻找到的法律规范，其效力就不会受到质疑，因为法源划定的都是"现行有效的法律规范"。但是在某些情况下，特定法律规范的效力却会遭受质疑。这主要有两种情况：一种是法律规则或法条之间的内部冲突。也即在一个法律体系之中，分属于不同位置的法律规则或法条之间适用范围有所重合但法律后果不能兼容的情形，这种情形导致同一个行动者无法同时遵守这两个法律规则或法条。对于这种情形，一般可以依据预设的第三方准则，如上位法优于下位法、新法优于旧法、特别法优于普通法来解决。对此，我们已在专题三第二部分中论述过。唯要注意的是，在很多著作中，关于法律冲突的解决问题是被放在"法的渊源理论"之中来处理的。因此，它不属于"所引法律命题是否来自于有效的法律规范"这个问题的真正所指。这里真正涉及的是另一种情形，即法律规范与特定价值判断（可笼统地称为"正义"）的外部冲突。此时从特定的价值立场出发，该法律规范就被称为"恶法"。尤其是，当法律规范的内容超越了文明社会所普遍接受的价值判断（如纳粹基于种族原因剥夺犹太人的国籍、财产乃至生命的法令）的门槛时，它依然是有效的法吗？换言之，法官依然应当将之作为司法裁判的依据吗？这里就涉及了关于法的概念与性质的立场，涉入了法概念论与法伦理学的领域。此时，法律实证主义与非法律实证主义之间的争论就会凸显出来。可见，如果说上述前三类问题还属于体系内的论证，那么最后一类问题就属于超越体系的论证，它已然进入了法哲学的领域，涉及的是"法的效力理论"了。在这种场合中，论证者可能会基于有效的实质理由质疑与否定既有法律规范的效力，从而联系个案为法律规范创制例外，甚至使得整个规范无效。在这种情形中，法律规范不但没有起到裁判依据的作用，反而成了要被证成的对象。这样的情形就被称为疑难案件。也正是在疑难案件的场合，法学方法论（法律论证理论）与法哲学联结在了一起。这已经超越了本书主题的范围，因而不再具体展开。

2. 事实命题的证成

在外部证成中，事实命题证成的核心问题在于，司法裁判所要采纳的小前提即案件事实是什么？案件事实的形成是一个复杂的问题，绝不像第一眼看上去那么简单。作为法律论证之小前提，它并不等同于现实世界中发生的事，而是一种语言陈述〔所以称为"事实命题"〕；并且，裁判者不仅要使用日常语言进行描述，还要使用法律语言（具有法律意义的语言）进行加工和剪裁，最终成为写进裁判文书中恰当的"案情"。

第一，要区分事件（tatsache）与事实（schverhalt）。事件是实际上发生的某种状态或过程，而事实是用语言陈述出来的对象。案件的发生首先呈现为事件，但最终形成作为法律论证之事实命题的却是案件事实。为了形成作为陈述的案件事实，裁判者除了用语言描述事件（生活事实）外，也同时要做选择。这种"选择"涉及两方面的工作：一方面，裁判者必须考虑个别事实在法律上的重要性（形成要件事实）；另一方面，裁判者也需依据一定的方法来确定，从"法律"角度看，个别事实确实存在（形成案件事实）。这两个方面不是彼此分离的，而是同时进行或交替进行的。[1]

第二，要区分生活事实、要件事实与案件事实。虽然它们

---

[1]　参见〔德〕卡尔·拉伦茨：《法学方法论》，陈爱娥译，商务印书馆2003年版，第160~161页。

都是用语言来表述的，但它们并不相同，因为它们要处理的是三个不同层面的问题：其一，我们要用日常语言描述出，在现实世界中实际发生了什么？这涉及的是生活事实问题。其二，我们如何对生活事实的诸要素选择重构出具有法律意义的事实？这涉及的是要件事实，它需要依据法律（实体法）规范对生活事实进行比对和选择，以确立哪些事实要素具有法律上的重要性和关联性。不具有法律上的重要性和关联性的要素不能成为要件事实的组成部分。具有法律上重要性的事实要素有时需要经过二次评判，比如来自于证据法、程序法的检验。因为有时虽然某些事实要素在实体法上具有重要意义，但由于证据法上的瑕疵无法被证明"合法存在"，也即相当于不存在，那也不能成为要件事实的组成部分。其三，我们如何对具有法律关联的事实要素进行判断、评价？在选定了符合实体法和程序法的事实要素的基础上，我们还需要对这些要素进行类型化的归属或者在须填补的准则之界限内进行评价，以使得要件事实成为真正可以与法律规范衔接在一起的案件事实。在上述三种事实中，生活事实完全可以用日常语言来表述，而要件事实与案件事实都必须用法律语言来表述。从生活事实到案件事实是一个关涉法律规范并综合运用经验法则、自然法则、证据法则、诉讼规定等考量的过程，而最终形成的案件事实才是法律论证的小前提。顺便要指出的是，从生活事实到要件事实再到案件事实的划分和步骤仅仅是逻辑上的。在现实的过程中，案件事实的形成往往是个来回往复的过程，并不如逻辑上那样可以清晰区分。对于案件事实的形成，我们将在下一专题作具体处理。

専題五 ▏ **案件事实的形成**

　　"以事实为依据，以法律为准绳"是我国司法实践中长期以来坚持的基本准则。在司法裁判的过程中，法律的适用以事实的认定为前提。案件没有达到"案件事实清楚、证据确实充分"的法定要求，裁判就无法顺利进行。百分之九十的冤假错案都来自事实认定的错误。正如习近平总书记所说："要懂得'100 - 1 = 0'的道理，一个错案的负面影响足以摧毁九十九个公正裁判积累起来的良好形象。执法司法中万分之一的失误，对当事人就是百分之百的伤害。"[1] 为了尽可能避免冤假错案的发生，就要进行准确的事实认定。而要进行准确的事实认定，就要对事实形成的过程有透彻的了解。那么，事实问题与法律问题如何区分？案件事实形成的基础和过程又是怎么样的呢？

一、事实问题与法律问题

（一）事实问题与法律问题的传统区分

　　事实命题与法律命题既然构成了法律论证之内部证成的两

---

〔1〕 习近平：《在中央政法工作会议上的讲话》（2014 年 1 月 7 日）。

组前提，那么它们之间的区分似乎就是当然之理。并且，它们之间的区分还具有重要的实务意义：事实与法律的区分贯穿于整个诉讼法之中，许多二审终审制的国家通常会区分事实审与法律审。法庭上对于事实与法律的处理也是不同的：就事实问题，法官（或陪审团）需要根据当事人及其代理人的主张和举证来作出判断，而关于法律问题，法官则应该依其本身的法律认识来决定，而不取决于当事人的主张，只有事实才适宜并且必须证明。对事实的法律判断并非由当事人主张来证明的客体，而是法官考虑和决定的对象。

那么，它们之间的区别何在？一般认为，事实问题的对象是与法律相关的事实或实际情况：实情（der Fall）是什么？在传统上可以对法律领域的事实进行这样的分类：其一，外部事实与内部事实。外部事实是外在的物理性实情与事件，如人的外在行为及其结果。内部事实是主体内在的心理性状态与事件，如"意思"（不是意思表示）。其二，描述性事实与规范性事实。描述性事实涉及对客观状态或事件描述后的事实，如某人的年龄、身高。规范性事实的存在则以相关法律规则的存在为前提，没有后者就没有前者，在此意义上，法律规则构成了相关规范性事实存在的构成性条件，如婚姻、收养。张三和李四之间是否存在婚姻或收养的事实，要看他们之间的行为及其关系是否符合婚姻法或收养法上规定的结婚条件和收养条件，如果符合，则存在各该要件事实；如果不符合，则张三和李四之间的关系尽管在外观上与符合条件的法律关系没有区别，但仍不构成法律意义上的婚姻与收养。与此不同，描述性事实无须以相关法律规则的存在为前提，不论是否存在相关的规则，某人的年龄、身高都不会受到影响。其三，法律领域的事实还包括一类特殊的事实，即预测性事实。事实一般都是现实存在或存在过的状态与事件，但预测性事实是未来的事实（即将要发生的状态或事件），而非当下或过去的事实。例如，美国大法官霍姆斯曾在判定某人煽动颠覆政府的言论是否属于言论自由时指出，只要其言论不具备"明显而急迫的危险"就属于言论自由的保护范围。这里所说的"明显而急迫的危险"就属于预测性事实，因为这里的"危险"尚未现实地发生，而是对未来某种情况的预测。

与此相对，法律问题的对象是法（Recht），它问的是：有效之法或应当有效之法是什么？换个说法，则是实际发生的事依照法律体系的标准如何来安排的问题。在传统上，可以将法律问题区分为两类：一类是确定与个案相关之法律后果的问题。如，张三是否可以向李四基于特定法律条款主张特定权利。另一类是具有一般法律效力规则具体化的问题。如，硫酸是否是德国刑法第 224 条中所说的"武器"。前者涉及裁判结论的得出，后者则涉及对作为大前提之法律规范（当然可以是联系于个案）的理解和解释问题。法律问题可以被置于不同的抽象化层级。在法适用过程中，合适的抽象化水平受到个案以及"判决显著性"标准的限定：如果个案的具体特征在法律评价上明显不显著，法律问题就当抽象之。如果事实情境能作不同的法律评价，抽象化就不得过于偏离具体特征。例如，在著名的"纽约时报诉沙利文案（New York Times Co. v. Sullivan）"[1]中，美国联邦最高法院不仅将沙利文专员描述为警监（police commissioner）——这本身就是对沙利文自己和沙利文的特殊工作进行抽象化的结果，也将他描述为"政府官员"（public official）。

---

〔1〕　376 U. S. 254（1964）.

它不仅将《纽约时报》描述为独一无二的《纽约时报》，甚至也不只将它描述为一份报纸，而是描述为"出版业"（the press）。因此，"纽约时报诉沙利文案"从一开始就被认为是所有涉及政府官员诉出版业的诽谤案件的先例。假如法院将沙利文描述为警察，而将《纽约时报》描述为报刊行业，那么这一先例可能就不适用于一位被诽谤的税务官员与一家杂志社之间的诉讼了。这里面的差别就在于，在真实的判决中，最高法院并不认为"警察"和"报刊行业"这样的具体特征（它们同样是经过抽象化后的产物，尽管抽象化程度相比于"政府官员"和"出版业"而言要低一些，真正的具体特征只能是对个案事实的专名式描述，即"沙利文"和"《纽约时报》"）在法律上不具有重要意义。换言之，法院并不认为需要区分"警察"与"其他政府官员"，或者"报刊行业"与"其他出版业"，以对它们作出不同的法律评价，而是认为关于言论自由保护的条件可以适用于针对所有政府官员和出版业的情形。而这样的抽象化层级非常重要，它决定了能够涵盖的事实类型的范围。

（二）事实问题与法律问题的进一步区分

但是，传统上的这种抽象区分是成问题的。事实问题与法律问题的区分在实际上是否可行，至今仍旧存在争议。困难的根源在于，在提出实际上是否发生某事的问题之前，首先必须以某种方式将这件事描述出来。它既可以用一般用语，也可以用法律用语来描述。如果是后者，那么在提出事实问题时，多少就已经带有法律判断的影子了。然而，许多表达方式是法律用语与日常用语所共有的，此时用这类用语表述的事件究竟属于事实问题还是法律问题呢？例如，"故意杀人"究竟属于事实问题还是法律问题？有鉴于此，许多学者认为，事实问题与法律问题的区分仅仅是实用性的或合乎目的式的而已。真的如此么？试举两例。一例是：一位妇人 A 在某日把一块骨头递给邻居 N 的狗而被狗咬到手臂，并因此造成身体的伤害。在法官的判决书或当事人陈述中，提出了如下陈述：

（1）A 被狗咬伤；

（2）A 是"他人"，狗是"饲养的动物"，N 是"动物饲养人或者管理人"；

（3）A 对于被咬伤是否存在故意或重大过失；

（4）N 曾警告 A 不要喂狗东西，因为它未完全被驯服；

（5）A 属于"有过失"；

（6）A 为了好玩，几次将食物递到狗嘴边，但又拿回。

相关条文是我国《侵权责任法》第 78 条，饲养的动物造成他人损害的，动物饲养人或者管理人应当承担侵权责任，但能够证明损害是因被侵权人故意或者重大过失造成的，可以不承担或者减轻责任。上述（1）~（6）的表述中，哪些属于事实问题，哪些又属于法律问题？第二例是：某国关于相邻权的规范中规定，即便在自己家中，也不得制造"扰乱安宁的噪音"，否则要承认侵权责任。对"扰乱安宁的噪音"的认定，属于事实问题还是法律问题？

在第一例中，其实我们还是可以相对清晰地作出判断："（1）A 被狗咬伤"（这件事是否实际上发生了）依然属于事实问题，因为它可以独立于法律判断（本案中的狗是不是"饲养的动物"以及 N 是否需要承担责任、承担何种责任等），用日常语言来表述。"（2）A 是'他人'，狗是'饲养的动物'，N 是'动物饲养人或者管理人'"则是法律问题，因为只有依据《侵权责任法》第 78 条才能对本案中的人和狗"对号入座"，给予其法律身份。这里背后的问题其实是，本案事实是否实现了《侵权责任法》第 78 条的构成要件，而"对号入座"正是将本案事实涵摄于第 78 条之下的结果。"（3）A 对于被咬伤是否存在故意或重大过失"，同样属于法律问题，因为它是依据第 78 条后半段"能够证明损害是因被侵权人故意或者重大过失造成的，可以不承担或者减轻责任"进行判断的结果。"（4）N 曾警告 A 不要喂狗东西，因为它未完全被驯服"，以及"（6）A 为了好玩，几次将食物递到狗嘴边，但又拿回"，这两个表述虽然是由考虑到第 78 条后半段之后去查证的结果，但其本身却属于事实问题，因为我们完全可以在不考虑法律后果的前提下对它们进行日常用语的表述。（5）A 属于"与有过失"显然也属于法律问题，"与有过失"是民法教义学上的概念，是对（3）的提炼表述。由上可知，事实问题与法律问题的一个原则性区分标准在于：如果只是提出特定事实是否存在的问题，而该特定事实又是以日常用语来描述，则属于事实问题；如果只能通过法秩序，特别是类型的归属、衡量不同的观点以及在须具体化的标准界定之范围内的法律评价，才能确定其特殊意义内涵的事件，属于法律问题。[1]对于事实问题而言，特别要交代两点：

---

〔1〕 参见［德］卡尔·拉伦茨：《法学方法论》，陈爱娥译，商务印书馆 2003 年版，第 187 页。

其一，即使裁判者凭借自己的经验和法感，会预先对现实事件作出一定的法律判断，他通常还是可以先独立于对事件的法律判断之外，依自然的经验以及日常用语来掌握、描述现实发生的事件（如"A 被狗咬伤"），此时并不影响该表述之事实问题的属性。其二，在描述事实后，裁判者必须马上对该事件作法律上的判断，后者又可能会使得其他事实问题发生。这些事实问题的发生虽是法律问题促成的，但它们的表达方式大体可以与法律问题相区别（如"N 曾警告 A 不要喂狗东西，因为它未完全被驯服"）。

第二例更复杂一些。因为例如"张三制造了扰乱安宁的噪音"原本就是用包含法律评价的用语来描述的一个案件事实，它一方面包含对已发生事件的描述，另一方面也隐含了对已发生事件的法律评价。尽管如此，我们还是可以在这里区分出客观的描述标准和法律上的评价标准。某种强度的声音是否为"噪音"是可以作技术上的精确化处理的，例如，如果事前确定，超过 200 分贝的声音就是"噪音"，那么就可以对"张三制造的声音是否为噪音"进行独立于法律评价的客观描述了。在此基础上，这个超过了特定分贝强度的"噪音"是否"扰乱安宁"，则完全属于法律评价。由此，我们依然可以在作法律评价之前，用物理学的概念精确地确定现实发生的事件（如"张三制造了 220 分贝的声音"），然后再来谈论这种声响强度是否"扰乱安宁"。事实问题与法律问题依然可以作区分。再如前面提到的"故意杀人"的例子中，首先可以来确定"张三是否真的杀死了李四"，这属于事实问题，然后再进行这一杀人行为"是否出于故意"的法律评价。

所以，这里所提出的区分标准其实是：只有可以完全独立于法律评价、用日常语言进行客观描述的才属于事实问题，一旦涉及法律评价、需运用法律用语来"描述"的都属于法律问题。用这种方法来区分事实问题与法律问题，亦有实用性或合目的性的考虑：依据事实审与上诉审之间的审查范围划分，可以保证上诉审尽可能"全面地"审查案件相关问题。另外要指出的是，这种区分只是出于法律论证之结构上的需要（两组前提），而非对现实法律适用过程中法官发现法律、查找事实的精确界分。在实际法律适用过程中，事实问题与法律问题往往以不可分解的方式纠结缠绕在一起：法官最后如何判断个别事件，很大程度上取决于判断时他考虑了哪些情境，乃至于他曾经尝试澄清哪些情况；选择应予考量的情况，又取决于判断时其赋予各种情况的重要性。[1]

二、案件事实形成的基础

（一）案件事实形成的要素基础

"法律适用的重心不在最终的涵摄，毋宁在于：就案件事实的个别部分，判断其是否符合构成要件中的各种要素。"[2]以下将从经验、逻辑和价值判断三个方面来论述案件事实形成的基础。

---

〔1〕［德］卡尔·拉伦茨：《法学方法论》，陈爱娥译，商务印书馆2003年版，第189页。

〔2〕［德］卡尔·拉伦茨：《法学方法论》，陈爱娥译，商务印书馆2003年版，第165页。

1. 经验

（1）一般社会经验。

人是社会的人，是"一切社会关系的总和"，人的存在和认识都属于社会的"此在"。海德格尔认为人作为"此在"是处于时间流动中的，总是被抛入已经存在的既定的现实世界中，也就是说，由过去来规定自己，即"此在"的"被抛性"或"事实性"。因此，所有的解释都必须建立在事前理解应该解释的东西的基础上，解释所面临的方向就是由理解事前规定的方向，这就是"理解的先行结构"理论。[1]加达默尔在师承这一立场的基础上提出了"历史性理性"的概念："我们处于各种传统之中，这一事实难道首先意味着我们受前见所支配，以及自己的自由受限制吗？一切人的存在，甚至最自由的人的存在难道不都是受限制并受到各种方式制约的吗？如果情况是这样，那么某种绝对理性的观念对于历史人性就根本不可能。理性相对我们来说只是作为实际历史性的东西存在而存在，即根本地说，理性不是它自己的主人，而总是经常地依赖于它所活动的被给予的环境。"[2]哈贝马斯进一步解释了这一环境对人的影响："我发现自己处在生活历史的复合体中，处在同时代的人之中，处在我们从我们的先辈那里继承下来，并将遗传给我们的后代的传统之中。作为儿童，我们在传统中成长，在逐步积累的经验和展望式建筑起来的、有选择的回忆的基础上，（从传统中学习并形成带有我们独特期待的个性的生活设计。传统教会

---

〔1〕 陈嘉映：《海德格尔哲学概论》，生活·读书·新知三联书店1995年版，第226页以下。

〔2〕 ［德］汉斯–格奥尔格·加达默尔：《真理与方法：哲学诠释学的基本特征》，洪汉鼎译，上海译文出版社2004年版，第356页。

我们的日常知识）使我们具备了对处在我们直接和潜在视野中的人和事进行阐释的能力。"[1]

传统教会人"日常知识"，这些"日常知识"构成了作为案件事实形成基础的一般社会经验，并内化为裁判者的"理解的先行结构"和"历史性理性"。《汉谟拉比法典》第 2 条规定："倘自由民控自由民犯巫蛊之罪而不能证实，则被控犯巫蛊之罪者应行至于河而投入之。倘彼为河所占有，则控告者可以占领其房屋；倘河为之洗白而彼仍无恙，则控彼巫蛊者应处死，投河者取得控告者之房屋。"[2]这是有关神示证据制度的一个典型反映，在这个制度下宣誓、水审、火审、决斗甚至占卜都被认为是形成案件事实的有效方法。长期以来，我们对神示证据制度的理解是，"反映了当时人类社会生产力发展水平的极端落后和人类认识能力的极度低下"，[3]这样的理解应当说是有一定道理的，但又是偏颇的，因为在当时通过以上的方式形成案件事实是完全合理的，具有正当性和可接受性，否则不会形式化为证据制度。究其原因，赖于一般社会经验构成了对案件事实进行理解的"先行结构"，是案件事实形成的基础。当时的生产

---

〔1〕 Jürgen Habermas, *Eur Logik der Sozialwissenschaft*, Frankfurta. M.：Subrkamp, 5. Aufl.，S. 228，转引自［德］得特勒夫·霍尔斯特：《哈贝马斯传》，章国锋译，东方出版中心 2000 年版，第 30 页。

〔2〕 转引自陈一云主编：《证据学》（第 2 版），中国人民大学出版社 2000 年版，第 22～23 页。类似的规定还有《汉谟拉比法典》第 126 条规定："倘自由民本未失物，而云'我失物'，并诬告其邻人，则其邻人应对神发誓，检举其并未失物，而此自由民应按其所要求之物，加倍交给邻人。"《麦玛威法》规定："凡犯盗窃罪，必须交付审判。如在审判中为火所灼伤，即不能经受火的考验，处以死刑。反之，如果不为火所灼伤，则可允许其主人代付罚金，免处死刑。"

〔3〕 转引自陈一云主编：《证据学》（第 2 版），中国人民大学出版社 2000 年版，第 20 页。

力水平决定了当时的一般社会经验，而当时的一般社会经验又为当时社会形成裁判提供了基础。一般社会经验可能在时间上具有历史性，在空间上具有地方性，但对特定时空案件事实的形成具有基础作用。中国古代认为滴血认亲是可靠的，正如现代认为 DNA 亲子鉴定是可靠的一样，两者都可以成为案件事实的一般社会经验基础。

一般社会经验作为案件事实形成的基础是潜在的，却是不可缺少的。"每一起案件都涉及成百上千次使用无证据事实的情形。在一起交通事故案件中，当一名证人说到'小汽车'时，每一个人，包括法官和陪审团在内，都能从这一词语得到以下补充信息：该'小汽车'指的是机动车，而非有轨电车；它是自力推动，或许还是内燃机推动的；另外，还可能认为它有四个充气橡胶轮胎的轱辘，如此等等。司法程序不可能像笛卡尔那样在'我思故我在'的基础上创造世界一样从零开始来解释每一起案件。对这些品目不可能提出证据，事实上也没有人要求这么做。"[1]没有人要求裁判者在笛卡尔"我思故我在"的基础上形成案件事实，是因为一般社会经验为案件事实的形成提供了默认的公共性认知框架：在车站向友人挥手表示的是道别，而在路上向出租车招手就会被认为是"打的"；在球场上甲把球传给乙被认为是球在物理意义上的空间转移，在商场售货员把球给乙会被认为是在交货，在家里乙父在乙过生日时给乙一个球会被认为是赠送礼物。法律只会规定要约、交付和赠与的法律效果，一般不会具体去规定什么情况下是要约、交付和赠与，

---

〔1〕 Davis, *Perspectives of Law*, *Quote from Federal Rules of Evidence*, West Group, 1999, p. 17.

这都依靠一般的生活经验构成的认识框架去判断。成熟的一般社会经验会形式化，"'未形式化'和'已形式化'之社会经验间在法律体系上的相对关系，犹如习惯和习惯法（或制定法）间之关系"，[1]如果将法律视为形式化、制度化的一般社会经验，那么未形式化的一般社会经验就是具有弱约束力的习惯法，并构成案件事实形成的基础框架，这个框架是隐性的，但确实是存在的，否则每一次裁判都会从零开始，论证的负担将会变得异常沉重。[2]一般社会经验"有助于确保司法裁判的公平性及持续性，因此，此等法则具有类似法条的功能。然而，其毕竟并非法条，因其不具规范上的拘束力，而作为经验法则，其正确性取决于：相应的经验继续存在"。[3]

（2）法律共同体的职业经验。

案件事实的形成依赖于一般社会经验，一般社会经验除了具有时间的历史性和空间的地方性以外，还具有职业的特殊性。如果说道德思维进行着伦理的追溯和善恶的评价，政治思维进行着党派的权衡和利益的分配，经济思维进行着效用的计算和

---

〔1〕 黄茂荣：《法学方法与现代民法》（第5版），法律出版社2007年版，第211页。

〔2〕 普遍实践论辩规则3.3：已经提出论述者，只有当出现反证时才负有责任作进一步论述。（转引自［德］罗伯特·阿列克西：《法律论证理论——作为法律证立理论的理性论辩理论》，舒国滢译，中国法制出版社2002年版，第244页。）作为默认的认识框架的一般社会经验的陈述是自明的，对此一般不会出现反证，而且根据佩雷尔曼提出的惯性原理，过去一度被承认的观点，没有足够的理由，不可以加以抛弃。（转引自［德］罗伯特·阿列克西：《法律论证理论——作为法律证立理论的理性论辩理论》，舒国滢译，中国法制出版社2002年版，第215页。）因此，借助一般社会经验进行论证的负担较轻。

〔3〕 ［德］卡尔·拉伦茨：《法学方法论》，陈爱娥译，商务印书馆2003年版，第169页。

收益的比较，那么形成案件事实的法律思维则是在事实和法律之间，在权利和义务之间进行着平衡和考量。案件事实在很大程度上是一个制度性知识，这个制度性知识展开的平台是法律人在"沟通"和"商谈"过程中形成的法律共同体的职业经验。

"科学共同体是由一些学有专长的实际工作者所组成。他们由他们所受教育和训练中的共同因素结合在一起，他们自认为也被人认为专门探索一些共同的目标，也包括培养自己的接班人，这种共同体具有这样一些特点：内部交流比较充分，专业方面的看法也比较一致。同一共同体成员在很大程度上吸收同样的文献，引出类似的教训。不同的共同体成员总是注意不同的问题，所以超出集团范围进行业务交流就很困难，常常引起误会，勉强进行还会造成严重分歧。"[1]法律人由实践形成了一个"解释共同体"，[2]"这个共同体具有公认的声望，声望助长了权势，权势的正当运用又愈发抬高着声望，故足以回应社会对法治与正义的期待，更进而推进法治意识在社会中的传播，并提高整个社会的现代化程度。"[3]"法律共同体成员之间的普遍共识点成为法律惯例，这些惯例的当事人最主要的是法官和律师，在正常情况下还有立法者，执法或管理人员，有时还有其他一些人。惯例便是由他们的习惯和偏好所组成的，习惯就是一些人们过去形成的解决法律问题的方法。偏好则是在未来

---

〔1〕 〔美〕托马斯·库恩：《必要的张力：科学的传流和变革论文选》，纪树立等译，福建人民出版社1981年版，第292页。

〔2〕 〔美〕波斯纳：《法理学问题》，苏力译，中国政法大学出版社1994年版，第257~258页。

〔3〕 贺卫方：《司法的理念与制度》，中国政法大学出版社1998年版，第8页。

可能案件中他们所具有的同意该法律结论的倾向。"[1]法律职业共同体的存在使得案件事实的形成具有了自己独特的职业经验基础，法官、检察官、律师和法学家等法律职业者在形成一个案件事实时会有共同的经验：以权利义务分析为线索、强调普遍性优于特殊性、合法性优于客观性、形式合理性优于实质合理性、程序公正优于实体公正、理由优先于结论；[2]规范性、追寻客观效果性、讲求逻辑性、经验性、讲求微观分析和司法视角。[3]此外可以顺便提及的是，法律共同体的一些制度性的前提也保证了案件事实形成的职业经验基础。例如，审级制度的设立就使得法律知识的地方性可以在一定程度上被合理化：最高人民法院对于重大的案件保有最终的决定权，发生在新疆的重大案件和发生在海南的重大案件会通过上诉获得相对一致的判断；同样，高级人民法院在一个省的范围、中级人民法院在一个地级市的范围也起到类似的作用。这样的制度性设置还包括统一的立法制度、判决理由的载明制度、行政决定的公开制度。

有个笑话说，哈佛法学院的学生毕业后眼睛里就没有男人和女人，只有原告和被告，这可能正是对法律共同体的职业经验的一种夸张表达。在法律共同体依职业经验看来，在路上向出租车招手不是"打的"，而是一种要约；在商场售货员把球给乙不是在交货，而是在履行买卖合同的交付义务；在家里乙父

---

〔1〕 ［美］史蒂文·J.伯顿：《法律和法律推理导论》，张志铭、解兴权译，中国政法大学出版社1998年版，第113页。

〔2〕 郑成良：《法律思维是一种职业的思考方式》，载葛洪义主编：《法律方法与法律思维》（第1辑），中国政法大学出版社2002年版，第36~40页。

〔3〕 谢晖：《法律思维特征之我见》，载葛洪义主编：《法律方法与法律思维》（第1辑），中国政法大学出版社2002年版，第47页。

在乙过生日时给乙一个球不是在赠送礼物，而是赠与。禁治产人、不当得利、无因管理、间接故意，这些常人难以理解的名词在法律共同体内被认为是一种常识，并且成为这个共同体的职业经验，这些经验不仅抽象，甚至有时还有些脱离一般社会经验。例如，这个共同体不会将"善意"理解为"心地善良"，而是理解为"不知情况"；不会将"危险负担"理解为自然意义上的危险，而是理解为"价金损失"。在案件事实形成过程中，这些职业经验是不需要再加以说明和论证的，它们将会直接成为案件事实形成的基础。

（3）个体直觉和经验。

本体论上的案件事实是自在的，自在的案件事实转化为认识论上自为的案件事实经由很多复杂的过程，在这个过程中，个人的直觉必不可少。[1]直觉是"直接而瞬间的、未经意识思维和判断而发生的一种正在领会和知道的方式"。[2]"直觉绝对不能简单地理解为看"，[3]亚里士多德就认为直觉是科学知识的创造性根源，康德认为直觉所获得的命题是综合的，仅仅借助理性分析是很难得到综合性命题的。在案件事实的形成过程

---

〔1〕 这是受直觉主义启发得出的观点，直觉主义于19世纪下半叶到20世纪初正式形成于英国，代表人物有西季威克、摩尔、普里查德、尤因、罗斯等人。直觉主义的研究主要是伦理学角度的研究，例如"如果要说这快乐主义原则，无论在个人幸福，还是在普遍幸福方面，都被合法地证实了的话，那么，它就是直接得知为真的——由此，我们可说是一个道德直觉——或者是由某种包括至少一个这种道德直觉的最终前提中推论出来的。无论是哪种快乐主义，都可以合法地说是在一定直觉意义之上的。"（〔英〕亨利·西季威克：《伦理学方法》，廖申白译，中国社会科学出版社1993年版，第96页。）应该说，伦理学的直觉主义观点对法学方法是有启发意义的。

〔2〕 〔美〕阿瑟·S. 雷伯：《心理学词典》，李伯黍等译，上海译文出版社1996年版，第52页。

〔3〕 周春生：《直觉与东西方文化》，上海人民出版社2001年版，第53页。

中，直觉表现为裁判者的一种对生活的直觉和"法律感"，刀具的锋利程度、土地的位置、文书的真伪，这些靠对生活的直觉直接感知；关于审讯室里在嫌疑人和警察之间究竟发生过什么事存在一个可信度争议时，审判法官经常会使用一个基于他们过去的案件的概括总结而得出的故事给予解释，[1]这在很大程度上是职业经验得出的个人"法律感"，"法律感事先预知法律应在事后为此给出理由和界限的那种结果"。[2]两个被告人都在眨眼，如果从纯粹的生理意义上理解是一样的，甚至用照相机拍下眨眼的瞬间都是相同的，但一个会被理解为正常的眨眼，一个就会被理解为传递信息的眨眼，这在很大程度上就是依赖于直觉的判断。直觉在案件事实形成过程中的作用如此之大，以至于有论者提出了"直觉法律"，[3]认为直觉在解释包括案件事实形成在内的法律现象时具有重大的作用。事实上，中国古代的"五声听狱讼"[4]也就是直觉在案件事实形成中的直

---

〔1〕 Sean Doran and John Jackson，"Judge and Jury: Towards a New Division of Labour in Criminal Trials"，*Modern Law Review*，20（1997），769.

〔2〕 ［德］古斯塔夫·拉德布鲁赫：《法律智慧警句集》，舒国滢译，中国法制出版社2001年版，第13页。

〔3〕 俄国法律哲学家雷昂·彼德拉日茨基最早提出"直觉法律"的概念，他认为："法律现象是由独特的心理过程构成的，而只有通过内省的方法才能观察到这种过程，这完全不是因为法典或者诸如此类的规定对此作了陈述，而只是因为我们本来就确信应该如此。"转引自龙宗智、衡静：《直觉在证据判断中的作用》，载何家弘主编：《证据学论坛》（第2卷），中国检察出版社2001年版，第404页。

〔4〕 即用察言观色的方法，从5个方面仔细审查当事人的心理活动，来判断案件的是非曲直：一曰"辞听"，观其出言，不直则烦；二曰"色听"，观其颜色，不直则赧然；三曰"气听"，观其气息，不直则喘；四曰"耳听"，观其听聆，不直则惑；五曰"目听"，观其眸子，不直则眊然。（转引自薛梅卿主编：《新编中国法制史教程》，中国政法大学出版社1995年版，第39页。）在这之中，"烦""赧然""喘""惑""眊然"都必须靠裁判者的直觉判断。

接运用。

在案件事实的形成过程中，个体的经验也是不可或缺的。所谓个体经验，就是作为裁判者个体的常识库，这个常识库"不是由那些业已经过了单独的、实证的检验并且已经被清楚明确地作出的命题所组成；相反，……是一个容纳了具有良好理由的信息、深思熟虑的模式、逸闻趣事的记忆、影响、故事、神话、愿望、陈腔滥调、思考和偏见等诸多内容的复杂的大杂烩"。[1]在一个案件中，被告人被指控携带刀具抢夺，按照有关规定[2]构成抢劫罪，在法庭上，该被告人辩称携带的刀不够锋利，主要是用来做餐具的，放到身上是为了防止自己的小孩碰到刀子。那么，这把刀究竟够不够锋利并足以伤人？人们会不会为了防止小孩碰到刀子就带着刀子四处走动？这两个问题的回答翻遍法典恐怕也难找到答案，一般社会经验构成的习惯法恐怕也不会具体到这么细节的部分，那这两个问题的回答在很大程度上就有赖于裁判者个体的常识库了。刀具的锋利程度完全可以凭个人经验感知，如果他有过为了防止小孩碰到刀就带刀而行的经历，他很有可能就会认同被告人的辩称，而如果没有这个经历并且从未听说过有这个必要，那么他就根本不会认同被告人的这一辩称。总之，只要我们肯定裁判者对案件事实的判断是存在"理解的先行结构"的，那么这个"先行结构中"就不仅仅有一般的社会经验、法律共同体的职业经验，还

---

〔1〕 William Twining, "Civilian Don't Try: A Comment on Mirjan Damaska's 'Rational and Rational Proof Revisited'", *Cardozo J. of International & Comparative Law*, 5 (1997), 69, fn. 6.

〔2〕《中华人民共和国刑法》第 267 条第 2 款规定："携带凶器抢夺的，依照本法第 263 条的规定定罪处罚。"《刑法》第 263 条是关于抢劫罪的规定。

有裁判者个体的直觉和经验。

2. 逻辑

如果承认案件事实形成的过程在一定意义上是一个思维过程，那么逻辑将是案件事实形成的一个重要基础，因为"逻辑的对象是思维，它由亚里士多德首度将其确立为一门科学，但它不是作为存在主体的活动，而是作为思维内容的关系本身，它们可以由许多相同的事物来思考"。[1]案件事实的形成蕴含着许多运用逻辑进行推论的过程，"虽然有效性在法律推理中是必须的，但就法律推理本身而言，有效性的重要程度是微末的。关键性的问题是：①识别一个权威性的大前提；②明确表述一个真实的小前提；以及③推出一个可靠的结论"。[2]在明确表述一个真实的小前提的过程中，必然性的演绎逻辑和或然性的归纳逻辑都是非常重要的。

（1）必然性的演绎逻辑。

所谓演绎逻辑，就是指不论其中的变项作怎样的代入，如果前提都是真命题，则结论一定也是真命题，也就是说，演绎推理是前提与结论之间具有必然联系的推理。罗素曾经指出："除了逻辑和数学而外，一切重要的推论全都是归纳的而非演绎的；仅有的例外便是法律和神学，这两者的最初原则都得自于一种不许疑问的条文，即法典或者圣书。"[3]罗素结论正确与否

---

〔1〕［德］亚图·考夫曼：《法律哲学》，刘幸义等译，五南图书出版公司2000年版，第71页。

〔2〕［美］史蒂文·J.伯顿：《法律和法律推理导论》，张志铭、解兴权译，中国政法大学出版社1998年版，第54页。

〔3〕［英］罗素：《西方哲学史》（下册），马元德译，商务印书馆1982年版，第257页。

姑且不论，他的确是指出了演绎逻辑的一个重要特点，即前提和结论之间的必然关联性，即 p→q，命题逻辑中的联言推理、选言推理、假言推理、等值推理、二难推理、归谬法推理等推理和词项逻辑中的三段论推理都是演绎逻辑的具体形式。从总体上看，一个案件事实的形成过程是复杂的，不能简单化为演绎逻辑的推理，但在案件事实形成的某一个具体环节（如判定证据的可靠性、证言的真实性等）中的确存在着必然性的演绎逻辑，美国前总统林肯为亡友之子小阿姆斯特朗的辩护就是一个在案件事实形成过程中运用演绎逻辑的经典例子：[1]

林　肯：你肯定死者是小阿姆斯特朗杀害的吗？

福尔逊：是的，我在 10 月 18 日晚上亲眼看见小阿姆斯特朗用枪击毙了死者。

林　肯：你发誓说认清是小阿姆斯特朗？

福尔逊：是的。

林　肯：你在大树东边的草堆后面，小阿姆斯特朗在大树下面，你们相距二三十米，你能看得清楚吗？

福尔逊：看得很清楚，因为当时有月光，月光很明亮。

林　肯：你肯定不是从衣着等其他方面认清的吗？

福尔逊：不是的，我肯定看清了他的脸，因为月光正照在他脸上。

----

〔1〕 雍琦主编：《法律适用中的逻辑》，中国政法大学出版社 2002 年版，第 212~213 页。

> 林　肯：具体时间也能肯定吗？是晚上 11 点吗？
>
> 福尔逊：完全可以肯定，因为我回到屋里看了时钟，那时正是 11 时 15 分。

　　林肯询问到这里，转身对人们说道："我不能不告诉大家：这个证人是一个彻头彻尾的骗子！"接着他说："请注意：他一口咬定 10 月 18 日晚上 11 时在月光下看清了被告人的脸，请大家想一想，10 月 18 日那天是上弦月，晚上 11 点时，月亮早已下山了，哪里还有月光？退一步说，也许他记的时间不准，月亮还没有下山，但是，那时月光应该是从西边往东边照，草堆在东，大树在西，如果被告人脸朝草堆，月光就只能照着他的后脑勺，脸上照不到月光，证人怎么能从二三十米外的草堆处看清被告人的脸呢？如果被告人脸朝西，月光可以照到脸上，但证人在大树东边的草堆后面，那么证人也就根本不可能看到被告人的脸了。"

　　这是一个被很多逻辑教科书广为引用的经典案例。在这个案例中，林肯所运用的就是演绎推理的具体形式——二难推理：前提包括如果被告人脸面向草堆，脸上照不到月光，则证人看不清被告人的脸；如果被告人脸背向草堆，证人在大树东边的草堆后面，则证人看不清被告人的脸；被告人或者脸面向草堆，或者脸背向草堆；结论是证人看不清被告人的脸，从这三个前提可以必然推出结论。

　　由于案件事实形成过程和生活事实发生过程中在时空上的分离，案件事实的形成是借助证据形成的证据事实对生活事实推知的过程，因此，证据事实的认定是案件事实形成的重要环节，在这个环节上，必然性的演绎逻辑具有重要的基础作用。

（2）或然性的归纳逻辑。

归纳逻辑包括古典归纳逻辑和现代归纳逻辑，古典归纳逻辑是指由培根所创立并经密尔等人发展和完善的关于非演绎推理及方法的系统理论，其基本特征是试图通过制定各种规则，来保证人们能够从经验材料的基础上概括出一般性的科学原理。现代归纳逻辑是 20 世纪以来建立的，也称概率逻辑，它是指由凯恩斯创立并经莱辛巴哈、卡尔纳普等人发展，运用概率论、数理统计、数理逻辑等工具对非演绎推理的研究所取得的成果。这里的论述由于较为宏观，故不对这两者进行区分。一般而言，归纳逻辑是和演绎逻辑相对的形式逻辑，即前提并不必然推出结论的逻辑。[1]归纳逻辑不用"有效"或"无效"来评价推理，而是研究推理的前提对结论的支持程度，是一种或然性（盖然性）的判断，归纳逻辑包括回溯推理、归纳推理、类比推理和概率推理。

回溯推理是指从结果推测导致其发生原因或条件的非演绎推理，例如某甲失踪多日，后在水库发现其漂浮的尸体，因甲家最近连遭不幸，故甲很有可能是自杀身亡，这就是一个典型的回溯推理。归纳推理是这样一种推理：由于发现某类对象中的许多个别对象都具有某种属性，而且没有发现相反的情况，从而得出所有这类对象都具有这种属性的结论，例如，法官已经审结的所有强奸案件都发生在陌生人之间，该法官得出强奸案件都发生在陌生人之间这样的结论就是归纳推理。类比推理就是指根据两个或两个以上事物在某些属性上相同，从而推出它们在其

---

〔1〕 由于完全归纳考察了所有的对象，故前提和结论之间的关系就是必然的，事实上是演绎推理，因此本部分所讲的归纳逻辑仅指不完全归纳。

他属性上也相同的推理。例如，根据张三和李四都曾犯罪的事实推知李四也会像张三一样有作案动机就是类比推理。概率推理是指通过刻画随机事件发生的可能性所进行的推理，例如，通过谱带的概率值来进行 DNA 指纹同一认定就是概率推理。

案件事实的形成一定意义上是在通过已知事实（如证据事实）推知未知事实，在这个推知的过程中，我们总试图去寻找推知的必然性，这种必然性在很大程度上必须依赖一个确定不移的前提。但似乎有些令人沮丧的是，这个被认为是确定不移的前提在大多数情况下可能并不必然为真，天鹅是白的、动物的血都是红的这些曾经被坚信为真的命题都已经被证伪。我们根据张三的指纹和现场的指纹相同就推知张三曾经到过现场，这个推论并不是必然为真的，因为这个推论所依赖的前提——指纹同一认定只是一个概率认定，只不过这个概率非常高而已，在或然性质的意义上，这和滴血验亲并没有区别，都是在遵循或然的归纳推理。"事实上，法律职业界几个世纪以前就知道法律的事实发现是盖然性的。"[1]

从理论上说，太阳明天从东边升起就是一个盖然性命题，因为太阳从东边升起这一普遍结论的得出就是一个不完全归纳推理结果，但我们每个人依然相信太阳明天会从东边升起，我们必须依靠这个被我们认为是确定的前提进行推论，没有这些确信我们将很难建立起有效的生活法则。对于归纳推理得出的全称命题，我们的确无法证明其确定性，但在尚未遇到反例的全称命题都暂且可以被视为确定的命题，并可以据此进行有效

---

〔1〕 ［美］理查德·A. 波斯纳：《证据法的经济分析》，徐昕、徐昀译，中国法制出版社 2001 年版，第 43 页。

的演绎推理。在案件事实的形成过程中，归纳推理虽然在质上是或然的，但在量上只要能够形成高度盖然性，那就具有了论证意义上的必然性，因此归纳逻辑是案件事实形成的不可或缺的基础。

3. 价值判断

经验的判定和逻辑的推理为案件事实的形成提供了可靠性基础，但在经验无法判定和逻辑无法推知的情况下，必要的价值判断对案件事实的形成具有重要的作用。"假使将案件事实涵摄于法律规范的构成要件之前，必须先依据'需填补的'标准来判断该案件事实的话，判断者于此就必须作价值判断了。"[1]也就是说，裁判者"不得不在规范的观点下，斟酌存在于该事物或过程之特征，而自为评价"。[2]对案件事实进行价值判断以形成案件事实是由要件事实的抽象性和生活事实的自在性决定的。

（1）事件的自在性。

事件具有自在性，不管人们是否意识到它，它都是客观存在的，类似康德所说的"物自体"。自在的客观事件的存在和案件事实的形成具有时空上的断裂，因此，案件事实的形成是对客观事件间接推论的过程。这个过程和自然科学意义上对客观事件的认识是不一样的，具有规范指向（依据规范得出）和时间压迫性（在一定时间得出），而且这个过程到处渗透着价值判断的痕迹。

从宏观上讲，人类的认识能力是具有局限性的，另外，由于时间压迫性的存在，案件事实的形成不可能像自然科学研究

---

〔1〕　［德］卡尔·拉伦茨：《法学方法论》，陈爱娥译，商务印书馆2003年版，第170页。

〔2〕　黄茂荣：《法学方法与现代民法》（第5版），法律出版社2007年版，第219页。

那样无限期地探知客观事件，要受到诉讼成本的制约，这两方面决定了证据规则存在的必要性，即在一定的时间按照一定的形式化规则形成案件事实。这些形式化规则本身就体现了价值的判断，是形式化的价值判断。例如，民事诉讼证据规则遵循"优势证据盖然性"原则，其原因是民事诉讼解决的是平等主体之间的纠纷，不牵涉公共利益，只是个体利益之间的冲突，因此在公平和效率之间选择了后者；而刑事诉讼证据规则遵循的是"排除合理怀疑"原则，其原因是刑事诉讼是国家对个人的追诉，个人在国家机器面前是弱势的，因此在刑事裁判中，案件事实的形成更多是在个体和国家之间保护着个体，在公正和效率之间选择了公正，同样的客观事件，在刑事裁判中形成的案件事实是辛普森没有杀人，而在民事裁判中形成的案件事实却是辛普森杀了人，在这其中，证据规则作为形式化的价值判断起了决定性的作用。

从个案上讲，每个案件的发生都是过去时态，在无法探知而又缺少形式化的价值判断的时候，个案的价值衡量对案件事实的形成也起着重要的作用。例如，某法院受理的一起交通处罚案件中，被告提供了当事人闯红灯的现场笔录，该现场笔录载明了当事人闯红灯的时间、地点和拒绝签名的情况，但没有当事人的签名，也没有其他证人的签名，原告主张当时不在现场，并有一朋友为其出庭作证。在这个案件中，原告究竟有没有闯红灯应该是一个客观事件，但无论是闯红灯还是没有闯红灯都发生在过去，是无法复现的，而且原告和被告都提出了支持各自主张的证据，但裁判者会在形成案件事实时进行价值衡量：如果认定的案件事实是原告闯红灯，有可能损失的是个人的利益（比如 50 元钱），而如果认定的案件事实是原告没有闯红灯，有可能损失的是公共秩序的价值，因为交通警察处理的案件大都是转瞬即逝的,不可能要求交通警察扛着摄像机去处理每个案件,如果认定原告没有闯红灯将有可能使得诸如骑车带人、不系安全带等交通违章案件因交警很难证明而急剧增加。因此,在进行价值衡量的基础上,法院最后形成的案件事实是原告闯红灯。[1]"当法官最后终于在两个均可认为正当的判断中作出抉择时,他事先已经考量过各判断的后果(即由各判断推论出的案件裁判结果)……假使可能的决定中没有一项决定是显然不正当的,那么这一类事件的最后决定就取决于法官个人的价值理解及确信。"[2]

(2)要件事实的抽象性。

要件事实是对生活事实进行类型化和概念化整理后的制度性存在,具有规范性和抽象性。作为规范构成部分的要件事实是用语言进行陈述的,而语言具有"文义射程"(möglicher wortsinn)[3]和"开放结构"(open texture),[4]在表述要件事实的语言的"文义射程"之外和"开放结构"之中就存在着经由解释而具体化的必要,"真正的清楚,不需要解释,也根本不能解释的只有数字概念(18 岁)。所有其他的概念都是有扩张的

---

〔1〕 本书是在个案意义上探讨的,2002 年发布的《最高人民法院关于行政诉讼证据若干问题的规定》第 15 条规定:"根据行政诉讼法第 31 条第 1 款第 7 项的规定,被告向人民法院提供的现场笔录,应当载明时间、地点和事件等内容,并由执法人员和当事人签名。当事人拒绝签名或者不能签名的,应当注明原因。有其他人在现场的,可由其他人签名。法律、法规和规章对现场笔录的制作形式另有规定的,从其规定。"这个规定可以视为对本书个案中价值判断的形式化规定,事实上,在该证据规定出台以前,全国发生的类似案件中法院都支持了行政机关认定的案件事实,可见裁判者已经自觉或不自觉地进行了个案的价值衡量,因此本书将其作为个案中的价值判断进行论述。

〔2〕 [德] 卡尔·拉伦茨:《法学方法论》,陈爱娥译,商务印书馆 2003 年版,第 175~176 页。

〔3〕 林立:《法学方法论与德沃金》,中国政法大学出版社 2002 年版,第 90 页。

〔4〕 [英] 哈特:《法律的概念》,许家馨、李冠宜译,商周出版社 2000 年版,第 124~132 页。

可能的，而且也常常需要解释，即使法律的'限制'也是一种扩张，一种可以说是'反面扩张'"。[1]在这个"扩张"过程中，裁判者的价值判断必不可少。

　　法律的抽象性和一般性决定了法律规范在陈述要件事实的时候采用了很多较为模糊的表述，如"恶意""重大事由""显失公平""必要费用""情节严重"等，"当法律不以确定一定数量的方式来划定界限时……法律就欠缺精确的界限而留有中间地带，于此间作此种或彼种裁判均无不可"。[2]如《最高人民法院关于武汉市煤气公司诉重庆检测仪表厂煤气表装置线配技术转让合同购销燃气表散件合同纠纷一案适用法律问题的函》（法函［1992］27号）：就本案购销煤气表散件合同，在合同履行过程中，由于发生了当事人无法预见和防止的情事变更，即生产煤气表的主要原材料铝锭的价格，由签订合同时国家定价为每吨4400元至4600元，上调到每吨1.6万元，铝外壳的售价也相应由每套23.085元上调到41元，如要求重庆检测仪表厂仍按原合同约定的价格供给煤气表散件，显失公平。《民法通则》第59条第1款中"显失公平"对公平的规定过于抽象，在形成这个案件事实的过程中，裁判者就在要件事实（显失公平的民事行为）的规范下对具体案件事实（生产煤气表的主要原材料铝锭的价格，由签订合同时国家定价为每吨4400元至4600元，上调到每吨1.6万元，铝外壳的售价也相应由每套23.085元上调到41元）进行了考察，这种考察很难说是经验的判定和逻辑的推

---

　　[1]［德］亚图·考夫曼：《法律哲学》，刘幸义等译，五南图书出版公司2000年版，第70页。
　　[2]［德］卡尔·拉伦茨：《法学方法论》，陈爱娥译，商务印书馆2003年版，第175页。

论，毋宁说是价值的判断。在轰动一时的"泸州继承案"中，[1]
法院最后形成的案件事实是：立遗嘱将财产给"第三者"的行
为是违反公序良俗的行为，本案所依据的规范是"违反公序良
俗的行为是无效民事行为"，在这个大前提中，"违反公序良俗
的行为"是一个生活事实的类型化陈述，究竟个案中的行为是
否是违反公序良俗的行为则需要裁判者的价值判断。在规范的
层面上，本案可以说是原则（公序良俗原则）和规则（《继承
法》第16条的规定）的冲突，也可以说是原则（公序良俗原
则）和原则（意思自治原则）的冲突，但究其实质，乃是价值
（社会道德秩序）和价值（个人自由）的冲突，"这里面自然也
牵涉互相冲突之利益的权衡问题，盖审判或仲裁的特征在利益
的权衡与规范目的的实现，而价值则为这些程度中所据为评价
的标准"，[2]本案案件事实的形成过程包括了裁判者在这两种价
值之间衡量以及对案件事实进行价值判断的过程。[3]

---

〔1〕 泸州某公司职工黄永彬与蒋伦芳1963年结婚，蒋婚后一直未生育，后收养
一儿子。1994年起，黄与一个比自己小22岁的年轻女子张学英认识并同居。2001年2
月，黄患肝癌住院，两个月后去世。就在黄临死的前四天，他找来了律师，表示死后
将自己的那部分遗产，包括住房补贴金、公积金、抚恤金及出售住房款（约4万元）
和一部手机赠送给张，并立下遗嘱，且得以公证。黄死后，蒋拒绝按遗嘱执行，张因此诉
至法院。关于本案的详细情况，参见2001年11月1日和11月15日的《南方周末》。
〔2〕 黄茂荣：《法学方法与现代民法》（第5版），法律出版社2007年版，第
222页。
〔3〕 负责审判该案的法院副院长刘波在回答记者提问时，作了如下的解说：
"通过本案，我们也总结出了一个经验，执法机关、审判机关不能机械地引用法律，
而应该充分领会立法的本意，并在充分领会立法的前提下运用法律。在判决本案时，
我们直接引用《民法通则》的'基本原则'，而没有机械地引用《继承法》的规定，
是合情合理的。如果我们按照《继承法》的规定，支持了原告张学英的诉讼主张，
那么也就滋长了'第三者''包二奶'等不良社会风气，而违背了法律要体现公平、
公正的精神。"转引自王甘霖：《"社会公德"首成判案依据："第三者"为何不能继
承遗产》，载《南方周末》2001年11月1日。

事实上，由于语言"文义射程"和"开放结构"的存在，在表述上似乎很清晰的概念在遇到具体个案时也会不那么清晰。例如，根据我国《刑法》第 263 条的规定，在公共交通工具上抢劫的要比照抢劫罪的一般情况加重处罚，一般看来"在公共交通工具上抢劫"陈述的要件事实是较为清晰的，但是在实际生活中出现了在出租车上抢劫出租车司机的情况，这种情况是否属于"在公共交通工具上抢劫"在很大程度上就依赖对仅有出租车司机一人的出租车是否属于公共交通工具的判定，这个时候就需要必要的价值判断了：之所以对在公共交通工具上抢劫这样的要件事实有单独规定的必要，是因为保护社会公共秩序的价值，而仅有出租车司机一人的情况是不会构成对这一价值的损害的，因此这样的情况下，经过价值衡量，形成的案件事实是不属于在交通工具上抢劫，是一般情况的抢劫。

总之，要件事实的类型化存在和语言固有的"文义射程"和"开放结构"决定了要件事实的抽象性，这使得案件事实的形成需要价值的判断。

（二）案件事实形成的理论基础

通过静态地分析案件事实要素基础就可以看到：案件事实的形成"并不是自然生成的，而是人为造成的，一如人类学家所言，它们是根据证据法规则、法庭规则、判例汇编传统、辩护技巧、法官雄辩能力以及法律教育成规等诸如此类的事物而构设出来的"。[1]既然案件事实是构设出来的，那么案件事实形

---

〔1〕 ［美］克利福德·吉尔兹：《地方性知识：事实与法律的比较透视》，邓正来译，载梁治平编：《法律的文化解释》，生活·读书·新知三联书店 1998 年版，第 80 页。

成的正当性基础是什么？这一问题是无法回避的，因为"在现代（法学）方法的论辩中，法官如何得到'正当'的裁判……居中心地位"。[1]

1. 本体论（主体论）基础

如果能够将案件事实的形成建立在本体的生活事实的基础上，裁判完全是依据生活事实作出的，其便能够取得充分的正当性，[2]这也就是客观真实论的初衷所在。客观真实论认为案件事实是不以人的意志为转移的生活事实，法律裁判认定的事实必须符合这个生活事实，并且可以用实践来检验案件事实的认定是否达到了客观真实。[3]客观真实是基于"任何法律诉讼均预设了法庭能够重建过去所发生事实的真相这一条件"而成立的。[4]但是，如果法官要判断自己的认定是否与"客观真实"相符，他就必须先知道案件事实是什么，而他如果已经知道案件事实是什么，那么诉讼中就不存在事实问题了。[5]基于这一点，作为对客观真实的理论反对，法律真实论认为客观真实难以达致，提出了"司法活动中人们对案件事实的认识符合法律

---

〔1〕 ［德］卡尔·拉伦茨：《法学方法论》，陈爱娥译，商务印书馆 2003 年版，第 54 页。

〔2〕 江伟、吴泽勇：《证据法若干基本问题的法哲学分析》，载《中国法学》2002 年第 1 期。

〔3〕 参见陈光中、陈海光、魏晓娜：《刑事证据制度与认识论——兼与误区论、法律真实论、相对真实论商榷》，载《中国法学》2001 年第 1 期；江伟、吴泽勇：《证据法若干基本问题的法哲学分析》，载《中国法学》2002 年第 1 期；张继成、杨宗辉：《对"法律真实"证明标准的质疑》，载《法学研究》2002 年第 4 期。

〔4〕 Neil MacCormick, *Legal Reasoning and Legal Theory*, Oxford: Oxford University Press, 1978, p. 87.

〔5〕 喻敏：《证据学问题的语言哲学初步思考》，载《北大法律评论》2001 年第 2 期。

所规定或认可的事实，是法律意义上的真实，是在具体案件中达到法律标准的真实"。[1]看似矛盾、难以通融的两个理论其实在哲学根源上是相通的。在本体论上，他们都承认存在一个不以人的意志为转移的客观案件事实，只不过在认识论上，法律真实认为完全认识这一客观案件事实难以达致，继而转向了依据法律认定的标准来认识，如果说客观真实强调了认识的至上性，那么法律真实说的就是认识的非至上性，这本来就是一个硬币的两个方面，真理本来就有两个面相：绝对性和相对性，各执一端的两个理论其实抓住的都是同一枚硬币，硬币上写着"真实"两个大字。再者，法律真实就是达到法律规定的真实，如果法律规定必须达到客观真实，那法律真实的提法也就没有值得区分的任何意义，事实上，我国现行的法律恰恰也作了这样的规定。[2]客观真实和法律真实都将案件事实形成的正当性建立在真实性的维度上，所谓真实，就是指裁判和事实相符，真实似乎成了不容置疑的前提性假设和对裁判形成正当性进行检验的标准。但是，真实是否能够支撑起裁判的正当性呢？

"把物和事分开，可能本来就是语言带来的结果。"[3]物是用词进行表达，事则有时相应于词，有时相应于句子，事实不与物同类，而与事、事情、事态同类，物"必须在空间上具有三个向度和在时间上具有一定的延续性。必须是我们所拥有的

---

〔1〕 何家弘：《论司法证明的目的和标准——兼论司法证明的基本概念和范畴》，载《法学研究》2001 年第 6 期。

〔2〕《中华人民共和国刑事诉讼法》第 129 条、第 137 条、第 141 条、第 162 条。

〔3〕 陈嘉映：《私有语言问题》，载湖北大学哲学研究所《德国哲学》编委会编：《德国哲学》（第 8 辑），北京大学出版社 1990 年版，第 186 页。

观察手段能够观察到的",[1]而事实是被语言陈述出来的,具有语言的依赖性,事实是按照论证的需要从（已经发生的）事情截取出来的用作证据的东西,具有论证性,将事实想象为脱离语言和主观需要的像砖头一样的物是不可取的。正如波普尔所说,"虽然我也像大家一样承认客观真理或绝对真理或真理的符合论——真理同事实相符合——但我宁肯避开这个题目。因为在我看来,要想清楚地理解一个陈述同一件事实之间难以捉摸的符合,乃是毫无希望的"。[2]由于时间一维性的存在,人永远不能回到过去,只能去感知,并根据这种感知进行法律裁判,在裁判作出后,法官不会说裁判是依据感知作出的,而只会说是依据感知到的事实作出的,这个暗度陈仓的做法使裁判取得了正当性,也成了法裁判形成的长期以来的本体支撑,因为真实的东西总是值得信服的,但本书引述的哲学和史学的分析多少有点令人沮丧,如果承认事实的形成是一种认识的结果,那么所谓案件事实符合事实也就是说认识（关于结果的判断）符合认识（关于历史事件的陈述）。哈贝马斯清楚地意识到这一点,他指出:"事件"是我们经验的对象,而"事实"是陈述语句对经验现象所作的断言,陈述语句的真假值并非全然决定于事件,陈述语句中的事实是对事件的不同演绎,一个事件可以有多种演绎,在事件不发生改变的情况下,事实却可以是多种多样的。[3]因此,符合

---

〔1〕 P. F. Strawson, *Individual: An Essay in Descriptive Metaphysics*, New York: Anchor Books, 1963, p. 39.

〔2〕 ［英］卡尔·波普尔:《猜想与反驳——科学知识的增长》,傅季重等译,上海译文出版社1986年版,第318页。

〔3〕 阮新邦:《批判诠释与知识重建——哈伯玛斯视野下的社会研究》,社会科学文献出版社1999年版,第31页。

事件意义上的真实论很难为案件事实形成的正当性提供本体的支撑。

应当说，符合事件意义上的真实论来自自然科学辉煌进展之后的总结。事实在自然科学中是完全具有可证实性和可证伪性的，否则便不是事实，但在法律裁判中，事件却又不可复现，难以支撑起裁判完全的正当性。为何会有如此的困境？这在很大程度上是因为法学作为精神科学的特殊性：法学难以和自然科学分享共同的本体。

自然科学本体确立的前提是主体和客体的两分，主体的主要目的在于认识和改造客体。单纯的"主体—客体"或"主体—中介—客体"模式，在处理人与自然、人与物的关系时是行之有效的，但在处理人与人之间的关系时，就遇到了"他人不是客体"的困窘。从理论上解决这个问题的办法，就在于面对人与人之间的关系时，从"主体—客体"或"主体—中介—客体"的模式向"主体—主体"或"主体—中介—主体"的模式转变。主体与主体的关系不是孤立存在的二人世界或多人世界，而是以他们共有的客体世界为前提。"……世界向来已经总是我和他人共同分有的世界。此在的世界是共同世界。'在之中'就是与他人共同存在。他人的在世界之内的自在存在就是共同此在。……此在本质上是共在。……此在之独在也是在世界中共在。他人只能在一种共在中而且只能为一种共在而不在。独在是共在的一种残缺的样式，独在的可能性就是共在的证明。"[1] 处于主体与主体关系中的人的存在是自我与他人的共同

─────────────

〔1〕 〔德〕马丁·海德格尔：《存在与时间》，陈嘉映、王庆节译，生活·读书·新知三联书店 1987 年版，第 146~152 页。

存在，人不能在绝对的意义上独在。正如狄尔泰所揭示出来的，自然科学试图关注事物之独立于我们人类参与的运作方式，而精神科学所考虑的恰恰是这种参与。自然科学寻求对自然的说明，即通过假设性概括和因果律把外部经验的彼此分离的表象联结起来；精神科学则旨在理解，即把呈现于体验中的历史生命的基本结构明确表达出来。我们不能真正理解自然，因为自然不是我们自己的创造物。理解构成了精神科学的主要目标，如同说明界定了自然科学的范围。[1]作为法学的精神科学不是以主体和客体两分，而是以主体间性为前提的，关注更多的是主体之间的理解。

18世纪以前，自然法理论为法律裁判提供的正当化论证从来没有受到过有力的挑战，因为自然法是有着自己本体的法学，只不过这个本体是不容置疑的自然理性、公意或是客观精神这类预设的先验的本体。但随着自然科学的兴起以及随之而来的实证观念的统摄，可证实性成了科学必须具备的属性，自然法的本体自然不具备这样的属性，于是法学开始失却自己的本体支撑。

实证主义辉煌的进展，致使实体法哲学在黑格尔死后完全停顿下来……取而代之的是所谓的一般法的学说，它限于强调先在的基本概念：法律关系、法律主体、法律规范……和基本机构：因果性、有效性、体系……将一切法的内容上的哲学依据视作空想的而加以拒绝。[2]

---

〔1〕［美］鲁道夫·马克瑞尔：《狄尔泰的主要哲学贡献》，载［英］安东尼·弗卢等：《西方哲学讲演录》，李超杰译，商务印书馆2000年版，第56页。

〔2〕［德］阿图尔·考夫曼：《法哲学的问题史》，载［德］阿图尔·考夫曼、温弗里德·哈斯默尔主编：《当代法哲学和法律理论导论》，郑永流译，法律出版社2002年版，第53页。

没有本体论的实证法学却接引了自然科学的方法，这构成了实证法学方法论和本体论深沉的断裂，也使得形式推理方法和真实论"生淮北则为枳"，难以为法律裁判提供正当性。法律裁判的正当化论证需要自己特有的本体支撑，这个本体就是解释学的法律本体。

"没有任何东西是可以被直接理解的。"[1]施莱尔马赫将解释现象理解为人类社会的普遍现象，狄尔泰殚精竭虑地为解释寻找客观性的依据，但是他把自然科学的客观性视为检验精神科学之科学性的最终标准，因此"不能真正完成这个折磨他的任务"，[2]传统解释学在海德格尔那里才开始发生方法论到本体论的转变。在海德格尔看来，理解和解释本身根本不是认识论或方法论问题，而是存在论问题，领会是此在本身的本己能在的生存论意义上的存在，其情形是：这个于其本身的存在开展着随它本身一道存在的何所在。在存在论层次上，海德格尔以现象学方法将作为理解的解释由传统认识论范畴转到了本体论范畴，这被加达默尔称为"解释学的现象学"，并成为加达默尔解释学的重要思想渊源。加达默尔以艺术经验里的真理问题的展现为出发点，深入探讨了精神科学的理解问题，并发展出一种哲学解释学的认识和真理观念，他把理解、解释和运用视为存在的基本方式，因此加达默尔将解释上升到关于人如何存在、如何通过交流获得共识的哲学本体的高度。正如他在《真理与方法：哲学诠释学的基本特征》中所说："像古老的诠释学那样

〔1〕 ［德］施莱尔马赫：《诠释学讲演（1819—1832）》，洪汉鼎译，载洪汉鼎主编：《理解与解释——诠释学经典文选》，东方出版社2001年版，第47页。

〔2〕 ［德］汉斯－格奥尔格·加达默尔：《真理与方法：哲学诠释学的基本特征》（下卷），洪汉鼎译，上海译文出版社2004年版，第732页。

作为一门关于理解的'技艺学'，并不是我的目的。我并不想炮制一套规则体系来描述甚或指导精神科学的方法论程序。我的目的也不是研讨精神科学工作的理论基础，以便使获得的知识付诸实践。……我本人的真正主张过去是、现在仍然是一种哲学的主张：问题不是我们做什么，也不是我们应当做什么，而是什么东西超越我们的愿望和行动与我们一起发生。"〔1〕

案件事实的形成摆脱自然科学本体论的宰制，认真对待"超越我们的愿望和行动与我们一起发生"的主体间理解，这才是法律裁判正当性的本体基础。波斯纳曾明确区分了形而上学的客观、可复现性意义上的客观和交谈意义的合乎情理的客观，"只有当我们满足在第三种意义上（我有时将称其为'交谈'意义）界定的'客观'时，即仅仅将其界定为合乎情理，我们才有可能在自然法和法律虚无主义之间，就法律疑难问题，找到一个中间立场。而所谓合乎情理，就是不任性、不个人化和不（狭义的）政治化，就是既非完全的不确定，也不要求本体论意义上的或科学意义上的确定，而是只要有说服力的、尽管不必然是令人信服的解释，并总是伴随有这种解释，就可以修改答案"。〔2〕

在真实本体论那里，案件事实的形成过程是一个大写的和单数的主体对客体的认识和反映，这种认识和反映关注的是主体对客体的摹写，真实成了评价这种摹写的唯一尺度，主体性的认识成了这个尺度衡量的对象。而在解释学的法律本体论看

---

〔1〕　［德］汉斯－格奥尔格·加达默尔：《真理与方法：哲学诠释学的基本特征》（上卷），洪汉鼎译，上海译文出版社2004年版，序言。

〔2〕　［美］理查德·A. 波斯纳：《法理学问题》，苏力译，中国政法大学出版社2002年版，第9页。

来，任何对事件的经验和感知都是具体的和个体的，作为与事件相对的主体从来都是小写的和复数的，单个主体对事件的认识不能说不重要，但这种认识只是为了说服其他主体以达成共识，最终的目的是形成主体间的"有说服力"的理解，这才是案件事实形成的本体论（主体论）基础。

2. 方法论基础

由于案件事实赖以形成的本体基础不是真实的实体本体，而是主体间的理解，这就决定了案件事实形成的方法绝不可能是"从一个确定为真的前提出发，在封闭的单义系统内进行形式推导，得到必然为真的结论"。[1]案件事实是一种主体间达成的共识，因此，形成案件事实的方法就必须是达成这种共识的方法，即一种普遍实践论辩。这种普遍实践论辩对形成案件事实的言语陈述行为有三项有效性要求：其一，对一个被陈述的陈述性内容或被提及的陈述性内容的存在性先决条件，它要求真实性；其二，对规范（或价值）——在一个符合的关联域中，这些规范或价值将证明一个施行式建立起来的关系为正当，它要求正确性（或适宜性）；其三，对被表达的意向，它要求真诚性。[2]这些有效性条件涉及语言的三个面相：表现功能，即一项陈述要有表现客观世界中的事物或事件的内容；调整功能，即一项陈述能够调整陈述主体间的关系；表达功能，即一项陈述是在表达陈述者意向中的客体事实。上述三个有效性条件可以简要概括为：面对客观世界要求真理宣称；面对社会世界

---

〔1〕 ［比利时］Ch. 佩雷尔曼：《逻辑学与修辞学》，许毅力译，张兆梅校，载《哲学译丛》1988 年第 4 期。

〔2〕 参见［德］哈贝马斯：《交往与社会进化》，张博树译，重庆出版社 1992年版，第 67 页。

（规范世界）要求正当宣称；面对主观世界要求真诚宣称。[1]在遵守这三个有效性条件的前提下，案件事实的形成就成了一个通过言语行为进行沟通商谈、达致共识的过程，普遍实践论辩成了这个过程中的方法基础。

遵守了普遍实践论辩的基本要件极大地提高了对案件事实的形成达成合意的可能性，但普遍实践论辩更多地是一种理想的状况，"它们既不能保证在任何问题上都达成合意，也不保证任何所达成的合意都是百分之百（最终的）和不得撤销的……普遍实践论辩的局限就为法律规则的必要性提供了证立的根据，同时也就形成了向法律论辩的过渡"。[2]法律论辩（论证）是一种特殊的实践论辩，表现在：法律论证始终受制于先定的有效的法律规范的影响，在普遍推理系统中，任何问题都可以讨论，然而在法律推理系统中，有效的法律相关的问题是不容讨论的；法律论证就某一个问题的讨论必须在某一设定的时间限制内得出结论，绝不允许无休止地讨论下去。法律论证的特殊性决定了"作为法律论证的基础的普遍实践论证则必须（尤其是）借助作为法学的法律论辩之制度化来进行，而且在相当程度上提高法律论证之功用力条件下来进行"。[3]法律论辩（论证）是案件事实形成的重要方法。

法律论证成为案件事实形成的重要方法是和对裁判者角色

〔1〕 阮新邦：《批判诠释与知识重建——哈伯玛斯视野下的社会研究》，社会科学文献出版社 1999 年版，第 36 页。

〔2〕 ［德］罗伯特·阿列克西：《法律论证理论——作为法律证立理论的理性论辩理论》，舒国滢译，中国法制出版社 2002 年版，第 257~258 页。

〔3〕 ［德］罗伯特·阿列克西：《法律论证理论——作为法律证立理论的理性论辩理论》，舒国滢译，中国法制出版社 2002 年版，第 355 页。

期待的改变联系在一起的。单义系统推导将裁判者的任务限定在将案件事实归摄到普遍适用的规则中去，而规则只能由立法者设定，这依据的是 19 世纪欧洲法律和政治哲学的主流学说——孟德斯鸠的权力分立理论。在这个过程中，每个法官都能与其他法官一样，得出相同的结论，他们都具有所谓的"法官的可替代性"。20 世纪，关于立法者和裁判者各自任务的看法发生了改变，因为立法者不能预见所有可能出现的案件和社会可能发生的新变化，他必须，也必定将自己的任务限定在制定一般的法律规则，而这些法律规则必须经由法官解释而适用于新的个案以形成个案中具体的案件事实。法官获得了解释法律规则和根据个案创制具体规范的自由。但法官不总是能从普遍的法律规则推导出具体的裁决，于是他们必须解释法律规则并在相互冲突的几种解释中作出抉择。为了能使最终的裁决被接受，法官必须说明他们的解释：他们必须就法律规则的解释证成他们的裁决。[1]法律论证应当成为案件事实形成的正当性的方法基础。如果说单义系统推导解决的是裁判的有效性维度，社会效果强调的是裁判的实效性维度，那么法律论证关注的则是裁判的正当性维度。对于法律论证理论理性标准的研究关注的是证成案件事实过程中论证的要求，而不是发现案件事实过程中的论证要求。[2]经过理性的外部论证，案件事实的形成将会取得可靠的正当性基础。

---

[1] Eveline T. Feteris, *Fundamentals of Legal Argumentation*, Dordrecht: Kluwer Acdemic Publishers, pp. 5 – 6.

[2] Eveline T. Feteris, *Fundamentals of Legal Argumentation*, Dordrecht: Kluwer Acdemic Publishers, p. 10.

三、案件事实形成的过程

在经验、逻辑和价值的基础上，案件事实的形成是一个动态的过程，这个过程应当说是动态的和个性化的，每一个案件事实的形成都具有个案的特质，但同时，所有案件事实的形成过程都具有一定的共性，瑞士学者马斯托拉蒂（Mastronardi）将这个共性描述为以下八个阶段：[1]

（1）法律者从事实行为出发，并在其前理解基础上评价事实行为。

（2）他的前理解告诉他，何种事实行为的特点对于法律判断可能是关键的。

（3）他为这些事实行为的特点在法律制度上寻找有关规范文本（制定法、法律判决）。

（4）随后产生了对规范文本的解释，解释应把文本与事实行为放在一个正确的关系中。

（5）为此目的，法律者首先决定个案是否落入规范文本的事情领域，当落入时，他试图理解，何种文本的规范陈述对于事情领域和个案是合适的：决定规范大纲或个案答案的应然方面。

（6）从规范大纲出发，他最终从事实行为中选择那些适合规范应用领域的要素：决定规范领域个案答

---

[1] Philippe Mastronardi, *Juristisches Denken*, Bern：Verlag Pual Haupt, 2001, S. 171 – 172.

案的事实方面。

（7）现在应处理个案的规范方面和事实方面，它们能被比较规范陈述为个案所设置，关于事实的观点被还原到其规范的看法上。

（8）判断是这一比较的结果：从规范的视角评价事实行为。

马歇尔则将这个过程表述为三个阶段：其一，最初的、简单的或纯粹的"现象"，即原始事实；其二，通过推理或分析程序，从原始事实中获得的推理结果或推论；其三，将物、行为或事件纳入普遍的规定、规则或概念（无论是语言的还是法律的）中，这叫分类。[1]本节打算分三个阶段来描述案件事实形成的这一过程：其一，从事件到事实；其二，从生活事实到要件事实；其三，从要件事实到案件事实。

（一）从事件到事实

事件是自在的、客观的。案件事实形成的起点绝不是想象，而是发生在生活之中的事件，在未被陈述为事实之前，事件表现为流动和自在的事件。事件就是案件事实形成过程中必须面对的思维客体，客体一词源于拉丁语 *objicio*，意思是扔在前面，置于对面，拉丁语 *objectum* 和英语 object 同指"对象""客体"，从语义上客体和对象的意义相通。客体之所以成为客体有两个条件：一是独立于主体的认识活动，同时又置于主体的对面，成

---

〔1〕 Geoffery Marshall, "Provisional Concept and Definition of Fact", *Law and Philosophy*, 1999（18），p. 12.

为主体思维活动所指向的对象；二是纳入主体的思维活动，被思维加工后成为似乎是主体一部分的观念对象。"客体以存在为基础……，存在的东西转化为认识对象，从而得到客体的性质。"[1]

与此不同，事实是以特定的意向为导向，对已经发生的事件进行陈述和截取出来用作证据的东西。之所以有"事实"产生的必要，是为了论证。具体而言，事实与事件的区别在于：

第一，事件具有时态，而事实没有时态。[2]事件在时间中发生、发展、结束，它展现为一个过程，而事实不是一个过程，至多只是一个状态。这从自然语言中也可以反映出来：不少语词只能和"事件"搭配，不能和"事实"搭配。例如，我们说"一件事发生了""事件的经过一波三折""这件事结束了"，但我们不能说"事实发生了""事实的经过""事实过去了"。"事件"既可以就（事件的）发生、演变、结束来指一件事，也可以就事件已经完成来指一件事，"事实"却只能就（事件）的确发生了、现成摆在那里来指一件事。唯当尘埃落定，事件已经摆在那里，才有事实。事件会改变样子，事实却老是一个样子，事实就像定律一样，用的是一般现在时。我们不能说"那曾经是一件事实，后来又不是事实了"，也不说"事实曾经是那样的"。

当然，事件在被陈述为事实时都已经处于过去完成时态，而不是现在时态，从这个意义上说，这个陈述的过程只能是对过去的陈述。而就事实被用作现在的论证过程而言，事实则是

---

〔1〕 舒炜光：《科学认识论的总体设计》，吉林人民出版社1993年版，第190页。

〔2〕 参见陈嘉映：《事物，事实，论证》，载赵汀阳主编：《论证》，辽海出版社1999年版，第7～9页。

现在时态。例如，在一起杀人案件中，陈述出来的事实包括：①甲写给被害人的恐吓信；②甲在 10 年以前曾采用过与本案相同的手段实施过杀人行为（未遂，被判过刑）；③甲吃、喝、嫖、赌，道德品质败坏；④甲的情妇证明，在本案的作案时间中，甲曾与她一起在某电影院看电影，电影的名字是《泰坦尼克号》。这四个事实都是对过去发生的事件的陈述。由于人不能两次踏进同一条河流，过去发生的事件不可能在初始的意义上复现，因此，陈述的时间和被陈述的事件发生的时间是有一个间隔的，甲给被害人写恐吓信这一事件发生在先，陈述出甲给被害人写恐吓信发生在后，因此，对陈述一个事件命题的真伪验证是不可能通过"回到过去"的方式实现的，只能通过呈现事件的片断来判断，进行一种间接的推知。

第二，事件具有空间性，事实不具有空间性。事件（一件事）总是在某个空间里发生的，也仅仅在特定的空间里发生。例如，张三用刀捅了李四，这件事发生在特定的空间里——李四的家、海淀区、北京市、中国……并且，一旦当它发生在特定的空间里，它就必然不发生在其他空间里，如既然张三用刀捅了李四这件事发生在李四的家，那么它就不发生在张三的家；它发生在海淀区，就不发生在朝阳区；它发生在北京市，就不发生在南京市；它发生在中国，就不发生在美国。相反，事实并不附着于特定的空间，它可以在任何地方被展现出来。证人王五陈述出的"张三用刀捅了李四"这个事实，它可以发生于任何空间，在任何场合被不同的人所提出。它在特定空间中被人提出，并不排斥它可以同时也可以不同时在不同的空间被提出。因此，事件具有时空性，而事实具有超时空性。

第三，事件作为现实世界中的经过与事态是无真假可言的，而陈述事件的命题具有真假。如果它是真的，它陈述的就是事实。因此，不是所有对事件的陈述都是事实，事实是被证实为真的对事件的陈述。换句话说，事实本身就包含着"真"的意思。我们经常说"这是事实"，其实也就意味着这是真的。我们虽然也会使用"客观事实"一词，就好像存在不客观的事实一样。但这个词中的形容词"客观的"只是突出强调了事实的属性，而不存在不客观的或假的事实。例如，在一起交通肇事案发生后，目击证人坚持说肇事司机穿着黄色的衣服，可事后证明肇事司机穿的是绿色的衣服，而该目击证人有轻度色盲，将绿色看成黄色，该目击证人对事件的陈述就不是事实。因此，对事件的陈述，除了能够得到公认的，都必须经过证据证明为真才能成为事实，但事实的不可复现性决定了裁判中的证明不可能成为自然意义上的科学证明，证据对这一陈述的证实必须遵循形式化的证据规则，例如，刑事裁判中的排除合理怀疑规则和民事裁判中的高度盖然性规则，只要能够满足证据规则的要求被证实，一个对事件的陈述就可以被认为是事实。

第四，事件是自在自为的，而事实具有知识兴趣性。从广义上讲，凡是用语言将已然发生的事件、摆在那里的事件陈述出来都是事实。但这种界定并不完整，因为事实是为论证服务的。事实是就能够作证、能够依以推论来说的，我们根据事实得出结论，推论出曾发生另一件事件，等等。正因如此，我们说"提供事实""给出事实"，不说"提供事件""给出事件"。论证有多种途径，不一定都靠事实，例如我们有时通过纯粹的逻辑推理和演算来论证，有时通过假定一种情况来设想将会发生什么，但一种基本论证是通过事实来证实。所以，我们能中断一件事，参与一件事，但不能中断或参与一个事实。我们不能中断或参与一个事实，因为事实是就构成推论而言的。但是，论证脱离不了论证的主体，即人，而人在进行论证时带有明显的知识兴趣性。也就是说，他会从所发生的事件中截取自己感兴趣的那部分陈述为事实。所以，一件事发生后可以被不同的人陈述为不同的事实。与一件事相关的事实的数量是无限的。从这个角度讲，与作为本体论概念的事件相对，事实更多是一个认识论的概念。

事实是从已经发生的事件中截取出来用以进行说明、解释、证明的。事件自生自灭，连绵起伏，这件事自己引起另一件事，我们则从绵延的事件中截取某一段，从某一层次截取，以便进行推论、提出主张。既然事实是一种截取，自可从不同角度、长度、层次、联系来截取。截取可有不同的长度。A 打了 B 一拳——B 打了 A 两个耳光，B 打了 A 一拳，这两者可以是从同一件事上截取的。再例如，他笑了——他三天没露出过一点儿笑容，现在他笑了。截取可有不同的密度。圆周率是 3.14，圆周率是 3.141 592 6；他笑了，他大声笑了，他是当着老师的面笑的；等等。由于截取的长度和密度不同，同一件事件呈现出来的样子也会颇不相同，乃至有时人们会说，事实就是你把它打扮成的那个样子。所以，事实是为论证截取的：他笑了可能不说明什么，他大声笑了却可能意味着什么，可能具有论证力量。[1]

事实可以是单个陈述，也可以是对一件事的许多单个陈述的整合。在此意义上，我们称之为"综合性事实"。一个事件往往是多个要素的集合，事件中的主体、行为和结果通常是复数

---

〔1〕 参见陈嘉映：《事物，事实，论证》，载赵汀阳主编：《论证》，辽海出版社 1999 年版，第 10 页。

形态，这些复数形态的完整表述表现为事情。事情侧重描述事件发生的状态，事实则是从事情中截取出来的具有论证性的命题。如果把已经发生的事件比作一块木头，那么事实好比是按照不同尺寸从这块木头上锯下的小木块。盲人摸象的故事众所周知，如果每个盲人的表述不是"这头象……"，而是说"我摸到的部分……"，那么每个盲人陈述的都是事实。在案件事实的形成过程中，不同的主体对事件的陈述都有一定的倾向性，陈述形成的事实具有一定的论证性，原告会说被告用拳击打了原告的脸部，被告会说原告先辱骂了被告，原告和被告尽管都对事件进行了陈述并形成了各自的事实，但这些单个的事实都无法单独成为案件事实，而只是形成过程中的事实。事实是所有陈述的总和，总和并不是简单相加，而是整合，重复的会去除，矛盾的会被排除，因此，在事实形成的阶段，案件的裁判者需要的不仅仅是发现，更多的是借助证据规则对所有的陈述的真实性进行初步判断并在此基础上进行必要整合。作为司法裁判基础的陈述，通常是综合性事实。它需要将各种单个陈述，如"张三在几点几分拿着刀去了李四家""李四发出了凄惨的叫声""张三随后匆忙跑下楼""李四身受重伤"等整合为诸如"张三用刀砍伤了李四"这个综合性事实。

所以，事件居于时空世界，而与此相关的事实则处于超乎时空的论理的世界。司法裁判作为基础的是可以被提出、被证明、被主张的事实，而不是物理意义上的事件。因而将事件陈述为事实，就成为必不可少的第一步。

（二）从生活事实到要件事实

人类的心灵在对事实进行认知与理解时，无法在不参照某一解释框架或特定限定条件的前提下，立刻径直进入自然事实之中。[1]为了看清这一点，请考虑如下单调的指令：仔细观察并写下你所看到的一切事实。显然，这一指令是无法贯彻的，因为人们不知道什么"观察"才构成事实，观察是一种超出被动接受感觉经验的原始材料的技巧，事实并不是可描绘的、可观察的实体；相反，它们在本质上是完全概念的，它们不可能离开概念图式而单独存在。如果没有能用于找出、用于观察中周期性规则的概念图式，那么，观察到的不过都是些混乱、变动不居的现象经验。[2]

最基础概念图式来自于日常生活本身。所以，事件首先可能被陈述为一种生活事实。我们也可以称之为"自然事实""原始事实"（brute facts）。当然，这里的"自然""原始"不是指它们具有事件那样的自在自为性，或者说不带任何概念图式的预设，而只是说并非从特定的、专业的概念图式出发进行陈述。生活事实之后，案件事实形成的下一个阶段就是将生活事实在法律的概念图式下被重述为案件的要件事实。之所以采用重述这个词，是因为在第一阶段，事件已经被陈述为生活事实，而在第二阶段，是对作为陈述结果的生活事实按照法律的图式进行第二次陈述。概念图式对陈述事实的作用表现在两个方面：其一，只有获得相应概念，才能在纷繁复杂的经验面前找到相应的事实，因为概念能够保障将经验中的细枝末节部分排除于

---

〔1〕 W. H. Balekjian, "The Concept of 'Fact' in the Physical Science and in Law", in Aleksander Peczenik（eds.）, *Theoy of Legal Science*, Dordrecht: D. Reidel Publishing Company, 1984, p. 184.

〔2〕 ［美］W. B. 韦默：《事实的相对性：从内部对传统观点的批判》，沈恩明译，载《哲学译丛》1990 年第 1 期。

我们对事实的表述，将事实凸现出来，使其更加明晰，概念成为在经验中截取事实的依据和标准。其二，由于每个人的概念图式的不同，这就造成了对于同一客观实在会有不同的事实，截取的标准不同，同一事情呈现出来的事实也会不同。[1]

应当说，在事件被陈述为生活事实的阶段，概念图式就已经在指导着陈述的过程，但这个阶段的概念图式更多地表现为个体化概念图式，例如同为目击证人的甲和乙会对案发当时作不同叙述，所起到的作用更多地表现为前见。在生活事实被重述为要件事实的阶段，重述的过程就已经是自觉运用法律的概念图式对生活事实进行的重新叙述。之所以称之为"要件事实"，是因为对于生活事实进行重述和剪裁的标准来自于法律规范的构成要件本身。正是法律规范的构成要件为重述提供了概念图式。这种概念图式不是个体化的经验，更多地表现为法律职业共同体的概念图式。因此，在诉讼过程中，无论是原告、被告，还是检察官和犯罪嫌疑人（及其辩护人），都必须运用这套概念图式来向法庭呈现要件事实。

要件事实的形成既可能是间接被推断出来的，也可以是直接的表述。要件事实在很多情况下是借助证据进行的一种推断性重述。证据能够提供一定的逻辑基础——不是最终的——用以推断其他一些事实，后者可能是要件事实。[2]例如，一把刀（在法律的视野下被称为"凶器"）是一项证据（物证），而"凶器上带有犯罪嫌疑人的指纹和被害人的血迹"，以及以此推

〔1〕 J. Jackson, "The Concept of Fact", in P. Leith and P. Ingram（eds.）, *The Jurisprudence of Orthodoxy*, Routledge, 1988, p. 72.

〔2〕 W. Hohfeld, *Fundamental Legal Conceptions*, New Haven and London：Yale University Press, 1966, p. 34.

论得来的"犯罪嫌疑人是拿着这个凶器伤害被害人的"都是事实。但前者是属于通过证据直接显现出来的事实，后者是通过证据（及其直接显现出来的事实）所推断出来的事实，它才是要件事实。要件事实的形成也可以是直接的表述。霍菲尔德曾经为此举例：在被告被控进入一房屋并在其中进行盗窃的刑事审判中，被告从窗外伸出一个胳膊这一事实不是侵入房屋的证据，这一事实本身就是对房屋的侵入，是要件事实。[1]如果说生活事实的形成是一种描述和推断，那么生活事实被重述为要件事实则更多的是法律概念图式的作用，例如从"证人说他看见从窗外出现一只胳膊"到"X 从窗外伸出一只胳膊"是所谓逻辑和常识的作用下形成生活事实，而从"从窗外伸出一只胳膊"到"侵入房屋"，是在法律的概念图式作用下形成要件事实。[2]

生活事实被重述为要件事实的一个重要要求就是相关性要求，即要件事实必须是和案件相关并且是形成案件事实所必需的，重述的重要方面是去除生活事实中的非法律关涉的事实从而得到案件的要件事实。例如我们所熟知的发生在河南郑州的张金柱案，大众和媒体陈述出的生活事实可能包括了许多催人泪下的细节，而形成案件事实所必需的仅仅是生活事实中大量细节中包括的法律指涉的相关事实。在张金柱案中，事后有关目击证人回忆张所驾驶的是一辆白色"佳美"轿车，车牌号为豫 A54010，被撞的小孩好像是个男孩，小孩被撞倒后曾在地上

---

〔1〕 *Ibid.*, p. 33.

〔2〕 J. Thayer, *A Preliminary Treatise on Evidence at the Common Law*, Nabu Press, 2010, p. 263.

向一个中年妇女求救，在生活事实被重述为要件事实时，这些事实基本上属于非法律关涉的事实而被排除。又如前文所提到的案件中，生活事实包括：①甲写给被害人的恐吓信，②甲在10年以前曾采用过与本案相同的手段实施过杀人行为（未遂，被判过刑），③甲吃、喝、嫖、赌，道德品质败坏，④甲的情妇证明，在本案的作案时间中，甲曾与她一起在某电影院看电影，电影的名字是《泰坦尼克号》，经过重述，②和③不具有相关性而被排除，①和④将成为要件事实进入案件事实形成过程中的下一个阶段。霍姆斯曾经将这一阶段形象地比作"律师将其顾客的叙述中纷乱杂陈的枝蔓除却，仅仅保留具有法律意义的事实",[1]为此，他举例解释说："律师为何不提及他的客户在拟定合同时戴着一顶白色的帽子，而 Quickly 夫人在手执高脚杯于火炉旁之际，则要证实一下是否戴着。原因在于，律师预计到无论他的客户头上戴着什么，公共权力都会以同样的方式发生作用。"[2]

　　生活事实被重述为要件事实除了相关性要求以外还有合法性的要求，即要件事实的陈述必须是符合法律的要求。在生活事实形成的阶段，只要能够真实地陈述事件就可以了，但在要件事实的形成阶段，还必须按照法律的要求对生活事实进行进一步合法陈述。例如，一个生活事实的表述可能是"A 的手腕在空中划了一道弧线击中了 B 的脸"，当把这个生活事实重述为"A 殴打 B"这个要件事实的时候，必须要将 A 和 B 前前后后的一系列行为作为整体上存在关联的集合体来把握，才能赋予这

---

〔1〕 O. W. Holmes, "The Path of Law", *Harvard Law Review*, 10 (1897).

〔2〕 O. W. Holmes, "The Path of Law", *Harvard Law Review*, 10 (1897).

种特定的 A 的手腕运动以殴打的意义。[1]在这个赋予意义的过程中，生活事实"击打"就被重述为要件事实"殴打"，这是按照"殴打"这一作为制度先在的要件事实的要求完成的重述。又如上文所提到的从"从窗外伸出一只胳膊"到"侵入房屋"的重述，也是这一过程的体现。生活事实被重述为要件事实是按照合法性要求进行的，整个重述的过程都必须在类型化和制度化的事实范型的指引下展开，按照事实范型的要件要求对生活事实进行重述后形成的要件事实就是案件事实形成所需要的"正经事"，之所以"正经"，不仅仅是要件事实和案件事实的相关性，更重要的是经过事实范型的概念的初步评价，具有合法性。

（三）从要件事实到案件事实

要件事实依然可能是复数的。因为法律上的构成要件可以是复数的，原告和被告、检察官和犯罪嫌疑人（及其辩护人）都可能从自己对于案件的理解出发，选择特定的构成要件，重述和剪裁出特定的要件事实。所以，要件事实只是为最终作为裁判基础之事实的形成提供了必要的素材，还必须在此基础上将要件事实进一步重构为案件事实。在诉讼当事人所陈述的诸种要件事实的基础上，只有裁判者（法官）通过法定程序所认定的事实才能最终成为案件事实。由于它是司法裁判的基础，也可被称为裁判事实（judicial facts）。

---

〔1〕［日］棚瀬孝雄：《作为话语的法律援引——法的叙事和律师伦理》，载氏著：《现代日本的法和秩序》，易平译，中国政法大学出版社 2002 年版，第 149～150 页。

案件事实的形成要求案件的裁判者必须在规范性的事实范型的规范下对要件事实进行重构。"案件与规范是方法过程的原材料，未经加工，它们不可以相互归类，因为它们处在不同层面的范畴中，规范属于抽象性—普遍性上定义之应然，具有未终了的诸多事实的案件，属于杂乱无章的无定形之实然。只有在用经验来丰富规范，用规范性来丰富案件之后，其方式为它们相互适应，并应对这种适应通过论证来加以说明，归序方为可能。"[1]

在形成生活事实和要件事实的时候，规范性的事实范型的作用就已经存在了，但更多的是表现为背景性的概念图式的作用。各方当事人虽然都是从不同的事实范型及其特定概念图式出发来"呈现"对各自有利的要件事实，但很多时候表面上他们都是在陈述"事实"，并不直接揭明这些事实范型和特定概念图式，就好像包含这些范型、图式的法律规范及其后果是被推导出来的。但是在要件事实被重构为案件事实的这一阶段，规范性的事实范型的规制作用则是显在和明确的，要件事实必须按照事实范型的规定进行重构。裁判者必须揭明相关的法律规范及其事实范型是什么，并明确依据它来对各种要件事实进行重构。重构可能体现在两个方面：一是从有竞争关系的要件事实（争议点）中择取法庭所认定的那个；二是对既有的要件事实进行进一步的裁剪、梳理、补充。

最后还要来处理一个问题。依照前文所说，案件事实的最终形成是运用规范（事实范型）对生活事实（以及作为中间阶

〔1〕〔德〕阿图尔·考夫曼、温弗里德·哈斯默尔主编：《当代法哲学和法律理论导论》，郑永流译，法律出版社2002年版，第18页。

段的要件事实）进行重述和重构后的产物。但是，作为事实范型存在形式的规范属于"抽象性—普遍性上定义之应然"，而案件要件事实属于"无定形之实然"，从实然中推不出应然，应然中又不必然包括实然，那又何以用应然的规范来对实然的事实进行重构？然而，案件事实总是在事实与规范之间被重构，那么，这种重构的根据又是什么呢？考夫曼认为，事实与规范能够相互归类的根据是应然和实然在结构上纠缠在一起，事实与规范共有一个上位概念：根本之实然（sein ueberhaupt），意指一切为"是"的东西，既"是"事实上也"是"规范上的东西。应然不是"无"，作为事实，只不过它具有另外的实然方式：它"是应然的"。考夫曼的这种关于应然和实然关系的一元方法论事实上提出了事实和规范相互归类的一个新的模式，这便是所谓等置模式（gleichsetzeungsmodell）。等置模式集中表现为在事实与规范之间进行等置。等置思想有一个演变过程。恩吉施是在案件比较意义上言说等置的：把具体拟判案件与由法律的行为构成认为是无疑的一类案件进行等置，他把等置称为"原本的推论"。[1]等置在他看来主要是对事实进行的等置，即对事实进行比较，也就是案件比较。考夫曼秉承了恩吉施这一思想，并从其上述一元法律观出发，认为应然与实然即非同一也非对立，而是类似地关联在一起，法是应然与实然的对应，法原本就具有类推的性质。[2]这一对法的性质的判断，构成其等置模式的基础。在方法论上，它是一元的方法对极之一种，

---

[1] Kartl Engisch, *Logische Studien zur Gesetzesanwendung*, 3. Aufl., Heidelberg: Heidelberg Universität Verlag, 1963, S. 19, 26.

[2] ［德］亚图·考夫曼：《类推与"事物本质"——兼论类型理论》，吴从周译，新学林出版股份有限公司1999年版，第44~45页。

即类似论。[1]

　　运用规范对要件事实进行重构就是在事实范型和要件事实之间进行等置。等置的要求就是要将要件事实一般化、类型化，将事实范型具体化、个案化。要件事实总是表现为个案中的要件事实，将要件事实一般化就是把个案向规范提升，看要件事实中是否存在规范中要件事实构成规定的要素；而事实范型总是表现为一般和类型，将事实范型具体化就是把规范向个案扩展，看其是否能满足个案的要求。在提升和扩展之间，个案的要件事实和规范的事实范型会找到一个结合点，这就是个案的案件事实。

　　对于简单案件，要件事实重构为案件事实可能会比较顺畅地完成等置的过程，但对于疑难案件，等置重构的过程就比较复杂。疑难案件中，对要件事实重构的困难表现在作为重构依据的规范查找的困难和规范漏洞填补的困难，前者主要是指在法律规定相对完善的情况下适用的困难，如某医院向电信公司申请120号码被拒，究竟是适用民事法律规范还是行政法律规范；后者主要是指在法律规定相对不完善的情况下"找法"的困难，包括狭义的法律漏洞和法律冲突，对狭义法律漏洞，法解释学提供了诸多的规范解释和续造方法。[2]对此我们将在本书专题七和专题八再来详述，对此不再赘述。对于法律冲突，不同位阶的冲突，如《城市生活无着的流浪乞讨人员救助管理办法》和《宪法》的冲突，适用低位阶的法律服从高位阶的法

---

　　〔1〕　〔德〕阿图尔·考夫曼、温弗里德·哈斯默尔主编：《当代法哲学和法律理论导论》，郑永流译，法律出版社2002年版，第134页。

　　〔2〕　也可参见杨仁寿：《法学方法论》，中国政法大学出版社1999年版，第101~174页。

律的解决方法；对于同位阶的冲突，如《民法通则》第 58 条和《合同法》第 54 条之间关于乘人之危的双方民事法律行为效力的规定的冲突，依照特别法优于一般法等解决方法。此点前已述及，也不再展开。

总的来说，在要件事实被重构为案件事实的过程中，要件事实和规范是互动的，规范重构要件事实的同时，要件事实也在制约着规范的解释。宪政分权原则之下的法官只能或者至少名义上只能在既有的法律框架内去寻求规范依据，但由于上述法律规范的欠缺，法官在无法运用有关规范冲突解决方法解决这种冲突或者当既有的法律规范对相关事实没有规定时，法官的一个不坏的选择就是去"剪裁事实"，例如当法官适用过错责任去裁断一个案件会感到明显不公而又无法改变既有法律的时候，可以在对要件事实的重构过程中提高当事人的注意义务，这在实质上起到了和适用严格责任相同或者相近的效果，这个例子也是严格责任最初发展的一个路径。1907 年《瑞士民法典》第 1 条规定："本制定法统管属于本法任何一条法令的文字或精神之内的所有事物。在缺乏可适用的法条时，法官应根据习惯法，并且在缺乏习惯时依据若法官是立法者将会制定的规则来宣告判决。然而，法官应从得到学者的学说和法院的法理——学说和法理——验证并受到尊重的解决办法中汲取自己的启示。"[1] 这一条规定长期以来一直被认为是赋予"法官造法"权力的经典立法表述，但令人奇怪的是 1907 年以来，从未有一位瑞士法官引用这一规定来宣布自己的造法，这固然是法

---

[1] ［美］本杰明·卡多佐:《司法过程的性质》，苏力译，商务印书馆 2002 年版，第 87~88 页。

官恪守权力分立保守谨慎的结果，但果真《瑞士民法典》将生活规制得这么好以致近一百年所有的案件都可以找到规范吗？当然，由于人类理性的有限，这是不可能的。一个合理的解释只能是，近一百年来，瑞士法官一直在对事实进行着精心的剪裁，以使自己的每一个判决都显得是具有制定法的根据。要件事实被重构为案件事实不是一个单向和线性的过程，规范可能需要被解释，要件事实可能需要被剪裁，这个过程更多地表现为一个互动和循环的过程。[1] 在这整个过程中，裁判者总是小心翼翼地"目光在大前提和生活事实间往返流盼"，[2] 去寻找要件事实与事实范型恰当的均衡点，最终形成个案的案件事实。

〔1〕 Philippe Mastronardi, *Juristisches Denken*, Bern: Verlag Pual Haupt, 2001, 封面图。

〔2〕 Kartl Engisch, *Logische Studien zur Gesetzesanwendung*, 3. Aufl., Heidelberg: Heidelberg Universität Verlag, 1963, S. 15.

正如习近平总书记所指出的，"天下之事，不难于立法，而难于法之必行。"[1]在司法裁判领域，"法之必行"归根结底一句话，就是"依法裁判"。法官要进行依法裁判，首先要明确的问题是，作为裁判依据的"法"从哪里去寻找？这就涉及了法的渊源理论。那么，什么是法的渊源？中国法的渊源的范围有多大，可以进行什么样的分类？法的渊源的适用准则又是什么呢？

一、法的渊源的概念

（一）法的渊源的概念界定

正如前述，法律推理与非法律推理，法律判断或决定与非法律判断或决定，取决于法的渊源的概念。这个意义上的法的

---

[1] 习近平：《严格执法，公正司法》（2014年1月7日），载中共中央文献研究室编：《十八大以来重要文献选编》（上），中央文献出版社2014年版，第717页。

渊源指的是什么？我们之所以提出这个问题，原因在于：无论是在中国法学还是在西方法学中，[1] 法的渊源都是一个具有多种含义的概念。在中国法学中，有人认为法的渊源是指"由资源、进路和动因三项基本要素所构成的综合事物"。所谓资源是指"法是基于什么样的原料形成的……"所谓进路是"指法是基于什么样的途径形成的……"所谓动因"是指法是基于什么样的动力和原因形成的……"[2] 另有人认为，法的渊源是指："被承认的具有法的效力的、法的权威性或具有法律意义并作为法官审理案件之依据的规范或准则的来源，如制定法（成文法）、判例、习惯法、法理，等等。"[3] 德国法学家魏德士认为，法的渊源有广义和狭义之分。从广义上讲，法的渊源是指"对客观法产生决定性影响的所有因素"，例如法学文献、行政、法院实践和国民观念等。这些渊源可以帮助法官正确认知现行法。但是，在法（理）学中，多数学者使用的是狭义的法的渊源，它是指那些对法律适用者具有约束力的法规范。[4] 瑞典法学家佩岑尼克认为，法的渊源是一个多义词，具有以下意义：其一，它可以指法律规范具有一定内容的事实原因；例如，负责起草制定法的部长的政治观点。其二，它可以指法律规范的内容的知识渊源。其三，它可以指法律规范的有效性的渊源。这是指将一个完整方案转换成有效法的最后的因素，对于制定法来说，公

---

〔1〕 本节的"法学"是指广义的法学，包括所有以法为研究客体的知识体系。

〔2〕 张文显主编：《法理学》（第 3 版），高等教育出版社、北京大学出版社 2007 年版，第 89~90 页。

〔3〕 舒国滢主编：《法理学导论》，北京大学出版社 2006 年版，第 66 页。

〔4〕 ［德］伯恩·魏德士：《法理学》，丁晓春、吴越译，法律出版社 2013 年版，第 98~99 页。

布是法的渊源，因为它将草案转换成了制定法。佩岑尼克认为，这三个方面的法的渊源的意义都是社会学意义上的法渊源，属于它们广义的法的渊源。它们都不是证成语境中的法的渊源的概念。在证成语境中的法的渊源是一个规范的概念，它也有广义和狭义之分，前者是指支持法律决定或法律判断的所有法律理由，后者是指法律人必须、应该和可以提出的作为权威理由的所有文本。[1]

"法的渊源"之所以有不同的定义，是因为人们可以从不同的层面和不同的角度看待或理解"法的渊源"中的"法"。所谓不同的层面是指，"法"作为一种社会现象或社会事物，与其他社会现象或社会事物一样，也有其内容与形式之分，即法的内容与法的形式之分。这样，法的渊源就有法的内容的渊源和法的形式的渊源之分。这就是说，有的人是从法的内容的角度来理解法的渊源，即认为法的渊源是指法的内容的来源或本源；有的人是从法的形式的角度来理解法的渊源，即认为法的渊源是指法的形式的来源或本源。所谓不同的角度是指，人们既可以从立法的角度理解"法是什么"，也可以从法律适用或司法的角度理解"法是什么"。这就是说，人们可以站在立法者的角度理解法的来源或本源，也可以站在法律适用者或司法者的角度理解法的来源或本源。更为复杂的是，人们看待或理解的"不同层面"与"不同角度"之间是可以相互交叉的。具体来说，法的内容可以有一个立法与司法之分，也就是说，有一个从立法者的角度看待法的内容，也有一个从司法者的角度看待法的

---

[1] Aleksander Peczenik, *On Law and Reason*, Kluwer Academic Publishers, 1989, p. 318.

内容；法的形式也可以有一个立法与司法之分，也就是说，有一个从立法者的角度看待法的形式，也有一个从司法者的角度看待法的形式。反之亦然，例如，立法的角度有一个法的内容与法的形式之分，司法的角度也有一个法的内容与法的形式之分。总之，法的不同层面和看待法的不同角度以及它们之间的相互交叉导致了形形色色的法的渊源的概念。

我们应该从什么层面或角度来理解"法的渊源"呢？我们首先不应该从立法或立法者的角度来理解法的渊源的概念。原因在于：一方面，我们通常所谓的法的渊源，如宪法、法律（狭义）、行政法规和地方性法规等本身是立法机关或享有立法权的国家机关制定的，这些所谓的规范性文件怎么又成为立法的来源或本源的呢？另一方面，如果不从司法或法律适用的角度来理解法的渊源的概念，我们就根本无法解释下列问题：宪法、法律（狭义）、行政法规和地方性法规等不就是人们通常所谓的"法"吗？既然它们是法，它们为什么又被称为"法的渊源"呢？我们只有从司法或法律适用的角度才能够合理地解释这个问题。具体来说，它们之所以被称为法的渊源，是因为它们是司法者或法律适用者所作的法律决定或判断所依据的大前提的来源。这就意味着，"法的渊源"是司法者或法律适用者作法律决定或判断的活动或过程中的一个范畴。

法律人作法律决定或判断可以被看作事实意义上的一种作决定或判断的活动或过程。这就意味着，有各种各样影响法律人作法律决定或判断的因素。这些因素与法律人所作的法律决定或判断之间的关系是一种因果关系。如果我们将这些因素称为"法的渊源"，那么，这个意义上的"法的渊源"就是佩岑尼克所谓的社会学意义上的法的渊源。但是，法学方法论意义上的法的渊源是一个规范性概念而不是一个社会学概念，而且正如前述，法学方法论不将法律人作法律决定或判断视为一个事实上的活动或过程，不从心理学角度研究法律人作法律决定或判断。因此，社会学意义上的法的渊源概念不可能是本书所谓的法的渊源的概念。

法学方法论中的法的渊源概念是证成语境中的一个规范性概念。这就意味着，我们将法律人作法律决定或判断作为一个证成或推理或论证来看待，而不是将其看作事实上的活动或过程。从证成的角度看，法律人作法律决定或判断就是运用各种理由来支持其所作的决定或判断，也就是说作决定者或作判断者要给其所作的决定或判断提供充足的理由。在这个意义上，任何法律决定或法律判断都得到了一定的理由的支持，或者说法律决定或法律判断来自于支持它的一定的理由。这样，我们就可以说，这些理由是法律决定或法律判断的渊源，也就是说法律决定或法律判断来源于这些理由。那么，从法律人作法律决定或判断的角度来说，这些理由是否都是我们所谓的"法的渊源"呢？这个问题的答案是否定的。原因在于：一方面，从本书前述的内容来看，任何一个法律决定或法律判断的证成被区分为内部证成与外部证成，内部证成与外部证成的规则都是支持法律决定或法律判断的理由。法的渊源不属于内部证成而属于外部证成。这就意味着，内部证成的规则作为支持法律决定或法律判断的理由就不属于法的渊源。另一方面，正如前述，法官或法律人在外部证成中不仅运用法的渊源而且运用法律解释以及特殊法律论述形式证成法律决定或法律判断。这就是说，在外部证成中，法的渊源只是证成法律决定或法律判断的理由之一。总之，从法律决定或法律判断的证成的角度看，法的渊源只是法律决定或法律判断的支持理由之一。因此，我们不能将所有支持的法律决定或法律判断的理由都作为法的渊源来看待。现在的问题在于，法的渊源到底指的是什么呢？

欲回答前述问题，我们首先要确立以下两个前提：一方面，法的渊源属于外部证成的范畴而不属于内部证成的范畴。另一方面，在外部证成中，法的渊源与法律解释以及特殊法律论述形式是两种不同性质的理由。正如前述，外部证成是对法律决定或法律判断所依赖的前提的证成。根据前述内部证成的规则，任何法律决定或法律判断都是从大小前提——一个普遍的或一般的法律规范和关于特定案件的事实——推论出来的。大小前提的确立是相互循环的，即确立大前提是以确认案件事实为前提的条件，确立案件事实是以确认大前提即普遍的或一般的法律规范为前提条件的。因此，我们在论述大小前提的确立时往往只以大前提的确立为线索。这样，任何法律决定或法律判断都必须以一个普遍的、一般的法律规范为前提。那么，法官或法律人从哪里获得法律决定或法律判断所依赖的大前提呢？在这个意义上，法的渊源是指法律决定或法律判断所依赖的大前提即普遍的或一般的法律规范的来源。这个"法的渊源"的概念未能清楚地揭示出法的渊源与法律解释之间的关系，也就是说对于法律证成或法律推理的结构来说，这个概念是不太精确的。另外，这个概念模糊了一些不属于法的渊源的因素与法的渊源之间的界限。在法律实践中，法官或法律人为了解决特定的法律问题需要一些不同种类的信息媒介，例如制定法的汇编和判例汇编。为了发现特定法律问题的解决方案或证成它，法官或法律人根据这些媒介来确认相关的文本。由此可见，这些信息媒介本身不属于法的渊源。对于法官或法律人来说，这些信息媒介只是一种技巧工具。但是，前述的法的概念没能揭示出法律证成或法律推理的结构，因此，它使得人们有可能将这些信息媒介作为法的渊源来看待。所以，为了精确界定法的渊源的概念，我们需要从法律证成或法律推理的结构的角度来论述。

从法律证成或法律推理的结构看，无论是法的渊源还是法律解释都是证成法律决定或法律判断的理由；然而，它们各自是作为不同的理由来支持法律决定或法律判断的。在法的渊源与法律解释之间是什么关系呢？或者说，它们之间是怎样关联起来的呢？它们是通过法律规范关联到一起的。正如前述，法律规范和表达法律规范的语句是两个不同的范畴，法律规范是表达法律规范的语句的意义。一个法律规范并不是一个法律规范语句。在这个意义上，法律规范来自于法律语句。由一个一个法律语句作为组成要素的是法律文本，也就是说法律文本是由一个个法律语句所组成的。这样，我们就可以说，法律规范就来自于法律文本。因此，法律文本是法律规范的来源或本源。但是，从法律规范语句或法律文本到法律规范需要法律解释，因为表达法律规范语句的意义是通过法律解释来揭示和确认的。如果我们将法律文本称为法的渊源，那么，从法的渊源到法律规范的过程就可以被简写为：$S \to^{TR} \to N_i$，S 代表法的渊源，TR 代表法律解释，N_i 代表法律规范（这里的法律规范就是我们前述作为法律决定或法律判断所依赖的大前提）。从法律规范 N_i 的角度看，法的渊源即 S 就是指法律决定或法律判断所依赖的大前提即法律规范 N_i 的来源或本源。但是，从法律解释即 TR 的角度看，法的渊源即 S 是指那些能够作为法律解释对象的文本和资料。质言之，法的渊源是法律解释的对象。因此，法的渊源不包括影响法律解释的各种因素，更不包括法律解释的方法。

各种因素和解释方法是证成解释结果的理由，而不是法的渊源。影响法律解释的各种因素属于社会学的研究范围，因此，本书不予以处理。至于法律解释方法，我们将在专题七进行论述。现在的问题是，哪些文本和资料可以成为法律解释的对象呢？这取决于特定国家的政治体制、法律传统和法律实践的特性。这就意味着，不同国家或法律共同体的法的渊源的范围是不同的。因此，我们可以将法的渊源界定为：根据特定法律共同体所承认或接受的规则，哪些能够成为法律解释的对象或法律解释结果的证成基础的各种文本和资料。这个定义并不否定法的渊源是法律决定或法律判断的证成理由。但是，法的渊源和法律解释首先是法律规范 N_i 的证成理由。法律规范 N_i 是法律决定或法律判断的直接理由，而法的渊源与法律解释是法律决定或法律判断的间接理由。

（二）　法的渊源的功能

正如前述，从证成的角度看，法的渊源是支持法律决定或判断的一种理由。那么，它属于一种什么性质的理由呢？这种理由在法律决定或法律判断的证成中发挥什么功能呢？要回答这两个问题，我们首先需要对法律决定或法律推理中所要运用的理由进行分类。在这里，我们引入美国法学家罗伯特·萨默斯（Robert S. Summers）关于法律推理和法律理由的分类，即实质法律推理和形式法律推理以及与其相应的实质理由和形式理由。[1] 我们之所以接受这种分类，因为它在逻辑上是纯粹的，即一个

---

〔1〕　P. S. Atiyah and Robert S. Summers, "Form and Substance in Anglo-American Law: A Comparative Study of Legal Reasoning", *Legal Theory, and Legal Institutions*, Oxford: Clarendon Press, 1987, p. 1.

推理要么是实质推理，要么是形式推理，一个理由要么是实质理由，要么是形式理由；在这两种推理或理由之间，不存在第三种推理或理由。

罗伯特·萨默斯认为，在法律推理中，一个实质理由可以被定义为一个道德的、经济的、政治的、制度的，或者其他的社会考量。例如，D 故意伤害了 P，这个事实是下列决定的一个实质理由：根据法律的要求 D 应该赔偿 P。法律规定作为这个决定的理由是一种形式理由。[1]佩岑尼克认为，罗伯特·萨默斯所谓的实质理由是指下列一种类型的命题：该命题的内容能够支持一个法律决定，也就是说实质理由对法律决定的支持只依赖于它的内容而不是该命题的其他条件，例如谁提出了该理由或命题。实质理由的命题，既可以是理论命题，例如关于特定案件的事实的命题；也可以是实践命题或语句。在法律推理中，实践命题或语句总是被道德命题所支持；因为在法律中，无论是经济理由、制度理由还是其他实践理由，都必须在道德上是可接受的。[2]实质理由又可以被区分为目的理由和正确理由。所谓目的理由，是指它的证成力来自于下列事实：该理由所支持的法律决定能够被预测具有服务一个良好社会目标的效果，例如改善公共安全、稳固家庭或促进民主等。[3]这就是说，

---

〔1〕 P. S. Atiyah and Robert S. Summers, "Form and Substance in Anglo - American Law: A Comparative Study of Legal Reasoning", *Legal Theory, and Legal Institutions*, Oxford: Clarendon Press, 1987, pp. 1 - 2.

〔2〕 Aleksander Peczenik, *On Law and Reason*, Kluwer Academic Publishers, 1989, pp. 313 - 314.

〔3〕 P. S. Atiyah and Robert S. Summers, "Form and Substance in Anglo - American Law: A Comparative Study of Legal Reasoning", *Legal Theory, and Legal Institutions*, Oxford: Clarendon Press, 1987, pp. 5 - 6.

一个法律决定之所以被作出是因为该决定能够被预测具有一个良好效果，这个效果就构成了目的。所谓正确理由是指这种理由的证成力不是来自于所预期的效果，而是来自于该理由在内容上是正确的；也就是说，一个法律决定是根据一个正确的社会道德规范而被作出的，该社会道德规范被适用于一方当事人的过去行动中或由该行动所导致的事态。这就意味着，一个法律决定之所以应该被作出，是因为它是正确的或是好的，而不管它与目的之间是否存在着因果关系。正确的规范往往是与平等、公正、诚信、正当信赖等观念联系在一起。如果不参考待决案件是怎样发生的，那么，正确规范的可适用性就不可能被决定。这样，正确规范具有关注过往的特性。目的规范是后果主义的，因此，具有关注将来的特性。[1]无论是对于目的理由还是对于正确理由，人们都可以用进一步的理由来支持它们。这就意味着，任何理由都来自于一系列前提，这些前提包括了进一步的目的理由和正确理由。因此，人们支持下列价值命题：特定效果构成了一个被追求的目的或目标。法学中通常所说的后果主义推理、定向于后果的推理、目标推理或目的论推理等，都是指这里的运用目的理由证成一个法律决定。但是，有人主张的后果主义推理不仅是指法律决定所导致的后果而且包括了该决定的逻辑后果。[2]

根据罗伯特·萨默斯的观点，与实质理由相对的一种理由

〔1〕　P. S. Atiyah and Robert S. Summers, "Form and Substance in Anglo – American Law: A Comparative Study of Legal Reasoning", *Legal Theory, and Legal Institutions*, Oxford: Clarendon Press, 1987, p. 6.

〔2〕　Aleksander Peczenik, *On Law and Reason*, Kluwer Academic Publishers, 1989, pp. 314 –315.

是形式理由。如果一个实质理由被吸收到法律之中，那么，它就会创立形式推理的一个新的渊源。因此，所谓的形式理由一定是与还没被吸收到法律之中的实质理由相对的一种不同理由。形式理由是一种法律上的权威理由，法官或其他人被授权或被要求将其决定或行动建立在这种理由的基础之上，该种理由在作决定或行动时排除或推翻与其相对抗的任何实质理由，或者减少与其对抗的任何实质理由的分量。举例来说，有一个有效法律规则规定：在特定条件下，D 应该赔偿 P。这个法律规则对于一个法律决定或法律判断来说，就是一个形式理由。因此，在法律推理中，与实质理由不同，形式理由必然地预设了一个有效法或其他有效的法律现象，如合同或裁决。确实，一个有效法律或其他法律现象的存在，对于决定一个法律问题来说，是一个形式理由或产生一个形式理由。这样，权威性是形式理由所具有的一个根本的特性。既然形式理由具有权威性，那么，这就意味着它通常在法律适用中压倒或战胜与其相反的任何实质理由。在这个意义上，形式理由具有某种程度的强制性。这就是说，如果一个有效法律规则的存在被看作是一个形式理由，那么，这个理由就是一个不需要考虑任何与其相反的实质理由的理由。然而，这并不是说，我们认为在任何情况下都不需要考虑实质理由；而只是说，形式理由只是作为一个界限而运作，该界限将作法律决定的过程与还没被吸收法律中的实质理由相隔离。[1]

　　罗伯特·萨默斯认为，权威理由只是形式理由的亚种类或次种

---

〔1〕　P. S. Atiyah and Robert S. Summers, "Form and Substance in Anglo – American Law: A Comparative Study of Legal Reasoning", *Legal Theory, and Legal Institutions*, Oxford: Clarendon Press, 1987, p. 2.

类。[1]这就是说权威理由只是形式理由的一个种类而已，即形式理由还包括了其他种类的理由，例如解释方法也是一种形式理由。[2]按照罗伯特·萨默斯的观点，作为形式理由之一种的权威理由具有所谓或高或低的有效性形式。决定一种法律现象有效的标准仅仅是渊源定向的（source - oriented），因此，是纯形式的。举例来说，一个标准是"正当制定的制定法是法律"。这个标准只要求审查决定有效性的起源模式，而不要求审查内容。[3]这样，我们可以看到，本书所谓的法的渊源作为一种理由是罗伯特·萨默斯所谓的权威理由，而且这种权威理由是一种形式理由。因此，从逻辑上看，作为证成法律决定或法律判断的理由的法的渊源不是一种实质理由，而是一种形式理由，而且只是形式理由之一种的权威理由；也就是说，罗伯特·萨默斯所谓的形式理由并不都是法的渊源。作为权威理由的法渊源的形式性具有程度性，也就是说有的法的渊源的形式性程度是高的，有的法的渊源的形式程度是低的。这种形式性程度主要表现在法的渊源的有效性形式的程度方面，也就是说，有的法的渊源的有效性形式程度高，有的法的渊源的有效性形式程度低。质言之，不同种类的法的渊源的有效性形式的程度是不同的。这

----

〔1〕　P. S. Atiyah and Robert S. Summers, "Form and Substance in Anglo – American Law: A Comparative Study of Legal Reasoning", *Legal Theory, and Legal Institutions*, Oxford: Clarendon Press, 1987, p. 2.

〔2〕　罗伯特·萨默斯认为，解释方法或多或少是形式的，并且可以形成次生的形式法律理由。P. S. Atiyah and Robert S. Summers, "Form and Substance in Anglo – American Law: A Comparative Study of Legal Reasoning", *Legal Theory, and Legal Institutions*, Oxford: Clarendon Press, 1987, p. 15.

〔3〕　P. S. Atiyah and Robert S. Summers, "Form and Substance in Anglo – American Law: A Comparative Study of Legal Reasoning", *Legal Theory, and Legal Institutions*, Oxford: Clarendon Press, 1987, p. 12.

就意味着不同种类的法的渊源作为权威理由对法律决定或法律判断的支持程度是不同的，或者说，不同种类的法的渊源对法律决定或法律判断的证成力是不同的。在这个意义上，所谓"法的渊源"是指，一个法律人必须、应该或可以提出的作为权威理由的所有文本、判例等。[1]这里所谓的"必须""应该""可以"，就意味着不同的法的渊源的有效性形式程度或支持程度或证成力的程度是不同的。有的法的渊源是法律人必须提出的，有的是法律人应该提出的，有的是法律人可以提出的。"必须提出"的法的渊源的有效性形式程度或支持程度或证成力的程度是高的，"应该提出"的法的渊源的有效性形式程度或支持程度或证成力的程度是比较低的，"可以提出"的法的渊源的有效性形式程度或支持程度或证成力的程度是最低的。

如果说实质理由对法律决定或法律判断的支持依赖于它的内容，那么，作为形式理由的法的渊源对法律决定或法律判断的支持一定不是依赖于它的内容而一定是其他条件。这个"其他条件"具体指的是什么呢？正如前述，法的渊源是形式理由之一种的权威理由。这就意味着，作为支持法律决定或法律判断的理由的法的渊源，其支持力或证成力依赖于其是权威或具有权威性。权威是什么呢？权威可以被归于某个个人，例如甲。人们应该做 W，是因为甲主张人们应该做 W。当然，"将权威归于一个个人"的这个陈述或命题，需要被进一步地证成。这就是说，这个命题必须被一个关于权威的一般陈述或命题所证成的。这个关于权威的一般陈述或命题，要么是另一个权威理由，

---

〔1〕 Aleksander Peczenik, *On Law and Reason*, Kluwer Academic Publishers, 1989, p. 318.

例如，人们应该做甲所主张的是因为甲处于一定的位置，譬如甲是一名法官；要么是一个实质理由，例如，人们应该做甲所主张的是因为甲具有良好的道德品质。在法律或法律推理之中，前者更重要的。而且，在法律或法律推理中，一定的权威是被归于官方位置的，这种权威还要求处于官方位置的人或人们必须遵守一定的程序，如立法或司法程序。举例来说，一个权威理由是建立在下列事实的基础之上：法院以前按照人们现在所主张的一种方式解决了某个争议。在此，人们将权威归于法官，这是因为法官遵守了一定的诉讼程序。这样，我们就可以主张下列命题：一类人或处于某种位置的人的权威证成了某种法的渊源的权威。立法者的权威证成了制定法的权威，法官的权威证成了判例的权威，民族的权威证成了习惯法的权威，法律学者的权威证成了法学原理或法教义的权威。[1]

　　按照罗伯特·萨默斯的观点，在法律或法律推理中，形式理由是核心。原因在于，如果一个法体系或法律系统中的法律不具有充分的权威或形式的强制性，那么，该法体系或法律系统就根本不可能被法治所调整或管理。如此的法体系或法律系统就不可能正确地服务于与法治典型特性相关联的价值，即统一性、可预测性和免于官员及法官的武断性。这就是说，形式理由在法律推理之中可以保证法律的统一性、可预测和免于法官的武断性的实现。在证成法律决定或法律判断的过程中，如果没有形式理由或者说缺乏形式理由，那么，证成法律决定或法律判断就总会处于下列压力之下：争议的一方当事人依赖于

---

　　〔1〕　法的渊源与权威之间关系的具体论述，参见 Aleksander Peczenik，*On Law and Reason*，Kluwer Academic Publishers，1989，pp. 315 – 316.

一个法律规则，允许另一方当事人主张该法律规则是一个坏的规则，因此应该被改变。在这个过程中，与"什么是可欲的"相联系的实质理由一直未被适当地细究。而对实质理由的探究，将会处于回溯到政治理论和哲学分析的根源的危险之中。毫无疑问，在得到结论之前，其他相反的实质理由也会干涉这个探究过程。质言之，实质理由的探究可能是一个没完没了的漫长过程。但是，形式推理不但可以阻止如此的荒唐，而且它以比纯粹实质理由更精确、更有效的方式运作。这就是说，对于作法律决定来说，形式理由可以排除在特定时空下的对实质理由的争论，因此，使得以有序方式裁决法律争议成为可能。这样，形式理由能够使我们做下列主张：这个问题将在一定范围内被争议，其他问题不在今天的议程之内；或者说，这个案件被作为这些当事人之间的争议而被裁决，而且裁决是在一定预设下进行的，在这里和现在这些预设是不能被讨论的。总之，形式理由或形式推理能够使法官按照一个规则裁决一个案件，即使有人认为这个规则应该被改变，或者说，该规则不应适用于这些当事人，或者说，该规则不应适用于争议的主题，等等。[1]

作为形式理由之一种的权威理由，法的渊源也具有形式理由的功能与作用，即保证法律决定的可预测性、确定性和免于法官的武断性，即保证法律决定或法律判断的可预测性的实现。这就意味着，要保证法律决定或法律判断的正当性的实现，法律人在证成法律决定或法律判断中必须要运用实质理由，也就

---

[1] 关于形式理由的功能和作用的具体论述，参见 P. S. Atiyah and Robert S. Summers，"Form and Substance in Anglo‐American Law: A Comparative Study of Legal Reasoning"，*Legal Theory*, *and Legal Institutions*，Oxford: Clarendon Press，1987，pp. 23 – 25.

是说实质理由保证了法律决定或法律判断的正当性。这样，为了保证法律决定或法律判断的可预测性和正当性的同时实现，法律人既需要适用形式理由也需要适用实质理由证成其所作的法律决定或法律判断。那么，在法律推理或法律决定的证成中，实质理由与形式理由之间的关系是什么呢？一方面，运用实质理由支持权威理由在逻辑上总是可能的。举例来说，法律人总是将其法律决定建立在判例的基础之上。人们为什么要遵循判例呢？为了回答这个问题，人们可以提出另一个权威理由，例如制定法。但是，我们可以对这个回答进一步提出疑问，即为什么制定法要规定人们应该遵循判例呢？最终，人们需要实质理由来支持权威理由。这个实质理由可能是遵循判例，法官或法律适用者就增加法律决定在道德上可尊重的可预测性。由此可见，在法律推理或法律决定的深度证成中，实质理由在逻辑上是不可或缺的。但是，如此基础的实质理由在充分的法律证成中被默示地预设，也就是说这些实质理由在法律证成中并没有被明确地提及。另外，有一些实质理由在充分的法律证成中必须被运用。这些实质理由虽然在简单案件的法律决定的证成中被忽略，但是，它们在下列疑难案件的法律决定的证成中是不可或缺的：其一，在对诸如制定法或判例等法的渊源的内容进行评价性解释时，法律人必须要运用一些实质理由。其二，在法律推理或法律决定的证成中需要讨论下列问题时，法官或法律适用者必须运用实质理由：各种法的渊源具有多大的权威性？法的渊源之间的初始优先性秩序是什么？其三，法律人在处理那些属于法体系漏洞的案件过程中必须要运用到实质理由。因为在这些案件的处理过程中，法律人要处理下列问题：所考量的整个规范体系是否是有效法？总之，实质理由和形式理由即法的渊源在法律推理或法律决定的证成中都是必需的。如果法律人在法律推理或法律决定的证成中只依赖实质理由，而不适用法的渊源或至少没有预设法的渊源，那么，法律人所作的法律决定或法律判断就不是"法律"的决定或判断，而是道德判断或政治判断或经济判断。如果法律人在法律推理或法律决定的证成中整体上只依赖法的渊源即权威的理由；那么，法律人所作的法律决定或法律判断就不具有理性的可接受性、正当性，就是不公正的，也就不是真正的"法律"决定或判断，只是权力拥有者的工具，法律人就成为权力拥有者的奴仆。[1]

二、法的渊源的范围与分类

不同国家的法的渊源的范围不同，即使同一个国家的不同时期，法的渊源的范围也不同。因此，我们不可能提供一个涵盖世界各个国家的法的渊源的范围的理论。[2]所以，在这里，我们只阐述当代中国法的渊源的范围。

（一）中国法的渊源的范围

正如前述，作为形式理由之一种的权威理由，法的渊源的功能和作用在于保证法律决定或判断的确定性即可预测性和免于法官的武断性的实现。为了保证法的渊源的功能和作用的实现，它必须有一定的范围，也就是说，哪些文本和资料能够成

---

〔1〕 实质理由与法的渊源之间关系的具体论述，参见 Aleksander Peczenik, *On Law and Reason*, Kluwer Academic Publishers, 1989, pp. 316 - 317.

〔2〕 Aulis Aarnio, *Essays on the Doctrinal Study of Law*, Springer Publisher, 2011, p. 148.

为法的渊源，哪些文本和资料不能成为法的渊源，必须有一定的限制。如果特定法律共同体或特定国家在一定的时间范围内，法的渊源是无范围的、无限制的，那么这就意味着，特定法律共同体或特定国家的法律人在证成法律决定或法律判断时，可以随意地从任何文本或资料中寻找法律决定或判断的大前提，可以随意地将任何文本或资料作为法律解释的对象或法律解释的证成基础。如果特定法律决定的大前提的来源或法律解释对象或法律解释的证成基础是不确定的，那么，法官或法律适用者所作的法律决定或法律判断就不可能是确定的，就不可能具有可预测性，也不可能避免作决定者的武断。因此，任何特定法律共同体或特定国家的法的渊源的范围必须是受限制的、有界限的而不是漫无边际的。那么，如何确定特定法律共同体或特定国家的法的渊源的范围的界限呢？根据前述关于法的渊源的定义，任何特定法律共同体的法的渊源都是根据该法律共同体所接受或承认的规则来确定法的渊源的范围。这就意味着，不同法律共同体的法的渊源的范围是不同的，因为不同法律共同体所接受或承认的规则是不同的。确定法的渊源的范围界限的特定法律共同体所接受或承认的规则具有宪法规范的性质，因为准确地把握法的渊源以及精确地确定法律与法的范围是法官或法律适用者的宪法任务。[1]但是，这些规则是特定法律共同体的法律人在长久的法律实践中逐步形成的。这样，特定法律共同体或特定国家的法的渊源的范围不仅与特定国家的宪政体制有关，更与该法律共同体的法律实践传统和法律文化有关。

---

〔1〕〔德〕伯恩·魏德士：《法理学》，丁晓春、吴越译，法律出版社2013年版，第98页。

那么，在中国现行宪政体制框架下，根据中国法律实践传统和法律文化，中国的法的渊源的范围包括哪些文本和资料呢？

中国法学的主流观点认为，当代中国的法的渊源包括宪法、法律、行政法规、地方法规、规章、民族自治法规、经济特区法规、特别行政区的规范性文件、国际条约、习惯、判例和政策。[1]虽然，到目前为止，所有中国法理学教科书都认为宪法是我国的法的渊源。但是，在中国法学界，有人对此提出相反的意见。这种观点认为："宪法作为制定法之一种，其在适用法律中的主要作用是为法官理解现行法律、法规提供方向上的指引，而不像其他普通法律那样可以直接作为案件裁判的依据。"[2]这种观点是对中国司法实践所作的理论辩护而已。一直以来，各级人民法院的判决书都没有直接引用宪法规定的条文作为判决依据，这与最高人民法院的两个相关批复有关。第一个批复是1955年《最高人民法院关于在刑事判决中不宜援引宪法作论罪科刑的依据的复函》（已被废止），其中指出："中华人民共和国宪法是我国国家的根本法，也是一切法律的'母法'。……对刑事方面，它并不规定如何论罪科刑的问题，据此，我们同意你院的意见，在刑事判决中，宪法不宜引为论罪科刑的依据。"第二个批复是1986年《最高人民法院关于人民法院制作法律文书如何引用法律规范性文件的批复》（已被废止），其中规定："人民法院在依法审理民事和经济纠纷案件制作法律文书时，对于全国人民代表大会及其常务委员会制定的法律，国务院制订

---

〔1〕　舒国滢主编：《法理学导论》，北京大学出版社2006年版，第72～75、83～85页。

〔2〕　刘治斌：《作为司法判断的依据》，载葛洪义主编：《法律方法与法律思维》（第4辑），法律出版社2007年版，第131页。

的行政法规，均可引用。各省、直辖市人民代表大会及其常务委员会制定的与宪法、法律和行政法规不相抵触的地方性法规，民族自治地方的人民代表大会依照当地政治、经济和文化特点制定的自治条例和单行条例，人民法院在依法审理当事人双方属于本行政区域内的民事和经济纠纷案件制作法律文书时，也可引用。国务院各部委发布的命令、指示和规章，各县、市人民代表大会通过和发布的决定、决议，地方各级人民政府发布的决定、命令和规章，凡与宪法、法律、行政法规不相抵触的，可在办案时参照执行，但不要引用。最高人民法院提出的贯彻执行各种法律的意见以及批复等，应当贯彻执行，但也不宜直接引用。"这两个批复否认了宪法是刑事裁判和民事裁判的法的渊源。我们认为，这两个批复之所以否定宪法的法的渊源地位的原因在于：它们都是中国没有确立依法治国方略背景下的产物。依法治国首先是依宪治国。随着中国特色社会主义法治的确立和不断推进，宪法真正成为中国司法裁判的依据是中国法治实践不可逆转的趋势。

如果说宪法是中国法学理论中的法的渊源而不是中国司法实践中的法的渊源，那么，司法解释是中国司法实践中的法的渊源而不是中国法学理论中的法的渊源。目前，中国所有的法理学教科书都没有将司法解释作为我国的法的渊源，而是将其放在法律解释的标题之下予以阐述。这里所谓的司法解释是指，我国最高司法机关尤其是最高人民法院依据相关法律规定的职权所制定并公布的司法解释文本。这里的司法解释文本不仅包括了最高司法机关依据1981年《全国人民代表大会常务委员会关于加强法律解释工作的决议》规定的职权所作的司法解释文本，而且包括了最高司法机关所作的其他司法解释文本，例如

《全国沿海地区涉外、涉港澳经济审判工作座谈会纪要》《最高人民法院关于民事经济审判方式改革问题的若干规定》（已被废止），等等。我们认为，中国法理学教科书没有将司法解释作为法的渊源的原因在于：其一，中国传统法理学误解了法的渊源的概念，即仅从字面上理解法的渊源，不清楚应该从哪一种视角下或语境中理解法的渊源的概念。也就是说，中国传统法理学是无视角地、无语境地理解法的渊源的概念。其二，中国传统的法理学往往是默示地从立法的角度理解法的渊源的概念，即将法的渊源作为一个立法领域的范畴。这样，中国传统法理学认为，最高人民法院是司法机关，因此，它所作的司法解释文件不属于立法，也不属于法的渊源。虽然中国法理学教科书未将司法解释作为法的渊源看待，但是，它在中国司法实践中是法的渊源。一方面，有许多中国各级法院所作的法律决定往往直接引用司法解释的规定作为裁判的依据。另一方面，中国现行法律的规定也意味着司法解释是我国法的渊源。1981 年《全国人民代表大会常务委员会关于加强法律解释工作的决议》对法律解释在不同部门之间的权力划分于法律上进行了相对明确的界分。其明确规定："凡属于法院审判工作中具体应用法律、法令的问题，由最高人民法院进行解释。" 1983 年《中华人民共和国人民法院组织法》（已被修改）（以下简称《人民法院组织法》）第 33 条规定："最高人民法院对于在审判过程中如何具体应用法律、法令的问题，进行解释。" 1997 年《最高人民法院关于司法解释工作的若干规定》（已被废止）第 4 条规定："最高人民法院制定并发布的司法解释，具有法律效力。"第 14 条规定："司法解释与有关法律规定一并作为人民法院判决或者裁定的依据时，应当在司法文书中援引。援引司法解释作为判决或者裁定的依据，应当先引用适用的法律条款，再引用适用的司法解释条款。"如果我们不将司法解释文本作为法的渊源，一方面，这将导致那些引用司法解释文本规定作为裁判依据的法律决定无效；另一方面，这背离了我国现行法律的规定。总之，无论是从我国司法实践的角度还是从我国相关现行法律规定的角度来看，我们都应该将司法解释文本作为我国法的渊源。在这里，有人会提出下列问题：既然司法解释是法的渊源，那么，中国法理学教科书为什么将其放在法律解释的标题下进行阐述呢？一方面，正如前述，这与中国传统法理学对法的渊源的概念的理解相关。另一方面，这与中国传统法理学对法律适用以及法律解释的理解相关。中国法律界的传统主流观点认为，法律适用是法律适用者机械地将立法者制定的法律适用于特定案件，法官只是立法者的嘴巴。因此，法律适用中不需要法律适用者的创造性活动，也不需要特定的方法来限定法律适用者的自由裁量权。法律解释仅仅是一种行使权力的活动。由于不同国家机构享有的权力不同，它们各自拥有对法律进行解释的不同权力。因此，中国法学界对法律解释的研究主题往往限定在对法律解释的权力怎样进行分配的问题上。西方法学界往往将法律解释作为一种科学活动，因此，其研究的主题往往是怎样进行解释的方法问题。因为没有方法，就没有科学。

与宪法、司法解释文本不同，立法资料和法教义学既没被中国法理学承认为法的渊源，也没被中国司法实践接受为法的渊源。关于法教义学为什么是法的渊源，我们在专题一已作过论述。这里，我们只论述立法资料为什么是法的渊源。本书所谓的立法资料包括下列内容：①向立法机构提出的议案说明；

②制定法的草案说明；③立法机构各委员会的讨论记录和向立法机关全体大会提交的报告；④立法机关全体大会的讨论记录和投票结果；⑤一些辅助资料，如参与制定法草案起草的个人研究报告、非立法机关的各种委员会关于制定法草案的调查报告、统计报告、研究报告、会议讨论记录等。这些资料为什么应该成为法的渊源呢？从法律解释与法的渊源的关系看，只要特定法律共同体的人们承认或接受立法者目的解释方法或主观目的的解释方法，那么，立法资料就必须或应该是该法律共同体的法的渊源。原因在于，立法者目的或主观目的的解释方法是根据立法者目的来揭示和说明特定法律规定或法律条文的意义，那么，法律解释者如何获得立法者目的呢？相对于立法者，法律解释者是后来者。作为后来者的法律解释者只能根据前述那些立法资料探究和揭示立法者的目的。佩岑尼克从更宏观的法律推理的层面阐述了立法资料是法的渊源的理由：其一，立法资料所包含的不同人的声明阐明了不同的理由，因此，可以将立法资料视为一种对话。这样，制定法的解释者能够获得各种不同的理由。另外，如果立法者将所有权威的信息放在制定法文本中，他不可能既报告正面证据也报告反面证据，因此，立法者必须在这两者之间作一个选择。这就是说，提供给解释者的信息不可能很多。这就削弱了法律推理的融贯性。根据前述的融贯性标准，解释者适用的命题越多，那么，制定法的解释的融贯性程度就越高。因此，制定法的解释者应该运用立法资料。其二，制定法文本是简洁的，制定法律的详细内容被保留在立法资料之中，立法者也赋予法律体系在道德上可证成的弹性。一般规则因其太僵硬而可能是不正当的。为了保证法体系的弹性和弥补一般规则的僵硬性，利用作为对话的立法资料指

导法官理解和解释制定法，在道德上是更好的。在这两个基本理由的基础上，佩岑尼克认为，立法资料是法的渊源的具体理由有：①根据融贯性真理观，理性的解释应该运用尽可能多的理由，这样，法律解释者应该使用立法资料中所有可以利用的信息。②人们在解释制定法时应该注意到制定法的理性和目的，而这与立法资料是紧密相关的。③立法资料是民主立法程序的构成部分，因此，制定法的解释者应该考虑立法资料。④法的确定性与一般性要求解释具有统一性，立法资料比制定法文本包含的信息更多，因此，如果所有解释者考虑了相同的立法资料，那么，这就会促进解释的统一性。⑤如果一些立法资料的作者是著名的专家，他们花费了大量的时间准备了这些资料，那么，这些立法资料就会被认为是建立在良好理由基础之上的。⑥参与立法过程的人们都希望立法资料能够被考虑。[1]总之，我们认为，在当今的中国，立法资料应该成为一种法的渊源。

综上所述，我们认为，当今中国的法的渊源应该包括以下内容：宪法、法律、行政法规、地方法规、规章、民族自治法规、经济特区法规、特别行政区的规范性文件、国际条约、司法解释文本、立法资料、习惯、判例、政策、法教义学，等等。

（二）法的渊源的分类

目前，中国法理学的主流观点是将法的渊源区分为正式的

---

〔1〕 Aleksander Peczenik, *On Law and Reason*, Kluwer Academic Publishers, 1989, pp. 351 – 353.

法的渊源与非正式的法的渊源。前者是指那些具有明文规定的法律效力并且直接作为法官审理案件之依据的规范来源；后者是指那些不具有明文规定的法律效力，却具有法律意义并可能构成法官审理案件之依据的准则的来源。[1]这种法的渊源的分类的观点，来自于美国法学家博登海默的理论。其认为，将法的渊源分为正式渊源和非正式渊源是恰当的和可欲的。所谓正式渊源，是指那些可以从体现为权威性法律文件的明确文本形式中得到的渊源；所谓非正式渊源，是指那些具有法律意义的资料和值得被考虑的材料，这些资料和值得被考虑的材料尚未在正式法律文件中得到权威性或至少是明文的阐述与体现。[2]这种传统的二分法不能应对现代社会中的法的渊源的复杂性。佩岑尼克指出，法的渊源的复杂化是一个国际现象。对这个现象的一个合理解释是，现代社会不仅越来越复杂而且变迁越来越快。这个事实导致了立法的复杂化和快速变化。同时，现代社会的公民要求法律具有高度的确定性和可接受性。仅有立法（制定法）是不可能满足这些要求的。如果对制定法进行相对自由的解释，那么，虽然这也许能够满足法的可接受性的要求，但是，这几乎不可能满足法的确定性的要求。因此，在现代社会，人们需要有多种多样的法的渊源，同时能够相对容易地将这些多样性的法的渊源组织成为一个融贯整体。这就必然要求超越法的渊源的传统二分法。[3]当代中国法的渊源也是越来越复杂，

---

〔1〕 舒国滢主编：《法理学导论》，北京大学出版社 2006 年版，第 70、78 页。

〔2〕 ［美］E. 博登海默：《法理学——法律哲学与法律方法》，邓正来译，中国政法大学出版社 2004 年版，第 429 ~ 430 页。

〔3〕 Aleksander Peczenik, *On Law and Reason*, Kluwer Academic Publishers, 1989, pp. 328 – 329.

这主要体现在：其一，2015 年 3 月 15 日全国人民代表大会通过的《全国人民代表大学关于修改〈立法法修正案〉的决定》，将地方性法规的制定权扩展到设区的市和自治州，而以前只有副省级的市或较大的市才享有制定地方性法规的权力。其二，在当代中国，不仅有地方性法规，而且有自治法规、经济特区的法规和特别行政区的规范性文件。其三，中国最高司法机关根据相关法律制定并公布的司法解释。其四，当代中国法的渊源不仅包括制定法、判例和习惯，而且包括党的政策和国家政策。其五，当代中国不仅有行政法规、部门规章，而且有国务院各部委代管的副部级的局，如国家铁路局、民航局所制定的有关本行业的大量规范性法律文件。当代中国法的渊源的复杂性的原因不仅有前述佩岑尼克所说的原因，而且有下列原因：中国幅员辽阔，人口众多，各地区发展不平衡，而且中国社会正处于转型期。总之，任何现代社会都不可能只存在单一的法的渊源，而是存在着多种多样的法的渊源。法的渊源的这种多样性，就预示着我们必须超越传统的二分法。

　　传统的二分法不仅不能适应和应对当今中国法的渊源的复杂性，而且导致中国法学界对某些法的渊源进行归类而产生了分歧，即有人认为规章（本书所谓的规章既包括部门规章也包括地方性规章）是正式的法的渊源，有人认为规章是非正式的法的渊源。持前一种观点的人的理由是：按照《宪法》第 90 条和《立法法》第 80 条、第 82 条等规定，国务院各部、委有权制定部门规章，省、自治区、直辖市和设区的市和自治州的人民政府有权制定地方规章。《中华人民共和国法官法》第 6 条、《中华人民共和国刑事诉讼法》第 6 条、《中华人民共和国民事诉讼法》第 7 条和《中华人民共和国行政诉讼法》（以下简称

《行政诉讼法》）第 5 条等规定，法官审判案件必须以事实为根据，以法律为准绳。这些条款中所规定的"法律"一词绝对不是指狭义上的法律，即全国人民代表大会及其常务委员会所制定的规范性文件，而是指广义上的法律，即按照《宪法》和《立法法》的规定，所有有权制定规范性文件的国家机关所制定的规范性文件。在这个意义上，规章应该属于正式的法的渊源。持后一种观点的人的理由是：《行政诉讼法》第 63 条第 1 款规定，人民法院审理行政案件，以法律和行政法规、地方性法规为依据。第 63 条第 3 款规定，人民法院审理行政案件，参照规章。根据这两条规定，各级人民法院在审理行政案件时，法官既可以适用规章作为行政裁判的依据或理由，也可以不适用规章作为行政裁判的依据或理由。这就是说，法官在审理行政案件时没有法律上的义务必须要适用规章作为裁判的依据或理由。质言之，在行政案件的审理中，规章对法官没有法律上的约束力，只有法律上的说服力或只是具有法律意义的资料。在这个意义上，规章属于非正式的法的渊源。这样，根据中国的宪法体制和相关法律规定以及按照正式的法的渊源与非正式的法的渊源的分类标准，规章既是正式的法的渊源也是非正式的法的渊源，规章既不是正式的法的渊源也不是非正式的法的渊源。为了解决这个矛盾，我们就必须要超越传统的二分法。

法的渊源的传统二分法不仅对规章进行归类产生了困难和矛盾，而且使对立法资料和司法解释文本进行归类产生了困难和矛盾。对于立法资料来说，如果我们将其归类为正式的法的渊源，那么，这就使得它与制定法文本处于相同的法的渊源的地位，使得它与制定法文本一样对法官具有法律上的约束力。

但是，立法资料毕竟不是制定法文本本身内容的组成部分，它只是人们理解和解释制定法文本的辅助资料，或者说，它只是帮助人们正确理解和解释制定法文本的一种辅助工具，因此，它不应该与制定法文本处于相同的法的渊源的地位，不应该与制定法文本一样对法官具有法律上的约束力。此外，如果我们将立法资料归类为非正式的法的渊源，那么，这就使得它与当代中国法律共同体所公认的非正式的法渊源如习惯、判例、政策处于相同的法的渊源的地位。但是，正如前述，立法资料是民主立法程序或过程的必然构成部分，而且它与制定法文本密切相关，离不开特定制定法文本而独立存在，因为对于法律适用者来说，离开了制定法文本，立法资料是无意义的。这样，将立法资料归类为正式的法的渊源是不合适的，将其归类为非正式的法的渊源也是不合适的。也就是说，我们既不能将立法资料归类为正式的法的渊源，也不能将其归类为非正式的法的渊源。对于司法解释文本来说，如果我们将其归类为正式的法的渊源，那么，这就使得它与当代中国法律共同体公认的法的正式的渊源即制定法处于相同的法的渊源的地位，但是，制定法的制定机关都是根据中国现行《宪法》和《立法法》的规定享有一定立法权的国家机关，而根据我国现行《宪法》和《立法法》的相关规定，制定和公布司法解释文本的最高人民法院不享有立法权。即使我们像部分学者所认为的那样，最高司法机关制定和公布司法解释文本是在行使一种"准立法权"，那么，它与全国人民代表大会及其常务委员会制定的规范性法律文件，即狭义的法律和国务院制定的规范性法律文件，即行政法规之间的法的渊源的关系是怎样的呢？即使我们认为其法的渊源的地位低于狭义的法律，那么，它与行政法规之间的法的渊源的地位是怎样的呢？按照中国现行的法律体制，我们无法作出一个合理的安排。也许有人会提出下列问题：英美法系是如何处理这个关系的呢？我们认为，在英美法系，这个问题是不存在的。因为在英美法系，虽然判例是正式的法的渊源，但是，它们的最高法院也不像它们的立法机构与行政机构一样可以制定抽象的规范性法律文件。另外，如果我们将司法解释文本归类为非正式的法渊源，那么，这就使得它与当今中国法律共同体所公认的非正式的法的渊源，即习惯、判例、政策处于相同的法的渊源的地位。正如前述，最高司法机关制定和公布司法解释文本是根据《全国人大常委会关于加强法律解释工作的决议》《中华人民共和国人民法院组织法》以及《中华人民共和国人民检察院组织法》的规定。这与当今中国法律实践也是相背离的。正如前述，大量的中国各级人民法院的判决书直接引用司法解释文本中的规定作为裁判的依据。无论是法官还是其他法律人在处理法律问题的过程中，不仅要考量法律规定而且要考量司法解释文本。更为重要的是，在中国的法律实践中，如果法律人抛弃了司法解释文本，他们就无法更准确地处理特定法律问题。总之，根据中国现行宪政体制、相关法律规定以及中国法律实践传统，将司法解释文本归类为正式的法的渊源是不合适的，将其归类为非正式的法的渊源也是不合适的。这也促使我们必须超越法的渊源的传统二分法。

为了应对当今中国法的渊源的复杂性和相对容易地将这些渊源构建成为一个融贯整体，克服按照法的渊源的传统二分法对当代中国法的渊源进行归类所遭遇到的困难，我们将抛弃传统的二分法，而采纳佩岑尼克关于法的渊源的三分法。

正如前述，作为形式理由的法的渊源的形式性，即有效的形式性存在着一个程度问题，也就是说有的法的渊源的形式性程度高，有的法的渊源的形式性程度低。从法律决定或法律判断的证成的角度看，这是指法的渊源作为证成法律决定或法律判断的理由，对特定法律决定或法律判断的支持力，存在着一个程度问题。也就是说，有的法的渊源对特定法律决定的支持程度高，有的法的渊源对特定法律决定或法律判断的支持程度低。质言之，不同种类的法律渊源对特定法律决定或法律判断的重要性程度不同。法的渊源的分类标准就是，其对特定法律决定或法律判断的支持程度或重要性程度的高低。无论是法的渊源的传统二分法还是佩岑尼克的法的渊源的三分法，其分类标准都是相同的，即支持程度或重要性程度的高低。只不过，"二分法"是将法的渊源对法律决定或法律判断的支持程度或重要性程度分为高与低两个位阶，即对法律决定或法律判断的支持程度或重要性程度高的法的渊源是正式的法的渊源，对法律决定或法律判断支持程度或重要性程度低的法的渊源是非正式的法的渊源。"三分法"将法的渊源对法律决定或法律判断的支持程度或重要性程度分为高、中、低三个位阶，即对法律决定或法律判断的支持程度或重要性程度处于高位阶的法的渊源是必须适用的法的渊源，对法律决定或法律判断支持程度或重要性程度处于中位阶的法的渊源是应该适用的法的渊源，对法律决定或法律判断的支持程度或重要性程度处于低位阶的法的渊源是可以适用的法的渊源。这就意味着，必须适用的法的渊源对法律决定或法律判断的支持程度或重要性程度比应该适用的法的渊源的支持程度或重要性程度高，而应该适用的法的渊源对法律决定或法律判断的支持程度或重要性程度比可以适用的法的渊源的支持程度或重要性程度要高。对于支持程度或重要性程度低的法的渊源来说，支持程度或重要性程度高的法的渊源是强度更大的理由。[1]

正如前述，按照法的渊源对法律决定或法律判断的支持程度或重要性程度的高低，可以将其区分为必须适用的法的渊源、应该适用的法的渊源与可以适用的法的渊源。那么，这三种不同的法的渊源分别对法官或法律人意味着什么呢？必须适用的法的渊源是指在某种情形下，法官或法律适用者必须要引用或提及的法的渊源。所谓"必须"，是指这种法的渊源对于法官或法律适用者具有强意义上的约束力。这就意味着，如果作法律决定的人如法官在法律决定中没有引用或提及它，那么，这就是法官违背自己职责的行为。这就是说，如果能够肯定在必须适用的法的渊源中存在着某个规定可以适用于某个案件，但是，法官因其过失而在法律决定中没有引用或提及这个规定，那么，这就是一种法官没有履行其职责的行为。相反，如果因其过失而引用或提及一个错误的规定，那么，这将不会被认为是法官没有履行其职责的行为。所谓应该适用的法的渊源是指，法官或法律适用者只有一种弱意义的义务引用或提及的法的渊源。既然这种渊源的引用或提及对于法官或法律适用者只是一种弱意义的义务，那么，如果法官因其过失而不引用或提及该法的渊源，就不认为其是法官不履行其职责的行为。弱意义的义务是一种与证成相关的举证责任方面的义务。具体来说，如果属于应该适用的法的渊源的一个理由没有被法官或法律适用者引用或提及，那么，自由裁量权的合理性就要求该

---

[1] Aleksander Peczenik, *On Law and Reason*, Kluwer Academic Publishers, 1989, p. 321.

法官或法律适用者负责论证为什么没有引用或提及该理由。这就意味着，弱意义的义务与自由裁量权的合理性的观念相关联。为了保证自由裁量权的合理性，法官或法律适用者必须遵循有关举证责任的规则。从法律解释与法的渊源的关系看，人们都期望法律解释结果是被证成的，而且只有在可用的法的渊源已按照适当方式而被适用时，该解释结果才被认为是证成的。举例来说，如果法律适用者是按照立法者目的的解释方法解释某个制定法条文的意义，那么，他首先必须利用立法资料证成立法者的目的是什么。如果法律适用者没有利用立法资料证成立法目的，那么，他根据立法者目的解释方法所解释的制定法某个条文的意义就被认为是没证成的。在这个例子中，制定法是必须适用的法的渊源，而立法资料是应该适用的法的渊源。所谓可以适用的法的渊源是指法官或法律适用者对于所引用或提及的这种法的渊源，既没有强意义义务也没有弱意义义务，也就是说，只是允许法官或法律适用者引用或提及的那些法的渊源。[1]前述的分析表明：必须适用的法的渊源是那些对法官或法律适用者有约束力的法的渊源，应该适用的法的渊源是指导法官或法律适用者引用或提及的法的渊源，可以适用的法的渊源是允许法官或法律适用者引用或提及的法的渊源。

根据中国现行的宪政体制以及中国法律实践传统和依照前述法的渊源的分类标准，我们将当今中国法的渊源重新归为以下三类：一是必须适用的法的渊源，包括宪法、法律、行政法

---

〔1〕 Aulis Aarnio, *The Rational as Reasonable*, D. Reidel Publishing Company, 1986, pp. 89 - 92.

规、地方性法规以及民族自治法规、经济特区法规、特别行政区的规范性文件和国际条约。二是应该适用的法的渊源，包括规章即部门规章和地方规章、立法资料和司法解释文本。三是习惯、判例、政策和法教义学。第一类法的渊源即必须适用的法的渊源，就是中国目前法理学教材中所谓的正式的法的渊源，也是部分教材中所谓的"以宪法为核心的各种制定法为主的形式"。[1]既然这类法的渊源是中国法律共同体公认的正式的渊源，那么，它们就是对法官有法律约束力的法的渊源，是法官必须适用的法的渊源。第三类法的渊源即可以适用的法的渊源，是中国目前法理学教材中所谓的非正式的法的渊源。在这里，我们增加了"法教义"，它相当于中国法理学教材中所说的"法理"或"法律学说"。我们之所以没有将它放在第二类法的渊源即应该适用的法的渊源中，是因为：一方面，它与规章、立法资料和司法解释文本不同，后三者与特定国家机关相关，是一种行使国家权力的体现；而法教义学是学院法律人的法学研究成果。另一方面，在中国法律共同体的一般观念中，它也不可能被视为与后三者具有相同的法的渊源的地位。我们之所以将规章、立法资料和司法解释文本归为第二类法的渊源即应该适用的法的渊源，是因为，正如前述，将它们归为中国语境中的正式的法的渊源是不合适的，将它们归为中国语境中的非正式的法的渊源也是不合适的。这三种法的渊源的位阶之所以高于习惯、判例、政策和法教义学，是因为它们是特定国家机关依据相关法律规定的职权而产生或被制定的。

---

[1] 沈宗灵主编：《法理学》，高等教育出版社1994年版，第306页。

三、法的渊源的适用准则

我们首先从整体或一般的角度论述法的渊源的适用准则，然后分别论述制定法、判例和法教义学的适用原理与准则。

（一）一般的法的渊源的适用准则

法律人在作或证成法律决定或法律判断的过程中面对着各种各样的法的渊源，他们应该按照什么样的准则来适用这些法的渊源呢？如果没有这些准则，那么，这就意味着法律人可以随意地适用任何一个法的渊源作为证成特定法律决定或法律判断的大前提的基础。如果法律人可以随意地选择一个法的渊源，那么，这就意味着法的渊源的功能——保证法律决定的确定性或可预测性——不能得到很好的实现。因此，法律人必须按照一定的准则适用法的渊源。那么，我们如何构建法的渊源的适用准则呢？正如前述，本书主张法律命题的证成标准是融贯性真理观，因此，我们将按照融贯标准构建法的渊源的适用准则。

根据融贯性理论第 1 个和第 4 个标准，即"属于一个理论的命题越是得到更多的命题或理由的支持，该理论越融贯"和"相同的结论来自于一个特定理论内的独立的不同系列的前提的数目越多，该理论越融贯"，[1]法官或法律适用者所作的特定的法律决定或法律判断越是能够得到更多的法的渊源的支持，越是能够减少法官或法律适用者的武断性和恣意性，该法律决定或法律判断

----

[1] Robert Alexy and Aleksander Peczenik, "The Concept of Coherence and Its Significance for Discursive Rationality", *Ratio Juris*, 1 (1990), pp. 133, 136.

越是融贯的、确定的、合理的。该法的渊源的适用准则的一个亚准则是，法官或法律适用者所作的法律决定或法律判断越是能够得到更多的处于不同位阶的法的渊源或属于不同种类的法的渊源的支持，越是能够减少法官或法律适用者的武断性和恣意性，越是能够保障法律决定或法律判断的融贯性、确定性和合理性。

根据融贯性理论的第 3 个标准，即属于一个理论的命题越是在强意义被其他命题支持，该理论越融贯，[1]法官或法律适用者所作的法律决定或法律判断应尽可能多地得到强意义的法的渊源的支持，特定的法律决定或法律判断越是能够得到更多的强意义的法的渊源的支持，该法律决定越是融贯的、确定的、合理的。正如前述，在法的渊源的原理中，所谓强意义的法的渊源是指支持性程度或重要性程度高的法的渊源。这样，我们就可以得到下列三个子命题：首先，法官或法律适用者所作的法律决定或法律判断应在尽可能大的程度上得到更多的必须适用的法的渊源的支持。其次，法官或法律适用者所作的法律决定或法律判断应在尽可能大的程度上得到更多的应该适用的法的渊源的支持。最后，法官或法律适用者所作的法律决定应在尽可能大的程度上得到可以适用的法的渊源的支持。这个原理也说明了，如果在法律决定或法律判断的证成中，有必须适用的法的渊源可适用，那么，作法律决定的人就必须适用它们；如果有应该适用的法的渊源可适用，那么，作法律决定的人就应该适用它们；如果有可以适用的法的渊源可适用，那么，作法律决定的人就可以适用它们。另外，我们必须指出的是，这

---

〔1〕 Robert Alexy and Aleksander Peczenik, "The Concept of Coherence and Its Significance for Discursive Rationality", *Ratio Juris*, 1 (1990), p. 133.

个适用准则预设了下面一个前提：这三种类别的法的渊源在某个法律决定或法律判断的证成中是没有矛盾的，也就是说它们在法律决定或法律判断的证成中是相容的。那么，现在的问题是，如果在某个法律决定或法律判断的证成中，不同种类的法的渊源之间以及相同种类的法的渊源之间发生了冲突，应该怎么处理？这就需要在它们之间确立优先性关系。

法的渊源之间的优先性基本原理如下：在对特定法律决定或法律判断的证成过程中，如果一个支持程度或重要性程度相对高的法的渊源与支持程度或重要性程度相对低的法的渊源之间发生了冲突或矛盾，如一个制定法与立法资料所表达的主张之间发生了冲突或矛盾，那么，前者就具有初步的优先性，这就是说，作法律决定或法律判断的人应该适用支持程度或重要性程度相对高的法的渊源，而不应该适用支持程度或重要性程度相对低的法的渊源。这样，我们就可以得到三个关于法的渊源之间的优先性关系的命题：其一，相对于应该适用的法的渊源，必须适用的法的渊源具有初步的优先性。其二，相对于可以适用的法的渊源，应该适用的法的渊源具有初步的优先性。其三，相对于可以适用的法的渊源，必须适用的法的渊源具有初步的优先性。这里所谓的"初步优先性"是指，这些优先性关系不是绝对的、最终的，也就是说这些优先性关系是可以推翻的。在什么条件下，初步的优先性关系是可以推翻的呢？如果有足够强的理由能够证成相反的结论，那么，优先性关系就是可以被推翻的。另一种优先性关系是许多弱意义的理由累加起来往往优先于比较少的强意义的理由。例如，如果有三个应该适用的法的渊源和两个可以适用的法的渊源都支持某个法律决定或法律判断，但是，只有一个必须适用的法的渊源不支持该法律决定或法律判断，那么，前者就优先于后者。但是，证成不引用重要性程度小的法的渊源的足够强的理由往往弱于证成不引用一个重要性程度大的法的渊源所要求的理由。我们必须指出的是，无论是谁，如果要推翻上述所确立的那些优先性关系，就必须负有论证的责任。[1]后一种优先性关系是建立在法的渊源的数量基础之上的，那么，纯粹的法的渊源的数量一定能够确立它们之间的优先性关系吗？我们的答案是否定的，原因在于：证成法律决定或法律判断的法的渊源不仅有一个数量问题，而且这些渊源之间还存在着一个位阶的问题。例如，如果只有一个必须适用的法的渊源支持某个法律决定或法律判断，但是有两个或两个以上应该适用的法的渊源支持相反的法律决定或法律判断，那么，后者优先于前者吗？再如，如果只有一个必须适用的法的渊源支持某个法律决定或法律判断，但是有两个或两个以上可以适用的法的渊源支持相反的法律决定或法律判断，后者优先于前者吗？又如，如果只有一个应该适用的法的渊源支持某个法律决定或法律判断，但是有两个或两个以上可以适用的法的渊源支持相反的法律决定或法律判断，那么，后者优先于前者吗？对于这些问题，我们不能简单地做出回答，也就是说，我们不能简单地只根据支持某个法律决定或法律判断的法的渊源的数量的绝对值作出判断，我们必须结合具体案件的事实以及与其相关的实质理由作出综合判断。在实质上，这些问题涉及下列问题："许多弱意义的法的渊源累加起来"本身就存在一个程度问题，即"累加到什么程度"的问题。

---

〔1〕 上述有关优先性的论述，参见 Aleksander Peczenik, *On Law and Reason*, Kluwer Academic Publishers, 1989, p. 321.

也就是说，许多弱意义的法的渊源累加起来"到什么程度"，它们才优先于较少的强意义的法的渊源呢？这样的一个程度问题，本身需要相关者在理性的商谈程序或论证程序中达成一致。

前述内容只是论述了不同位阶的法的渊源之间的优先性关系，那么，相同位阶的法的渊源之间存在初步优先性关系吗？它们之间的初步优先性关系的具体内容是什么呢？首先，我们认为，在中国的语境中，那些必须适用的法的渊源之间存在着优先性关系。因为那些不同的必须适用的法的渊源是由不同国家机关制定并颁布的，而不同国家机关享有的国家权力的等级不同，享有处于高等级国家权力的国家机关所制定并颁布的法的渊源一定高于或优先于那些享有处于低等级国家权力的国家机关所制定并颁布的法的渊源。其次，我们认为，在中国语境中，应该适用的法的渊源即规章、立法资料和司法解释文本之间存在着优先性关系，即立法资料优先于司法解释文本，而司法解释文本优先于规章。我们认为，立法资料之所以优先于司法解释文本的理由在于，在现代社会中，立法权优先于行政权和司法权。前者是立法过程的一部分，是理解和解释全国人民代表大会及其常务委员会制定的制定法的辅助工具，后者是最高司法机关对前者在法律适用过程中有关问题的解释。我们认为，司法解释文本优先于规章的理由在于，正如前述，司法解释文本是最高司法机关对全国人民代表大会及其常务委员会制定的法律在司法适用中的有关问题的解释，而后者是国务院制定的行政法规或地方权力机关制定的地方性法规的具体化。最后，我们认为，在中国语境中，可以适用的法的渊源之间也存在着优先性关系，即习惯优先于判例、判例优先于政策、政策优先于法教义学。习惯是一个民族的人们在长久的实践生活之中自发形成的行为模式或行动规则，它是特定民族的人们的整体理性和自然理性的体现。判例是法官认为法律在特定具体的案件中是什么的判断，它是人为制定的，是人为理性的体现。因此，习惯优先于判例。政策是关于集体目标的决定而且随着情势的变化而变化；而判例是正义在法律之中的体现，是有关人们的权利的，因此，判例优先于政策。无论是判例还是政策都是特定国家机关制定的，而法教义学是一种法律学说，因此，政策优先于法教义学。

（二）制定法的适用原理与准则

在当今世界范围内，无论是大陆法系国家还是英美法系国家，制定法都是必须适用的法的渊源或正式的法的渊源。对于中国来说，自近代中国走上法制现代化的道路以来，制定法一直是中国法体系中首要的主体部分。作为法的渊源，无论是中国法律传统还是近代以来的中国法律实践，制定法一直是中国法律实务中必须适用的法的渊源。因此，我们认为，在中国，制定法适用的一个准则是：在法官或法律适用者作法律决定或判断时，如果有可适用的制定法，那么，他们必须要优先适用制定法的规定。这里的"优先"也不是绝对的、最终的优先而是一种初步优先。这就意味着，在特殊情况下，即使有可适用的制定法支持某个法律决定或法律判断，但是其他的法的渊源支持与该法律决定或法律判断相反的法律决定或法律判断，法官或法律适用者可以其他的法的渊源作为该案件的法律决定或法律判断的权威理由。据前述的论证负担原则，如果有可适用的制定法，而法官或法律适用者没有适用该制定法作法律决定或法律判断，而是适用其他的法的渊源作出与前一个法律决定或法律判断相反的法律决定或法律判断，那么，法官或法律适用者负有论证的责任。

作为法的渊源的制定法，由许多不同的规范性法律文件组成。这就意味着一个法律决定或法律判断可能会得到不止一个制定法的支持，也就是说可能会得到两个以上的制定法的支持。因此，根据前述的融贯性标准，我们可以得到下列制定法的适用准则：法官或法律适用者所作的法律决定或法律判断应该得到尽可能多的制定法的支持，也就是说法官或法律适用者应该适用尽可能多的制定法支持其所作的法律决定或法律判断。根据前述融贯性的标准（属于一个理论的命题越是得到更多命题或理由的支持，该理论越融贯），如果特定的法律决定能够得到尽可能多的制定法的支持，那么，该法律决定或法律判断就越可能不是武断的，就越可能具有可预测性、确定性，就越可能是合理的。

制定法是依据宪法和法律规定享有一定立法权的国家机关按照法定程序制定的规范性法律文件。因此，作为一个整体，制定法是一个国家的主权者意志（sovereign will）的体现。一个国家只有一个主权者或最高统治者。这样，在一个特定法体系中，只有一个命令和允许意志（commanding and permitting will）。在这个意义上，特定法体系的组成部分之间具有融贯性和统一性。[1]这就意味着制定法与制定法之间在逻辑上是无矛盾的，而且制定法之间存在着一个等级秩序。这个等级秩序中存在一个最高等级的制定法，也就是特定国家的宪法。每一个低等级的制定法必须与其高等级的制定法相一致，而且是高等级制定

---

〔1〕 George Henrik von Wright, *Norm and Action*, Routledge & Kegan Paul Press, 1963, p. 206.

法的具体化。在制定法的这个等级秩序之中，位于低等级秩序中的制定法都是根据位于高等级秩序中的制定法的规定而被制定的，前者是后者的基本精神和原则的具体化，是为了保证后者更符合特定领域或特定地区的具体情形，是为了保证后者在特定领域或特定地区更好地得到实现，因此，前者较后者更具体、明确和更具有可操作性、可预测性。因此，如果处于低等级秩序中的制定法关于某个事项的规定与处于高等级秩序中的制定法关于该事项的规定不矛盾、不冲突，法官或法律适用者应该优先适用前者的规定。如果法官或法律适用者在这种情形下不优先适用处于低等级秩序中的制定法的规定，那么，这就意味着制定低等级秩序的制定法是无意义的，也就是说，从适用的角度来说，低等级秩序的制定法是没必要存在的。因此，我们可以得到下列制定法的适用准则：如果有两个处于不同等级秩序中的制定法都可适用于特定案件，并且这两个制定法关于同一事项的规定之间不存在冲突或矛盾，那么，法官或法律适用者应该优先适用处于低等级秩序中的制定法的规定。但是，这个"优先性"也不是绝对的、最终的，而是初步的、可推翻的。也就是说，如果法官或法律适用者适用处于低等级秩序中的制定法规定，得到的法律决定或法律判断与正义及公平的基本要求、强制性要求和占支配地位的要求发生了冲突，那么，他或她也可以适用处于高等级秩序中的制定法或其他的法的渊源。

前述关于作为法的渊源的制定法的各种实用准则的预设前提是，处于不同等级秩序的制定法以及相同等级秩序的制定法被适用于特定案件事实时不会得到相互冲突或矛盾的法律决定或法律判断，即这些制定法被适用于特定案件事实时是不冲突的或不矛盾的。现在的问题是，如果这些不同的制定法适用于特定案件事实时得到相互冲突的或矛盾的法律决定或法律判断，法官或法律适用者应该按照什么准则来选择某一个制定法作为法律决定或法律判断的大前提呢？即法官或法律适用者应该选择哪一个制定法作为法律解释结果的证成基础呢？我们认为有以下两个准则：一是如果处于不同等级秩序的制定法被适用于特定案件事实获得相互冲突的或矛盾的法律决定或法律判断时，那么，法官或法律人应该按照"处于高等级秩序的制定法优先于处于低等级秩序的制定"的准则，即我们通常所谓的"上位法优于下位法"的准则，来选择法律决定或法律判断的大前提的来源或法律解释结果的证成基础。二是如果处于相同等级秩序的制定法被适用于特定案件事实得到相互冲突的或矛盾的法律决定或法律判断时，那么，法官或法律适用者应按照"特别法优于一般法"的准则和"新法优于旧法"的准则来选择法律决定或法律判断的大前提的来源或法律解释结果的证成基础。

对于后一个准则，还会产生下列特殊的交叉情形：处于相同等级秩序的制定法之间，新的一般规定与旧的特殊规定被适用于特定案件事实得到了相互冲突的或矛盾的法律决定或法律判断。针对这种特殊情形，如果法官或法律适用者按照"特别法优于一般法"的准则和"新法优于旧法"的准则，就会产生下列僵局结果：如果按照"特别法优于一般法"的准则，法官或法律适用者就会得到一个由旧的特殊规定所支持的法律决定或法律判断；如果按照"新法优于旧法"的准则，法官或法律适用者就会得到一个由新的一般规定所支持的法律决定或法律判断。质言之，对于这种特殊情形，如果按照前述的后一个制定法适用准则，法官或法律人就会得到两个相互冲突的或矛盾的法律决定或法律判断。我们如何解决呢？我们认为，法官或法律适用者应按照下列准则解决这个问题：如果有其他的法的渊源也支持新的一般规定所支持的法律决定或法律判断，那么，法官或法律适用者就应选择该新的一般规定作为法律决定或法律判断的大前提的来源或法律解释结果的证成基础。如果有其他的法的渊源也支持旧的特殊规定所支持的法律决定或法律判断，那么，法官或法律适用者就应选择该旧的特殊规定作为法律决定或法律判断的大前提的来源或法律解释结果的证成基础。如果既有其他的法的渊源支持新的一般规定所支持的法律决定或法律判断，也有其他的法的渊源支持旧的特殊规定所支持的法律决定或法律判断，那么，获得更多的其他法的渊源的支持的，法官或法律适用者就选择它作为法律决定或法律判断的大前提的来源或法律解释结果的证成基础。

（三）判例的适用原理与准则

遵循判例或适用判例是可普遍化原则的一个必然要求，或者说，遵循判例或适用判例建立在可普遍化原则的基础之上。质言之，可普遍化原则证成了判例的适用。正如前述，可普遍化原则的基本含义是指，将一个谓词 F 适用于一个客体 a 的每一个言谈者必须愿意将谓词 F 适用于与 a 在所有相关方面相似的每一个其他客体上。在规范性或评价性陈述中，该原则就转变为下列含义：每一个言谈者在特定情形中，只可以主张下列价值判断或义务判断：该言谈者愿意对与特定情形在所有相关方面都相似的每一个情形都主张相同的价值判断或义务判断。[1]由

---

〔1〕 Robert Alexy, *A Theory of Legal Argumentation*, trans. by Ruth Adler and Neil MacCormick, Clarendon Press, 1989, p. 190.

此可见，可普遍化原则在实质上就是要求相同问题相同处理，它是形式正义原则在普遍或一般实践论证领域中的具体化。在法律适用或法律决定的证成中，遵循判例就是为了保证"相同问题相同处理"的形式正义原则的实现。总之，根据可普遍化原则和形式正义原则的要求，我们可以得到下列关于判例适用的原理或准则：如果法官或法律适用者在作法律决定或法律判断的证成中，有一个判例支持或反对该法律决定或法律判断，那么，法官或法律适用者必须要引用该判例。

遵循判例或适用判例不仅是可普遍化原则的一个必然要求，而且符合惯性原理的要求。正如佩雷尔曼所指出的，惯性原理为法学和伦理学中诉诸先例和接受规范奠定了基础。该原理的基本含义是，过去一直被接受或承认的一个观点，如果没有充足的反对理由，不允许被放弃。他认为该原理奠定了人类知识和社会生活的稳定的基础。但是，该原则并不意味着存在的东西必须永远保持不变，而它仅仅表明，如果没有理由而抛弃迄今为止一直接受的一个观点是不合理的。这个原理要求，无论是谁批评或怀疑某个东西，他或她就必须提出批评或怀疑的理由，没有理由就不能随便地对某个东西提出批评或怀疑。这就意味着，在需要证成的王国中，不允许漫无边际的批判或怀疑。换句话说，根据这个原则，需要证成的领域是有范围的。具体来说，不要求对诉诸一个存在着的实践进行证成，只有对改变存在着的实践才必须被证成。[1]任何一个判例都是过去被承认或接受的一个实践，因此，在法律适用中或法律决定的证成中，

---

〔1〕 Robert Alexy, *A Theory of Legal Argumentation*, trans. by Ruth Adler and Neil MacCormick, Clarendon Press, 1989, pp. 171 – 172.

遵循判例或适用判例，就能保证法律和社会生活的稳定。但是，这并不意味着法官或法律适用者不能背离或偏离判例。根据惯性原理，在法律适用中或法律决定的证成中，法官或法律适用者可以背离或偏离判例，但是，该法官或法律适用者必须对其偏离或背离判例进行证成，也就是说，如果法官或法律适用者有充分的支持其偏离或背离判例的理由，那么，他或她就可以偏离或背离判例。这就意味着，如果法官或法律适用者引用一个判例，那么，该法官或法律适用者就不需要对这个引用进行证成，也就是说不需要法官或法律适用者提出为什么引用这个判例的理由。这样，我们就可以得到下列判例适用的原理或准则：如果有一个可以引用的支持或反对某个法律决定或法律判断的判例，但是，法官或法律适用者偏离了该判例，那么，他或她就必须提出充分的理由，或者说，他或她负有对偏离该判例进行证成的责任。

按照融贯性理论的第 9 个和第 2 个融贯性标准，即一个理论或命题所涵盖的具体情形越多就越融贯，一个命题受到支持的理由链条越长就越融贯，[1]法官或法律适用者所作的法律决定或法律判断，能够解释得通的判例越多，或者说受到越多的判例的支持，就说明该法律决定或法律判断所涵盖的具体情形就越多，受到支持的理由链条就越长，那么，该法律决定或法律判断就越少武断性，就越理性，就越具有可接受性。这样，我们就可总结到如下的判例适用的原理和准则：法官或法律适用者所作的法律决定或法律判断应该与尽可能多的判例相一致，

---

〔1〕 Robert Alexy and Aleksander Peczenik, "The Concept of Coherence and Its Significance for Discursive Rationality", *Ratio Juris*, 1 (1990), pp. 133, 142.

如果与越多的判例相一致，那么，该法律决定或法律判断就越少武断性和恣意性，就越确定，就越具有可预测性、就越理性，就越具有合理性和可接受性。这原理或准则就说明，如果针对一个具体案件，有两个相互对立的法律决定或法律判断，那么，得到更多判例支持的那个法律决定就比另一个得到相对少的判例支持的法律决定或法律判断更具有合理性、更正确。质言之，得到更多判例支持的法律决定或法律判断优先于得到较少的判例支持的法律决定或法律判断。但是，我们必须指出，这种优先性不是绝对的、最终的和不可推翻的，而是相对的、初步的和可推翻的。这取决于法官或法律适用者，结合具体案件事实，对其他法的渊源如制定法、立法资料等和实质理由进行综合考量和平衡。

正如前述，无论是可普遍化原则还是惯性原理，都要求法官或法律适用者在法律决定的证成中遵循或适用判例。遵循或适用判例保证了"相同问题相同处理"的形式正义的实现。但是，在现实生活之中，既没有完全相同的两个案件也没有完全不同的两个案件。而判例适用的前提是，待决案件与判例在相关方面是相似或相同的。这就需要法官或法律适用者对判例与待决案件之间的相同方面和不同方面进行区分，在区分的基础上，决定或判断是相同方面重要还是不同方面重要，只有在相同方面重要的待决案件才可适用判例。因此，判例适用的一个关键和核心就是对判例和待决案件之间的不同进行区分。而对判例与待决案件进行区分以及衡量和判断它们相同方面是否重要，法官或法律适用者都必须运用到其他的法学方法和普遍实践论证。另外，即使判例与待决案件之间在相关方面是相同的或相似的，法官或法律适用者也有可能偏离判例而处理待决案件，或者说，法官或法律适用者没有按照判例裁判待决案件。原因在于，从判例作出到裁决待决案件这个期间，特定社会的占支配地位的正义观念或主流的正义观念可能发生变化。这就是说，在判例作出的时代，人们认为该判例是正确的或正当的，但是，在对后来的一个待决案件裁判时，人们认为按照与待决案件相似的早期的判例进行裁决所得到的法律决定是不合理的或不正当的。这就意味着法律人可以偏离判例作出法律决定，那么，他或她就必须就其偏离判例作出证成或论证。这不仅意味着判例适用的局限性，而且意味着法官或法律适用者要运用其他法学方法和普遍实践论证。总之，无论判例适用的核心技术即区分还是偏离判例的证成，都意味着法官或法律适用者在适用判例时要运用到其他的法学方法和普遍实践论证。质言之，判例的适用必须以进一步的证成方式为前提。这样，根据前述的融贯性理论的第 2 个标准（属于一个理论的理由链条越长，那么该理论就越融贯，也就是说，当证成一个命题时，人们应该使用尽可能长的理由链条支持它），我们就可以得到下列关于判例适用的原理和准则：法官或法律适用者在法律适用或法律决定的证成中适用判例要尽可能多地运用其他的法学方法和普遍实践论证。这个原理或准则意味着，法官或法律适用者在运用判例证成法律决定或法律判断的过程中，如果他或她能够尽可能多地使用其他的法学方法和普遍实践论证，那么，他或她适用判例所得到的法律决定或法律判断越是融贯的，因此，越是合理的。

任何法体系中，都存在着许许多多的判例。为了更好地适用判例，我们需要按照一定的标准对这些判例进行分类。例如，按照时间标准，我们可以将判例分为存在时间较长的判例和存在时间较短的判例。按照作出判决的主体（以当代中国法院的等级）为标准，我们可以将判例分为最高人民法院的判例、高级人民法院的判例、中级人民法院的判例和基层人民法院的判例。当然，我们也可以按照其他标准如法官的级别、年龄等对判例进行分类。从法律证成的角度看，这些不同种类的判例对法律决定或法律判断的支持性强度或重要性程度是不同的。根据这个原理，一般来说，离我们当代社会越近——存在时间越短——的判例对特定法律决定或法律判断的支持强度越大、重要性程度越高。最高人民法院的判例对特定法律决定或法律判断的支持强度最大、重要性程度最高，高级人民法院的判例的支持强度或重要性程度次之，中级人民法院的判例的支持强度或重要性程度更次之，基层人民法院的判例的支持强度最小或重要性程度最低。按照融贯性理论的下列标准，即一个命题越是多地受到强意义理由的支持就越融贯、越确定、越合理，[1] 一个法律决定或法律判断越是多地受到支持强度大或重要性程度高的判例的支持，那么，该法律决定或法律判断越是融贯的，越确定，越合理。这样，我们就得到下列关于判例适用的原理和准则：法官或法律适用者所作的法律决定或法律判断应该尽可能得到更多支持强度大或重要性程度高的判例的支持。

前述关于判例适用的第 3 个原理和准则强调法官或法律适用者应该得到尽可能多的判例的支持。这个原理和准则与第 5 个原理和准则有时候可能产生下列困难的情形：针对特定案件事实，有两个相互对立的法律决定或法律判断，其中一个法律决定或法律判断得到更多的支持强度小或重要性程度低的判例

---

〔1〕 Robert Alexy and Aleksander Peczenik, "The Concept of Coherence and Its Significance for Discursive Rationality", *Ratio Juris*, 1 (1990), pp. 133 – 134.

的支持，而另一个法律决定或法律判断得到比较少的支持强度大或重要性程度高的判例的支持，例如，一个法律决定或法律判断得到了 5 个中级人民法院的判例的支持，而另一个得到了 1 个高级人民法院的判例的支持。如果按照第 3 个原理和准则，那么，得到 5 个中级人民法院的判例支持的法律决定或法律判断优先于得到 1 个高级人民法院的判例支持的法律决定或法律判断。因为，得到更多判例支持的法律决定或法律判断更融贯。如果按照第 5 个原理和准则，那么，得到 1 个高级人民法院的判例支持的法律决定或法律判断优先于得到 5 个中级人民法院的判例支持的法律决定或法律判断。因为得到支持强度大或重要性程度高的判例支持的法律决定或法律判断更融贯。如何解决这个困难呢？我们认为，法官或法律适用者应该选择得到 1 个高级人民法院的判例支持的法律决定或法律判断。理由在于：一方面，无论如何，高一级的法院可以通过上诉审推翻下级法院的判决，而下级法院无权推翻上级法院的判决；另一方面，一般来说，高一级法院的法官更有资质，而且具有相对丰富的经验。这样，我们就可以总结出下列判例适用的原理和准则：证成不引用支持强度小或重要性程度低的判例之足够强的理由往往弱于证成不引用支持强度大或重要性程度高的判例所要求的理由。我们可以运用这个原理和准则解决以下两个问题：其一，我们在前述指出，针对一个具体案件，有可能存在着两个相互对立的法律决定或法律判断，而且一个法律决定或法律判断得到了更多判例的支持，另一个法律决定或法律判断得到了较少判例的支持，得到更多判例支持的法律决定或法律判断具有优先性。但是，这种优先性只是初步的、可推翻的。那么，如何确定这个优先性的最终性呢？根据前述的原理和准则，一个法律决定或法律判断虽然得到支持的判例的数量相对少，但是，支持该法律决定或法律判断的判例的支持强度大或重要性程度高，因此，即使得到了更多支持强度小或重要性程度低的判例支持的那个法律决定或法律判断也不一定具有优先性。其二，针对一个具体案件，有可能存在着两个相互对立的法律决定或法律判断，支持这两个相反的法律决定或法律判断的判例的数量是相等的。在这种情况下，如果支持一个法律决定或法律判断的判例的支持强度大或重要性程度高，而支持另一个法律决定或法律判断的判例的支持强度小或重要性程度低，那么，得到支持强度大或重要性程度高的判例的支持的那个法律决定或法律判断就应该具有优先性。

（四）法教义学的适用原理与准则

法教义学作为科学与其他科学一样必须有自己的预设命题，通过这些预设命题来建构理论体系、证成和检测法律命题。根据阿尔尼奥的研究，法教义学作为科学与其他科学一样有自己的范式，包括了以下预设命题：①一系列法哲学背景的假设；②关于规范语句的对象或客体的假设，换句话说，关于研究主题的假设；③关于可承认的法的渊源的假设；④一系列方法的规则与原则，如法律解释规准；⑤许多价值假设，这些假设支持法教义学。[1]这就说明：法教义学依据自己的研究范式，不仅将特定国家现行有效的法律构成一个高度融贯性体系，而且可以将法律命题与其他领域的命题相关联。因此，如果法官或

---

〔1〕 Aulis Aarnio, *Reason and Authority*, Dartmouth Publishing Company Ltd., 1997, pp. 82 – 83.

法律适用者在法律决定或法律判断的证成中运用法教义学命题，就不仅与前述的第 2 个融贯性标准相一致，而且与融贯性理论的第 7 个、第 8 个、第 10 个标准相一致。第 2 个融贯性标准强调的是，支持一个命题的理由链条要尽可能长，支持链条越长，该命题就越融贯，就越确定、越合理。第 7 个融贯性标准要求，当使用一个理论证成一个命题时，应该使属于该理论的概念之间的相同性尽可能成为一个整体。第 8 个标准要求，当使用一个理论证成一个命题时，应该保证该理论尽可能多地运用属于其他理论的概念或尽可能多地使用与其他理论所使用的概念相类似的概念予以表达。第 10 个标准要求，当使用一个理论证成一个命题时，应该保证该理论涵盖尽可能多的生活领域。[1]如果法官或法律适用者在证成法律决定或法律判断时运用法教义学命题支持其法律决定或法律判断，那么，该法律决定或法律判断就不仅与制定法和判例相一致，而且与普遍或一般实践命题相关联，即该法律决定或法律判断的支持链条就越长，而且该法律决定与其他法律命题就越成为一个融贯整体，该法律决定或法律判断的证成更多地使用了属于其他理论的概念或更多地使用了与其他理论所使用的概念相类似的概念，该法律决定或法律判断不仅与法律生活领域相一致而且与道德生活领域相一致。总之，如果法官或法律适用者在证成法律决定或法律判断的过程中使用了法教义学命题，那么，该法律决定或法律判断的证成就满足或实现了融贯性的第 2、7、8、10 等融贯性标准，也就意味着该法律决定或法律判断是融贯的、确定的、合

---

[1] Robert Alexy and Aleksander Peczenik, "The Concept of Coherence and Its Significance for Discursive Rationality", *Ratio Juris*, 1 (1990), pp. 141 – 143.

理的。这样，我们就可以得到下列法教义学命题适用的原理或准则：法官或法律适用者在证成法律决定或法律判断时，如果有可以适用的法教义学命题，那么，法官或法律适用者必须引用之。

法教义学解释并体系化有效法律的核心意义在于，使有效法律成为一个高度融贯的整体，使有效法律得到更一般的理由的支持。质言之，法教义学的目的在于追求理性。谁否定了法教义学的作用或功能，谁就否定了理性。因此，法教义学作用或功能的不断增大，就能满足普通人对理性要求的不断增长。[1]这个原理对于法律决定或法律判断的证成来说，如果一个法律决定或法律判断能够得到更多法教义学命题的支持，该法律决定或法律判断就越具有理性，越是合理的。这个原理与前述的第2个融贯性标准相一致，即一个命题应该得到尽可能多的理由的支持，越是得到更多的理由的支持，该命题就越融贯、越合理。这就意味着，如果法律决定或法律判断能够得到更多的法教义学的命题的支持，那么，该法律决定或法律判断就越融贯、越合理。这样，我们就可以得到下列法教义学命题的适用原理或准则：法官或法律适用者在证成法律决定或法律判断时，应该尽可能多地适用法教义学命题证成该法律决定或法律判断。

前述的两个法教义学命题的适用原理或准则只是要求法官或法律适用者应适用并尽可能适用更多的法教义学命题，但是，这并不意味着所有的法教义学命题对特定法律决定或法律判断具有同等的支持强度或同等程度的重要性。哪些法教义学命题

---

〔1〕 Aleksander Peczenik, *On Law and Reason*, Kluwer Academic Publishers, 1989, pp. 361, 364.

的支持强度大或重要性程度高呢？哪些法教义学命题的支持强度小或重要性程度低呢？这取决于对法教义学命题的分类。在传统上，法教义学命题的分类是以命题的内容为标准的。根据这个标准，法教义学命题包括法律概念的定义、法律原则的阐述、法律规则的阐述以及对事态的描述。[1]但是，这些不同种类的法教义学命题对特定法律决定或法律判断的支持强度或重要性程度没有不同。因为我们不能说某些内容重要也不能说另一些内容不重要，也就是说我们不能根据内容的不同判断不同命题的支持强度的大小或重要性程度的高低。因此，我们需要按照其他标准对法教义学命题进行分类。我们可以想象到的标准有：命题出现或被发现的早晚、命题是否被特定法律共同体的成员所普遍接受或承认、命题的提出者或主张者是否是权威的法学家。从法律证成的角度看，按照这些标准所划分的不同种类的法教义学命题作为理由对某个法律决定或判断的支持程度是不同的。一般来说，出现得早或存在得比较久远的命题、被特定法律共同体的成员所普遍接受的命题即通说、权威法学家所提出或主张的命题，对特定法律决定或法律判断的支持程度相对要强，也就是说它们是强意义上的支持理由。相反，出现比较晚或存在时间较短的命题、没有被特定法律共同体的成员所普遍接受的命题、非权威法学家所提出或主张的命题，一般来说，是弱意义上的支持理由。按照前述的第 3 个融贯性标准，即一个命题越是多地受到强意义理由的支持就越融贯，该

---

[1] 根据内容对法教义学命题的分类的具体论述，参见王夏昊：《法律规则与法律原则的抵触之解决——以阿列克西的理论为线索》，中国政法大学出版社 2009 年版，第 302～304 页。

命题就越确定、越合理，因此，法官或法律适用者所作的法律决定或法律判断越是受到更多的支持强度大或重要性程度高的法教义学命题的支持，该法律决定或法律判断就越合理。这样，我们就可以总结出下列原理：法官或法律适用者所作的法律决定或法律判断应该尽可能多地受到支持强度大或重要性程度高的法教义学命题的支持。这个适用原理或准则意味着，支持强度大或重要性程度高的法教义学命题往往优先于支持强度小或重要性程度低的法教义学命题。这样，我们就可以得到下列法教义学命题的适用原理或准则：针对特定案件，如果不同的法教义学命题支持了相反的法律决定或法律判断，那么，那个得到了支持强度大或重要性程度高的法教义学命题支持的法律决定或法律判断具有优先性，但这个优先性是相对的、初步的、可推翻的。如果法官或法律适用者欲推翻这个优先性，他或她应该遵守哪些准则呢？可推翻的一个情形是：那些出现得比较晚的法教义学命题往往是特定时空下对社会现实的必然反映，这个新的法教义学命题对于解决特定时空下的法律问题也许是更合适的，而且在一个新的法教义学命题出现的一段时间内很可能得不到特定法律共同体的成员的普遍接受，这些命题也不一定就是权威的法学家所提出的或主张的。在这种情况下，佩雷尔曼的惯性原理还是有效的，即如果有人对我们所谓的理由，即支持程度强的法教义学命题提出质疑，他就承受论证负担。这样，我们就可以得到下列原理：如果作法律决定或法律判断的人不引用支持强度比较大或重要性程度相对高的法教义学命题，而引用支持强度相对小或重要性程度相对低的法教义学命题，那么，他就必须承受论证负担。他的这个论证必须符合下列原理：证成不引用支持强度小或重要性程度低的法教义学命题的足够强的理由往往弱于证成不引用一个支持强度大或重要性程度高的法教义学命题所要求的理由。

法官或法律适用者可以推翻法教义学命题之间的优先性关系。这本身就意味着人们可以质疑或怀疑法教义学命题。谁质疑或怀疑法教义学命题，谁就负有证成法教义学命题的责任。这就涉及法教义学命题的证成问题，而法教义学命题的证成往往需要通过普遍实践命题加以证成。因为用来反驳教义学命题的命题，就像在证成情形中应用的命题一样，不可能反过来永远是法教义学命题。因此，如果任何法教义学命题受到怀疑，那么，它至少必须诉诸一个普遍性实践命题而被证成。[1]根据这个原理，法官或法律适用者在作法律决定或法律判断的过程中，对于受到质疑或怀疑的法教义学命题必须进行证成，在这个证成中，他必须诉诸至少一个普遍性实践命题。我们认为，在这里证成者所诉诸的普遍性实践命题必须有一个范围。如果没有一个范围，就意味着作法律决定或法律判断的人可以漫无边际地诉诸普遍性实践命题以证成有利于自己的法教义学命题。这样，法律决定或法律判断的武断性就可能增加，法律适用的确定性就可能降低。我们认为，这个范围就是法教义学作为科学而预设的命题的范围。任何科学作为科学都有自己的理论或知识范式，而超越了自己的范式就不属于这门科学，或者这门科学就会产生革命性的变化。法教义学的研究也必须按照自己的范式或在其所预设的那些命题之内进行。

---

〔1〕 Robert Alexy, *A Theory of Legal Argumentation*, trans. by Ruth Adler and Neil MacCormick, Clarendon Press, 1989, pp. 262, 266.

法律解释方法

法律解释是法律人的日常工作，也是国家法律运行过程中的重要一环。习近平总书记明确指出，要"加强法律解释工作，及时明确法律规定含义和适用法律依据"[1] 法律解释需要运用特定的方法。那么，什么是法律解释的方法？法律解释的方法包括哪些种类呢？

一、法律解释方法的概念

（一）法律解释方法的界定

"解释"（interpretation）是一个非常一般的术语，有以下三种意义：其一，最广义的解释包括了所有对文化客体的理解。举例来说，我们可以将一组从地面突出来的大石头解释为是人们为了宗教崇拜目的人为树立起来的，而不是将其作为纯粹的

---

〔1〕 习近平：《中共中央关于全面推进依法治国若干重大问题的决定》，2014年 10 月 23 日中国共产党第十八届中央委员会第四次全体会议通过。

地理现象。我们是根据假定的目的解释它们，而不是根据对它们的制定者使用它们向我们传达某些信息的猜测而解释它们。其二，广义的解释是指，对语言或任何其他有意向的交往系统的解释。这种解释是指接受或获得信息的人能够将其作为具有一定意义的东西来理解它。对任何语言信息的理解都是一种广义上的解释。举例来说，一个汽车司机看到马路一个"左行"标志或符号，他将它的意义解释为他必须向马路左边行驶。其三，狭义的解释是广义解释的一个亚种类。这就是说"狭义"的解释也是对语言的理解，只不过是一种特殊情形的语言理解。这种特殊情形是指，人们对被使用于一个特殊语境或一个交往行动中的语言的理解或解释产生疑问的情形。具体来说，语言在一个具体语境或具体交往行动中有不同的意义，对于哪一个意义应该被归于这个具体交往行动，或者说，该语言在这个具体语境中的意义是什么，人们产生了争议或疑问。在这种情形下，涉及对于语言的不同意义的选择问题。人们应该如何来选择语言意义呢？这就是所谓狭义的解释。举例来说，我告诉你：我们将在星期三 10 点钟见面。你可能会产生下列疑问：我所说的"星期三"是指这个星期的"星期三"还是下个星期的"星期三"？我所说的"10 点"是指上午"10 点"还是指晚上"10点"？对在这个真实的疑问或争议的背景中的不同意义作出一个选择，就是我们所谓狭义的解释。[1]

　　上述狭义的解释在法律实践或法律商谈中也常常发生。一

---

〔1〕 关于解释的不同含义的具体论述，参见 D. N. MacCormick and R. S. Summes, *Interpreting Statutes: A Comparative Study*, Dartmouth Publishing Company, 1991, pp. 12–13.

位法学家准备对某部制定法作释义并予以评论时，发现了该制定法中的某些条款存在不同的意义。该法学家就应该注意到这些具有不同意义的条款，并应该说明在这些不同解释可能中哪一个或哪一些可能解释具有合理的优先性。我们将这种狭义的解释称为"操作性解释"（operative interpretation）。[1]这种操作性解释所面临的实质问题是：法官或法律适用者在针对具体案件作法律决定的过程中发现制定法文本或其他法的渊源的文本具有两种以上可供选择的意义，而且这些不同的意义导致了不同的法律决定或法律判断，为了作出有效的或有约束力的法律决定或法律判断，作为决定者，法官或法律适用者就必须在这些可能解释中选择一个解释，而且法官或法律适用者只能选择一种正当的意义作为其法律决定或法律判断所依赖的大前提。由此可见，操作性解释就是指法官或法律适用者为了证成其法律决定或法律判断，在有关法的渊源的文本的诸多说明的可能性之中，选择一种正当的意义。既然法官或法律适用者必须选择一种正当的意义，这就意味着法官或法律适用者必须对其所作的选择——对法的渊源的文本的解释结果——进行证成。那么，法官或法律适用者根据什么或用什么理由证成其解释结果或选择呢，即正当或不正当的标准是什么呢？除了对特定案件事实以及其他因素的考量，主要涉及的就是我们通常所说的法律解释方法或规准。这就是说，如果一种解释（结果）或法律规范是法官或法律适用者根据其所属特定法体系所承认的法律解释方法或规准得到的，那么，该解释结果或法律规范就至少

---

〔1〕 关于操作性解释的具体论述，参见 D. N. MacCormick and R. S. Summes, *Interpreting Statutes: A Comparative Study*, Dartmouth Publishing Company, 1991, p. 13.

具有初步的正当性。质言之，法律解释规准是证成法官或法律适用者所选择的解释结果的一种理由。

从法的渊源与法律解释规准之间的关系看，法的渊源是法律解释的对象，法律解释方法或规准是指确定怎样运用法的渊源与解释的结果相关联的规准。解释的结果来自于法的渊源，这些渊源是按照解释规准所要求的方式而被运用的。这样，法的渊源、作为特定案件的裁判的大前提的法律规范与法律解释的方法或规准之间的关系可以被表述为 $S \to^{TR} \to I_i$。其中，S 代表法的渊源，I_i 代表解释结果即裁判的大前提，TR 代表法律解释的方法或规准。[1]从法律证成的角度看，法的渊源是法律解释结果的证成基础。法律解释的规准或方法就是作为一个理由来支持 I_i，也即某个法的渊源的意义为什么是 I_i，是因为按照某个法律解释的规准如语义解释规准或体系解释规准将某个法的渊源的意思解释为 I_i，也就是说法律解释规准证成了某个解释结果。从法律解释方法或规准与法律决定的证成的关系看，法律解释方法或规准是特定法律决定或法律判断所依赖的一个前提，只不过，法律解释方法不是特定法律决定或法律判断在逻辑上直接依赖的前提，而属于一系列扩展前提中的一个前提。如果这些扩展前提不存在，法律决定或法律判断就有可能不能从其所直接依赖的前提逻辑地推论出来。从法律证成的角度看，法律解释方法或规准是证成特定法律决定或法律判断的一个或一种理由。只不过，正如上述，它是用来直接证成法律决定或法律判断所依赖的大前提的，也就是说，它是通过证成法律决定

---

[1] Aulis Aarnio, *The Rational as Reasonable*, D. Reidel Publishing Company, 1986, p. 76.

或法律判断所依赖的大前提而证成法律决定或法律判断的。这样，法的渊源、法律解释方法或规准与法律决定或法律判断之间的关系可以被表述为 $S \to^{TR} \to N_i \to^{CF} \to D$，S 代表法律文本即法的渊源，TR 代表法律解释方法或规准，N_i 代表大前提即法律规范，也就是上述的解释结果 I_i，CF 代表特定案件事实，D 代表法律决定或判断。我们需要强调的是，特定案件事实 CF 是依据法律确认或认定的事实，而不是要被证明的事实，而认定案件事实的过程也是一个理解和解释法律的过程。从这个意义上说，案件事实怎样认定的问题不是法教义学本身的研究范畴，而只是从法律规范的角度研究法律问题。

在这里，我们之所以将法律解释方法称为法律解释规准，是因为我们认为法律解释方法在实质上是指示或指导法官或法律适用者如何解释法的渊源的指针、标准或准则。质言之，法律解释方法是法官或法律适用者在解释法的渊源的过程中应该遵循的一种规准或规范。那么，与指示或指导法的渊源的规准或规范在法律解释活动中的性质相比，法律解释规准或规范在法律解释活动中具有什么特殊的性质呢？根据阿尔尼奥的观点，指示或指导法的渊源的规准或规范对于法律解释来说是构成性的，而法律解释规准或规范对法律解释来说是调整性的。质言之，前者是一种构成性规范，后者是一种调整性规范。[1]那么，何谓构成性规范？何谓调整性规范？构成性规范所针对的行为或活动在逻辑上依赖于这些规范。这就是说，构成性规范创立了这些行为或活动，没有构成性规范就没有这些行为或活动。

---

〔1〕　Aulis Aarnio, *The Rational as Reasonable*, D. Reidel Publishing Company, 1986, p. 95.

例如，棋类比赛是由构成性规范构成的，这些规范规定了棋子是什么，棋子如何移动和比赛目的是什么，没有这些规范，就无法有这样的比赛。在这个意义上，所有的制度都是凭借构成性规范而存在的。因此，构成性规范就是麦考密克和威尔伯格所谓的制度性规范。哈特所谓的次级规范都是构成性规范，因为如果没有它们，就根本不可能有制定规范和发布命令的权力，拥有这样的权力，在逻辑上依赖于授予权力的次级规范。调整性规范所针对的行为或活动在逻辑上独立于这些规范，也就是说没有这些规范，这些行为或活动也存在着。调整性规范只是限定或调整行为的，决定了人们应该如何行为或活动，而不是决定或创立行为或活动本身。例如，在校园行驶的汽车每小时不得超过 30 公里，这个规范就是一个调整性规范，它预先假定了人们可以在校园不顾任何控制车速的规范而驾驶汽车，这个规范只是通过限制车速而调整驾驶汽车的行为。所有的调整性规范都是哈特所谓的初级规范，但并非所有的初级规范都是调整性规范，有些初级规范也可能是构成性规范。调整性规范可以调整或限定基于构成性规范而成为可能因此在逻辑上依赖于构成性规范的行为或活动。[1]根据构成性规范与调整性规范的区分原理，指示或指导法的渊源的规准或规范奠定了法律解释活动或行为，如果没有这些规准或规范，解释根本就不是法律解释。法律解释规准或规范是调整或限定法官或法律适用者解释法的渊源文本的行为或活动，是限定或确定法官或法律适用

---

〔1〕 关于构成性规范与调整性规范区分的理论，参见 ［英］A. J. M. 米尔恩：《人的权利与人的多样性——人权哲学》，夏勇、张志铭译，中国大百科全书出版社 1995 年版，第 16 ~ 18 页。同时可参见 Aulis Aarnio, *Reason and Authority*, Dartmouth Publishing Company Ltd. , 1997, pp. 160 – 162.

者解释程序的规范。[1]如果法律解释规准或规范不存在，法官就可以按照他自己的意愿恣意地解释手中的法律文本，他的意图就可以代替作者的意图，法律文本就失去了独立的品质，法学就被化约为对解释者的心理学或社会学的研究，法律就成为它自身的一幅漫画。[2]

把法律解释规准或规范看作一种调整性规范，是从其与法官或法律适用者的法律解释行为或活动之间的关系来说的，那么，从规范的自身性质的角度来看，法律解释规准或规范属于哪种类型的规范呢？这个问题本身预设了规范在性质上可以被区分为不同类型的规范。众所周知，自美国法学家德沃金明确提出规范在性质上可以被区分为规则与原则以来，绝大部分法律理论家都接受了这个区分。这就意味着，从性质的角度看，一个规范，要么是一个规则，要么是一个原则。根据这个观点，上述问题就转换为下列问题：法律解释规准或规范是属于规则还是原则呢？回答这个问题，取决于规则与原则的区分原理。正如前述，德沃金认为，针对一个情景或具体案件，一个规则要么适用要么不适用；针对一个情景或具体案件，原则具有分量或重要性维度，也就是说原则适用于或不适用于特定案件，需要在原则之间进行衡量，看看原则的分量或重要性程度如何。因此，阿列克西认为，规则的适用方式是涵摄，而原则的适用方式是衡量。针对一个情景或具体案件，对于法官或法律适用者来说，规则是一种确定性命令，而原则是一种最佳化命令。

〔1〕 Aulis Aarnio, *The Rational as Reasonable*, D. Reidel Publishing Company, 1986, pp. 95 – 96.

〔2〕 Barak Abaron, *Purposive Interpretation in Law*, trans. by Bashi Sari, Princeton University Press, 2005, pp. 38 – 39.

原则的适用具有初步或初始性特征，而规则不具有初步或初始性特征。[1]

根据规则与原则的区分原理，法律解释规准或规范在规范性质上很清楚地属于原则。因为法律解释规准或规范说明不了什么东西必须有条件地或无条件地去做，或者必须努力去追求。它们更属于是纯粹的提问题的视角或指导方针（guidelines）。[2]这实质上就是说，法律解释规准或方法只是指导或引导法律人从哪些视角或角度揭示或说明某个法的渊源的内容或意义是什么，它们本身并不能决定内容或意义。一言以蔽之，法律解释规准或规范只是指出了法官或法律适用者在解释法的渊源文本时应该考虑的因素。如果我们承认或接受法律解释规准或规范具有原则的性质，那么，这就意味着它们不是按照"要么全有要么全无"的方式被适用，也就是说它们的适用方式不是涵摄，它们的适用具有分量或重要性的面向，也就是说它们的适用方式是衡量，具有初步或初始性特征。这就意味着，法官或法律适用者在对某个法的渊源文本进行解释时，并不是说一种解释规准要么被遵循要么不被遵循，也不是说只有一种解释规准或规范可以被适用，而是有两种以上的规准或规范可以被适用。这就是说，法官或法律适用者可以运用不同的法律解释规准或规范对该法的渊源文本进行解释，那么，到底按照哪个法律解释规准或规范进行解释呢？这就需要法官或

---

〔1〕 关于规则与原则区分的详细论述，参见王夏昊：《法律规则与法律原则的抵触之解决——以阿列克西的理论为线索》，中国政法大学出版社 2009 年版，第 73 ~ 84 页。

〔2〕 Robert Alexy, *A Theory of Legal Argumentation*, trans. by Ruth Adler and Neil MacCormick, Clarendon Press, 1989, p. 245.

法律适用者结合特定案件事实和其他因素，衡量哪一个法律解释规准或规范在该特定情境下对该法的渊源文本进行解释是更有分量或重要性的。既然法律解释规准或规范具有原则的特性，那么，这就意味着法官或法律适用者在最佳的法律证成中应该遵循它们。换句话说，如果法官或法律适用者为了确保其法律解释是理性的，那么，他或她必须保证以最佳化的方式适用法律解释规准或规范。既然法官或法律适用者解释法律时要在法律解释规准或规范之间进行衡量，保证它们得到最佳的实现，那么，这就意味着法官或法律适用者不仅要遵循解释规准或规范，而且要考量选择法律解释规准或规范背后的实质性理由或价值。这在实质上是要求法官或法律适用者要对他或她为什么选择某个法律解释规准或规范进行证成。如果说法律解释规准或规范是证成法律解释结果即大前提的理由，那么，这里的实质理由或价值是对选择法律解释规准或规范的证成理由。这也许就是那些对法律解释规准或规范持虚无主义观点的人的背后的理由，也是我们反对"法学方法就是法律解释方法"观点的理由之一，也就是说，只有法律解释方法并不能完全证成法律决定或法律判断。有人就会问，我们到底应该如何看待法律解释规准或规范在法律决定或法律判断证成中的作用呢？

（二）法律解释方法或规准的功能

我们在前文指出，证成法律决定或法律判断的理由可以被区分为形式理由和实质理由，法的渊源属于形式理由。法律解释规准或规范作为证成大前提，即法律规范的理由或作为支持法律决定或法律判断的理由是属于形式理由还是实质理由呢？正如前述，法律解释规准或规范是调整或限定法官或法律适用者解释法的渊源文本的行为或活动，是限定或确定法官或法律适用者解释程序的规范。这就意味着，作为理由的法律解释规准或规范属于形式理由而不属于实质理由。作为形式理由的法律解释规准或规范，发挥着形式理由的功能：服务于与法治典型特性相关联的价值，即统一性、可预测性和免于官员及法官的武断性。这就是说，形式理由在法律推理之中可以保证法律的统一性、可预测性和免于法官的武断性的实现。法律解释规准或规范的这个形式功能的实现，首先表现为：它们能够使法律解释免于法官或法律适用者的武断，保证法律解释的统一性和法律解释结果的可预测性或确定性，从而保证法律解释结果和法律决定或法律判断的理性的实现。法律解释规准或规范是形式理由，但这并不意味着它们在被适用的过程中不涉及实质理由。原因在于：一方面，每一个法律解释规准或规范在被适用的过程中或多或少地要涉及实质理由。这就是说，有的法律解释规准或规范的适用涉及的实质理由很少或几乎不涉及实质理由，如语义学解释；有的法律解释规准或规范的适用涉及的实质理由很多或甚至就是在运用实质理由，如目的解释。无论是主观目的解释还是客观目的解释，解释者要想运用这种解释规准或规范，他或她首先要寻找隐含在法的渊源文本中的目的或从其他法的渊源，如立法资料中寻找能够被归于该文本的目的或效果，然后，他或她才能够按照这个目的解释特定的法的渊源的文本。法律解释规准或规范的适用或多或少地涉及实质理由，这就意味着，涉及实质理由多的法律解释规准或规范的形式性程度低，涉及实质理由少的法律解释规准或规范的形式性程度高。总之，法律解释规准或规范或多或少是形式的。[1]另一方面，正如前述，针对特定案件事实，法官或法律适用者可以按照不同的法律解释规准或规范对某个法的渊源文本进行解释，如果按照不同的解释规准或规范对相同的法的渊源文本解释出不同的意义，那么，法官或法律适用者应该按照哪一个法律解释规准或规范对该文本进行解释呢？这就要求法官对其选择进行证成，也就是前述的要在不同解释规准或规范之间进行衡量和平衡。这个衡量和平衡过程就涉及实质价值。虽然法律解释规准或规范的适用涉及实质理由，但是，这并不影响它们本身作为形式理由在法律决定或法律判断的证成中发挥功能和作用。

根据前述内容，我们可以看出，无论是法的渊源还是法律解释规准或规范，在法律决定或法律判断的证成中都是一种形式理由。法的渊源是形式理由中的权威理由，作为形式理由的法的渊源的强制性来自于它是权威理由。这就是说，法官或法律适用者在证成法律决定或法律判断的过程中之所以适用法的渊源是因为法的渊源是权威理由。现在的问题是，法律解释规准或规范是权威理由吗？如果它们不是权威理由，那么，作为形式理由的法律解释规准或规范的强制性来自于哪里呢？也就是说，法官或法律适用者在法律决定或法律判断的证成中为什么应该遵循或适用法律解释规准或规范呢？对于第一个问题，我们的答案是否定的，即法律解释规准或规范不是权威理由。原因在于，与法的渊源不同，法律解释规准或规范不是处于官

---

[1] P. S. Atiyah and R. S. Summers, *Form and Substance in Anglo – American Law: A Comparative Study of Legal Reasoning, Legal Theoryand Legal Institutions*, Clarendon Press, 1987, p. 15.

方位置的人或机构制定的，更不是按照所谓正当程序或法定程序制定的。一言以蔽之，它们不具备权威的要素。从实质上看，所谓的法的渊源就是特定国家的人们一般所认为的法，即有效的实在法，既然它们是法律，法官或法律适用者当然应该遵循它们或适用它们。而法律解释规准或规范不可能被特定国家的人们认为是有效的法律，因此，法官或法律适用者就没有法律上的义务必须遵循或适用它们。既然法律解释规准或规范不是权威理由，那么，法官或法律适用者在解释法的渊源的文本时为什么应该遵循它们呢？即它们的强制性来自于哪里呢？要想回答这个问题，我们就需要从另一个角度来分析法的渊源与法律解释规准或规范的不同。虽然它们各自都是形式理由，都是证成法律决定或法律判断的一个前提，但它们各自属于不同种类的前提，这在前文已指出。对于法律决定或法律判断来说，法的渊源是相对直接的前提，而法律解释规准或规范是间接前提。但是，这种"直接前提和间接前提"的分类并不能使我们明白法律解释规准或规范具有强制性的理由和根据。因此，我们需要从其他关于前提的分类中寻找理由和根据。

根据佩岑尼克的理论，证成法律决定或法律判断的前提可以被区分为确定前提（certain premise）、特定法律思维传统或范式中预先假定的前提（presupposed premise）、被证明的前提（proved premise）和不属于上述任何一类前提的其他前提（other premise）。[1]所谓确定前提是指，所有正常的或一般的人（normal people）或至少属于特定文化的所有正常的人或一般的人都

---

[1] Aleksander Peczenik, *On Law and Reason*, Kluwer Academic Publishers, 1989, pp. 145 –154.

理所当然接受或承认的命题。[1]我们认为，从法律决定证成或法律推理的角度看，所谓的确定前提是指属于特定法秩序的所有正常人或一般人都理所当然接受或承认的命题。因此，在这里所谓的确定命题是指法律决定证成或法律推理中的确定前提。所谓的预先假定前提是指，在属于特定文化的一个特殊或具体（particular）实践领域中被认为是理所当然的命题。"实践"与"文化"不同，后者包括所有生活领域，前者只包括一个生活领域。这个特殊或具体实践是一个必要的实践，所谓必要的实践是指如果某人愿意或希望更好地实施某类行动就必须参与的实践。预先假定的前提是一种程序性前提，是对确定前提进行理性再加工的程序，因此具有生长内容的能力，它们的存在能够使我们的认识或知识得到改变或增长。[2]所谓被证明的前提是指，从属于一个特殊或具体实践的一系列具有一致性的确定前提或者预先假定前提得到或推导出来的命题。[3]所谓其他的合理前提是指，那些既不属于确定前提也不属于预先假定前提和被证明前提的命题。所谓"合理"的是指，既不能被证伪的也不是武断的。例如，为了证成预先假定前提而需要的命题或价值判断。[4]根据这个关于证成法律决定的前提的分类原理，我们认为，法的渊源属于法律推理或法律决定证成中的确定前提。

---

〔1〕 Aleksander Peczenik, *On Law and Reason*, Kluwer Academic Publishers, 1989, p. 146.

〔2〕 Aleksander Peczenik, *On Law and Reason*, Kluwer Academic Publishers, 1989, pp. 150 – 151.

〔3〕 Aleksander Peczenik, *On Law and Reason*, Kluwer Academic Publishers, 1989, p. 152.

〔4〕 Aleksander Peczenik, *On Law and Reason*, Kluwer Academic Publishers, 1989, p. 153.

原因在于，哪些文本或资料能够成为法的渊源，或者说，在特定国家，法律的范围有多大，这是特定国家的人们所承认或接受的。这是由特定国家的文化或至少是法律文化传统以及现行的政治体制所决定的。法律解释规准或规范属于预先假定前提。原因在于，特定国家的法律解释规准或规范有哪些是特定法秩序的法律人所接受或承认的，或者说是由特定国家的法律职业共同体的人们所接受或承认的。法律决定在逻辑上所依赖的大前提即一般法律规范和小前提即关于案件事实的命题，属于被证明的前提。原因在于，法律决定在逻辑上所依赖的大小前提都是从确定的前提和预先假定前提中得出的或推导出来的。我们前述的法律解释规准或规范被适用过程中所涉及的那些实质理由，属于其他的合理前提。

如果我们承认法律解释规准或规范属于法律决定证成或法律推理中的预先假定前提或命题，那么，按照前述关于预先假定前提或命题的原理，这就意味着法律解释规准或规范是特定法秩序的法律人或职业共同体的法律人都接受或承认的命题，无论是实务法律人还是学院法律人（法教义学研究者）只要从事法律解释或法律推理，都必须按照法律解释规准或规范解释法的渊源文本。按照法律解释规准或规范解释法的渊源文本，是法律人与非法律人解释法律的一个本质性的不同。这就是说，属于特定国家或特定文化的任何一个人都可以对法的渊源文本作出解释，然而，法律人对法的渊源文本的解释一定是按照其所属的法律人职业共同体的所有人都接受或承认的法律解释规准或规范进行解释的。这就意味着，法律解释规准或规范足以指导法律人在共同体之内进行解释工作。因此，任何法律职业共同体的成员都共享着解释法的渊源文本的共同的视角和途径，即使法官也是按照这个视角和途径从事着自己的工作。在这个意义上，我们可以说法律解释规准或规范不仅指导着法律人的解释工作，也教育他们像法律家一样思考。如果法律解释规准或规范不存在，法官就和非法律人一样可以按照自己的意愿恣意地解释手中的法的渊源文本。这样，法律解释结果就不具有确定性、可预测性，而是武断的、恣意的、非理性的。在法律决定的证成或法律推理中，如果法律解释结果是武断的、恣意的、非理性的，那么，法律决定就完全可能是武断的、恣意的、非理性的。在这个意义上，我们可以说，作为法律决定或法律推理中的预先假定前提的法律解释规准或规范，使"法律适用或法律推理"这种实践更稳定，使被解释的法律规范更确定，最终增加了法律决定的理性。

与法的渊源不同，法律解释规准或规范不是有关国家机关通过规范性文件制定出来的或通过非规范性文件认可的，不具有法律约束力。它们是特定法秩序的一代代法律人尤其是学院法律人逐渐发展出来的，即通过法律实践和法学研究进化而来的，是属于该法秩序的法律人都承认和接受的规准或规范，是法律人之所以能够成为法律人所必须掌握的一种内在技艺。因此，特定法秩序的法律人在法律决定证成或法律推理中遵守或适用它们，不仅因为它们具有知识品格，是一种理性理由，而且遵守或适用它们是特定法秩序的法律人之间"约定俗成的"。这样，我们就可以得到下列结论：作为特定法秩序的法律人，法官或法律适用者在法律决定或法律判断的证成中，应该按照其所属的法律人职业共同体的法律人所接受或承认的法律解释规准或规范解释法的渊源文本。

前述指出，法律解释规准或规范能够保证法官或法律适用者在解释法的渊源文本时免于武断与恣意，使被解释的法律规范更确定，增加法律决定的理性。它为什么具有这些作用或功能呢？这样的观点的预设前提是什么？或者说，我们是从什么角度判断它具有这样的作用或功能呢？根据佩岑尼克的观点，所有人类的知识和所有被证成的评价都建立在转换的基础之上，也就是说，建立在从一个层面"跳跃"到另一个层面的基础之上。所谓的"跳跃"是指一个结论或命题并不是演绎地从前提中推导出来的，但是，我们可以通过附加一些命题或转换规则将该推理转换为一个在逻辑上是正确的推论。如果通过附加一些命题或转换规则不能将一个推理转换为一个在逻辑上是正确的推论，那么从前提到结论之间就不存在一个所谓的跳跃。像其他任何知识一样，法律知识也依赖于跳跃或转换，而且在法律和关于法律问题的论证中，跳跃或转换具有根本性。法律转换或跳跃可以被区分为转换到法律和法律中的转换。转换到法律，实际上就是说从事实和非法律应该转换到法律，凯尔森的"基本规范"和哈特的"承认规则"都属于转换中的转换规则，这种转换规则的作用在于从非法律王国转换到法律王国。法律中的转换是指，一个关于（有效的）法律的结论通过转换从至少有一个前提表达或提到了有效法的一系列前提中得出的。[1]法律中的转换又可以被区分为法的渊源的转换、一般法律规范转换和法律决定转换。法的渊源的转换是指，从首要渊源转换到次级渊源。一般法律规范转换是指，从法的渊源到有效法律规则和原则的转换。法律决定转换是指，从一般法律规范和关于案件事

---

〔1〕 这两种转换的具体分析，请参见 A. Aarnio, R. Alexy and A. Peczenik, "The Foundation of Legal Reasoning", *Rechtstheorie*, 12 (1981), pp. 142, 149.

实的描述转换到法律决定。[1]

根据前述的转换或跳跃的定义，我们可以得到下列结论：既然法律中存在着三种转换，那么，与此相对应，有三种转换规则存在着。法律解释规准或规范就是其中的一种转换规则，即一般法律规范转换的转换规则。具体来说，法律解释规准或规范是从法的渊源 S 转换到法律决定的大前提法律规范 N 或 I_i 的转换规则。这就意味着，法律解释规准或规范能够将从 S 到 N 或 I_i 之间的跳跃或转换改变为一个演绎推论，也就是说，它能够保证法律决定的大前提的得出被重构为一个逻辑上正确的推论过程。质言之，法律解释规准或规范保证了从法的渊源到法律决定大前提的得出是按照一定规则推论出来的。既然法律决定的大前提是法官或法律适用者按照规则推论出来的，这就意味着该大前提或法律解释结果具有可普遍化的特性。相反，如果没有一定的法律解释的规准或规范可遵循，那么，从法的渊源到特定案件的法律决定的大前提——法律规范 N 之间就存在一个推理的缝隙，从而导致从法的渊源到法律决定之间也存在着一个推理缝隙。而这就意味着，法官或法律适用者依据法的渊源所作的法律决定或法律判断是武断的、非理性的和不合理的，法律推理就是不确定的，法律决定或法律判断就不具有可预测性或确定性，"相同问题相同处理，不同问题不同处理"的形式法律正义就得不到保障。

综上所述，无论是从法律解释规准或规范作为法律决定或法律判断的形式理由的角度看，还是从它作为法律决定证成或

---

〔1〕　A. Aarnio, R. Alexy and A. Peczenik, "The Foundation of Legal Reasoning", *Rechtstheorie*, 12（1981）, pp. 150 – 152.

法律推理的预先假定前提的角度看，还是从它作为法律中转换的一种转换规则的角度看，它都具有下列功能：保证法律解释免于武断与恣意，能够保证法律解释结果以及法律决定的可预测性、确定性，能够增加法律决定的理性。因此，法官或法律适用者在对法的渊源文本进行解释时应该并必须遵守法律解释规准或规范。这是否意味着，法官或法律适用者遵守了法律解释规准或规范就一定能够保证法律解释结果是可预测的、确定的和理性的？也就是说，遵守了法律解释规准或规范就一定能够排除法律解释活动的武断和非理性吗？答案是否定的。我们认为，其根本原因在于，法律解释规准或规范的规范性质，即它们是一种具有原则性质的规准或规范。这就意味着，法官或法律适用者适用法律解释规准或规范是要在不同的法律解释规准或规范之间进行衡量或平衡。而法官或法律适用者在不同的法律解释规准或规范之间进行衡量或平衡，就意味着他们要遵循衡量法则，即他们要针对特定具体案件在不同的法律解释规准或规范之间建立优先性关系，而且这种优先性关系是初步的而不是最终的。后者就意味着法律解释规准或规范的适用具有一定程度的不确定性或不可预测性，进而导致法律解释结果的不确定性或不可预测性。即使法律解释规准或规范之间的优先性关系是初步的，但为了将法律解释规准或规范适用的不确定性或不可预测性限制在最小可能的范围内，我们需要确定这种优先性关系。这种优先性关系是什么呢？为了问答这个问题，我们首先需要明白各种法律解释规准或规范的逻辑形式及功能。

二、法律解释方法的种类与适用准则

（一）法律解释方法的种类

不同的法律人职业共同体的法律解释方法的种类不同，而且不同法学家所总结的法律解释方法的种类也是不同的。在这里，我们从证成角度出发，根据各个法律解释方法的逻辑形式与概念，将其总结为以下六个种类：

1. 语义学解释

它是指某个法的渊源 S 的解释结果 N 或 I_i 被证成或被批评或被认为是可能的，是通过诉诸语言使用方式进行的。也就是说，法官或法律适用者将语言使用方式作为证成某个法的渊源 S 的解释结果 N 或 I_i 的理由，或者作为批评某个法的渊源 S 的解释结果 N 或 I_i 的理由，或者作为认为某个法的渊源 S 的解释结果 N 或 I_i 是可能的理由。阿列克西的这个定义就说明，按照语义学解释规准或规范对法的渊源文本进行解释可能有三种情况：其一，根据某个语言使用规则 G_1，对某个法的渊源 S 的解释结果 N 或 I_i 必须被承认；其二，根据另一个语言使用规则 G_2，对某个法的渊源 S 的解释结果 N 或 I_i 不可能被承认；其三，如果语言使用规则 G_1 和 G_2 都是无效的（hold），那么，承认或不承认 N 或 I_i 是对某个法的渊源 S 的解释，都是可能的。[1] 在这三种情况中，前两种情况意味着仅仅通过语义学解释就可以证成某

---

〔1〕 Robert Alexy, *A Theory of Legal Argumentation*, trans. by Ruth Adler and Neil MacCormick, Clarendon Press, 1989, p. 235.

个法律决定；在第三种情况下仅运用语义学的解释无法证成某个法律决定。这是因为第三种情况的意思是说，任何语言使用规则或语义学规则都不能有效地证成 N 或 I_i 是对某个法的渊源 S 的解释结果。

根据前述的语义学解释规准或规范的逻辑形式，我们可以看到，所谓语义学解释的"规准或规范"在实质上是指语言使用规则 G_1 和 G_2。因此，我们通常所谓语义学解释方法的运用就是指对语言使用规则的遵守。这就意味着，任何法官或法律适用者运用语义学解释方法对法的渊源文本进行解释，他或她一定预设并使用了语言使用规则。为了保证法官或法律适用者根据语义学解释规准或规范对某个法的渊源的文本解释结果更大程度的确定性和合理性，他或她必须保证语义学解释规准或规范是被证成的。这就是说，语义学解释方法的运用必然地涉及语义学解释规准或规范的证成问题。

2. 立法者目的解释

它是指，法官或法律适用者将立法者目的作为证成对某个法的渊源文本的解释结果 N 或 I_i 的理由。由此可见，立法者目的解释本身预设了立法者目的的存在和有效。因此，法官或法律适用者运用立法者目的解释对某个法的渊源文本进行解释，就必须对立法者目的进行证成。如果法官或法律适用者没有对立法者目的进行证成，那么，它的运用就是不完整的，或者说根据它而得出的法的渊源文本的解释结果就具有不确定性和不合理性。正如前述，对立法者目的的证成或论证是一种涉及事实的证成或论证。因为确定立法过程参与者的意图，与确定某个语言的使用一样，都涉及事实的确定。在这个意义上，语义学规则与立法者意图的论证都是经验论证的特殊情形。[1]但是，这并不意味着立法者目的的证成是容易的。相反，立法者目的的证成存在着困难，原因如下：一方面，立法者意图或目的的主体是不确定的。立法者是指全体立法者还是赞成该法律的立法者？如果是全体立法者，那么，假如绝大多数立法者没有表达他们的意图或目的，应该怎么办？如果是赞成该法律的立法者，那么这些立法者对某个法律条款的意图或目的并不是一致的，应该怎么办？另一方面，立法者的意图或目的的内容往往是搞不清楚的。例如我们根据立法的资料确定立法者的意图或目的，而这些立法资料如委员会的报告本身就需要解释。[2]这就是立法者意图或目的解释的局限性或存在的困难。我们认为，这种局限性或困难并不能从根本上被消除。因此，法官或法律适用者在作法律决定或证成法律判断时还需要其他的解释规准或规范。

3. 历史解释

它是指，法官或法律适用者利用正在讨论的法律问题的历史事实作为支持或反对对某个法的渊源文本的解释结果的理由。根据阿列克西的研究，历史解释的逻辑形式是：①正在讨论的法律问题的一个具体解决方案在过去一直被执行；②这个具体解决方案导致了一个后果 F；③F 是不符合社会道德标准的；

---

〔1〕 Robert Alexy, *A Theory of Legal Argumentation*, trans. by Ruth Adler and Neil MacCormick, Clarendon Press, 1989, p. 239.

〔2〕 关于立法者意图或目的解释存在的困难的分析，参见［德］卡尔·拉伦茨：《法学方法论》，陈爱娥译，商务印书馆 2003 年版，第 207～208 页。还可参见苏力：《解释的难题：对几种法律文本解释方法的追问》，载梁治平编：《法律解释问题》，法律出版社 1998 年版，第 40～47 页。

④过去与现在情形的不同不能充分地排除 F 在目前的情形下不会出现；⑤该解决方案在目前也许不被称赞。[1]根据这个逻辑形式，法官或法律适用者按照历史解释规准或规范对某个法的渊源文本进行解释，既可能根据法律被制定时的社会背景进行解释，也可能根据法律被适用时的社会背景进行解释，这取决于法官或法律适用者对于 F 的论证，即 F 是否符合社会道德标准，也取决于对 F 在目前情形下是否出现的论证。这就意味着，所谓历史解释的规准或规范是指一个事实命题和规范命题。所谓事实命题，是关于历史情形与现实情形以及它们之间差异的命题。所谓的规范命题是指 F 是否应该被接受或承认的命题，即 F 是否符合社会道德标准的命题。因此，法官或法律适用者运用历史解释证成对某个法的渊源的解释结果，就必须要对其所必然涉及的事实命题和规范命题进行证成。这就是说，历史解释总是预设了一个事实前提和规范前提。这也是历史解释与语义学解释和立法者目的解释的不同之处，正如前述，后两者只是经验论述的特殊形式，因为无论是对语言使用规则的证成还是对立法者目的或意图的证成，关涉的都是对事实的确立问题。

4. 比较解释

它是指，法官或法律适用者将其他国家的立法例和判例学说作为支持或反对对某个法的渊源文本的解释结果的理由。比较解释与历史解释具有相同的逻辑结构：①正在讨论的法律问题的解决方案在其他国家一直被实行；②该方案导致了一个后

---

[1] Robert Alexy, *A Theory of Legal Argumentation*, trans. by Ruth Adler and Neil MacCormick, Clarendon Press, 1989, p. 239.

果 F；③F 是不合乎社会道德或伦理标准的；④本国情形与其他国家情形的不同不足以排除 F 在本国的情形下不会出现；⑤该解决方案在本国也许不被称赞。根据这个逻辑形式，法官或法律适用者按照比较解释对某个法的渊源文本进行解释会产生两种结果：其他国家的立法例和判例学说可能支持对某个法的渊源文本的解释结果，也有可能反对对某个法的渊源文本的解释结果。支持还是反对？这个问题的解决取决于法官或法律适用者对 F 的证成，以及对本国和其他国家的情形及其之间的差异性的证成。因此，与历史解释一样，比较解释不仅预设了经验或事实前提，而且预设了规范前提。[1] 比较解释的规准或规范是指，经验或事实命题和规范命题。为了保证比较解释的完整或正确使用，法官或法律适用者必须对经验或事实命题和规范命题进行证成。

比较解释与历史解释的根本不同在于，后者是在同一个国家的法律的过去与现在之间进行比较，因此不会涉及法律的有效性问题。前者是在不同国家的法律之间进行比较，因此会涉及法律的有效性问题。这样，法官或法律人在运用比较解释时应该注意到以下问题：其一，法官或法律适用者不得因其他国家立法例较优而直接引用之以作为裁判依据，从而代替本国法律规定。其二，以其他国立法例和判例学说为标准解释本国法的渊源文本常常导致扩张或限缩解释，但是，这种扩张或限缩解释不得超出本国法律文义的可能范围。其三，其他国家的立法例或判例学说对于解释本国法的渊源文本具有重大参考价值，但是，解释结果应该以不违反本国法律的整体精神及社会状况

---

〔1〕 Robert Alexy, *A Theory of Legal Argumentation*, trans. by Ruth Adler and Neil MacCormick, Clarendon Press, 1989, pp. 239 –240.

为界限。其四，按照其他国家的立法例或判例学说解释本国法的渊源文本，就意味着继受其他国家的法律制度，必须将继受的法律制度纳入本国法律体系之中，使之与本国法律融为一体。这是法律体系的融贯性所必然要求的。[1]

5. 体系解释

它是指将待解释的特定法律规范放入整个法律体系中，联系此规范与其他规范，根据它们的体系性关联来解释这一规范的理由。体系解释的前提在于将有待解释的规范与其他规范视为一个整体、一个体系，也即以宪法为核心，上下有序、内外协调，各部门法和同一法律部门不同法律规范之间协调一致、有效衔接、调控严密的法律规范体系。可见，通过体系解释形成融贯的法律体系，同样是形成完备的法律规范体系的一种途径。[2]

这意味着，规范的含义受它所处之整体的影响。这就要求待解释之规范的含义不能与其他规范相矛盾，同时也要尽可能与其他规范在价值上相融贯。在具体方法上，它通常将逻辑中的矛盾律作为支持或反对对某个法的渊源文本的解释结果的理由。因此，狭义的体系解释又被称为逻辑解释。既然体系解释是逻辑解释，就意味着这种解释只涉及形式问题而不关注实质问题。在这个意义上，我们反对将体系解释等同于语境解释。[3]因为语境不仅仅是指某个法的渊源文本的上下文或前后文之间的关系，而且指

---

〔1〕 关于比较解释应该遵循的准则的具体论述，参见梁慧星：《民法解释学》，中国政法大学出版社1995年版，第234~235页。

〔2〕 参见全国干部培训教材编审指导委员会组织编写：《建设社会主义法治国家》，人民出版社、党建读物出版社2019年版，第100页。

〔3〕 苏力：《解释的难题：对几种法律文本解释方法的追问》，载梁治平编：《法律解释问题》，法律出版社1998年版，第48页。

使用语言的特定场景。从体系解释的逻辑形式看，体系解释的规准或规范就是逻辑中的矛盾律。既然体系解释利用的是逻辑中的矛盾律，那么，这就意味着法官或法律适用者在运用体系解释时，不需要对它的规准或规范进行进一步的证成。因为矛盾律是人们公认的思维或推理规则。但是，这并不意味着体系解释的运用不具有局限性。其局限性表现在两个方面：一方面，体系解释只涉及形式问题而不关注实质问题，这就意味着它具有局限性；另一方面，如果法官或法律适用者对某个法的渊源文本进行解释的结果有许多，如 R_1、R_2、R_3、R_4 和 R_5 等，通过矛盾律排除之后，还有 R_1 和 R_2，那么，法官或法律适用者应该选择哪一个呢？这是法官或法律适用者通过体系解释是没办法解决的。这就是说，体系解释只有在下列情况才能对特定案件的法律决定起作用，即通过矛盾律能够将很多解释结果排除到只剩下一个解释结果。[1]这就意味着，法官或法律适用者在证成法律决定或法律判断时还需要其他的法律解释规准或规范。

6. 客观目的解释

它是指，法官或法律适用者将法律所调整的对象的本质、目的以及法理念、法伦理原则作为支持或反对对某个法的渊源文本的解释结果的理由。用阿列克西的话说，客观目的解释是指将法官或法律适用者的理性目的和在法秩序框架中客观上被要求的目的作为支持或反对对某个法的渊源文本的解释结果的理由。从这个定义可以看出，客观目的解释运用的关键和核心是对客观目的的证成，即对"理性目的"和"在法秩序框架中

---

〔1〕 Robert Alexy, *A Theory of Legal Argumentation*, trans. by Ruth Adler and Neil MacCormick, Clarendon Press, 1989, p. 240.

客观上被要求的目的"的证成。那么，如何证成呢？要回答这个问题，我们就要诉诸论证理论了。在有效的法秩序的框架之内作决定的人在理性论证的基础上所确定的（posit）目的，就是理性目的，或在有效的法秩序的框架中客观上所指示的目的。在有效的法秩序的框架中根据理性的论证作决定的人，组成了特定的共同体。这个共同体是客观目的解释中所预设的目的的假定主体。被解释者所阐明的目的，是关于这个假设主体所设定的目的的假设。假设目的的正确性必须通过理性的论证予以证成。[1] 由此可见，客观目的解释中的目的不是一个经验发现的问题，而是一个规范的区分问题。这个规范上所决定的目的可以被理解为一个被规定或被指示的事态或事件，可以被简写为 OZ。对于 Z 的实现来说，某个法的渊源文本的解释结果 N 是必要的，即 N 是 Z 的一种方式或手段。这在逻辑上可以被表达为 $\neg N \rightarrow \neg Z$。这样，客观目的解释的逻辑形式是：

（1） OZ

（2） $\neg N \rightarrow \neg Z$

（3） N

这个逻辑形式与立法者目的解释的逻辑形式是相同的，它们的不同之处在于，客观目的逻辑形式中的 Z 不是立法者所意图的某种东西，而是客观上应该被实现的东西。从这个逻辑形式可以看出，客观目的解释的运用依赖于两个前提：①规范性

---

〔1〕 Robert Alexy, *A Theory of Legal Argumentation*, trans. by Ruth Adler and Neil MacCormick, Clarendon Press, 1989, p. 241.

命题；②一个经验或事实命题。[1]法官或法律适用者只有在对①和②予以证成的基础上，客观目的解释的使用才是完整的、合理的，运用它对某个法的渊源文本的解释才具有一定的确定性和理性的可接受性。否则，法官或法律适用者运用客观目的解释对某个法的渊源文本的解释就是武断的、恣意的和非理性的。

正如前述，客观目的解释的运用的关键和核心是对客观目的 Z 的证成。在绝大多数的情况下，Z 的证成是通过可适用的规范而进行的。这样，我们可以说，因为规范 R 的有效的性质，实现 Z 是必要的。但是，除了下列情形，即一个规范直接规定了"追求 Z"，在其他所有情形中，Z 都不是从在证成中所引用的法律规范中逻辑地推论出来的。在这些情形中，最困难的问题是，Z 不可能仅仅通过经验表达或命题而被刻画，也就是说，Z 被作为一种事态而被确定，而在这个事态中，一定的规范是有效的。对于客观目的解释来说，这种情形是 Z 被确定为一种事态，在该事态中，将要被证成的规范 N 是有效的。在这种情形下，诉诸 Z 是没有意义的，而只是厘清 Z 对于 N 是有效的意味着什么。因此，对作为事态的 Z 描述就要求更一般的规范或原则。也就是说，Z 是一种事态，在该事态中，原则 P_1、P_2、P_3……是有效的。这样，目的论证就转向了原则论证。[2]在这个意义上，我们才将根据原则的解释归为客观目的解释。

这里需要指出的是，有的方法论著作中单列的所谓"合宪性解释"，可被归入这里所说的客观目的解释。宪法是国家的根

---

[1] Robert Alexy, *A Theory of Legal Argumentation*, trans. by Ruth Adler and Neil MacCormick, Clarendon Press, 1989, p. 242.

[2] Robert Alexy, *A Theory of Legal Argumentation*, trans. by Ruth Adler and Neil MacCormick, Clarendon Press, 1989, pp. 242 – 244.

本法，是法治安邦的总章程，具有根本性、全局性、稳定性、长期性。[1] 因此，对特定国家法律体系中一切法律的解释，也都需要吻合宪法的规定和宪法的价值准则。强调"合宪性解释"，可以彰显宪法在整个法律体系中的最高效力地位，可以突出追求法律体系统一性的方法论要求。因为宪法的生命在于实施，宪法的权威也在于实施，而合宪性解释就是宪法实施的一种重要形式。而从方法的角度来看，合宪性解释实质上是指将宪法层面的原则及价值作为证成某个法的渊源文本的意义的理由，这些一般法律原则享有宪法的位阶。[2] 而原则论证就属于客观目的解释的类型。

（二）法律解释方法的适用准则

在关于各种法律解释规准的逻辑结构和功能的论述中，我们已指出，每一个法律解释规准的适用都有其各自预设的前提。法官或法律适用者在运用各个法律解释规准时，不仅适用规准自身，而且适用规准的预设前提。如果法官或法律适用者在运用各个法律解释规准时不对其预设前提进行证成，那么，他或她对该法律解释规准的适用就是不完整的。语义学解释规准的适用包括对语言规则的证成，立法者目的解释规准的适用包括对立法者目的的证成，历史解释规准的适用包括对特定法律问题的解决方案和该方案的后果的正当性的证成，比较解释规准

---

〔1〕 习近平：《在首都各界纪念现行宪法公布施行三十周年大会上的讲话》(2012 年 12 月 4 日)，载《十八大以来重要文献选编》(上)，中央文献出版社 2014 年版，第 88 页。

〔2〕 [德] 卡尔·拉伦茨：《法学方法论》，陈爱娥译，商务印书馆 2003 年版，第 216～217 页。

的适用包括对特定法律问题的解决方案和该方案的后果的正当性的证成，体系解释规准的适用包括对特定解释结果是否与其他法律规范相矛盾的证成，客观目的解释规准的适用包括对特定法律的客观目的的证成。在对这些法律解释规范适用中预设前提的证成中，既可能涉及对经验或事实命题的证成，也可能涉及对不能从有效的实在法中引申出来的规范命题的证成。前者包括有关语言使用规则的发现、有关立法机关或参与立法过程的单个立法者的意图或目的的确认、关于过去法律状态或其他国家的法律状态的主张、关于奠定后果主张的基础的假设的确认。后者主要是指历史解释、比较解释、客观目的解释所预设的对事态的评价。对这种规范性预设的证成并不总是直接依赖于一般或普遍实践商谈。某些解释结果的证成在开始时要利用比较论证或比较方法。原因在于，为了证成预设的评价，法官或法律适用者可能要提及其他法律规范中所必然包含的目的。为了证成这个目的，法官或法律适用者才必然地要诉诸一般或普遍实践商谈。如果法官或法律适用者在运用每一个法律解释规准时不对其预设前提进行证成，那么，这不仅意味着特定的法律解释规准的适用是不完整的，而且这意味着运用特定法律解释规准所证成的法律解释结果具有一定的武断性和理性的不可接受性。因此，法官或法律适用者在运用每一个法律解释规准时，他或她必须对该法律解释规准的预设前提进行证成。阿列克西将这称为"饱和性要求"。这个要求能够确保法律解释规准适用的理性。[1]这个饱和性要求与前述的融贯性标准的第 1 个

---

〔1〕 Robert Alexy, *A Theory of Legal Argumentation*, trans. by Ruth Adler and Neil MacCormick, Clarendon Press, 1989, p. 246.

和第 2 个标准的要求是一致的。第 1 个标准要求一个命题应该得到尽可能多的命题的支持，得到越多的命题的支持，该命题就越融贯。第 2 个标准要求一个命题的证成应该得到尽可能长的理由链条的支持，理由链条越长，该命题就越融贯。法官或法律适用者在运用特定法律解释规准证成特定法律解释结果的过程中，如果能够尽可能充分地证成该法律解释规准的预设前提，那么，这就意味着法律解释结果得到了更多理由的支持，而且这意味着证成法律解释结果的理由链条更长。这就是说，如果法官或法律适用者能够尽可能充分地证成该法律解释规准的预设前提，那么，所证成的法律解释结果就越是融贯的。这样，我们就得到了下列法律解释规准的适用准则：法官或法律适用者在运用每个法律解释规准证成法律解释结果时，应该尽可能地在较大程度上充分证成该法律解释规准的预设前提。

每一个相互独立的法律解释规准不仅预设了各自的前提，而且它们各自具有各自的功能。语义学解释和立法者意图或目的解释，实质上使法官或法律适用者在作法律决定时严格地受制于制定法；相对于其他的法律解释，这两种法律解释使法律适用的确定性和可预测性得到最大可能的保证。历史解释和比较解释容许了法官或法律适用者在作法律决定时可以参酌历史的法律经验和其他国家或社会的法律经验。体系解释有助于特定国家的法秩序免于矛盾，从而保障法律适用的一致性。客观目的解释可以使法律决定与特定社会的伦理与道德要求相一致，从而使法律决定具有最大可能的合理性和可接受性。从法律证成的角度看，每一种解释规准的功能不同就意味着法官或法律适用者运用不同的解释规准证成某个法的渊源文本的解释结果，在实质上就是给法律解释结果及其法律决定提供了不同性质的理由的支持。语义学解释和立法者意图或目的解释给法律决定提供了强意义支持的理由或权威理由的支持。历史解释和比较解释给法律决定提供了经验理由或事实理由和评价理由的支持。体系解释为法律决定提供了逻辑上的理由或形式理由的支持。客观目的解释为法律决定提供了实质理由的支持。这样，如果法官或法律适用者所得到的法律解释结果及其法律决定越是能够得到尽可能多的不同的相互独立的法律解释规准的支持，那么，就意味着该法律解释及其法律决定得到了更多的不同性质或不同种类的理由的支持。根据前述的融贯性原理，如果一个命题的证成越是得到更多理由的支持，那么，该命题就越融贯；如果一个命题的证成越是得到更多不同性质或不同种类的理由的支持，那么，该命题越是融贯的。如果一个命题越是融贯的，那么，该命题越可能是真的，越可能是正确的，越可能是有效的。根据这个原理，我们就可以得出下列结论：如果法官或法律适用者越是能够运用尽可能多的不同的相互独立的法律解释规准证成某个法的渊源文本的相同解释结果，即特定的法律解释结果，越是能够得到越多的不同的相互独立的法律解释规准的支持，那么，该法律解释结果及其法律决定越是融贯的，越可能具有最大程度的确定性和理性的可接受性，质言之，越可能是有效的、正确的。这样，我们就可以得到下列法律解释规准的适用准则：法官或法律适用者应该运用尽可能多的不同的相互独立的法律解释规准对某个法的渊源文本的解释结果进行证成。

正如前述，法官或法律适用者针对特定案件事实，按照不同的相互独立的法律解释规准对某个法的渊源文本进行解释，会产生两种结果：一是这些不同的相互独立的法律解释规准都各自证成了关于该法的渊源文本的相同法律解释结果；二是这些不同的相互独立的法律解释规准分别证成了关于该法的渊源文本的相互对立的法律解释结果。后一种结果就是法学方法论中所谓的法律解释方法的冲突。在这里，我们将其称为法律解释规准的冲突。在运用的过程中，它们之间为什么会产生冲突呢？各个法律解释规准只是向法官或法律适用者提供了解决问题的视角；或者说，它们只是指导法官或法律适用者进行法律解释的方针。这就是说，各种法律解释规准只是引导或指导法官或法律适用者从哪个角度或视角揭示和说明某个法的渊源文本的内容或意义是什么，它们本身并不决定内容或意义。既然不同的独立的法律解释规准是从不同的角度或视角揭示和说明同一个法的渊源文本的内容或意义，那么，它们就可能导致不同的法律解释结果。当然，我们也不能否认它们导致相同的法律解释结果。它们是导致相同的还是不同的法律解释结果呢？这取决于法律解释规准被适用的语境。也就是说，不同的语境会影响法律解释规准适用所产生的结果。现在的问题是，我们如何解决法律解释规准之间的冲突呢？这个问题的解决，首先取决于我们对"它们之间的冲突"的性质的理解和认识。正如前述，从规范性质的角度看，法律解释规准具有原则的性质。原则的冲突与规则的冲突的性质不同，后者之间的冲突是一种矛盾关系，前者之间的冲突是一种竞争关系。矛盾关系是一种非此即彼的关系，因此，解决这种冲突的方法只能是要么肯定一个规则要么否定一个规则，即德沃金所说的"要么有效要么无效"。竞争关系是一种优先性关系，因此，解决这种冲突的方法是要在相互竞争的原则之间进行衡量，判断哪一个原则在特定语境中更具有分量。[1]如果我们承认法律解释规准在规范性质上属于原则，那么，法律解释规准之间的冲突就是一种竞争关系或优先性关系。这样，解决法律解释规准之间冲突的方法就是要对这些相互冲突的法律解释规准进行衡量。简言之，这个方法就是衡量方法而不是涵摄方法。既然衡量是一种方法，那么，它就有一定的法则，即衡量法则。这样，我们就得到了下列法律解释规准的适用准则：法官或法律适用者在解决法律解释规准之间的冲突时必须遵循衡量法则。

既然几种或所有不同的相互独立的法律解释规准被适用于对同一个法的渊源文本进行解释，而且所得到的法律解释结果有可能是相互对立的，那么，这就可能产生下列情形：相互对立的法律解释结果得到支持的法律解释规准的数量是不同的；也就是说，支持一个法律解释结果的法律解释规准的数量多于支持与其对立的另一个法律解释结果的法律解释规准的数量。举例来说，一个法律解释结果得到了两个不同的法律解释规准的支持，与其对立的另一个法律解释结果得到了三个或四个不同的法律解释规准的支持。那么，法官或法律适用者应该选择哪一个法律解释结果呢？也就是说，法官或法律适用者应该如何证成他或她所选择的法律解释结果呢？首先，我们应该明白，这种情况是法律解释规准之间冲突的一种特殊情形。那么，前述的衡量方法能否解决这种冲突呢？我们认为答案是否定的。原因在于，前述的衡量方法一般运用于下列情形：两个或两种

〔1〕 关于规则冲突与原则冲突的性质及其解决方法的具体论述，参见王夏昊：《法律规则与法律原则的抵触之解决——以阿列克西的理论为线索》，中国政法大学出版社 2009 年版，第 97~100 页。

不同的法律解释规准之间的冲突，或者支持两个相互对立的法律解释结果的法律解释规准数量是相等的。例如，两个法律解释规准支持一个法律解释结果，另外的两个法律解释规准支持与其相对立的一个法律解释结果。这样，有人就会问：我们如何解决特殊的法律解释规准冲突的情形呢？在这里，我们还是要根据本书所主张的融贯性真理观的原理来处理。按照前述融贯性标准的要求，如果一个命题越是能够得到越多理由的支持，那么，该命题就越融贯，因此，该命题就越可能是正确的、有效的。这样，我们就可以得到下列主张：得到更多不同的法律解释规准支持的法律解释结果要优先于得到相对少的不同的法律解释规准支持的法律解释结果。但是，这是否意味着法官或法律适用者在任何情形下都可以按照得到支持的法律解释规准的数量多寡来解决法律解释规准之间的冲突或证成某个法律解释结果呢？我们认为答案是否定的。原因在于，正如前述，在抽象层面，即不涉及各个法律解释规准适用的具体情形的条件下，各种不同的相互独立的法律解释规准之间存在着一种优先性关系。这种抽象的优先性关系意味着具有优先性的法律解释规准作为支持法律解释结果的理由是一种强意义的理由，与其相对的法律解释规准是一种弱意义的支持理由。这就意味着会产生下列情形：一个法律解释结果得到支持的法律解释规准的数量是少的，但法律解释规准是具有优先性的或是强意义的理由；另一个法律解释结果得到支持的法律解释规准的数量多，但法律解释规准是不具有优先性的或是弱意义的理由。例如，一个法律解释结果得到一个具有优先性的法律解释规准的支持，而另一个法律解释结果得到了两个不具有优先性的法律解释规准的支持。对于这种情形，法官或法律适用者就不能简单地根据法律解释规准数量的多寡来解决这些法律解释规准之间的冲突。那么，法官或法律适用者应该如何解决这种冲突呢？我们认为，解决这种冲突的准则是：法官或法律适用者一般应该选择那些重要性程度高或具有优先性的法律解释规准所支持的法律解释结果，即使这种法律解释规准的数量少。这个准则的背后原理是：证成不运用重要性程度低的法律解释规准的足够强的理由往往弱于证成不运用重要性程度高的法律解释规准所要求的理由。

三、法律解释规准的优先性关系

（一）法律解释规准的优先性关系原理

在传统法学方法论中，"法律解释规准的优先性关系"被学者们放在"法律解释方法的位阶"的标题下予以讨论。法律解释规准之间是否存在着一个固定的位阶顺序呢？绝大部分法学方法论的学者都持一种折中的立场。例如，德国法学家拉伦茨认为："依此虽然还不能构成一种固定的——各种标准之间的——位阶关系，依此得以终局地确定个别标准的重要性，然而，它们毕竟不是无所关联的并立关系而已。"[1]又如，我国台湾地区法学家王泽鉴认为："不认为各种解释方法具有一种固定不变的位阶关系，但亦不认为解释者可以任意选择一种解释方法。每一种解释方法各具功能，但亦受限制，并非绝对；每一

---

[1] [德] 卡尔·拉伦茨：《法学方法论》，陈爱娥译，商务印书馆 2003 年版，第 221 页。

种解释方法的分量，虽有不同，但须相互补充。"[1]再如，我国大陆地区法学家梁慧星认为："虽然不能说各个解释方法之间有一种固定不变的位阶关系，但也不应认为各种解释方法之间杂然无序，可由解释者随意选择使用。其间应有某种大致的规律可循。"[2]这些法学家的观点在表面上都给人一种矛盾印象，即法律解释规准之间既不存在固定的位阶关系，也不是并列关系，法官或法律适用者不能随意地选择它们。但是，如果我们从不同层面看待法律解释规准之间的位阶关系，这个矛盾就可能被解决。质言之，这个矛盾是法律解释规准在不同层面间的矛盾。具体来说，各种相互独立的法律解释规准被适用于具体单个情形之中时，它们之间不存在一个固定的位阶关系，它们之间的位阶关系或优先性关系是随着特定具体情形的变化而变化的。这就是拉伦茨所说的"不能终局地确定个别标准的重要性"。但是，在不结合具体单个情形时，各种法律解释规准之间存在着一种位阶顺序或优先性关系。因此，法官或法律适用者在针对具体案件事实对某个法的渊源文本进行解释时，不能随意地选择法律解释规准，而应该按照一定的顺序或一定的规律或一定的规则选择法律解释规准。这个"一定的顺序"或"一定的规律"或"一定的规则"，就是一种位阶关系或优先性关系。但是，法官或法律适用者针对具体案件事实对某个法的渊源文本进行解释时，有可能有两个以上的法律解释规准的适用条件存在着或出现了，他或她就必须运用这两个以上的法律解释规准

---

〔1〕 王泽鉴：《法律思维与民法实例——请求权基础理论体系》，中国政法大学出版社 2001 年版，第 240 页。

〔2〕 梁慧星：《民法解释学》，中国政法大学出版社 1995 年版，第 244 页。

对该法的渊源文本进行解释，而且两个解释结果是相互冲突的。这时，法官或法律适用者就必须选择其中一个法律解释规准所产生的法律解释结果。在这个过程中，前述的法律解释规准之间的位阶关系或优先性关系因特定具体案件的情形而发生变化。这样，本书所谓的法律解释规准之间的优先性关系不是它们在具体单个情形下的终局的优先性关系，而是指在不结合具体情形的抽象层面的优先性关系。前者被简称为终局的优先性关系，后者被简称为抽象的优先性关系。终局的优先性关系随着个案具体情形的变化而变化，也就是说，这种优先关系依赖于法官或法律适用者针对具体案件事实按照商谈规则进行具体的论证。抽象的优先性关系本身不会随着个案具体情形的变化而变化，但是，这种优先性关系有可能在具体案件的法律决定的证成中被推翻。既然这种抽象的优先性关系在具体的法律决定的证成中有可能被推翻，那么，我们为什么还要确定法律解释规准之间抽象的优先性关系呢？

根据前述，法律解释规准在规范性质上属于原则。按照阿列克西的观点，原则是一种履行最佳化衡量和平衡的命令。根据这个定义，原则是一种要求特定理念在事实和法律可能的范围内得到最大程度实现的规范。所谓法律可能的范围的问题，依赖于与一个原则相碰撞的原则。当原则之间相互碰撞时，相关的问题不是"哪一个原则应该从特定规范体系中剔除出去"的问题，而是"如何在特定体系中将这两个原则最佳化"的问题。这个问题的实质是一个关于创立融贯的问题。这个问题的唯一可能的答案是，在原则之间确立有条件地确定的优先性关系或初步的优先性位阶。这是避免下列风险的唯一方法：运用的特定体系的规范将导致不融贯的决定，这个不融贯在于下列事实：虽然这些决定在逻辑上是相容的，但它们之间的相互关系是武断的。质言之，在原则之间确立优先性关系能够保证法律决定的融贯性，能够避免作法律决定的武断性。因此，如果特定的理论包含了原则，那么，原则之间的优先性关系的数目越多，则该理论越是融贯。当法官或法律适用者运用属于特定理论的原则作为证成一个命题的前提时，他或她应该阐述尽可能多的原则之间的优先性关系。[1]根据这个原理，要想保证法官或法律适用者运用不同的相互独立的法律解释规准证成的法律解释结果及其法律决定之间的融贯性、一致性，从而避免法官或法律适用者解决法律解释规准之间碰撞或冲突的武断性，我们就必须在法律解释规准之间确立尽可能多的优先性关系。总之，我们认为，确立法律解释规准之间抽象的优先性关系可以保证法律解释规准所证成的法律解释结果之间的融贯性、一致性，可以在一定程度上有助于提高法律解释规准适用的确定性，从而在一定程度上提高法官或法律适用者所作的法律解释的可预测性。现在的问题是，法律解释规准之间的抽象的优先性关系的功能是如何发挥的呢？它与法律解释规准之间终局的优先性关系的逻辑关联是什么呢？

欲回答前述问题，我们就需要分析如何在相碰撞或冲突的原则之间进行衡量和平衡。正如前述，在原则之间进行衡量和平衡，法官或法律适用者就必须遵循衡量法则，即不满足或侵害一个原则的程度越大，满足另一个原则的重要性就越大。这里所谓的原则被侵害或被满足是指，该原则在特定具体情形下

---

[1] Robert Alexy and Aleksander Peczenik, "The Concept of Coherence and Its Significance for Discursive Rationality", *Ratio Juris*, 1 (1990), p. 137.

被侵害或被满足。假设一个法律解释规准被简写为 p_m，与其相碰撞或相冲突的法律解释规准被简写为 p_n，p_m 在特定具体情形下被侵害的程度被简写为 I_m，而 p_n 在特定具体情境下被侵害的程度被简写 I_n。如果法律解释规准的分量或重要性程度被简写为 W，那么，在特定具体情形下，两个法律解释规准的衡量和平衡的结果就被简写为 $W_{Pm \cdot Pn} = \dfrac{I_m}{I_n}$。根据这个衡量程式，在两个相互碰撞或冲突的法律解释规准之间进行衡量和平衡的结果有三种：大于 1、小于 1 和等于 1。在大于 1 的情况下，p_m 优先；在小于 1 的情况下，p_n 优先；在等于 1 的情况下，p_m 和 p_n 都不具有优先性，它们处于和棋的状态。这就意味着，法官或法律适用者在两个相互碰撞或冲突的法律解释规准处于和棋状态时，他或她无论选择哪个法律解释规准都是可以的。那么，法官或法律适用者到底应该选择哪个呢？这时，法官或法律适用者就应该考量法律解释规准之间抽象的优先性关系，即各个法律解释规准在抽象层面上的分量或重要性。如果我们将各个法律解释规准抽象的分量或重要性简写为 G，那么，两个法律解释规准之间的衡量和平衡的结果就可以被简写为 $W_{Pm \cdot Pn} = \dfrac{I_m \times G_m}{I_n \times G_n}$。根据这个程式，在 p_m 和 p_n 处于和棋的状态下，如果 G_m 大于 G_n，那么，p_m 就具有优先性；如果 G_m 小于 G_n，那么，p_n 就具有优先性。[1] 需要指出的是，在法律解释规准的衡量和平衡的程式之中，一个法律解释规准在具体情形下的受干涉性程度或重要性

---

[1] 关于原则之间如何衡量和平衡及其程式的具体论述，参见 Robert Alexy，"On Balancing and Subsumption—A Structural Comparison"，*Ratio Juris*，4（2003），pp. 436 – 437.

程度即 I 是一个可变化的值，也即 I 是随着具体情形的不同而不同的；而一个法律解释规准抽象的分量或重要性程度即 G 是一个固定的值，也就是说 G 不会随着具体情形的不同而发生变化。

从前述的法律解释规准的衡量和平衡的程式中，我们就可以清楚地看到，法律解释规准之间抽象的优先性关系是如何避免了法官或法律适用者在解决法律规准之间的冲突或碰撞的问题的过程中的武断性，即它们是如何克服法官或法律适用者在相互碰撞或相互冲突的法律解释规准处于和棋状态下选择法律解释规准的不确定性的，从而确保法律解释结果及其法律决定的确定性。另外，有人会问，既然法律解释规准之间抽象的优先性关系是固定的，那么，这种优先性关系在具体情形下是如何被推翻的呢？根据上述衡量和平衡的程式，即使 G_m 优先于 G_n，即 G_m 大于 G_n，但是在具体情形下，I_n 的值也大大地超越了 I_m 的值，这样，$I_m \times G_m$ 的值也不会大于 $I_n \times G_n$ 的值，因此，即使 G_m 大于 G_n，即 G_m 优先于 G_n，法官或法律适用者还是应该选择 p_n。在这种情形下，两个法律解释规准即 p_m 与 p_n 之间抽象的优先性关系被推翻了。这种推翻只是一种可能性。这就意味着，法律解释规准之间抽象的优先性关系在具体的情形下也有可能不被推翻。具体来说，如果 G_m 优先于 G_n，即 G_m 大于 G_n，但是在具体情形下，I_n 的值只是在很小的程度上大于 I_m 的值，这样，$I_m \times G_m$ 的值就不会小于 $I_n \times G_n$ 的值。因此，法官或法律适用者还是应该选择 p_m，也即 p_m 与 p_n 之间抽象的优先性关系没有被推翻。总之，法律解释规准之间抽象的优先性关系，既可能被推翻也可能不被推翻。抽象性关系是否被推翻，取决于法官或法律适用者对具体情形对相互碰撞或冲突的法律解释规准的具体侵害或重要性程度的大小的判断。既然这种抽象的优先性关系在法律解释规准被适用的具体情形下可能被推翻，因此，这种优先性关系也是一种初步的优先性关系，而不是一种最终的或终局的优先性关系。

法律解释规准的抽象的和初步的优先性关系，不仅能够在一定程度上避免法官或法律适用者运用它们的武断性和在一定程度上克服它们适用的不确定性，而且能够指导法官或法律适用者如何按照一定的顺序或步骤选择并运用法律解释规准。就后者而言，法律解释规准抽象的优先性关系有助于提高解释活动的效率。[1]既然这种抽象的优先性关系有这么重要的作用或功能，那么，它的具体内容是什么呢？即哪种法律解释规准被排在第一位？哪种法律解释规准处于次要的位置？哪种法律解释规准处于最后的位置？在回答这个问题之前，我们首先应该清楚的是按照什么标准对这些法律解释规准进行排序。

我们在专题四中指出，法律适用的目标是依法裁判与个案正义。这就是说，法官或法律人所作的法律决定或法律判断就必须具有可预测性和正当性。这样，我们对法律解释规准进行排序的标准是哪一种法律解释规准更有助于法律决定的可预测性和正当性的实现，也就是说，我们要以哪一种法律解释规准能够在更大程度上有助于法律决定的可预测性和正当性为标准对它们进行排序。但是，法律决定的可预测性和正当性之间往往处于一种紧张关系或冲突关系，也就是说，有的法律决定不是作决定的人武断地和恣意地作出的，即实现了可预测性或确

---

〔1〕 D. N. MacCormick and R. S. Summes, *Interpreting Statutes: A Comparative Study*, Dartmouth Publishing Company, 1991, p. 531.

定性，然而该决定与特定国家的法秩序所承认的实质价值或道德相背离，即该法律决定的正当性没有得到实现。同时，我们也应该看到，有些法律决定是正当的、具有理性的可接受性，却是作法律决定的人武断地和恣意地作出的，即该法律决定的可预测性或确定性没有得到实现。质言之，法律决定的可预测性或确定性的实现程度与其正当性的实现程度之间是一种反比例关系。这种紧张或冲突是法的僵硬性与弹性之间、法的形式理性与实质理性之间，以及法的安定性与正义之间的紧张或冲突关系的体现。因此，从整体上来说，法官或法律适用者应该在法律决定的可预测性或确定性与正当性之间作出最佳的平衡。但是，对在特定的一个时间段内的特定国家的法官或法律适用者来说，法律决定的可预测性或确定性具有初步的优先性。因为对于特定国家的法律人来说，首先理当崇尚的是法律的可预测性或确定性。[1]这是由法律的特有功能所决定的。所谓法律的特有功能是指与其他社会规范相比，其具有的独特功能。这个功能就是法律具有稳定行为期待的功能。[2]法律要发挥其稳定行为期待功能，首先就必须具有事实性，因此，法律决定首先就必须具有确定性或可预测性。这就意味着，在法律决定的可预测性或确定性与正当性的紧张或冲突关系之中，可预测性或确定性具有一定的优先性。因此，我们在对法律解释规准进行位阶排序时，首先要以哪一种法律解释规准更有助于法律决定的可预测性或确定性的实现为标准，其次要考虑法律解释规

---

〔1〕 〔意〕登特列夫：《自然法——法律哲学导论》，李日章译，联经出版事业公司1984年版，第119页。

〔2〕 Habermas Jürgen, *Between Facts and Norms—Contributions to a Discourse Theory of Law and Democracy*, trans. by William Rehg, The MIT Press, 1996, p. 133.

准有助于法律决定的正当性的实现的标准。总之，本书主张下列命题：我们在对法律解释规准进行位阶排序时，主要以法律解释规准是否更有助于法律决定的确定性的实现为标准。哪一种法律解释规准更有助于法律决定的可预测性或确定性的实现呢？这取决于法律决定适用自身的可预测性或确定性程度的高低。这就是说，有的法律解释规准的适用的可预测性或确定性程度高，有的法律解释规准的适用的可预测性或确定性程度低。这样，法律解释规准的位阶排序的标准在实质上是各种法律解释规准适用自身所具有的可预测性或确定性程度。

前述的法律解释规准位阶排序应该遵循的标准，我们是从法律决定的标准之间的优先性关系的角度进行论证的。如果我们从法律解释规准适用自身论证这个问题，那么，它们的位阶排序的标准是什么呢？我们认为，这个标准还是法律解释规准适用自身的可预测性或确定性程度。原因在于：一方面，法官或法律适用者能够按照某个法律解释规准对某个法的渊源文本进行解释，那么，解释结果在理性上就是可接受的，也就是说具有正当性。道理很简单：如果某个法律解释结果能够被一个法律解释规准所证成，那么，这就意味着该法律解释结果就建立在一定理由的基础之上。这就是说，每一个法律解释规准的适用所导致或产生的结果即法律解释结果必然具有一定的理性的可接受性或正当性。但是，每一个法律解释规准适用自身所具有的可预测性或确定性程度是不同的，这不同的可预测性或确定性程度就导致了法律解释结果的可预测性或确定性程度的不同。因此，我们只能根据法律解释规准适用自身的可预测性或确定性程度来对它们进行位阶排序。另一方面，正如前述，法律解释规准作为一种支持法律解释结果及其法律决定的理由属于形式理由而不是实质理由。作为形式理由的法律解释规准的适用首先是要保证法律解释及其结果，即法律解释结果的可预测性或确定性的实现。在这个意义上，我们在对法律解释规准的位阶进行排序时也主要应按照法律解释规准所具有的可预测性或确定性程度的高低而进行。那么，有人会问：既然法律解释规准是形式理由，为什么他们各自的可预测性或确定性程度会有不同呢？正如前述，虽然它们是形式理由，但是形式理由的运用必然地会涉及实质理由，只不过各个形式理由的运用涉及的实质理由有多有少。这就是说，有的法律解释规准或规范的适用涉及的实质理由很少或几乎不涉及实质理由，有的法律解释规准或规范的适用涉及的实质理由很多甚至就是在运用实质理由。涉及的实质理由多，形式理由运用的可预测性或确定性程度就低，即法律解释规准的形式程度就低；涉及的实质理由少，形式理由运用的可预测性或确定性程度就高，即法律解释规准的形式程度就高。形式性程度高的法律解释规准的可预测性或确定性程度就高，形式性程度低的法律解释规准的可预测性或确定性程度就低。这就是说，法律解释规准的形式程度的高低或其适用的可预测性或确定性程度的高低取决于其适用中所涉及的实质理由的多少。因此，这里所谓的法律解释规准的确定性就是法律解释规准适用自身的可预测性或确定性。

（二）法律解释规准之间的优先性关系内容

法律解释规准之间的优先性关系内容是指，各个不同的法律解释规准所处的位阶顺序。关于这个问题，传统法学方法论中以拉伦茨的观点为代表。这个观点认为：语义学解释处于第一位阶，法律的意义脉络解释处于第二位阶，历史上的立法者目的解释处于第三位阶，客观目的解释处于第四位阶，合宪性解释处于第五位阶。[1]在这几种法律解释规准中，法律的意义脉络解释属于本书的体系解释，历史上的立法者目的解释属于本书的立法者目的解释。如前所述，我们可以将合宪性解释归入客观目的解释。这样，拉伦茨的法律解释规准的位阶顺序就可以被简化为语义学解释→体系解释→立法者意图或目的解释→客观目的解释。现今大部分法学方法论的研究者对各种法律解释规准之间的位阶关系所采取的主张与拉伦茨的上述观点基本没有太大的差异。这些观点之间的差异在于每一个研究者提出的法律解释规准的数目不同，也就是说，有的提到的法律解释规准的数目多，有的提出的法律解释规准的数目少。但是，这些解释规准的位阶顺序没有不同。[2]那么，根据本书排列法律解释规准位阶顺序的标准，位阶顺序的具体内容是什么呢？

正如前述，哪一种法律解释规准具有优先性是根据其是否更有助于其所证成的法律解释结果及其法律决定的可预测性或确定性的实现，而这取决于法律解释规准适用本身所具有的可预测性或确定性程度的高低。各个法律解释规准适用本身的可预测性或确定性程度的高低取决于证成各个规准所涉及的实质理由的多少。这样，每一个法律解释规准所处的位阶顺序在最终意义上取决于其各自在适用中所涉及的实质理由的多少。根据本专题第二部分的分析，语义学解释规准的适用涉及对语言使用规则的证成，这个证成是要发现并确认语言使用规则的存

〔1〕 ［德］卡尔·拉伦茨：《法学方法论》，陈爱娥译，商务印书馆2003年版，第219～221页。

〔2〕 不同法学家关于这方面的观点之内容，参见梁慧星：《民法解释学》，中国政法大学出版社1995年版，第243～246页。

在，因此，这个证成是对事实命题的证成。立法者目的解释规准的适用涉及对立法者目的的证成，这个证成是要确认立法者目的或意图。体系解释规准的适用涉及对解释结果是否符合逻辑中的矛盾律，这个证成是要保证法律解释结果及其法律决定与法体系之间的一致性或融贯性。历史解释规准的适用涉及对过去及现在的法律状态及特定后果的正当性的证成，因此，这个证成既要对一个经验或事实命题进行证成，又要对规范命题进行证成。比较解释规准的适用涉及对外国法律状态及经验与特定后果的正当性的证成，因此，与历史解释一样，这个证成既涉及对经验或事实命题的证成，也涉及对规范命题的证成。客观目的解释规准的适用涉及对法律的客观目的的证成，这个证成是要对法律解释结果是否符合特定社会的道德和伦理进行证成，因此，它涉及对道德命题的证成，需要运用一般的或普遍的实践论证或商谈。由上述可见，语义学解释规准与立法者目的解释规准的适用只涉及一个事实或经验命题的证成，体系解释规准的适用只涉及一个逻辑命题的证成，历史解释规准与比较解释规准的适用涉及事实或经验命题和规范命题的证成，客观目的解释规准的适用只涉及规范命题的证成。无论是经验或事实命题还是逻辑命题，都不是实质理由。因此，语义学解释规准、立法者目的解释规准和体系解释规准的适用都不涉及实质理由。而规范命题属于实质理由，因此，历史解释规准、比较解释规准和客观目的解释规准的适用都涉及实质理由，而且客观目的解释规准的适用不仅仅涉及实质理由而是就在运用实质理由，因此，它的适用需要一般或普遍实践论证或商谈。这样，由前述各个法律解释规准的适用涉及的实质理由的多少决定它们各自适用的可预测性或确定性程度，我们就可以得到下列结论：语义学解释规准、立法者目的解释规准和体系解释规准的适用的确定性程度要高于历史解释规准和比较解释规准的适用的确定性程度，而历史解释规准和比较解释规准的适用的确定性程度要高于客观目的解释规准的适用的确定性程度。这样，根据前述的法律解释规准适用的确定性程度的高低决定了它们各自所处的位阶顺序，我们就可以进一步得到下列结论：语义学解释规准、立法者目的解释规准和体系解释规准要优先于历史解释规准和比较解释规准，而历史解释规准和比较解释规准要优先于客观目的解释规准。

前文所得到的法律解释规准的位阶顺序，只是一个初步的大致的位阶顺序。这是因为，在这个位阶顺序中，我们既没有说明语义学解释规准、立法者目的解释规准与体系解释规准之间的相互优先性关系，也没有说明历史解释规准与比较解释规准之间的优先性关系。而且，根据前述的融贯性理论，越是能够阐述更多原则之间的优先性关系的理论就越融贯，因此，我们需要进一步阐述更多的法律解释规准之间的优先性关系。

在语义学解释规准、立法者目的解释规准与体系解释规准之间，它们之中哪一个或哪一些具有优先性呢？以拉伦茨为代表的传统法学方法论者一般都认为，语义学解释规准优先于体系解释规准，而体系解释规准优先于立法者目的解释规准。[1]我们也认为语义学解释规准优先于体系解释规准，但是，我们不认为体系解释规准优先于立法者目的解释规准，而认为立法

---

〔1〕 ［德］卡尔·拉伦茨：《法学方法论》，陈爱娥译，商务印书馆2003年版，第219~220页。同时参见王泽鉴：《法律思维与民法实例——请求权基础理论体系》，中国政法大学出版社2001年版，第241页；梁慧星：《民法解释学》，中国政法大学出版社1995年版，第245页。

者目的解释规准优先于体系解释规准。拉伦茨之所以主张体系解释规准具有优先性，是因为他认为，当运用语义学解释规准揭示出某个语词的多种意义时，解释者应该根据该语词的语境或脉络来确定语词的意义，而且语词的意义本身就应该在一定的语境或脉络中进行解释。[1]拉伦茨的这个观点是从一般解释学或诠释学的角度考虑的。因此，他不是根据本书所主张的应该按照法律解释规准适用的可预测性或确定性来确认体系解释规准与立法者目的解释规准之间的优先性关系的。我们认为，立法者目的解释规准适用的可预测性或确定性程度要高于体系解释规准适用的可预测性或确定性程度。原因在于，立法者目的解释规准的适用只需要法官或法律适用者证成立法者意图或目的存在的事实。法官或法律适用者按照体系解释规准证成某个语词的意义，他或她不仅仅要考虑该语词在一个规范性文件中的位置，而且要考虑该语词所表达的意义与其所属的部门法及其特定法体系中所有其他法律规范之间的关系。举例来说，民法中的"公民死亡"既指公民自然生命的终止，也指宣告公民死亡。如果法官或法律适用者按照体系解释规准对刑法文本中的某个条文所规定的"公民死亡"进行解释，那么，他或她不仅要根据该语词在刑法文本中的上下文，而且要根据该语词与刑法这个部门法的其他法律规范之间的关系，也要根据其与特定法体系中的所有其他法律规范之间的关系来确定该语词的意义。法官或法律适用者根据一个法律语词在规范性文件中的上下文或前后文中的关系来说明并确认其意义，是一个"自然"

---

〔1〕［德］卡尔·拉伦茨：《法学方法论》，陈爱娥译，商务印书馆2003年版，第204、220页。

的解释活动。法官或法律适用者根据一个法律语词意义与其所属的部门法及其法体系中的所有其他法律规范之间的关系来说明并确认其意义，是一个人为建构的活动。因为，部门法及其法体系本身是法学家以特定国家的规范性文件为素材而建构起来的。另外，我们认为立法者目的解释规准优先于体系解释规准的原因在于：其一，在现代民主法治国家，立法机关是最高的民主机构，它的决定被认为是人民意志至少是大多数人民意志的体现。其二，法官或法律适用者对立法机构的决定的尊重是国家权力分立的一个必要要素，这个原理要求立法者与法律适用者必须有个明确的区分，法律适用者必须按照立法者制定的法律而不是按照法律适用者可能希望制定的法律来适用法律。其三，法治原则要求法律适用者适用的法律必须是提前存在的确定的公开的法律，据此，权威被分配给了立法机关。[1]另外，我们在分析法律决定的确定性概念时已指出，它的一个含义是指法律决定与已制定的法律相一致。而按照立法者目的解释规准证成法律解释结果，更能够保证法律决定与已制定的法律相一致。正如阿列克西所指出的，为了保证与有效法律的联系，某些法律解释规准应该具有初步的优先性。那些与法律语词的实际用法和历史上立法者的意图相联系的法律解释规准要优先于其他法律解释规准。[2]总之，无论从立法者目的适用的可预测性或确定性程度，还是从民主、权力分立原理、法治原则以及法律决定的确定性概念的角度看，我们都认为立法者目的解

---

〔1〕　D. N. MacCormick and R. S. Summes, *Interpreting Statutes*: *A Comparative Study*, Dartmouth Publishing Company, 1991, p. 534.

〔2〕　Robert Alexy, *A Theory of Legal Argumentation*, trans. by Ruth Adler and Neil MacCormick, Clarendon Press, 1989, pp. 247 – 248.

释规准优先于体系解释规准。

既然已解决了立法者目的解释规准与体系解释规准之间的优先性关系，那么，语义学解释规准与立法者目的解释规准之间的优先性关系是什么呢？所有的法学方法论的研究者都认为，语义学解释规准处于第一位阶顺序。因此，大家都会认为语义学解释规准优先于立法者目的解释规准。他们的理由是，任何文字的解释都始于字义。如果解释不从字义着手，那么，解释者就无从开始解释。字义也为解释划定了可能的界限。这就是说，运用语义学解释规准证成的某个法渊源文本的字义范围，为其他解释规准的适用划定了界限。[1]这个理由也是一般解释学或诠释学的理由。如果我们从本书所主张的法律解释规准优先性标准，即各个法律解释规准适用的可预测性或确定性程度高低出发，那么，在这两者之中，哪一个具有更高程度的可预测性或确定性呢？即哪一个具有优先性呢？我们认为，立法者目的解释规准适用的可预测性或确定性程度低于语义学解释规准适用的可预测性或确定性程度。原因在于，立法者目的的证成本身存在着不确定性：一方面，"立法者目的"的主体是谁是不确定的，它是指国会或立法机关的全体成员，还是指赞成某个法案的绝大多数成员呢？无论是全体成员还是绝大多数成员，多数成员都不可能对法律的某个规定或某个条款表达明确的意见。另一方面，确认立法者的目的或意图的具体内容是不确定的。正如前述，立法者的目的或意图需要从立法资料中发现和确认，而立法资料本身是语言文字，因此，我们要发现和确认

---

〔1〕 ［德］卡尔·拉伦茨：《法学方法论》，陈爱娥译，商务印书馆 2003 年版，第 200～204、219～221 页。

立法者的目的或意图，就需要对立法资料进行解释，解释本身就具有不确定性，因为任何解释都是解释者的创造行动。相反，语义学解释规准的适用需要发现和确认语言使用规则，而语言使用规则是一种惯例或习惯，惯例或习惯是一种事实存在，而且法官或法律适用者可以通过语言学家或某行业的专家提供的专业意见确认某个语词的使用规则。总之，对语言使用规则的证成的确定性程度往往高于对立法者目的或意图的证成的确定性程度。但是，有人会提出下列问题：既然前文认为民主、权力分立和法治原则决定了立法者目的解释规准具有优先性，那么，从这个角度出发，立法者目的解释规准为什么就不能优先于语义学解释规准呢？正如前述，语义学解释规准在实质上就是语言使用规则，而这些规则是惯例或习惯。调整法的渊源文本所使用的语词的标准或日常意义的，就是这些语言使用惯例或习惯。任何使用该语言的人都必然地会遵循这些惯例或习惯。否则，他们就不可能运用这些语言进行交流。立法者作为其所属的民族语言的使用者，在制定法律过程中选择某个语词时，他或她必然自觉不自觉地受到这些语言使用惯例或习惯的指导。[1]这就是说，立法者也不能违背语词使用惯例或习惯，他所制定的法律中的语词也是受这些惯例或习惯调整的。如果说立法者的目的或意图是人民意志或多数人民意志的体现，那么，语言惯例或习惯就是所有属于特定民族的人们的共同意志和理性的体现。因此，我们主张，语义学解释规准优先于立法者目的解释规准。

---

〔1〕 D. N. MacCormick and R. S. Summes, *Interpreting Statutes: A Comparative Study*, Dartmouth Publishing Company, 1991, p. 466.

到目前为止，我们论述了语义学解释规准、立法者目的解释规准与体系解释规准之间的优先性关系：语义学解释规准优先于立法者目的解释规准，而立法者目的解释规准优先于体系解释规准。现在的问题是，在历史解释规准与比较解释规准之间，哪一个具有优先性呢？我们认为，历史解释规准具有优先性，因为它的适用具有更大程度的可预测性或确定性。具体来说，正如前述，两者的逻辑结构是相同的，它们的不同之处在于：历史解释规准的适用利用的是本国法律实践的历史经验，而比较解释规准的适用利用的是其他国家的法律的实践经验。从直觉上说，任何特定国家的法官或法律适用者本身就是该国法律实践的参与者，是历史经验形成过程的参与者，因此，任何法官或法律适用者都对本国法律实践的历史是熟知的。相反，任何法官或法律适用者不可能是其他国家法律的实践者，因此，对其他国家法律实践经验的了解是相对陌生的。这就决定了历史解释规准适用的可预测性或确定性程度高于比较解释规准。从两者适用的过程来看，历史解释规准的适用只是对本国法律适用的过去情形与现在情形的比较。比较解释规准的适用是对本国法律的适用情形与其他国家的法律适用情形的比较，这个比较就不仅仅是两个国家即本国与另一个国家之间法律实践经验的比较，而且要将两个以上其他国家之间的法律实践经验进行比较，要去衡量、判断并确认哪一个国家的法律实践经验更符合本国的实际情形。这就是说，比较解释规准适用的复杂性大于历史解释规准适用的复杂性。这种复杂性决定了比较解释规准适用的确定性程度更低一些。因此，历史解释规准优先于比较解释规准。除了这两个方面的理由，我们认为，历史解释规准优先于比较解释规准的理由还在于：法律适用本身就是法官或法律适用者依据其所属国家的现行有效的法律规范裁判案件，而且法学知识在根本上就是一种地方性知识。

综上所述，本书所确认的六种法律解释规准之间存在着下列优先性关系：语义学解释规准优先于立法者目的解释规准，立法者目的解释规准优先于体系解释规准，体系解释规准优先于历史解释规准，历史解释规准优先于比较解释规准，比较解释规准优先于客观目的解释规准。从这个优先性关系派生出下列优先性关系：其一，语义学解释规准优先于体系解释规准，语义学解释规准优先于历史解释规准，语义学解释规准优先于比较解释规准，语义学解释规准优先于客观目的解释规准；其二，立法者目的解释规准优先于历史解释规准，立法者目的解释规准优先于比较解释规准，立法者目的解释规准优先于客观目的解释规准；其三，体系解释规准优先于比较解释规准，体系解释规准优先于客观目的解释规准；其四，历史解释规准优先于客观目的解释规准。所有这些优先性关系都是抽象的初步的优先性关系，因此，如果它们在适用的过程中发生了碰撞或冲突，这些优先性关系都是可以被推翻的。但是，在具体适用情形中，谁主张推翻这些优先性关系，谁就负有论证责任。法官或法律适用者在具体情形中推翻这些优先性关系时，应该遵守的准则是：证成不运用不具有优先性的法律解释规准的足够强的理由往往弱于证成不运用具有优先性的法律解释规准所要求的理由。

法律漏洞的填补

　　有时，法律人通过法律解释就可以获得正当的法律决定。但因为有时却存在法律难以穷尽待调整之事的情形，社会事务千变万化而法律相对稳定不变。在方法论上，这被称为"法律漏洞"。面对这类情形，法律人要通过恰当的方法予以填补。漏洞填补的意义不仅仅在于解决个案纠纷，而且也在于为法律体系本身的完善提供准备。因此，在我国，漏洞填补也是完善以宪法为核心的法律体系的要求之一，有助于完善形成完备的法律规范体系。[1] 那么，何谓法律漏洞？有哪些类型的法律漏洞？法律人应运用哪些方法填补这些法律漏洞呢？

一、法律漏洞的概念

（一）法律漏洞的界定

　　"法律漏洞"是一个合成词，即"法律"和"漏洞"合成

---

〔1〕　参见全国干部培训教材编审指导委员会组织编写：《建设社会主义法治国家》，人民出版社、党建读物出版社 2019 年版，第 101 页。

的。它是我们借用日常用语中的"漏洞"来讨论的一种法律现象。因此，我们要想界定法律漏洞的概念，首先应该清楚"漏洞"和这里的"法律"是什么意思。在现代汉语中，"漏洞"是指，物体之中能让东西漏过去的不应有的缝隙或小孔。因此，漏洞是一种不应该有而有的缝隙或小孔，如果是应该有而有的缝隙或小孔就不应该被称为"漏洞"，例如漏勺中的小孔或缝隙。既然漏洞是物体不应该有而有的缝隙或小孔，就意味着它会影响该物体所应该具有的功能或目的的实现，在这个意义上，漏洞意味某物体的品质具有影响其功能的缺陷。质言之，有漏洞的物体必然使其应该具有的功能受到了影响。总之，漏洞意味着物体无论是在物理意义上还是在功能意义上都处于不完整或不圆满的状态，而且这种不完整或不圆满状态是物体不应该具有的。这样，从字面上看，所谓法律漏洞是指法律处于不应该具有的不完整或不圆满的状态。这里的"法律"是指实证法，既包括制定法也包括其他法的渊源；这是因为，"法律中的漏洞"（gaps in the law）对法的渊源中的漏洞（gaps in the source of law）来说可能只是一个集合术语，它既可指制定法中的漏洞（gaps in statutes）也可指其他法的渊源中的漏洞（gaps in other source of law）。[1]另外，我们谈到"法律"时，它既指作为特定国家的法律整体的法体系，也指特定法体系中的某个部门法和一个具体的法律规范。这样，我们谈到"法律漏洞"时，它既指特定国家的法体系不应该具有的不完整或不圆满状态，也是指某个整部法典或部门法不应该具有的不完整或不圆满状

---

[1] Marijan Pavcnik, "Why Discuss Gaps in the Law?", *Ratio Juris.*, Vol. 9, No. 1, 1996, p. 75.

态，更是指某个具体法律规范不应该具有的不完整或不圆满状态。根据这个结论，我们所界定的法律漏洞不同于拉伦茨所谓的"法律漏洞"。后者仅仅指法律规范或部门法的漏洞，即拉伦茨所谓的"规范漏洞"或"规整漏洞"，而不包括法体系的漏洞。拉伦茨将法体系的漏洞放在"法的续造"的标题下予以讨论。他之所以将法体系的漏洞排除在他所谓的法律漏洞之外，是因为他认为"法律漏洞"是指违反计划的不圆满或不完整状态，只有个别法律才有计划或特定的规整目的可言，对法秩序整体则不能如是说。[1]本书所谓的法律漏洞之所以不同于拉伦茨的"法律漏洞"概念，主要在于我们与拉伦茨对法律不应该具有的不完整或不圆满的状态的标准的理解不同。这就意味着，界定法律漏洞概念的关键问题在于下列问题：我们如何理解和确定法律不应该具有的不完整或不圆满状态意味着什么。

法律漏洞是法律不应该具有的不完整或不圆满的状态。这个定义本身预设了下列命题：①人们要求或追求法律对特定社会生活或社会关系作出完整或圆满的调整或规定。所谓"人们要求或追求"就意味着"法律完整或圆满的调整或规定"是法律应该的，是从法律应该具有的功能和目的的角度来说。法律应该作出完整或圆满的调整或规定，不一定意味着法律在事实上一定会对特定社会生活或社会关系作出完整或圆满的调整或规定。在这个意义上，法律才存在不完整或不圆满状态。换句话说，如果特定社会的人们不要求或追求法律的完整或圆满的调整或规定，也就不存在所谓的不完整或不圆满的状态。在实

---

〔1〕〔德〕卡尔·拉伦茨:《法学方法论》，陈爱娥译，商务印书馆 2003 年版，第 250～251、253～254 页。

质上，这种要求法律完整或完满的调整是要求这些社会关系或社会生活领域的完全的法律化，或者说要求人们在这些社会关系或社会生活领域内必须以法律方式行为。这是法治社会与非法治社会的区别。因此，法律漏洞的存在是以法治社会的存在为前提，在非法治社会是不存在法律漏洞的。而命题①又是以下列命题为前提：②法律应该完整或圆满调整的特定社会生活或社会关系，是法律本身能够调整而且是法律必须或应该调整的社会生活或社会关系。如果特定社会生活领域或社会关系是法律不能调整的，是法律无涉的领域或空间，即法学上通常所谓的"法外空间"，那么，所谓法律应该完整或圆满的调整或规定也就根本不可能存在，也就是说，对于法外空间，人们根本不会要求或追求法律的完整或圆满的调整或规定，因此，也就不存在所谓的法律漏洞。这就意味着，只有在不属于法外空间的那些社会生活领域或社会关系，才有"漏洞"可言。在法外空间领域，人们的行为在法律上是自由的。在这个意义上，法律漏洞问题的实质涉及人的行为自由。因此，法律漏洞的确定涉及了"法内空间"与"法外空间"的划分问题。划分的标准有两个：一方面，涉及非常多的利益冲突的社会关系，如果没有法律调整或法律规定，那么，这就可能危害人类基本的善，而且使得基本的社会活动不可能。这就是说，这些社会关系是法律必须或应该调整或规定的。另一方面，有一些社会关系必须得到法律的调整或规定是因为法律主体的权利与义务必须是可信赖的、可预测的，而且必须以确定方式具体规定。如果这些权利与义务得不到法律规定或者得不到合适的规范调整，那么，一些活动如道路交通、合同履行等就不可能发生，而且会导致利益冲突，这些利益冲突使得法律与社会秩序处于危险之中。这两个标准是基础性的，而且是宽泛的。因此，如果它们不被具体化为法律上的操作，它们就不能被适用。特定国家的合格权威（如法官）的义务是一种根据具体法秩序的本质和特性将它们具体化的规范形式。[1]这就是说，我们即使有了这两个标准，也不意味着"法内空间"和"法外空间"之间的界限总是清楚的、确定的，也就是说它们之间的界限有时是存在争议的。[2]

根据前述，我们可以进一步将法律漏洞界定为：法律针对其能够调整而且必须或应该调整的社会生活或社会关系不应具有的不完整或不圆满的状态。那么，"不完整或不圆满的状态"到底是什么意思呢？我们认为，它是指法律针对其能够而且必须或应该调整的社会生活或社会关系没有提供答案的，以及没有提供适当的或合适的答案的情形或状态。由此可见，法律的不完整或不圆满状态在整体上可以被区分以下两类：第一种不完整或不圆满是指法律针对特定社会生活或社会关系或特定案件事实没有提供答案。这就是我们通常所说的"法律空白或法律真空"。这个法律空白或真空并不是作为人的自由行为的客体而被有意地不规定或调整。"没有提供答案"并不是说法律对这些特定社会生活或关系或特定案件事实根本没有提出任何观点，因此，"法律空白或真空"就像一座建立在蓝图基础上的房屋的墙中缺了一块砖一样的情形或状态。[3]如果法律空白或真空是

---

〔1〕 Marijan Pavcnik, "Why Discuss Gaps in the Law?", *Ratio Juris.*, Vol. 9, No. 1, 1996, p. 73.

〔2〕 ［德］卡尔·拉伦茨：《法学方法论》，陈爱娥译，商务印书馆 2003 年版，第 250 页。

〔3〕 Marijan Pavcnik, "Why Discuss Gaps in the Law?", *Ratio Juris.*, Vol. 9, No. 1, 1996, p. 75.

指法律根本没有提供任何观点，那么，法律人填补这类法律漏洞就是完全恣意的。这类不完整或不圆满状态包括以下三种情形：其一，残缺式体系违反中的全部残缺。它是指法律对某类型社会生活或社会关系所属的上位类型的社会生活或社会关系作出了规定或规范，但是由于疏忽或其他原因而对该下位类型的社会生活或社会关系未予以规定或规范。[1]其二，演变式体系违反。它是指法律未能对因技术、经济和社会发展所导致的新的社会事物或社会关系未予以规定或规范，但是，根据交易安全的需要或事物本质的要求或法律原则的要求而现今需要加以规定或规范。[2]其三，自始的无据式体系违反。它是指法律由于立法者的疏忽对某类型的社会生活或社会关系未予以规定或规范，但是根据特定国家的法体系的一般法律调整原则及法律原则而需要法律加以规定或规范。[3]根据前述的内容，这种类型的法律不完整或不圆满的状态只是部门法和法体系的不完整或圆满的状态，而不包括法律规范的不完整或不圆满状态。

　　第二种不完整或不圆满是指，法律针对特定社会生活或社会关系或特定案件事实没有提供适当的或合适的答案。与第一种不完整或不圆满相比，这种法律不完整或不圆满的状态并不是法律没有提供答案，而是法律提供了答案，然而该答案是不

---

〔1〕 关于全部残缺式体系违反的具体论述，参见黄茂荣：《法学方法与现代民法》（第5版），法律出版社2007年版，第416~419页。

〔2〕 黄茂荣：《法学方法与现代民法》（第5版），法律出版社2007年版，第419~421页。同时参见［德］卡尔·拉伦茨：《法学方法论》，陈爱娥译，商务印书馆2003年版，第253~254页。

〔3〕 黄茂荣：《法学方法与现代民法》（第5版），法律出版社2007年版，第425~426页。

适当的或不合适的。既然法律提供的答案是不合适的或不适当，那么，这就意味着该不完整或圆满状态既包括了法律提供的答案过少也包括法律提供的答案过多。法律提供的答案过多之所以也属于法律的不完整或不圆满的状态，是因为如果法律规定的过多就意味着法律应该作出限制的规定不存在，也就是说，法律缺少了其应该限制的规定。何谓"不适当或不合适"的答案呢？在法学方法论中，它主要是指法律针对特定社会生活或社会关系或特定案件事实提供的答案是不清楚的或不完备的或不一致的。因此，这种类型的不完整或不圆满状态主要包括了以下三种情形：其一，不清楚的情形或状态。这种不完整或不圆满的状态主要是指法律本身存在着的一种缺点，例如表达法律所运用的需要评价地补充的概念或术语，授权式类推适用的条款，法律授权法官运用其他社会规范弥补制定法不足的条款，立法政策或立法技术的缺失所导致的不清楚规定，等等。[1]其二，不完备的情形或状态。它主要是指，法律对特定类型的社会生活或社会关系或案件事实的规定缺失了逻辑上必然的某个构成要件。这类不完整或不圆满状态预设了下列前提：法律对某类型社会生活或社会关系或案件事实的规定，在逻辑上是由不同要件所构成的有机整体。如果法律规定缺乏了某个逻辑上的必然构成要件，就意味着法律不可能给某个案件事实提供适当的或合适的答案。这里所谓的"缺失"，要么是事实构成的缺失，要么是法律后果的缺失，要么是权利人或义务人的缺失，要么是权利行使方式的缺失，要么是其他类似的构成要件的缺

---

[1] 关于不清楚情形的具体论述，参见黄茂荣：《法学方法与现代民法》（第5版），法律出版社2007年版，第378～394页。

失。[1]其三，不一致的情形或状态。它主要是指，法律针对特定案件事实提供了相互冲突或矛盾的答案。这就意味着，特定国家的法律规范或者部门法所构成的法体系必须是无冲突的或无矛盾的统一的有机整体。因此，如果特定国家的法律对某个案件事实提供了冲突或矛盾的答案，就意味着它构成了"体系违反"。这种不完整或不圆满状态，又有下列两种情形：一是规范冲突。它是指那些依照诸如特别法优于一般法、新法优于旧法等规则而不能得到解决的规范冲突。这就意味着，凡是那些能够依照上述规则解决的规范冲突就不属于法律漏洞。二是价值判断矛盾。它包括碰撞式价值判断矛盾、类推适用式价值判断矛盾、目的扩张式价值判断矛盾与目的限缩式价值判断矛盾。[2]根据前述内容，这种"没提供适当或合适答案的法律不完整或不圆满的状态"，既可以指部门法和法体系的不完整或不圆满的状态，也可以指法律规范的不完整或不圆满的状态。

对"法律的不完整或不圆满的状态"的界定，并不意味着我们已完全清楚地界定了法律漏洞的概念。这是因为，法律漏洞的概念不仅仅是指法律的不完整或不圆满的状态，而且是指这种不完整或不圆满的状态是法律"不应该具有的"。那么，"不应该具有"是什么意思呢？或者说，法律人根据什么来判断法律的不完整或不圆满状态是不应该具有的呢？正如前述，漏洞之所以是漏洞在于它使它所属的物体的功能的完整发挥和目的的完全实现受到了影响，或者说漏洞使得它所属的物体的功

---

〔1〕　关于不完备情形的具体论述，参见黄茂荣：《法学方法与现代民法》（第5版），法律出版社 2007 年版，第 414～416 页。

〔2〕　关于不一致情形的具体论述，参见黄茂荣：《法学方法与现代民法》（第5版），法律出版社 2007 年版，第 402～409 页。

能得不到完整的发挥或目的得不到完全的实现。法律虽然不是自然物，但它是一种"人造物"。作为"人造物"的法律有其功能与目的。这里的"功能与目的"不仅是指制定或创造法律的人所赋予法律的功能与目的，而且是指法律由其所调整或规定的社会生活或社会关系本身所决定的不依赖于制定者或创造者的客观的功能与目的。无论在特定社会中不同的人对法律功能与目的有怎样不同的理解与解释，他们都不能否认法律的下列功能与目的：人们通过法律将其所共享的正义实现于其共同的社会生活，法律保证"相同问题相同处理，不同问题不同处理"的法律下正义的实现，从而维持人与人之间共同生活所需要的秩序与和平。因此，人与人之间发生了利益冲突或矛盾，为了和平与秩序，为了正义与公平，人们必然期望法律能够解决冲突与矛盾。这样，法律人可以依此判断法律的不完整或不圆满状态是应该还是不应该的存在。如果法律不完整或不圆满的状态是不应该存在的，那么，法院或法官就有义务也有权力去填补法律漏洞。从这个角度看，法律的不完整或不圆满状态是否是不应该具有的标准是，法院或法官是否有义务与权力填补的。这就是说，凡是法院或法官有义务与权力填补的法律的不完整或不圆满状态就是不应该具有的。这个观点与法治原则相符合。法治社会的公民的一项基本权利是，每个公民都有权利得到法律的保障。这就意味着当任何公民要求法律保护时，法院或其他裁判机构有义务作出一个法律决定。[1]因此，法治的一个基本要求是：禁止法院或其他裁判机关以法律没有规定、

---

〔1〕 Aulis Aarnio, *The Rational as Reasonable*, D. Reidel Publishing Company, 1986, p. 3.

法律规定不清楚和不充分为理由拒绝作法律决定。这就是我们通常所谓的"禁止拒绝裁判"原则。由此可见，法律漏洞的概念与禁止拒绝裁判原则紧密相关。因此，如果法律的不完整或不圆满状态不是法院或法官有义务与权力填补的，它就不是我们所谓的"法律漏洞"。这些不属于法律漏洞的不完整或不圆满状态的填补，是特定国家的享有立法权的机关的权力。这就意味着，法院或法官填补法律的不完整或不圆满状态的权力是有限制的。特定法院或法官填补法律漏洞的权限到底有多大？这取决于特定国家的宪法所规定的国家体制。但是，无论如何，特定国家的法院或法官填补法律漏洞的权限具有"候补的性质"和个案性质。[1]

（二）法律漏洞的分类

为了进一步精确法律漏洞的概念与为法律实务提供相对确定的填补方法，我们需要对各种各样的法律漏洞进行分类。在法学方法论中，大部分学者采取"二分法"将各种各样的法律漏洞体系化。但是，这种"二分法"很难穷尽多样性与多层次的法律漏洞。例如拉伦茨为了适应"二分法"，将本书所谓的法体系层面上的法律漏洞排除在他所谓的"法律漏洞"之外，而将法体系上的漏洞称为"法的续造"。因此，为了超越"二分法"的局限性，我们将采取"三分法"，也就是说将法律漏洞分为三种类型。这种"三分法"更符合本书所主张的"融贯性"真理观的要求。因为根据相同标准将一个复杂对象区分的种类

〔1〕 黄茂荣：《法学方法与现代民法》（第5版），法律出版社2007年版，第456～457页。

越多，越是能够将该复杂对象构建成一个融贯体系。那么，法学方法论这关于法律漏洞的"三分法"有哪些？我们应该采取哪一种"三分法"呢？

在法学方法论中，第一个提出"三分法"的是德国法学家卡纳里斯（Canaris），他将法律漏洞分为禁止拒绝审判式漏洞、目的漏洞与原则或价值漏洞。所谓禁止拒绝审判式漏洞是指法律提出了一个法律问题，但没有提供答案或没有提供适当或合适的答案。卡纳里斯之所以将这种漏洞称为"禁止拒绝审判式漏洞"，是因为他认为既然法律提出了法律问题，那么，法律就应该对问题提供答案，也就是说法院或法官有义务对属于该法律问题的具体案件作出法律决定或判决。所谓目的漏洞是指，除了禁止拒绝审判式漏洞之外的其他根据法律目的应该予以填补的法律漏洞。这类法律漏洞的认定与填补方法主要是类比法律推理、当然法律推理、目的限缩与目的扩张推理等。所谓原则或价值漏洞是指，某一法律原则或法律价值已被证明是特定国家的现行法秩序的一部分，但在该国家的实在法中没有被足够地具体化。[1] 虽然卡纳里斯的"三分法"超越了传统的"二分法"，将所有的法律漏洞构建成一个完整的整体；但是，他对法律漏洞本身的区分存在着下列缺陷：其一，这个"三分法"不能穷尽所有属于本书所界定的法律漏洞，至少不能包括我们前述的那些法律提供了冲突或矛盾答案的法律漏洞。其二，根据我们前述对法律漏洞的界定，所有的法律漏洞都应该是法院或法官有义务与权力填补的漏洞，即禁止拒绝审判式漏洞，因此，

---

〔1〕 关于卡纳里斯"三分法"的具体论述，参见黄茂荣：《法学方法与现代民法》（第5版），法律出版社2007年版，第438～440页。

卡纳里斯所谓的目的漏洞与原则或价值漏洞也应该是法院或法官有义务和权力应该填补的漏洞，即禁止拒绝审判式漏洞。质言之，卡纳里斯不应该将目的漏洞和原则或价值漏洞作为与"禁止拒绝审判式漏洞"相对称的一种漏洞，也即它们都应该是禁止拒绝审判式漏洞。当然，我们也不能否认卡纳里斯的禁止拒绝审判式漏洞与目的漏洞、原则或价值漏洞在禁止拒绝审判方面存在着不同，"禁止拒绝审判式漏洞"的"禁止拒绝审判"是从法律本身规定明确地推论出来，而"目的漏洞与原则或价值漏洞"的"禁止拒绝审判"是从法律的目的或法律原则、法律价值推论出来的。其三，卡纳里斯的"三分法"不能清楚地显示出不同法律漏洞之间填补方法的区分。根据前述，卡纳里斯的目的漏洞的填补方法是类比推理、当然推理与目的限缩或目的扩张推理，原则或价值漏洞的填补方法是原则的具体化；问题在于，其"禁止拒绝审判式漏洞"的填补方法是什么呢？它的填补方法也是目的漏洞与原则或价值漏洞的填补方法，还是不需要这些填补方法而只需要法律解释方法呢？如果填补方法是一样的，那么这种分类就不具有法律实务的意义与价值。如果只需要法律解释方法，那么这种类型的漏洞就没有作为法律漏洞而存在。

斯洛文尼亚法学家马里詹·佩弗克尼克（Marijan Pavcnik）将法律漏洞区分为狭义的法律漏洞、广义的法律漏洞与最广义的法律漏洞。所谓狭义的法律漏洞是指制定法的漏洞。制定法是人为制定的，有其规划或设计（design）。因此，制定法的漏洞是指制定法的这个法律规划或设计在执行中存在着不完整或不圆满的状态。这种法律漏洞相当于拉伦茨所谓的"法律漏洞"，即违反计划的不完整或不圆满的状态，而且只有制定法有其计划或规划或设计。所谓广义的法律漏洞是指，法律没有对作为一个整体的法律上重要的领域作出调整或规定。如果说狭义的法律漏洞是法律对特定类型的社会生活或社会关系作出了规定或调整，那么，广义的法律漏洞是法律对法律上重要的特定类型的社会生活或社会关系没有作出规定或调整。狭义的法律漏洞是制定法内的不完整或不圆满的状态，广义的法律漏洞是超越制定法自身的法律不完整或不圆满状态。[1]最广义的法律漏洞，也被称为比喻意义上的法律漏洞，这种漏洞是由下列事实所导致的不可避免的后果：一般的抽象的法律规则只能预见一定社会中的那些典型的、常规的、平均的现实生活情形，但不能预见那些具有独一无二的、个别的、历史上不可重复的特征的现实生活中的案件。质言之，这种漏洞是法律的一般性、抽象性与具体案件的特殊性、个别性之间的漏洞。这就是说，这种法律漏洞是一般性、抽象性的法律相对于具有特殊性、个别性的案件事实来说所不应具有的不完整或圆满的状态。[2]与卡纳里斯的"三分法"相比，马里詹·佩弗克尼克所区分的三种法律漏洞更清晰，第一种是制定法中的漏洞，第二种是超越制定法的漏洞即法律中的漏洞，第三种是既不属于制定法也不属于其他法的渊源上的漏洞而是规范上可预见的情形与现实生活的具体情形之间的缝隙或差异。但是，马里詹·佩弗克尼克的"三分法"存在着缺陷：一方面，这个分类标准虽然是语义学的，但实质上以制定法与非制定法为区分标准，这就导致了第三种法律漏洞也可以属于第一种法律漏洞，也可以属于第二

---

〔1〕 关于狭义与广义法律漏洞的区分的具体论述，参见 Marijan Pavcnik, "Why Discuss Gaps in the Law?", *Ratio Juris*, Vol. 9, No. 1, 1996, pp. 75 – 76.

〔2〕 关于最广义的法律漏洞的具体论述，参见 Marijan Pavcnik, "Why Discuss Gaps in the Law?", *Ratio Juris*, Vol. 9, No. 1, 1996, pp. 76, 83.

种法律漏洞。质言之,他的分类标准是不纯粹的。因此,这种三分法也不可能真正地将法律漏洞体系化。另一方面,马里詹·佩弗克尼克的分类没有考虑到不同类型的法律漏洞各自不同的填补方法,这就导致不同法律漏洞的填补方法是相同的,例如,类比法律推理既可运用于第一种和第二种法律漏洞,也可运用于第三种法律漏洞。

我国台湾地区法学家黄茂荣为了克服"二分法"的缺陷,将法律漏洞区分为法内漏洞、无据式体系违反与有据式体系违反。所谓的法内漏洞主要包括:需要评价地予以补充的法律概念所导致的不完整或不圆满状态、授权式类推适用所导致的不完整或不圆满状态,以及法律规定适用其他社会规范所导致的不完整或不圆满状态等。所谓无据式体系违反是指,基于交易需要或生活事实的性质或法律伦理原则被认为应该填补的法律不完整或不圆满状态。所谓有据式体系违反是指,法体系上的不完整或不圆满状态是违反法律计划的。一方面,黄茂荣先生的这个"三分法"试图将拉伦茨所谓的"法律漏洞"、规范冲突和超越法律的续造纳入一个统一的法律漏洞的概念之下。[1]但是,这个"三分法"在实质上还是一个"二分法",原因在于,无据式体系违反与有据式体系违反都属于法体系上的不完整或不圆满状态,它们的区别在于前者的填补于实在法上无依据,后者的填补于实在法上有依据。因此,我们可以将这三类法律漏洞归并为两类:法内漏洞与法体系漏洞。导致这个"三分法"缺陷的原因是,黄茂荣先生界定法律漏洞时运用了两个不同的

---

〔1〕 关于黄茂荣先生"三分法"的具体论述,参见黄茂荣:《法学方法与现代民法》(第5版),法律出版社2007年版,第427~428页。

标准：首先依照法律的不完整或不圆满状态与法律的违反计划性区分不同类型的法律漏洞，然后将法律的不完整或不圆满状态区分为法律自身的不完整或不圆满状态，即法律内的漏洞与体系违反的法律漏洞。这就是说，黄茂荣先生所区分的三种类型的法律漏洞的区分标准是不同一的。既然区分标准是不同一的，那么，他所追求的将各色各样的法律漏洞予以体系化是不可能实现的。

不同的人对法律漏洞的分类都是以各自对法律漏洞概念的理解与界定为前提的。这就是说，法律漏洞的分类应该与其概念自身之间具有一定的一致性与融贯性。因此，前述三种分类不仅仅在于它们各自具有一定的局限性，更为重要的是它们不是以本书所界定的法律漏洞的概念为其前提。另外，法律漏洞的分类要尽可能地有利于法律漏洞填补方法的论述，也就是说不同类型的法律漏洞对应于不同的法律漏洞填补方法，或者说不同法律漏洞填补方法对应于不同类型的法律漏洞。根据这两个要求，并参考德国法学家魏德士关于法律漏洞的分类理论，我们按照法律漏洞存在的不同层面，将其区分为：规范漏洞、法典或部门法的漏洞和法体系的漏洞。[1]我们在前述已指出，"法律"既可以指一个具体法律规范，也可以指一类法律规范的总和，还可以指作为特定国家法律整体的法体系；特定国家的法体系是由一个个部门法构成的，这个部门法体系只是一种外在体系，法体系还被理解为一个内在体系。因此，法律漏洞即法律的不完整或不圆满状态既可以在法律规范层面存在着，也

---

[1] [德]伯恩·魏德士：《法理学》，丁晓春、吴越译，法律出版社2013年版，第352～354页。

可以在部门法或法典层面存在着，还可以在法体系层面存在着。

　　所谓规范漏洞是指法律对特定法律规范的结构的规定是不完整的或有所欠缺的，而且如果不填补这个不完整或欠缺的部分，该法律规范就根本无法适用，即法律对特定法律规范的必要组成部分缺乏规定。根据这个定义，在中国法理学的语境中，这里所谓的"规范"仅仅是指法律规则而不包括法律原则。因为只有法律规则具有必要的逻辑结构，而法律原则本身就没有所谓的逻辑结构。因此，在中国法理学语境中，"规范漏洞"实质上可以被称为"法律规则漏洞"。在规范漏洞中，还有一种特殊的漏洞，即依据该法律规范的目的应将特定的事实行为或事项作出例外规定，但是法律没有作出例外规定。这种漏洞被称为"例外漏洞"。如果法律没有将特定事项作出例外规定，法官将该法律规范适用于这些例外事项所获得的法律决定，就与该法律规范的目的相违背。在这个意义上，例外漏洞也可称为"目的漏洞"。所谓部门法或法典漏洞是指依据立法者的评价计划或法律的根本调整意向，应该予以调整的社会关系或社会生活，法律却没有作出适当的规定。这种漏洞也被称为"规整漏洞"。规范漏洞是法律规范的必要组成部分的欠缺，规整漏洞是调整某类社会关系或社会生活的法律规范的欠缺。部门法或法典漏洞又可以被区分为认知的（有意识的）和无认知的（无意识的）漏洞。前者是指，立法者有意不作出规定而且认为由司法者在学术界的帮助下作出决定更有利于法律的发展。后者是指，立法者没有认识到现存的依照立法的根本调整意图应该予以规定的问题而没有制定适当的法律规范。无论是认知的漏洞还是无认知的漏洞，都是在立法之时依其根本调整意图应该予以规定的问题，也就是说它们所涉及的问题都不是立法之后随着经济、政治、科学技术等发展而产生的新问题。所谓法体系漏洞是指，法律违反了特定国家的法体系的根本原则或价值或法理念而不应具有的不完整或不圆满的状态。正如前述，法体系既可以指对法律材料进行形式上的划分的部分法体系，也被称为外部的、形式的秩序体系；也可以指按照人们追求的、协调的价值结构所形成的法律规范的内部秩序，也被称为内部体系或价值秩序。法体系漏洞中的"法体系"，既包括内部体系也包括外部体系。如果我们将法律规范区分为法律规则与法律原则，法律规则体系是外部体系，法律原则体系是内部体系。法体系漏洞又可以被区分为两类：法律规范冲突所导致的法律的不完整或不圆满状态，依据特定国家法体系的根本原则或价值或理念，应该予以规定或调整的社会关系而社会生活却没有被规定或调整的不完整或不圆满的状态。前者可以被简称为法律规范冲突漏洞，后者可以被简称为无据式体系违反。法律规范冲突所导致的法律漏洞之所以属于法体系漏洞的原因在于，只有那些依照法律原则解决的法律规范冲突才属于我们所谓的法律漏洞。在逻辑上，法律规范冲突可以被区分为法律规则冲突、法律原则冲突以及法律规则与法律原则之间的冲突。法律规则之间的冲突，依照"新法优先于旧法、特别法优先于一般法"的解决。正如前述，这个意义上法律规则冲突不属于法律漏洞。当然，如果依照"新法优先于旧法、特别法优先于一般法"不能解决的法律规则冲突，而只能根据法律原则予以解决，它就属于法律漏洞。法律原则的冲突以及法律规则与法律原则之间的冲突，都是根据法律原则来解决的，它们都属于法律漏洞。无据式体系违反的法律漏洞的认定与解决，都依赖于特定国家法体系中的法律原则。因此，法体系漏洞的一个共同特性是它们都是通过法律原则的适用而被填补的。

无论是规范漏洞、部门法漏洞，还是法体系漏洞，它们各自可以再被区分为自始的漏洞和嗣后的漏洞。这就是说，无论是规范漏洞还是部门法或法典漏洞和法体系漏洞，都存在自始漏洞和嗣后漏洞的区分。这种法律漏洞的区分以法律漏洞产生的时间为标准：如果法律漏洞在立法之时或法律制定之时就存在，那么，该法律漏洞就被称为自始漏洞。如果法律漏洞是在法律制定之后、法律适用之时产生的，那么，该法律漏洞就被称为嗣后漏洞。前述的认知和无认知漏洞都属于自始漏洞。法体系漏洞的自始漏洞又被称为自始的无据式的法体系漏洞，法体系漏洞的嗣后漏洞又被称为演变式体系漏洞。[1]规范漏洞和部门法或法典漏洞又可以被区分为明显漏洞和隐藏漏洞。所谓明显漏洞是指，法律针对特定类型的社会关系或社会生活依其目的应予以规定而欠缺适用规范，例如前述的一般的规范漏洞。所谓隐藏漏洞是指法律对特定类型的社会关系或社会生活已规定了规范，但是依其意义与目的，该法律对这类社会关系或社会生活的特殊情形未予以特别考虑并未加以特殊规定，例如前述的例外漏洞。

从法律漏洞填补方法的角度看，本书所谓的法体系漏洞的填补方法不同于规范漏洞和部门法漏洞的填补方法。这就是说，规范漏洞的填补方法与部门法漏洞的填补方法基本是相同的，这些填补方法主要包括：类比法律推理、当然法律推理、反面法律推理、目的限缩和目的扩张推理等。而法体系漏洞的

---

〔1〕 法体系漏洞分类的具体论述，参见黄茂荣：《法学方法与现代民法》（第5版），法律出版社2007年版，第419、425页。

填补方法是法律原则的适用。因此，本专题的第二部分阐述规范漏洞与部门法漏洞的填补方法，第三部分阐述法体系漏洞的填补方法。

二、规范漏洞与部门法漏洞的填补方法

（一）类比法律推理

所谓类比法律推理是指，将现行有效法律中的某个法律规范所规定的法律后果适用于该法律规范没有明确规定的但与其事实构成要件相类似的待决案件。这就意味着，类比法律推理被适用的前提条件是，待决案件的事实与某个法律规范的事实构成要件是相类似的。如果待决案件的事实在所有可能的方面都与某个法律规范的事实构成要件是一致的，那么，两者之间在根本上就是相同的，因此，将该法律规范适用于待决案件就不是这里所谓的类比推理。但是，任何案件的事实与其适用的法律规范的事实构成要件之间，既不可能完全相同也不可能完全不同。因此，类比法律推理运用的根本与关键之处，不在于法律人积极地确定待决案件事实与法律规范的事实构成要件之间的相同之处与不同之处，而在于确定两者相同之处是否足以肯定法律规范所表现出来的评价和确定两者不同之处是否足以排斥法评价。确定是肯定法评价还是排斥法评价，这取决于法律人对下列问题的回答：在法律规范的事实构成要件中，哪些要素对于法评价具有重要性？其原因何在？而要回答这些问题，法律人就必须要回归到该法律规范的调整目的、基本精神或思想。由

此可见，类比法律推理过程在实质上是一种评价性思考过程。[1]
也就是说，法律人应该以一种评价态度进行推理，应该注重推
理结论的正当性。这是类比法律推理与其他科学尤其是自然科
学中的类比推理的不同之处，后者力求评价态度的淡化而趋向
于中立，注重结论是否真实。[2]

我们按照前述的内部证成的逻辑模式，也就是法律规范的逻
辑结构，可以将类比法律推理的基本逻辑结构表达为：[3]

(1) (x) (Fx $\vee$ F$_{sim}$ x→OGx)

(2) (x) (Hx→F$_{sim}$ x)

(3) (x) (Hx→OGx)

其中，"F$_{sim}$ x"可以读作 x 相似于某个 F。(1) 可以被读
作：对于一切 x，如果 x 是 F 或者 x 相似于 F，那么，x 就应该
具有法律后果 G；(2) 可以被读作：对于一切 x，如果 x 是 H，
那么，x 就属于类似 F 的情形即 F$_{sim}$；(3) 可以被读作：对于一
切 x，如果 x 是 H，那么，x 就应该具有 G。举例来说：

(1) 对于一切 x 来说，如果一个 x 是一种出卖人

---

〔1〕［德］卡尔·拉伦茨：《法学方法论》，陈爱娥译，商务印书馆 2003 年版，
第 258 页。

〔2〕黄建辉：《法律阐释论》，新学林出版股份有限公司 2000 年版，第 28～
29 页。

〔3〕Robert Alexy，*A Theory of Legal Argumentation*，trans. Ruth Adler and Neil
MacCormick，Oxford：Clarendon Press，1989，p. 281. 我们认为上述那个简单逻辑结果
是按照传统的三段来表述类比法律推理的，这个基本的逻辑结构是按照现代逻辑
中的一阶逻辑来表达类比法律推理的。

故意不告知买卖标的物瑕疵的情形（F），或者是一种类似出卖人故意不告知买卖标的物瑕疵的情形（F_{sim}），那么，买受人可以不解除合同或请求减少价款（G）。

（2）对于一切 x 来说，如果 x 是一种出卖人恶意夸张买卖标的物不具有的品质的情形（H），那么，x 就是一种类似出卖人故意不告知买卖标的物的情形（F_{sim}）。

（3）对于一切 x 来说，如果 x 是一种出卖人恶意夸张买卖标的物不具有的品质的情形（H），那么，买受人可以不解除合同或请求减少价款。[1]

从类比法律推理的基本逻辑结构及其例子来看，我们可以得到下列结论：法官或法律适用者运用类比法律推理证成法律决定的根本及关键步骤不在于，他或她从（1）和（2）推导出结论即（3），而在于对（1）和（2）的证成。那么，证成（1）和（2）的特殊要求是什么呢？

类比法律推理的大前提即（1）在实质上是由两个法律规范组成的：（a）$Fx \rightarrow OGx$ 和（b）$F_{sim}x \rightarrow OGx$。（a）是可以从法的渊源中直接得出的，而（b）是不可能从法的渊源中得出的。根据前述法的渊源与法律解释规准之间的关系原理，（a）是法律人按照一定的法律解释规准对某个法的渊源的文本进行解释的结果。既然（b）是不可能从法的渊源得出的，那么，它就不

---

〔1〕 这个例子参见黄茂荣：《法学方法与现代民法》（第5版），法律出版社2007年版，第492页。

可能是法律人运用法律解释规准所证成的。因此，与作为论述
形式的法律解释相比，这就是类比法律推理作为特殊法律论述
形式的特殊之处。这也是我们前述的下列主张的理由：对某些
类型案件的法律决定的证成仅仅通过法律解释是不可能的，还
需要其他的论述形式。这也就决定对类比法律推理的大前提的
证成的根本和关键之处是对（b）的证成，而不是对（a）的
证成。法律人对（b）进行证成，就是要说明为什么相似于 F
的情形也要适用"是 F"的法律后果呢？即（b）的正当理由
是什么呢？这个理由就是：从法律的视角看，凡是相似的事态
就应该具有相似或相同的法律后果。这个理由或规则是我们前
述的可普遍化原则和正义或平等原则的一种必然要求和体现。
这就是说，可普遍化原则和正义原则奠立了类比法律推理的基
础；或者说，类比法律推理的合理性在于可普遍化原则和正义
原则。[1]这就意味着，可普遍化原则不仅对于一般实践商谈和
法律商谈来说是构成性的，而且对于类比法律推理或论证也是
构成性的。

　　法律人对类比法律推理中的小前提即（2）的证成，是对法
律规范的事实构成要件与待决案件事实之间即 Fx 与 Hx 之间的
相似性的证成。就前述的例子而言，法律人对（2）的证成，就
是对"出卖人故意不告知买卖标的物的瑕疵"与"出卖人恶意
夸张买卖标的物不具有的品质"之间的相似性。两者之间的不
同在于，前者是出卖人故意不告知标的物的瑕疵，后者是出卖
人恶意夸张或诈称标的物不具有的品质。两者的相同之处在于，

---

　　〔1〕　Robert Alexy, *A Theory of Legal Argumentation*, trans. Ruth Adler and Neil MacCormick, Oxford: Clarendon Press, 1989, pp. 282 - 283.

出卖人都故意使买受人对标的物的质量产生错误的认识，而且故意利用买受人的此项错误认识使其签订合同。由此可见，两者之间的不同仅仅是行为方式的不同，两者的相同在于行为的性质相同，也就是说对行为的评价是相同的，都属于欺诈行为。两者的不同即行为方式的不同，并不能决定性影响行为性质。质言之，无论是"故意不告知标的物的瑕疵"还是"恶意夸张标的物不具有的品质"，都仅仅是出卖人达成目的的手段而已，即"使买受人对标的物的质量产生误解并利用这种误解签订合同"的目的。从对行为的性质或评价来说，"故意不告知标的物的瑕疵"和"恶意夸张标的物不具有的品质"之间没有本质差异，即两者是相同的，而且后者的性质更严重。因此，当我们说"故意不告知标的物的瑕疵"和"恶意夸张标的物不具有的品质"之间即 Fx 与 Hx 之间是相似的，是以两者的行为性质或对两者的评价为参考系的；如果没有这个参考系，我们说两者是相似的就是无根据或无理由的。这样，法律人就可以并应将"故意不告知标的物的瑕疵"的法律后果适用于"恶意夸张标的物不具有的品质"的情形。[1] 从这个例子的分析中，我们可以看出：在类比法律推理中，法律规范所规定的事实构成要件与待决案件的事实之间，即 Fx 与 Hx 在表面上一定是不同的，如果是相同的，待决案件事实就属于事实构成要件的一个例子，就不必运用类比推理。法律规范所规定的事实构成要件与待决案件的事实之间，即 Fx 与 Hx 之间的相似性一定是以行为的性质或评价为参考系或标准的。这个行为的性质或评价是需要证

---

〔1〕 关于这个例子的分析，参见［德］卡尔·拉伦茨：《法学方法论》，陈爱娥译，商务印书馆 2003 年版，第 258～259 页。

成的。如果法律人在进行类比法律推理过程中，不对这个性质或评价进行证成，那么，他或她所得到的法律决定就不具有一定的确定性和理性的可接受性。因此，对（2）的证成的关键和核心之处在于对行为的性质或评价的证成。但是，这并不意味着我们主张下列命题：法律人在运用类比法律推理的过程中，可以不对两者之间的不同进行证成。这就是说，法律人在运用类比法律推理过程中必须要对两者之间的差异进行证成。因为，至少从理论上说，行为方式的不同的程度有可能达到推翻行为性质或评价的程度。

从前述类比法律推理的逻辑结构可以看出，它的适用是有前提条件的，该条件是法律本身有规定的，即有一个法律规范（$Fx \rightarrow OGx$）存在着，没有这个规范的存在，就不可能有另一个法律规范即 $Fsimx \rightarrow OGx$ 的存在。这就是说类比法律推理的适用有其适用条件，只有当适用条件存在着，它才可能被适用。这与每一个法律解释规准的适用是相同的。既然类比法律推理有其适用的条件，那么，这就意味着它只能适用于一定类型的法律漏洞。这也是其局限性的体现。

（二）反向法律推理

反向推理也被称为反面推理。在日常思维中，我们往往可以从"是什么"推出"不是什么"，当然，也可以从"不是什么"推出"是什么"。在传统的逻辑学中，它是从一个全称肯定命题推出该命题的一个相反的命题，例如，我们可以从"所有 S 是 P"推出"没有非 S 是 P"。我们将反向推论运用到法律适用中就形成了反向法律推理，它是指从反于法律规范所规定的事实构成要件 F 推导出与该法律规范所规定的法律后果相反的推论。具体来说，法律赋予某事实构成要件 F 法律后果 G，该法律后果 G 不适用于该规范没有规定的其他事实情形，即使后者与 F 是相似的。由此可见，一方面，反向法律推理与类比法律推理是不同的，后者强调相同问题相同处理，前者强调不同问题不同处理。另一方面，反向法律推理只适用下列情形：法律明确规定法律后果 G 仅仅适用于事实构成要件 F，但是，如果法律没有明确规定"仅仅"，我们也可以从立法者目的或法律目的推导出来这个"仅仅"。总之，反向法律推理只适用于立法者有意或依法律目的将法律后果仅仅适用于事实构成要件 F 的情形。这就意味着，如果法官或法律适用者要运用反向法律推理，那么，他或她就必须先行证成立法者目的或法律目的。在这一点上，我们可以说，与类比法律推理一样，反向法律推理也不仅仅是一种纯粹的逻辑操作，而是一种具有规范目的的评价活动。[1]

正如前述，反向法律推理的适用取决于特定法律规范所规定的法律后果是否仅仅适用其所规定的事实构成要件的情形。而对这个问题的证成，取决于对特定法律规范所规定的事实构成要件与其所规定的法律后果之间关系的证成。从逻辑的角度看，事实构成与法律后果之间的关系有以下三种：一是外延蕴含关系，它是指特定法律规范所规定的事实构成要件是其所规定的法律后果的充分条件，该事实构成要件没有被穷尽列举出可导致法律后果的情形。这就是说，有事实构成要件 F 一定会有法律后果 G，但是，有法律后果 G 不一定会有事实构成要件

---

[1] 关于反向法律推理的性质的具体分析，参见 [德] 卡尔·拉伦茨：《法学方法论》，陈爱娥译，商务印书馆 2003 年版，第 266～267 页。

F。在这种情形下，反向法律推理就不能被适用。二是内包蕴含
关系，它是指特定法律规范所规定的事实构成要件是其所规定
的法律后果的必要条件，该事实构成要件已在法律规定中对所
有可能产生法律后果的情形都被穷尽列举出来。这就是说，有
法律后果 G 一定有事实构成要件 F，而没有事实构成要件 F，就
没有法律后果 G。这种情形就是一种法律后果仅仅适用于事实
构成要件的情形。也就是说，"法律后果仅仅适用于事实构成要
件"在逻辑上就是事实构成要件是法律后果的必要条件。因此，
我们可以得出下列结论：如果特定法律规范所规定的事实构成
要件是其所规定的法律后果的必要条件，那么，反向法律推理
就可适用。三是相互蕴含关系，它是指特定法律规范所规定的
事实构成要件是其所规定的法律后果的充分必要条件，该事实
构成要件也已被穷尽列举出了可能导致法律后果的情形。这就
是说，事实构成要件全等于法律后果。质言之，事实构成要件
与法律后果之间的相互蕴含关系是一种等值关系。这种情形下，
法官或法律适用者也可以或应该适用反向法律推理。[1]这样，
我们就可以得到下列结论：法官或法律适用者只要证成了特定
法律规范所规定的事实构成要件与其所规定的法律后果之间是
内包蕴含关系或相互蕴含关系，那么，他或她就可以并且应该
适用反向法律推理。由于相互蕴含关系是指事实构成要件是法
律后果的充分必要条件，而且只要能够证成事实构成是法律后
果的必要条件就可以并应该适用反向法律推理，因此，在法律

---

〔1〕　关于这三种关系的具体论述，参见［德］乌尔里希·克卢格：《法律逻
辑》，雷磊译，法律出版社 2016 年版，第 190 ~ 193 页。同时参见黄建辉：《法律阐
释论》，新学林出版股份有限公司 2000 年版，第 54 页。

论证中，只要法官或法律适用者能够证成事实构成与法律后果之间是内包蕴含关系，而不必证成它们之间是相互蕴含关系，就可以并应该适用反向法律推理。

正如前述，反向法律推理适用的典型特征核心之处是法官或法律适用者对特定法律规范所规定的事实构成要件是其规定的法律后果的必要条件。这个证成的逻辑结构是：

$$(1)\ (x)\ (OGx \to Fx)$$
$$(2)\ (x)\ (\neg Fx \to \neg OGx)$$

这是一个有效的逻辑推论形式。这个推论是以下列命题为前提条件的：构成出发点的法律规范必须具有（1）所表达的逻辑形式，即事实构成要件与法律后果之间是内包蕴含关系。它必须规定，当且仅当 x 是 F 的一个情形时，正在讨论的这个法律后果才应该出现。[1]情况是否如此，即是否是内包蕴含关系，这并不是逻辑推论所能得出的结果。这时，法官或法律适用者就从逻辑层面转向价值论层面了。对它们是否是内包蕴含关系的证成即对（1）的证成，首先是一个文本解释问题，最终取决于立法者确证的内容是什么。[2]如果法官或法律适用者没有对（1）进行证成，那么，他或她适用反向法律推理就是不可能的。也就是说，（1）的确立是适用该推理的前提。因此，与逻辑层面相比，价值层面是前提性的。同时，我们需要指出的是，这

---

〔1〕 Robert Alexy, *A Theory of Legal Argumentation*, trans. Ruth Adler and Neil MacCormick, Clarendon Press: Oxford, 1989, p. 280.

〔2〕 ［德］乌尔里希·克卢格：《法律逻辑》，雷磊译，法律出版社 2016 年版，第 193 页。

个逻辑结构是不完整的反向法律推理，它没有包括待决案件事实的描述，只是对特定法律决定的大前提的证成的逻辑刻画。将待决案件的事实描述包括进来，一个完整的反向法律推理的逻辑结构就成为：

（1）（x）（OGx→Fx）
（2）（x）（￢Fx→￢OGx）
（3）￢Fa
（4）￢OGa

举例来说，《德国民法典》第7条规定：自然人可以拥有多个住所。非自然人不应该拥有多个住所。法人是非自然人，因此法人不应拥有多个住所。这个案例的逻辑结构如下：

（1）（仅仅）自然人可以拥有多个住所
（2）非自然人不应拥有多个住所
（3）法人是非自然人
（4）法人不应拥有多个住所

正如前述，类比法律推理的正当性或合理性在于它是"相同问题相同处理"原则的要求和体现，而反向法律推理是"不同问题不同处理"原则的要求和体现。从本书所要求的法律决定的标准来看，前者更强调法律决定的确定性或可预测性，后者更强调法律决定的理性的可接受性。因此，对于特定案件，法官或法律适用者是按照类比法律推理还是按照反向法律推理论证法律决定，最终取决于他或她在确定性和理性的可接受性之间进行衡量和平衡的结果。

（三） 当然法律推理

如果说反向法律推理是类比法律推理的相反者，那么，当然法律推理是类比法律推理的扩大或增强推理。[1]当然推理也就是我们通常所谓的"举重明轻"和"举轻明重"。类比推理强调相似情形相似对待，而当然推理不仅强调相似对待，而且强调后者在更高程度上比前者更值得被这样对待。举例来说，一位聋哑人的行为比一位哑巴的行动更不便；不允许在马路上两人共骑一辆自行车，因此，不允许在马路上三人共骑一辆自行车。前者属于"举重明轻"的情形，后者属于"举轻明重"的情形。从这两个例子可以看出，当然推理依赖于对"更多"或"更少"的关系的判断。正如克卢格所说，当然推理的适用通常带有"更加"的短语。[2]对"更多"或"更少"的关系的判断，有的是"价值无涉"的判断，因为其前提是分析或经验命题，前一个例子就是一种"价值无涉"的判断；有的是以价值判断为基础的，后一个例子就是这样。后者的例子也是一个法律例子。当然，法律推理中的"更多"或"更少"的关系是建立在价值判断的基础之上的。因此，我们尝试着将当然法律推理定义为：根据对立法目的或意图或法律目的的考量，待决案件的事实比特定法律规范所规定的事实构成要件更具有规范的必要，因此，将该法律规范所规定的法律后果适用于待决案

---

〔1〕 Aleksander Peczenik, *On Law and Reason*, Kluwer Academic Publishers, 1989, p. 403.

〔2〕 ［德］乌尔里希·克卢格：《法律逻辑》，雷磊译，法律出版社2016年版，第198页。

件。在这个定义中，"更具有规范的必要"就是所谓"更多"或"更少"的关系，这个关系的判断是以立法目的或法律目的为根据的。这样，我们就可以看到，当然法律推理涉及两个关键步骤：一方面是立法目的或法律目的的证成；另一方面是对"待决案件更需要规范"的证成。因此，当然法律推理超越了法律解释。也就是说，运用当然法律推理所解决的案件，法律人仅仅适用法律解释规准是不能够证成法律决定的。

与类比法律推理和反向法律推理一样，当然法律推理也可以被表述为一个有效的逻辑推论：

$$(1)\ (x)\ (Fx \lor T_{more}x \to OGx)$$
$$(2)\ (x)\ (Hx \to T_{more}x)$$
$$(3)\ (x)\ (Hx \to OGX)$$

其中，"$T_{more}x$"可以读作 x 是比 F 更需要规范的。（1）可以被读作：对于一切 x，如果 x 是 F 或者 x 是比 F 更需要规范的情形，那么，x 就应该具有法律后果 G。（2）可以被读作：对于一切 x，如果 x 是 H，那么，x 就属于比 F 更需要规范的情形即 T。（3）可以被读作：对于一切 x，如果 x 是 H，那么，x 就应该具有 G。举例来说：

（1）对于一切 x 来说，如果一个 x 是一种合法征收的情形（F），或者是一种比"合法征收"更严重的情形（T_{more}），那么，合法权利被侵害的公民享有补偿请求权（G）。

（2）对于一切 x 来说，如果 x 是一种国家权力非

法侵害公民财产权的情形（H），那么，x 就是一种比
"合法征收"更严重的情形（T_more）。

（3）对于一切 x 来说，如果 x 是一种国家权力非
法侵害公民财产权的情形，那么，合法财产权被侵害
的公民享有补偿请求权。[1]

这个例子只是当然法律推理中"举轻明重"的情形。"举重
明轻"的例子是：基于重大理由可以立即解除劳动关系，那么，
按照解约期限解除劳动关系通常也是符合规定的。[2]

由此可见，当然法律推理的逻辑结构与类比法律推理的逻
辑结构基本上是相同的。因此与类比法律推理一样，法律人运
用当然法律推理证成法律决定的根本及关键步骤不在于，他或
她从（1）和（2）推导出结论即（3），而在于对（1）和（2）
的证成。与类比法律推理的前提（1）相同，当然法律推理的前
提（1）也是由两个法律规范组成的，即（a）Fx→OGx，（b）
T_more x→OGx。（a）是法律人按照一定的法律解释规准对某个法
的渊源文本进行解释的结果。（b）是不可能从法的渊源得出的，
因此，它就不可能是法律人运用法律解释规准所证成的。因此，
法律人对当然法律推理的大前提的证成的根本与关键之处不在
于对（a）的证成，而在于对（b）的证成。法律人对（b）的
证成，不仅要说明为什么凡是与特定法律规范所规定的事实构
成要件相似的情形也要赋予该法律规范的法律后果；而且要说

----

〔1〕 这个例子来自［德］卡尔·拉伦茨：《法学方法论》，陈爱娥译，商务印
书馆 2003 年版，第 265 页。

〔2〕 这个例子来自［德］伯恩·魏德士：《法理学》，丁晓春、吴越译，法律
出版社 2013 年版，第 369～370 页。

明为什么待决案件事实比该事实构成要件更需要按照该法律规范规定的法律后果予以处理。前一个"为什么"的理由与类比法律推理的理由是一样的，是可普遍化原则、形式正义原则。后一个"为什么"的理由是融贯性原则。因此，与类比法律推理不同，当然法律推理是由三个原则即可普遍化原则、形式正义原则和融贯性原则共同证成的，或者说，这三个原则奠定了当然法律推理的基础。而类比法律推理只是由两个原则即可普遍化原则和形式正义原则证成的，这就是前述当然法律推理是类比法律推理的增强或扩大的理由之所在。

关于当然法律推理前提（2）的证成，法律人不仅要证成待决案件事实 H 与特定法律规范所规定的事实构成要件是相似的，而且更要证成待决案件事实是比事实构成要件更需要该法律的规范或调整的情形。就前述的例子而言，法律人不仅要证成"合法征收"与"国家权力非法侵害公民合法财产权"之间的相似性，而且要证成国家权力非法侵害公民合法财产权更应该予以补偿。两者的相似之处是，国家权力导致公民财产所有权的丧失。两者的不同之处在于征收是国家权力的合法行为，而后者是国家权力的非法行为。公民为什么在国家权力非法侵害其合法财产权的情形更应该享有补偿请求权呢？因为征收是国家权力的合法行为，而后者是国家权力的非法行为，合法的行为应该补偿，非法行为就更应该补偿。这个例子就说明：在当然法律推理中，待决案件事实与法律规范规定的事实构成要件之间的不同决定了待决案件更需要按照该法律规范的规定予以处理。这是它与类比法律推理的不同之处。为什么"待决案件事实"与"法律规范规定的事实构成要件"之间的不同决定了前者更加需要按照该法律规范的规定予以处理呢？这个问题的理由显然不可能来自于表达法律规范的文字意义自身。这就是说，"更需要调整或规范"的标准不可能来自于表达该法律规范的语言的文义，而是来自于制定法律者的目的或法律本身的目的。这就是说，待决案件事实是否是更需要法律规范调整的，法律人应以立法目的或法律目的为标准进行判断。对"是否更需要规范或调整"的判断一定是一个价值判断，而不是一个事实判断。因此，与类比法律推理一样，当然法律推理的实质是一个规范评价活动。也就是说，它是一种受制于目的论的法律论证形式。

前述的分析表明，当然法律推理的关键与核心步骤是对待决案件事实是否是比特定法律规范所规定的事实构成要件更需要调整或规范的证成。这就意味着，法官或法律适用者运用当然法律推理对特定法律决定的证成，实质上是在决定更需要调整或规范的原则与其他原则之间进行衡量和平衡。因此，法官或法律适用者运用当然法律推理更有助于法律决定的融贯性的实现，或者说，更能保证法律决定的融贯性。与类比法律推理一样，法律人运用当然法律推理的前提在于有一个法律规范或法律规则存在着，即大前提中（a）Fx→OGx 的存在。如果没有这个法律规范或法律规则，法律人就不可能运用当然法律推理。这就意味着，当然法律推理只能被运用于有限的案件。这就是当然法律推理的局限所在。

（四）目的限缩与目的扩张

目的限缩方法是指根据立法目的或法律目的，将依照特定法律规则的文义属于该法律规则调整的某类型案件排除在该法律规则的适用范围之外。举例来说，《民法总则》第 168 条第 1

款规定："代理人不得以被代理人的名义与自己实施民事法律行为，但是被代理人同意或者追认的除外。"现假设，甲将房屋赠与年仅 5 岁的儿子乙。根据该法第 20 条规定，乙为无民事行为能力的人，由其法定代理人代理实施民事法律行为。在该案件中，甲是乙的法定代理人，乙为无民事行为能力的人，因此，不存在乙的同意或追认的问题。这就产生了自己代理的问题。根据第 168 条的规定，甲（父）与乙（子）之间的民事法律行为，就不应该发生效力。这样的结果不利于保护无民事行为能力人的利益，也就是说这使得本人即乙遭受不利。这就与该法第 168 条的立法目的相背离。该条法律的首要目的在于保护本人即被代理人免受下述情况的损害：当其与代理人处于利益冲突时，代理人代理本人与自己缔结法律行为，借此使自己（代理人）受益，而使本人（被代理人）受损害。在该案件中，甲（代理人）与乙（本人）之间并无利益之冲突，而且该法律行为并没有使乙受损害，反而使乙受益。因此，根据该法律规定的法律目的，对第 168 条规定的适用范围作出限制，将"法定代理人单纯赠与无民事行为能力人"的案件类型排除在"禁止自己代理"的适用范围。[1] 从这个例子可以看出，法律人运用目的限缩方法填补法律漏洞的根本与关键之处在于考量和证成特定法律的立法目的或法律目的，根据立法目的或法律目的判断特定法律规则所调整的案件类型过于宽广，以致把按照立法目的或法律目的属于不同类型的案件置于同一法律规则的调整

---

〔1〕 关于这个例子的具体分析，参见［德］卡尔·拉伦茨：《法学方法论》，陈爱娥译，商务印书馆 2003 年版，第 268 页。同时参见王泽鉴：《法律思维与民法实例——请求权基础理论体系》，中国政法大学出版社 2001 年版，第 266~267 页。

之下，这就违背了"不同案件应该不同处理"的正义要求；为了消除法律的这个缺陷和实现该法律的目的，首先将该法律规则文义所涵盖的案件予以类型化，然后将与立法或法律目的不符合的那些案件类型排除在该法律规则的适用范围之外。根据前述，我们可以看到目的限缩方法的特性主要有以下三点：首先，目的限缩与类比法律推理不同，后者的原理是"相同案件应该相同处理"的正义要求，前者的原理是"不同案件应该不同处理"的正义要求。其次，目的限缩不是修正立法或法律目的，而是通过修正文义而实现立法或法律目的。最后，目的限缩与限缩解释不同，前者的限缩已损坏了文义的核心，而后者的限缩没有损坏文义核心。但是，是否损及文义核心，在法律实务中，有时存在着异议。目的限缩方法主要适用于隐藏漏洞，例如前述的例外漏洞。

目的扩张方法是指根据立法目的或法律目的，将依照特定法律规则的文义不属于该法律规则调整的某些类型的案件纳入了该法律规则的调整范围之内，即将该法律规则的适用范围扩张到该法律规则文义本不调整的某些类型案件。举例来说，被告承担责任的意外事故导致了原告丈夫的死亡。根据《德国民法典》第844条第2项规定：被告对原告因其丈夫死亡而丧失的抚养请求权应负损害赔偿之责。因此，被告须以被害人在其推定生存期内所负抚养义务为限度，向原告支付定期金。但是，原告不仅请求支付定期金，而且请求支付其丈夫应为她给付的社会保险费。原告的理由是：如果其丈夫没有死亡，就会继续为其给付社会保险费，因此，她将获得社会保险费定期金的给付，但是，因其丈夫的猝逝，她不能获得此社会保险定期金的给付。社会保险费显然没被包括在该法律条款的字义范围内。

因此，原告的这项请求权不应该得到认可。但是，德国联邦最高法院认为：原告丈夫基于他的抚养义务，为使其妻的老年给养不虞匮乏，对其妻负有给付社会保险费的义务，因其猝逝而不能继续给付，因此也不能继续履行他照顾其死后其妻生计的义务。因此，根据第 844 条第 2 项的意义与目的，被告对此负有责任。[1]

与目的限缩方法一样，目的扩张方法的核心与关键之处在于对法律的立法目的或法律目的的证成，以立法目的或法律目的作为调整特定法律规则适用范围的依据。它们的逻辑结构是相同的：对某个法律规范或法律规则的解释结果是不可接受的，也就是说将其适用于某个案件会导致不可接受或不可承受的结果，这个结果被简写为"Z"。既然这个结果是不可接受或不可承受的，那么，就参与商谈的人来说，该结果是应该被禁止的，被简写为"O ¬ Z"。这样，它们的逻辑结构如下：

(1) O ¬ Z
(2) R→¬ Z
(3) ¬ R

法律人必须证成前提（1）和（2）。Z 是不可接受的或不可承受的，它实际上是 R 导致的。[2]它们的逻辑结构相同，是我们将其放在一起论述的原因。但是，我们也不能否认它们之间存在不同，这个不同之处在于，自助扩张方法是扩张特定法律

---

〔1〕　这个例子的具体分析，参见［德］卡尔·拉伦茨:《法学方法论》，陈爱娥译，商务印书馆 2003 年版，第 273 页。

〔2〕　这个逻辑结构的具体分析，参见 Robert Alexy, *A Theory of Legal Argumentation*, trans. Ruth Adler and Neil MacCormick, Oxford: Clarendon Press, 1989, p. 283.

规则的适用范围，目的限缩方法是限缩特定法律规则的适用范围。目的扩张方法与类比法律推理都是将特定法律规则的适用范围扩展到依其文义不属于该法律规则调整的其他类型的案件，两者都是为了充分实现法律规范的目的，为了避免无法正当化的评价矛盾，因此，禁止类比法律推理适用的领域，也禁止目的扩张方法的适用。[1]但是，它们之间也存在着不同，类比法律推理所扩张到的案件类型与特定法律规则所规定的事实类型之间具有相似之处；而目的扩张方法所扩张到的案件类型与特定法律规则所规定的事实类型之间不具有相似性，只是说依据立法目的或法律目的将特定法律规则的适用范围扩张到依该法律规则之文义不属于其调整范围的其他案件类型，如果只是拘泥于特定法律规则的文义而不将该法律规则的适用范围扩张到某类案件就不能够实现立法目的或法律目的。目的扩张方法适用于类比法律推理和目的限缩方法所不能够解决的那些规范漏洞和部门法或法典漏洞。

三、法体系漏洞的填补方法

（一）法律规范冲突漏洞的填补方法

拉伦茨指出："'个案中之法益衡量'是法的续造的一种方法，它有助于答复一些——法律未明定其解决规则之——规范冲突问题，对适用范围重叠的规范划定其各自的适用空间，借此使

---

[1] ［德］卡尔·拉伦茨：《法学方法论》，陈爱娥译，商务印书馆2003年版，第274页。

保护范围不明确的权利（诸如一般人格权）得以具体化。"[1]这就是说，个案中之法益衡量是法律规范冲突漏洞的填补方法。拉伦茨所谓的"规范冲突"是在个案中发生的法律规范之间的冲突，而不是在抽象层面上的法律规范冲突。因此，这种法律规范的冲突只能根据具体案件的情况予以解决。这就不同于黄茂荣所谓的规范冲突，后者是指数个不同的法律规范对同一个要件事实加以规范，并赋予不同的法律效果。[2]规范冲突不仅发生在一般人格权与他人之一般人格权或其他基本权之间，而且发生在其他冲突事件之中。例如，是否构成紧急避险，在个案中"尚可期待"或"尚能忍受者"为何。规范之所以发生冲突，原因在于：权利的构成要件欠缺清晰的界限，有些概念如"尚可期待"也缺乏明显的要素。无论是权利还是原则，如果它们的界限不能一次性地确定，那么它们多少就是开放的，具有流动性。这就导致它们特别容易发生冲突，因而它们的效力范围无法自始确定。如果它们发生冲突，为了重建法律的和平状态，其中的一个权利或原则应该让步，或这两个权利或原则在某种程度上都作出让步。那么，到底哪一个权利或原则应该让步？两个权利或原则在什么程度上让步？这需要根据它们各自在个案具体情况下的重要性程度来衡量或平衡。衡量或平衡不是数学上的可测量的大小，而是评价行为的结果，评价的困难在于它不仅取决于某个一般性的标准，更要考量当下的具体情况。这就意味着，拉伦茨所谓的规范冲突与本书所谓的规范冲

〔1〕［德］卡尔·拉伦茨：《法学方法论》，陈爱娥译，商务印书馆2003年版，第286页。

〔2〕黄茂荣：《法学方法与现代民法》（第5版），法律出版社2007年版，第396页。

突是相同的：不包括那些能够依据"特别法优于一般法、新法优于旧法"等抽象规则可以解决的规范冲突。因为依据这些规则，能够解决的规范冲突不需要考量具体情况。规范冲突是在个案中发生的，也只能根据它们各自在具体案件情形下的重要性程度来解决。这就是拉伦茨将法律规范冲突漏洞的填补方法称为"个案中法益衡量"的原因。特定国家的法秩序缺乏一个由所有法益及法价值构成的确定阶层秩序，因此，法益衡量的方法不能像读图表一样获得结论。这就产生了下列问题：法官在适用法益衡量方法解决案件的过程中是否存在可依赖的方法原则？如果没有，那么法官所作的裁判就是依自己的标准作成的。那么，对法官依个案法益衡量之方法所作的裁判就是无从控制的了。拉伦茨认为，对于这个问题，依照今日方法论的认识程度，还没有终局的答案。如果要进一步理解法益衡量的方法，需要详细考察德国联邦宪法法院和联邦最高法院的判例。[1]

拉伦茨通过对上述德国法院的一些判例的研究，归纳出以下法益衡量的方法的原则：其一，如果相互冲突的法益中，有一种法益明显具有价值优越性，那么，就应该保护这种法益。这个原则的预设前提是，法的价值尤其是基本法中的价值具有一个价值秩序。他认为：无疑应该说，相较于其他法益（尤其是财产性的利益），人的生命或人性尊严有较高的位阶。另外，言论自由权和资讯自由权较其他基本权具有更崇高的地位，因为这两种自由权对于民主社会具有结构性的意义。其二，涉及的权利是相同位阶的处理原则。拉伦茨认为，大部分案件所涉

---

〔1〕〔德〕卡尔·拉伦茨：《法学方法论》，陈爱娥译，商务印书馆2003年版，第279页。

及的权利是相同位阶的，如个人自由与国民健康、新闻自由与国家安全；这些权利根本无法作抽象比较。在这种情况下，法益衡量的方法原则有三：一是考量被保护法益受影响的程度。二是考量须让步的法益受侵害的程度。三是须适用比例原则、最轻微手段或尽可能微小限制原则；这些原则要求如果要保护某种较优越的法价值必须侵及另一种法益时，不得逾达此目的所必要的程度。拉伦茨认为，法官虽然在适用法益衡量方法裁判案件中有上述原则可以遵守，但是他们仍然有很大的自为的判断余地。然而这并不意味着法益衡量是单纯的法感，不是一种无法作合理掌握的过程。既然有方法原则可以依循，就意味着法益衡量的过程是可审查的。[1]

从前述拉伦茨的法益衡量方法的具体内容看，这个方法的实质就是当代法学中的法律原则的适用方式——衡量或平衡。这就意味着，法律规范冲突漏洞的填补方法就是法律原则的衡量。这样，有人就会提出下列问题：拉伦茨为什么将法律规范冲突漏洞的填补方法称为"法益衡量方法"而不是法律原则的衡量呢？在法学方法论的历史中，法益衡量方法是从利益衡量方法发展而来的。利益衡量方法是利益法学提出的解决法律漏洞的方法。这个方法是：必须要由法官先掌握到与该判决相关的利益，然后对这些利益加以比较，并且根据他从制定法或其他地方所得出的价值判断，对这些利益加以衡量。然后，决定较受该价值判断标准偏爱的利益获胜。[2]这就意味着，利益衡

---

〔1〕 ［德］卡尔·拉伦茨：《法学方法论》，陈爱娥译，商务印书馆 2003 年版，第 285～286 页。

〔2〕 吴从周：《从概念法学到利益法学：以耶林（R. v. Jhering）对海克（Ph. Heck）思想之影响为线索开展》，台湾大学 2003 年博士学位论文，第 173 页。

量方法的基本要素是利益的探究与价值判断。这样，利益与价值在逻辑上是相互独立的范畴。但是，在以黑克为代表的利益法学的理论中，这两种不同要素是相互缠绕的、混沌不清的。黑克自己说："衡量相互对立的利益是以决定性利益、较深层存在的共同体利益为基础，它们决定了价值判断，而此时又是再一次的利益衡量。"[1]从法学方法的角度看，这种主张导致了利益既是评价对象也是评价标准。由于这个缺陷，以拉伦茨为代表的评价法学者提出了法益衡量。评价法学的一个重要观点就是将评价标准或价值从利益概念中析离出来。评价标准是比利益更深层次的东西。一个客观有效的规范的内容都是与正义理念关联的，是正义理念在各个情况下的具体化。[2]而这些评价标准或正义的理念，是由所谓的法律原则承担的。这样，利益衡量的标准就是法律所承载的价值，具体地说就是价值的承载者——法律原则。如果我们说利益法学的衡量方式只有一个要素——利益，那么在评价法学中有两个要素：利益与原则或价值。前者是通过研究利益解决法律漏洞的案件，后者是通过法律中的法律原则解决法律漏洞的案件。前者强调的是"事实"，后者强调的是"规范"和"事实"。我们认为，拉伦茨所谓的"法益衡量"实质上就是法律原则之间的衡量或平衡。这就意味着，法律规范冲突漏洞的填补方法就是法律原则之间的衡量或平衡。这个方法不仅适用于法律原则之间的冲突以及法律规则与法律原则之间冲突的法律漏洞，而且适用于那些不能依据

---

〔1〕 转引自吴从周：《从概念法学到利益法学：以耶林（R. v. Jhering）对海克（Ph. Heck）思想之影响为线索开展》，台湾大学 2003 年博士学位论文，第 257 页。

〔2〕 吴从周：《从概念法学到利益法学：以耶林（R. v. Jhering）对海克（Ph. Heck）思想之影响为线索开展》，台湾大学 2003 年博士学位论文，第 232 ~234 页。

"有关竞合理论"与通过法律解释途径得到解决的法律规则之间冲突的法律漏洞。[1]

如果说本书所谓的法律规范冲突漏洞的填补方法是法律原则之间的衡量或平衡，那么，法律人应该按照什么方式和步骤在法律原则之间进行衡量或平衡呢？首先，法律人对法律原则的衡量或平衡必须遵循衡量法则。该法则是：不满足（non - satisfaction）或侵害（detriment）一个法律原则的程度越大，满足另一个法律原则的重要性就越大。这个法则说明，不满足或侵害一个法律原则的可允许的程度（level）依赖于满足另一个法律原则的重要性。这个法则中所谓的"不满足或侵害"与"重要性"，都是指法律原则在特定案件具体情形中的"不满足或侵害"与"重要性"。这个法则说明了一个法律原则要求或规定了什么是相冲突或竞争的，另一个法律原则要求什么或规定什么是相互关联的。因此，法律原则的分量从来不可能单独地或绝对地被决定，只能是相对的分量。[2]衡量法则自身说明衡量在逻辑上可以被区分为三个阶段：其一，确立对某个法律原则的不满足或侵害程度；其二，确立对与该原则相冲突或竞争的法律原则的满足的重要性程度；其三，确立对与该原则相冲突或竞争的法律原则的满足的重要性程度是否足以证成对该原则的不满足或侵害的程度。在这三个阶段中，第三个阶段就是将第一个阶段所确立的法律原则的受侵害程度与第二阶段所确

---

〔1〕 黄茂荣指出，法律规范冲突所导致的碰撞漏洞，只能依法律补充的一般原则来填补。黄茂荣：《法学方法与现代民法》（第5版），法律出版社2007年版，第396~397页。

〔2〕 Robert Alexy, *A Theory of Constitutional Rights*, trans. Julian Rivers, Oxford University Press, 2002, p. 102.

立的另一个法律原则的重要性程度放到一起进行相互比较和度量，然后得出结果。[1]要对侵害程度和重要性程度进行比较和度量，就意味着存在可比较和度量的同一性标准。因此，这产生了一个问题：一个法律原则的受侵害程度和与该原则相竞争的法律原则的重要性程度之间是否具有可公度性？我们认为，在特定具体案件情形中，一个法律原则的受侵害程度和与其相冲突或竞争的另一个法律原则的重要性程度之间具有同一性。举例来说：在德国有一个发行量比较大的讽刺性杂志 *Titanic*，第一次将一位成功履行职责的半身瘫痪的预备役军官描述为"天生的谋杀者"（born murderer），第二次将其描述为"废人"（cripple）。这位预备役军官以人格权被侵犯为由向法院提起诉讼，请求 *Titanic* 杂志予以损害赔偿。这个案件是表达自由与人格权之间的冲突或竞争的问题。为了确定对表达自由的受侵害程度，人们只需问，通过损害赔偿禁止这个表达对表达自由原则的受侵害程度多大。为了确立满足保障人格原则的具体重要性的程度，反过来，人们只需问，如果忽略或不执行对表达自由的侵害，也就是说将"废人"的描述视为允许的而且不赔偿的；那么，对保障人格权来说，这意味着对其的干涉。这样，在该案件中保障人格权的重要性就可以从下列受侵害的程度得出，即对 *Titanic* 杂志的表达自由不侵害对官员人格权的侵害程度。[2]

　　法律人在对法律原则进行衡量或平衡时，不仅要考虑在一

---

　　〔1〕　陈显武：《论法学上规则与原则之区分——由非单调逻辑之观点出发》，载《台湾大学法学论丛》2005 年第 1 期，第 24 页。

　　〔2〕　关于这个案例的具体分析，参见 Robert Alexy，"On Balancing and Sub-sumption—A Structural Comparison"，*Ratio Juris*，Vol. 16，No. 4，2003，pp. 436 – 437.

个特定案件具体情景下法律原则受侵害或受满足的重要性的程度；而且，要考虑法律原则的抽象重量。[1]后者的意思是指在不考虑特定案件的具体情况下，某一法律原则在特定法律体系中的重要性。在一个特定法律体系中，很多法律原则的重要性在抽象层面上是相等的，如我们很难在抽象的层面上决断自由和平等之间哪个更重要。但是，在特定法律体系中，总有一个或一些法律原则在抽象层面上的重要性要大于其他的法律原则，如在德国尊重人的人格与尊严的原则的重要性要大于自由原则、平等原则和法治原则等，言论自由及资讯自由原则的重要性要高于其他原则。[2]在任何特定国家的法体系中，法律原则之间总是存在着抽象位阶关系。如果法律原则之间不存在抽象位阶关系，所谓"内在的法体系"就是不存在的。因为正如前述内在法体系是指"实质性的序位秩序、价值秩序，也即将整个法律秩序理解并解释为内部无矛盾的统一体或意义整体"。[3]

法律人在对相互冲突或竞争的法律原则进行衡量的过程中，还需要考量第三个因素即"经验性前提的可信赖度"（the reliability of the empirical assumptions）。经验性前提是指，讨论中的措施对在特定案件的具体情况下的一个法律原则的不实现和与其冲突或竞争的另一个法律原则的实现意味着什么。[4]举例来

---

〔1〕 Robert Alexy, "On Balancing and Subsumption—A Structural Comparison", *Ratio Juris*, Vol. 16, No. 4, 2003, p. 446.

〔2〕 ［德］卡尔·拉伦茨：《法学方法论》，陈爱娥译，商务印书馆2003年版，第285页。

〔3〕 ［德］伯恩·魏德士：《法理学》，丁晓春、吴越译，法律出版社2013年版，第325页。

〔4〕 Robert Alexy, "On Balancing and Subsumption—A Structural Comparison", *Ratio Juris*, Vol. 16, No. 4, 2003, p. 446.

说，为了保障公众健康，我们需要对艾滋病患者的自由或权利进行限制；公众健康属于宪法所规定的公共利益或公共的善，艾滋病患者的自由或权利属于宪法所规定的人的自由。假设我们为了防止艾滋病的传播即保障公众健康，对艾滋病患者采取强制隔离的措施；那么，这种强制隔离措施在经验上或认识论上对防止艾滋病的传播是否是合适的和必要的？或者说，这种措施在经验上对保障人的自由的原则不实现和对保障公共利益的原则的实现是否是合适的和必要的？如果在经验上是合适的和必要的，这种措施的可信赖度就大。反之亦然。经验性前提的可信赖度与法律原则的衡量之间的关系建立在平衡的另一个法则的基础之上，这个法则为："对一个宪法权利（法律原则）的干涉的重量越大，那么它背后的前提的确定性程度就越大。"阿列克西认为，平衡的第一法则涉及干涉背后的理由的实质重要性，第二法则只涉及它们的认识品质。因此，第一个法则可被称为"平衡的实质法则"，第二个法则被称为"平衡的认识法则"。德国联邦宪法法院将经验性前提的审查密度（intensity of review）区分为三种不同程度，即内容的密度审查（intensive review of content）、可接受的审查（plausibility review）和明显审查（evidential review）。这三种不同程度的审查密度，恰恰是经验性前提的可信赖度的三种程度。与此相对应，阿列克西将经验性前提的可信赖度区分为以下三个刻度，即确定的或可信赖的（certain or reliable）、可维持的或可接受的（maintainable or plausible）、不是明显错误的（not evidently false）。[1] 质言之，有的

---

〔1〕 Robert Alexy, "On Balancing and Subsumption—A Structural Comparison", *Ratio Juris*, Vol. 16, No. 4, 2003, pp. 446 – 447.

经验性前提的可信赖度大，有的可信赖度小，有的可信赖度位于大小之间。

综上所述，法律人运用法律原则之间的衡量方式解决法律规范冲突漏洞必须衡量三个因素：相互冲突或竞争原则各自在特定案件具体情形下的受侵害或重要性程度、它们各自在法体系中的重要性以及它们各自在具体情形下的经验性前提的可信赖度。正如前述，法律人对这三个要素的衡量不是数学上可测量的大小的度量，而是评价行为的结果。

（二）无据式体系违反法律漏洞的填补方法

正如前述，无据式体系违反的法律漏洞法律对特定社会关系或社会生活没有规定，但是根据特定国家的法体系的一般法律原则及法律原则应予以规范或调整的法律不完整或不圆满状态。这种不完整或不圆满状态的存在，并不与立法者的意图或立法规划相违背。但是，如果这种不完整或不圆满状态继续存在，即特定社会关系或社会生活得不到法律的保障，那么，它就与特定国家法律的整体意旨与根本原则相违背，也就是说它与人类追求正义在其共同生活中的实现相背离。既然这种法律漏洞不存在违反立法者意图或立法规划，那么，填补它的方法就不同于其他法律漏洞的填补方法。[1]与类比法律推理不同，法律人面对无据式体系违反法律漏洞时，没有类似可以借用的法律规定。与反向法律推理不同，对于无据式体系违反法律漏洞的立法沉默并不意味着法律对未规定的特定社会关系或社会

---

[1] 黄茂荣：《法学方法与现代民法》（第5版），法律出版社2007年版，第425～426页。

生活的塑造应该停止。与目的限缩和目的扩张推理不同，法律人面对无据式体系违反法律漏洞时，没有相关的法律标准。[1]这就意味着，既不能运用类比法律推理、当然法律推理及反面法律推理，也不能运用目的限缩和目的扩张方法，填补无据式体系违反法律漏洞，因为这些填补方法都能以实证法上的已具构成要件形式的法律规范为依据。反过来说，填补无据式体系违反法律漏洞不能找到实证法上已具构成要件形式的规范，以供攀附援引。[2]这样，有人就会提出下列问题：法律规范冲突漏洞的填补是否可以在实证法上找到依据呢？正如前述，法律规范冲突漏洞的填补方法是法律原则之间的衡量。到目前为止，法律原则可以被区分为实证法律原则与非实证法律原则。前者是指，在制定法或成文法中得到明确表达的法律原则；后者是指，在制定法或成文法中没有得到明确表达的法律原则，但是得到特定法律共同体的心照不宣地承认，或者在文化意义上它们已被特定法律传统制度化了。[3]如果填补法律规范冲突漏洞的法律原则是指非实证的法律原则，那么，我们就理所当然地主张下列命题：法律规范冲突漏洞的填补没有实证法上的依据。如果填补法律规范冲突漏洞的法律原则是指实证的法律原则，那么，我们是否可以主张"法律规范冲突漏洞的填补没有实证法上的依据"的命题呢？正如前述，所谓实证法上的依据是指

〔1〕 ［德］伯恩·魏德士：《法理学》，丁晓春、吴越译，法律出版社2013年版，第373页。

〔2〕 黄茂荣：《法学方法与现代民法》（第5版），法律出版社2007年版，第505页。

〔3〕 Aulis Aarnio, *Reason and Authority*, Dartmouth Publishing Company, 1997, pp. 177 - 178.

已具构成要件形式的法律规范，即中国法理学中的法律规则。即使是实证的法律原则，也不是"已具构成要件形式"的法律规范。更为重要的是，对法律原则进行衡量或平衡最终是形成一个新的具体的法律规范。在这个意义上，我们还是主张下列命题：法律规范冲突漏洞的填补没有实证法上的依据。因此，无论是法律规范冲突漏洞还是无据式体系违反法律漏洞，它们的填补在实证法上都是没有依据的。在这个意义上，有人将它们的填补方法称为"创制性的补充"。[1]

　　法律规范冲突漏洞与无据式体系违反法律漏洞的填补方法，是在实证法上找不到已具构成要件形式的规范依据的情形下适用法律原则。那么，是否就意味着这两种法律漏洞的填补方法之间不存在不同？答案是否定的，原因在于，它们虽然都是适用法律原则被填补，但它们还存在着以下两个方面的不同：一方面，填补法律规范冲突漏洞方法是在相互冲突或竞争的法律原则之间进行衡量或平衡；而填补无据式体系违反法律漏洞的方法是直接将特定法律原则具体化，也即直接将法律原则作为裁判的依据。另一方面，填补法律规范冲突漏洞所适用的法律原则既可能是实证法律原则，也可能是非实证法律原则。填补无据式体系违反法律漏洞所适用的法律原则一般是非实证的法律原则，而不包括实证的法律原则。既然填补无据式体系违反法律漏洞的方法是将非实证法律原则的具体化，那么，这就意味着法官或法律适用者是在创制一个新的具体法律规范，就像立法者一样。但是，法官或法律适用者毕竟不是立法者，他们

─────────

〔1〕　黄茂荣：《法学方法与现代民法》（第 5 版），法律出版社 2007 年版，第 505 页。

不享有立法权。因此，法官或法律适用者将非实证法律原则具体化总是有一个界限存在。质言之，法官或法律适用者填补无据式体系违反法律漏洞是受限制的。这个界限是：法官或法律适用者填补无据式体系违反法律漏洞不能与其所属国家的法秩序的一般原则及宪法的价值秩序相违背，即必须与它们相一致。这就是说，法官或法律适用者填补无据式体系违反法律漏洞时找不到实证法上的具体依据，但是，他们必须坚守他们所属国家的整体法秩序及其根本法律原则所划定的界限。[1]另外，作为一种法学方法，法官或法律适用者将非实证法律原则具体化，必须要保证其所得到的新的具体法律规范符合下列要求：一方面，这个新的具体法律规范能够使其所属的法体系更好地实现该法体系的目标；另一方面，这个新的具体法律规范被纳入其特定法体系，并剔除与其相冲突的法律规范之后，能够使其所属的法体系成为一个更融贯、更完整的秩序。[2]

无据式体系违反法律漏洞的填补方法是将非实证法律原则具体化，或者说是以非实证法律原则作为这类案件的裁判依据。那么，这些非实证法律原则指的是什么？它包括了哪些原则呢？关于这个问题，不同的法学家有不同的总结。德国法学家拉伦茨认为，有法律交易的需要、事物本质以及法伦理性原则。[3]另一位德国法学家魏德士认为，有法律思想、事物本质和机构

---

〔1〕 ［德］卡尔·拉伦茨：《法学方法论》，陈爱娥译，商务印书馆 2003 年版，第 287 页。

〔2〕 See Manuel Juan and Bermejo Pérez, *Coherence: An Outline in Six Metaphors and Four Rules*, in Araszkiewicz Michal and Šavelka Jaromís (eds.), *Coherence: Insights from Philosophy, Jurisprudence and Artificial Intelligence*, Springer, 2013, p. 108.

〔3〕 ［德］卡尔·拉伦茨：《法学方法论》，陈爱娥译，商务印书馆 2003 年版，第 287 ~ 294 页。

本质以及案件类型。[1]我国台湾地区法学家黄茂荣认为，有法理念与事务之性质。[2]我们认为，填补无据式体系违反法律漏洞的非实证法律原则有哪些，应该根据以下两个方面予以判断：一方面，法律是以社会关系或社会生活为调整或规范对象的，因此，如果法律不考虑其所调整或规范对象本身的性质或目的，法律就可能与社会生活或现实相脱节，成为人们和平生活秩序发展的障碍。另一方面，法律调整或规范社会关系或社会生活是以将法理念即正义实现于人类社会生活之中为目的的，因此，如果法律不追求其理念的实现，就会失去其规范性质，就可能成为赤裸裸的暴力工具，人们和平生活秩序最终就会崩溃。如果说前者是法律的"现实"维度，那么，后者是法律的"理想"维度。任何一个法律规范，无论一般法律规范还是个别法律规范，都既不能以现实条件为借口而不追求其理想，也不能将其理想绝对化而忽视现实条件所能容忍的其实现的极限条件，其应是"理想"与"现实"之间平衡的结果。[3]根据这两个方面，我们将填补无据式体系违反法律漏洞的非实证法律原则区分为两类：事物本质与法理念。我们可以将拉伦茨的"法律交易需要"与"事物本质"归为事物本质的范畴，将"法伦理性原则"归为法理念，将魏德士的"法律思想"归为法理念，将"事物本质或机构本质"与"案件类型"归为事物本质。

---

　　〔1〕 〔德〕伯恩·魏德士：《法理学》，丁晓春、吴越译，法律出版社 2013 年版，第 376～383 页。

　　〔2〕 黄茂荣：《法学方法与现代民法》（第 5 版），法律出版社 2007 年版，第 486～491 页。

　　〔3〕 关于这两个方面的区分的具体论述，参见黄茂荣：《法学方法与现代民法》（第 5 版），法律出版社 2007 年版，第 375～377 页。

"事物本质"是德国法学中的一个概念，即"Natur der Sache"，翻译为英文："Nature of the Thing"。[1]正如前述，这里所谓的"事物"是指法律所要调整或规范的社会关系或社会生活。无论社会关系还是社会生活，都不是一个自然物，不是一个纯粹的事实，而是人造物，内含有人的精神、理性或价值的事物，是"涉及存在与当为、物质与精神的存在乃至事实与价值之间的关系"。[2]特定社会关系或社会生活作为存在着的事物，有其自身的性质、目的、价值或功能。这个性质、目的或价值独立于处在该社会关系或社会生活中每个单独的个体，或者说每个单独个体共享着这个性质、目的、价值或功能。这个事物要继续存在，就需要一些基本规则维持其性质，实现其目的、价值或功能。无论是立法者在制定调整或规范特定社会关系或社会生活的法律时，还是法官或法律适用者在裁判该类型社会关系或社会生活的案件时，都不能也不应忽视或蔑视该社会关系或社会生活的本质以及维持该事物本质所必需的基本规则。质言之，事物本质超越了立法者和法官或法律适用者本身的意图与目的，是他们都应该尊敬与遵守的。正是在这个意义上，法官或法律适用者才可以运用事物本质作为填补无据式体系违反法律漏洞的依据。举例来说，婚姻法是调整婚姻关系的法律。我们任何人都不可否认下列命题：婚姻或婚姻关系作为一个独立的社会现象或社会事物在任何社会都存在着，婚姻在任何社会都有其自身的性质、存在的目的、价值或功能。因此，立法者

---

〔1〕 Surya Prakash Sinha, *Jurisprudence*：*Legal Philosophy*, West Publishing Co. 1993, pp. 288 – 289. （法律出版社 2004 年影印本。）

〔2〕 ［德］卡尔·拉伦茨：《法学方法论》，陈爱娥译，商务印书馆 2003 年版，第 290 页。

所制定的调整婚姻关系的法律，法官或法律适用者裁判关于婚姻关系的案件所作的法律决定，都应有助于维持或实现他们所属社会中的婚姻的性质、目的、价值或功能。即使特定社会中不同的人对婚姻的性质、目的、价值或功能有不同的理解和看法，那么，立法者和法官或法律适用者至少应该以在该社会中占主导或主流地位的理解和看法为标准。从法学方法论的角度看，法官或法律适用者运用事物本质作为填补无据式体系违反法律漏洞的依据，首先要证成"事物本质"是什么，然后根据所得的事物本质推导出关于特定案件的法律决定。为了保证法官或法律适用者关于特定案件的法律决定的可预测性或确定性，法官或法律适用者至少必须遵循以下两个规准：一方面，必须保证其所证成的事物本质能够解释得通关于特定社会关系或社会生活的实证法的基本制度及其他基本原则，该事物本质能够使关于该社会关系或社会生活的所有法律规范成为一个更融贯、更完整的整体。另一方面，必须保证其所证成的法律决定与尽可能多的其他关于该社会关系或社会生活的法律规范是融贯的。

正如前述，"法理念"也被称为"法律思想"或"法伦理性原则"，是法律的最高原则，因此它的内容是广泛而不确定的。[1]德国法学家拉德布鲁赫将"法理念"解释为三个原则或价值：正义、合目的性与法的安定性。他认为法律是按照其意义必然服务于法律理念之物，而我们在正义之中找到了法律理念。正义要求相同问题相同对待、不同问题不同对待。但是，正义没有告诉我们哪种可以一下子就能将其标记为相同或不同

---

〔1〕 〔德〕伯恩·魏德士：《法理学》，丁晓春、吴越译，法律出版社2013年版，第376页。

的视角；或者说正义只确定了这种关系，但没有确定对待的方式。这就需要法的合目的性，它取决于特定时空下人们的法律观、国家观和党派观，也就是说对于法的合目的性只能作相对主义的回答。但是，法律作为所有人共同生活的规则不能听任于每个人的不同意见，它必须是一个凌驾于所有人之上的规则。因此，我们就需要法的安定性。法的安定性需要法律的实证性：如果不能明确认定什么是公正的，那么就必须明确规定什么应该是正确的，并且确定一个部门，这个部门能够贯彻其所规定的。他认为，虽然这三个方面有可能处于尖锐的矛盾之中，但是，它们共同控制着法律。[1]这就意味着，任何特定国家的实证法都是立法者在特定时空对这三个要素或原则进行平衡的结果。因此，在一定程度上，特定国家的法官或法律适用者根据其所属国家的实证法对特定案件所作的法律决定也是对这三个要素进行诠释的结果。在这个意义上，我们可以说，法理念也是超越特定国家的立法者与法官或法律适用者的。只不过，不同国家的立法者和法官必须要根据其所属国家特定时空下的具体事实情形对法理念进行诠释。因此，法官或法律适用者可以从法理念中直接获得对法律未作调整的生活领域具有约束力的评价标准。[2]但是，特定国家的法官或法律适用者不能随意地从法理念获得评价标准，正如前述他们必须趋向法律未调整的生活领域本身的性质、目的、价值或功能，即事物本质；更为重要的是，他们所获得的评价标准必须与其所属国家的法体系

---

[1] [德] G. 拉德布鲁赫：《法哲学》，王朴译，法律出版社2005年版，第73～77页。

[2] [德] 伯恩·魏德士：《法理学》，丁晓春、吴越译，法律出版社2013年版，第376页。

的根本原则、宪法价值秩序以及特定部门法的具体的实证法律原则相融贯。在实质上，法官或法律适用者从法理念中直接获得对法律未作调整的生活领域具有约束力的评价标准，就是以法理念作为填补无据式体系违反法律漏洞的依据。这是一个具体化过程。法官或法律适用者必须保证这个过程在双向上都是能够被解释得通的：从上到下，即从法理念到一般法律原则再到具体案件的法律决定；从下到上，即从具体案件的法律决定到一般法律原则再到法理念。

参考文献[1]

一、外文文献

1. Aarnio, Aulis, *The Rational as Reasonable*, D. Reidel Publishing Company, 1986.

2. Aarnio, Aulis, *Reason and Authority*, Dartmouth Publishing Company, 1997.

3. Aarnio, Aulis, *Essays on the Doctrinal Study of Law*, Springer Publisher, 2011.

4. Aarnio, Aulis, Alexy, Robert and Peczenik, Alexander, "The Foundation of Legal Reasoning", *Rechtstheorie*, 12 (1981).

5. Abaron, Barak, *Purposive Interpretation in Law*, trans. by Bashi Sari, Princeton University Press, 2005.

6. Alchourrón, Carlos E. und Bulygin, Eugenio, "Expressive Konzeption der Normen", in Eugenio Bulygin und Ernesto Garzón Valdés (Hrsg.), *Argenti-*

---

〔1〕 排序说明：①外文文献均依照作者姓氏字母顺序排列，同一作者之不同著述依照"专著在前、论文在后"及年代顺序排列；②中文文献分为译著与译文、专著与论文的序列，依照作者姓氏字母顺序排列，同一作者之不同著述依照"专著在前、论文在后"及年代顺序排列；③译著与译文依照作者国籍（美、德、奥、瑞士、日）顺序排列；④合著依照第一作者之姓氏顺序排列。

nische Rechtstheorie und Rechtsphilosophie heute, Duncker & Humblot, 1987.

7. Alexy, Robert, *Theorie der Juristischen Argumentation*, Frankfurt a. M. : Suhrkamp, 1978.

8. Alexy, Robert, *Theorie der Juristischen Argumentation*, Frankfurt a. M. : Suhrkamp Verlag, 1983.

9. Alexy, Robert, *Theorie der Grundrechte*, Frankfurt a. M. : Suhrkamp Verlag, 1985.

10. Alexy Robert, *A Theory of Legal Argumentation*, trans. by Adler Ruth & Neil Maccormick, Clarendon Press, 1989.

11. Alexy, Robert, *Theorie der Juristischen Argumentation*, 2. Aufl. , Frankfurt a. M. : Suhrkamp, 1991.

12. Alexy, Robert, *A Theory of Constitutional Rights*, trans. Julian Rivers, Oxford University Press, 2002.

13. Alexy Robert and Peczenick, Alexander, "The Concept of Coherence and Its Significance for Discursive Rationality", *Ratio Juris*, 1 (1990).

14. Alexy, Robert, "Zum Begriff des Rechtsprinzips", in ders. , *Recht, Vernunft, Diskurs*, Frankfurt a. M. : Suhrkamp Verlag, 1995.

15. Alexy, Robert, "Die Logische Analyse Juristischer Entscheidungen", in ders. , *Recht, Vernunft, Diskurs*, 1995.

16. Alexy, Robert, "Zur Struktur der Rechtsprinzipien", in Bernd Schilcher/ Peter Koller/ Bernd – Christian Funk (Hrsg.), *Regeln, Prinzipien und Elemente im System des Rechts*, Wien: Verlag Österreich 2000.

17. Alexy, Robert, "On Balancing and Subsumption—A Structural Comparison", *Ratio Juris*, Vol. 16, No. 4, December, 2003.

18. Alexy, Robert, "Ideales Sollen", in Laura Clérico und Jan – Reinard Sieckmann (Hrsg.), *Grundrechte, Prinzipien und Argumantation*, Baden – Baden: Nomos, 2009.

19. Anscombe, G. E. M, *Intention*, 2nd edition, Cambridge (Mass.):

Harvard University Press, 1957.

20. Atienza, Manuel and Manero, Juan Ruiz, *A Theory of Sentences*, Dordrecht: Springer Science, 1998.

21. Atiyah, P. S. and Summers, R. S. , *Form and Substance in Anglo – American Law*: *A Comparative Study of Legal Reasoning*, *Legal Theoryand Legal Institutions*, Clarendon Press, 1987.

22. Bydlinski, Franz, *Juristische Methodenlehre und Rechtsbegriff*, 2. Aufl. , Wien: Springer, 1991.

23. Balekjian, W. H. , "The Concept of 'Fact' in the Physical Science and in Law", in: Aleksander Peczenik eds. , *Theoy of Legal Science*, Dordrecht: D. Reidel Publishing Company, 1984.

24. Bäcker, Carsten, "Der Sylogismus als Grundstruktur des juristischen Begründens?", *Rechtstheorie*, 40 (2009).

25. Canaris, Claus – Wilhelm, *Systemdenken und Systembegriff in der Jurisprudenz*, 2. Aufl. , Berlin: Duncker & Humblot, 1982.

26. Davis, *Perspectives of Law*, quote from Federal Rules of Evidence, West Group, 1999.

27. Doran, Sean, and Jackson, John, "Judge and Jury: Towards a New Division of Labour in Criminal Trials", *Modern Law Review*, 20 (1997).

28. Essr, Josef, *Grundsatz und Norm in der Richterlichen Fortbildung des Privatrechts*, Tübingen: Mohr, 1956.

29. Engisch, Karl, *Logsiche Studien zur Gesetzesanwendung*, 2. Aufl. , Heidelberg: Carl Winter Universitätsverlag, 1960.

30. Engisch, Karl, *Logische Studien zur Gesetzesanwendung*, 3. Aufl. , Heidelberg: Carl Winter Universität Verlag, 1963.

31. Essr, Josef, *Wert und Bedeutung der Rechtsfiktionen*, 2. Aufl. , Frankfurt a. M. : Vittorio Kostermann, 1969.

32. Engisch, Karl, "Die Relativität der Rechtsbegriff", in Murad Ferid

Hrsg. , *Deutsche Landesreferate zum V. Internationalen Kongreß für Rechtsvergleichung in Brüssel*, Berlin: Walter de Gruyter, 1958.

33. Frege, Gottlob, *Die Grundlagen der Arithmetik*, Stuttgart:Reclam, 1987.

34. Feteris, Eveline T. , *Fundamentals of Legal Argumentation*, Dordrecht: Kluwer Academic Publishers, 1999.

35. Frege, Gottlob, "über Sinn und Bedeutung", in ders. , *Funktion, Begriff, Bedeutung*, hrsg. v. Günther Patzig, 4. Aufl. , Göttingen: Vandenhoeck & Ruprecht, 2011.

36. Goodhart, Arthur L. , "Determining the Ratio Decidendi of a Case", *Yale Law Review*, 161 (1930).

37. Golding, Martin P. , "Discovery and Justification in Science and Law", in Aleksander Peczenik et al. eds. , *Theory of Legal Science*, Dordrecht: Springer, 1984.

38. Golding, "My Philosophy of Law", in Luc J. Wintgens (ed.), *The Law in Philosophical Perspectives*, Dordrecht Cluwer Academic Publisher, 1999.

39. George Henrik von Wright, *Norm and Action*, Routledge & Kegan Paul Press, 1963.

40. Hohfeld, W. , *Fundamental Legal Conceptions*, New Haven and London: Yale University Press, 1966.

41. Harris, J. W. , *Legal Philosophies*, London Butterworths, 1980.

42. Hurley, Susan L. , *Natural Reasons*, New York: Oxford University Press, 1989.

43. Hare, "Richard Mervyn", *Essays in Ethical Theory*, Oxford: Clarendon, 1993.

44. Holmes, "The Path of Law", *Harvard Law Review*, 10 (1897).

45. Holmes, Oliver Wendell, "The Common Law (1881)", reprinted in *The Collected Works of Justice Holmes: Complete Public Writings and Selected Judicial Opinions of Oliver Wendell Holmes*, ed. by S. M. Novick, Chicago, IL: U-

niversity of Chicago Press, 1995.

46. Holmes, Oliver Wendell, "Book Notice of William Anson, Principles of the English Law of Contracts, and Christopher Columbus Langdell, Selection of Cases on the Law of Contracts", 2nd ed, *American Law Review*, 14 (1880).

47. Hage, Jaap, *The Meaning of Legal Status Words*, in Jaap Hage and Dietmar von der Pfordten (eds.), *Concepts in Law*, Dordrecht: Springer, 2009.

48. Hwang, Shu – Perng, "Vom Wesen der Richterlischen Rechtsanwendung. Eine überlegung zur Freirechtsbewegung", *Rechtstheorie*, 37 (2006).

49. Holocher, Justyna, "Kontext der Erfindung und Kontext der Begründung in der Wissenschafts und Rechtsphilosophie", *ARSP*, 96 (2010).

50. Jürgen, Habermas, *Between Facts and Norms—Contributions to a Discourse Theory of Law and Democracy*, trans. by William Rehg, The MIT Press, 1996.

51. Jackson, J. , "The Concept of Fact", in P. Leith and P. Ingram (eds.), *The Jurisprudence of Orthodoxy*, Routledge, 1988.

52. Juan, Manuel, and Pérez, Bermejo, "Coherence: An Outline in Six Metaphors and Four Rules", in Araszkiewicz Michal and Šavelka Jaromís (ed.), *Coherence: Insights from Philosophy, Jurisprudence and Artificial Intelligence*, Springer, 2013.

53. Koch, Hans – Joachim, *Seminar: Die juristische Methode im Staatsrecht*, Frankfurt a. M. : Suhrkamp, 1977.

54. Koch, Hans – Joachim, und Rißmann, Helmut, *Juristische Begründungslehre*, München: C. H. Beck'sche Verlagsbuchhandlung, 1982.

55. Koopmans, T. , "Denken en Doen in het Recht", in T. Koopmans, *Juridisch Stipplwerk*, Deventer: Kluwer, 1991.

56. Koch, Hans – Joachim, "Einleitung: über Juristisch – dogmatisches Argumentieren im Staatsrecht", in der Hrsg. , *Seminar: Die Juristische Methode im Staatsrecht*, Frankfurt a. M. : Suhrkamp Verlag, 1977.

57. Koch, H. – J. "Rechtsprinzipien in Bauplanungsrecht", in Schlichter, Koller und Funk (Hrsg.), *Regel, Prinzipien und Elemente im System des Rechts*, Wien: Verlag Österreich, 2000.

58. Larenz, Karl, *Methodenlehre der Rechtswissenschaft*, 6. Aufl., Berlin u. Heidelberg: Springer – Verlag, 1991.

59. Lindahl, Lars, "Deduction and Justification in the Law: The Role of Legal Terms and Concepts", *Ratio Juris*, 17 (2004).

60. Merkl, Adolf, *Die Lehre von der Rechtskraft*, Leipzig/ Wien: Franz Deuticke, 1923.

61. MacCormick, Neil, *Legal Reasoning and Legal Theory*, Oxford: Oxford University Press, 1978.

62. MacCormick, Neil, "Law as Institutional Fact", in Neil MacCormick and Ota Weinberger, *An Institutional Theory of Law*, Dordrecht: D. Reidel Publishing Company, 1986.

63. Maccormick, D. Neil, and Summers, Robert S., *Interpreting Statutes: A Comparative Study*, Edited by D. Neil Maccormick and Robert S. Summers, Dartmouth Publishing Company, 1991.

64. Mastronardi, Philippe, *Juristisches Denken*, Bern: Verlag Pual Haupt, 2001.

65. Merkl, Adolf, "Prolegomena einer Theorie des rechtlichen Stufenbaues", in Alfred Verdross (hrsg.), *Gesellschaft, Staat und Recht – Untersuchungen zur Reinen Rechtslehre*, Wien: Springer, 1931.

66. Marshall, Geoffery, "Provisional Concept and Definition of Fact", *Law and Philosophy*, 1999 (18).

67. Neuner, Jörg, *Die Rechtsfindung Contra Legum*, München: C. H. Beck'sche Verlagsbuchhandlung, 1992.

68. Navarro, Pablo E. and Rodríguez, Jorge L., *Deontic Logic and Legal Systems*, Cambridge University Press, 2014.

69. Ogden, Charles Kay, und Richards, Ivor Armstrong, *Die Bedeutung der Bedeutung: eine Untersuchung über den Einfluß der Sprache auf das Denken und über die Wissenschaft des Symbolismus*, Frankfurt a. M. : Suhrkamp, 1974.

70. Pawlowski, Hans – Martin, *Methodenlehre für Juristen*, Heidelberg: Müller Juristische Verlag, 1981.

71. Peczenik, Alexander, *On Law and Reason*, Kluwer Academic Publishers, 1989.

72. Pavcnik, Marijan, "Why Discuss Gaps in the Law?", *Ratio Juris*, Vol. 9, No. 1, 1996.

73. Posner, Richard, "Legal Formalism, Legal Realism, and the Interpretation of Statutes and the Constitution", *Case Western Reserve Law Review*, 37 (1986).

74. Pfordten, Dietmar von der, "über Begriff im Recht", *ARSP* 98 (2012).

75. Ross, Alf, *Theorie der Rechtsquellen*, Leipzig/Wien: Franz Deuticke, 1929.

76. Reichenbach, Cf. Hans, *Experience and Prediction*, The University of Chicago Press, 1938.

77. Radbruch, Gustav, *Rechtsphilosophie*, 6. Aufl. , Stuttgart: Koehler, 1963.

78. Rödig, Jürgen, *Theorie der Gerichtlichen Erkenntnisverfahrens*, Berlin u. a. : Dunkel & Humblot, 1973.

79. Ratschow, Erckart, *Rechtswissenschaft und Formale Logik*, Baden – Baden: Nomos, 1998.

80. Röhl, Klaus F. und Röhl, Hans Christian, *Allgemeine Rechtslehre: Ein Lehrbuch*, 3. Aufl. , Köln: Carl Heymanns Verlag, 2008.

81. Bernd Rüther, Christian Fischer, Axel Birk, *Rechtstheorie mit Juristischer Methodenlehre*, 8. Aufl. , München: C. H. Beck, 2015.

82. Ross, Alf, "Tû – Tû", *Harvard Law Review*, 70 (1956 – 1957).

83. Raz, Joseph, "Legal Principles and The Limits of Law", *Yale Law Jour-*

nal, 81 (1972).

84. Strawson, P. F., *Individual : An Essay in Descriptive Metaphysics*, New York: Anchor Books, 1963.

85. Searle, John, *Speech Acts: an Essay in the Philosophy of Language*, Cambridge: University Press, 1969.

86. Sinha, John, *Jurisprudence: Legal Philosophy*, West Publishing Co. 1993. （法律出版社 2004 年影印本。）

87. Samuel, Geoffrey, *Epistemology and Method in Law*, Ashgate Publishing, 2003.

88. Stychin, Carl F. and Mulcahy, Linda, *Legal Method: Text and Materials*, London Sweet Maxwell, 2003.

89. Schauer, Frederick, *Thinking Like a Lawyer*, Harvard: Harvard University Press, 2009.

90. Schapp, Jan, "Der Fall in der Juristischen Methodenlehre", in Gottfried Gabriel und Rolf Gröschner, *Subsumtion: Schlüsselbegriff der Juristischen Methodenlehre*, Tübingen, 2012.

91. Toulmin, Stephen, *The Uses of Argument*, Cambridge: Cambridge University Press, updated edition 2003.

92. Thayer, J., *A Preliminary Treatise on Evidence at the Common Law*, Nabu Press, 2010.

93. Torre, Massimo La, "Bedeutung, Norm, Rechtswissenschaft: zur Problematik einer epistemologischen Begründung der Jurisprudenz", *Rechtstheorie*, 22 (1991).

94. Twining, William, "Civilian Don't Try: A Comment on Mirjan Damaska's 'Rational and Rational Proof Revisited'", *Cardozo J. of International & Comparative Law*, 5 (1997).

95. Weinberger, Ota, *Normentheorie als Grundlage der Jurisprudenz und Ethik: Eine Auseinandersetzung mit Hans Kelsens Theorie der Normen*, Duncker &

Humblot，1981.

96. Wittgenstein, Ludwig, *Philosophische Untersuchungen*, Frankfurt a. M. : Suhrkamp，1984.

97. Wank, Rolf, *Die Juristische Begriffsbildung*, München：C. H. Beck's'che Verlagsbuchhandlung，1985.

98. Wróblewski, Jezy, "Legal Decision and its Justification", in H. Hubien（ed. ）, *Le Raisonnement Juridique*, *Akten des Weltkongress für Rechts – und Sozialphilosophie*, Bruylant，1971.

99. Wróblewski, Jezy, "Legal Syllogism and Rationality of Judicial Decision", *Rechtstheorie*, 5（1974）.

100. Wróblewski, Jerzy, "Legal Decision and Its Justification", in H. Hubien ed. , *Legal Reasoning*, Brussels Press，1974.

101. Weinberger, Ota, "Intersubjective Kommunikation, Normenlogik und Normendynamik", *Rechtstheorie*, 8（1977）.

102. Weinberger, Christiane, und Weinberger, Ota, Logik, Semantik, Hermeneutik, München：C. H. Beck's'che Verlagsuchhandlung，1979.

103. Weinberger, Ota, "Der normenlogische Skeptizismus", *Rechtstheorie*, 17（1986）.

104. Zuckerman, Adrian A. S. , "Law, Fact or Justice", in William Twinning and Alexy Stein（eds. ）, *Evidence and Proof*, New York University Press，1992.

二、中文文献

（一）译著与译文

1. ［美］托马斯·库恩：《必要的张力：科学的传统和变革论文选》，纪树立等译，福建人民出版社 1981 年版。

2. ［美］弗里德里克·肖尔：《像法律人那样思考：法律推理新论》，雷磊译，中国法制出版社 2016 年版。

3. ［美］罗斯科·庞德：《法理学》（第 2 卷），邓正来译，中国政法大学出版社 2007 年版。

4. ［美］罗斯科·庞德：《通过法律的社会控制》，沈宗灵译，商务印书馆 2008 年版。

5. ［美］本杰明·卡多佐：《司法过程的性质》，苏力译，商务印书馆 2002 年版。

6. ［美］波斯纳：《法理学问题》，苏力译，中国政法大学出版社 1994 年版。

7. ［美］理查德·A. 波斯纳：《证据法的经济分析》，徐昕、徐昀译，中国法制出版社 2001 年版。

8. ［美］史蒂文·J. 伯顿：《法律和法律推理导论》，张志铭、解兴权译，中国政法大学出版社 1998 年版。

9. ［美］阿瑟·S. 雷伯：《心理学词典》，李伯黍等译，上海译文出版社 1996 年版。

10. ［美］克利福德·吉尔兹：《地方性知识：事实与法律的比较透视》，邓正来译，载梁治平编：《法律的文化解释》，生活·读书·新知三联书店 1998 年版。

11. ［美］鲁道夫·马克瑞尔：《狄尔泰的主要哲学贡献》，载［英］安东尼·弗卢等：《西方哲学讲演录》，李超杰译，商务印书馆 2000 年版。

12. ［美］W. B. 韦默：《事实的相对性：从内部对传统观点的批判》，沈恩明译，载《哲学译丛》1990 年第 1 期。

13. ［美］E. 博登海默：《法理学——法律哲学与法律方法》，邓正来译，中国政法大学出版社 2004 年版。

14. ［德］卡尔·拉伦茨：《法学方法论》，陈爱娥译，商务印书馆 2003 年版。

15. ［德］阿图尔·考夫曼、温弗里德·哈斯默尔主编：《当代法哲学和法律理论导论》，郑永流译，法律出版社 2002 年版。

16. ［德］亚图·考夫曼：《法律哲学》，刘幸义等译，五南图书出版公司 2000 年版。

17. ［德］亚图·考夫曼：《类推与"事物本质"——兼论类型理论》，吴从周译，颜厥安审校，新学林文化事业有限公司 1999 年版。

18. ［德］卡尔·恩吉施：《法律思维导论》，郑永流译，法律出版社 2004 年版。

19. ［德］罗伯·阿列西：《法概念与法效力》，王鹏翔译，五南图书出版公司 2013 年版。

20. ［德］H. 科殷：《法哲学》，林荣远译，华夏出版社 2002 年版。

21. ［德］汉斯－格奥尔格·加达默尔：《真理与方法：哲学诠释学的基本特征》，洪汉鼎译，上海译文出版社 2004 年版。

22. ［德］施莱尔马赫：《诠释学讲演（1819—1832）》，洪汉鼎译，载洪汉鼎主编：《理解与解释——诠释学经典文选》，东方出版社 2001 年版。

23. ［德］伯恩·魏德士：《法理学》，丁晓春、吴越译，法律出版社 2013 年版。

24. ［德］乌尔里希·克卢格：《法律逻辑》，雷磊译，法律出版社 2016 年版。

25. ［德］英格博格·普珀：《法学思维小学堂：法律人的 6 堂思维训练课》，蔡圣伟译，北京大学出版社 2011 年版。

26. ［德］阿图尔·考夫曼：《法哲学的问题史》，载阿图尔·考夫曼、温弗里德·哈斯默尔主编：《当代法哲学和法律理论导论》，郑永流译，法律出版社 2002 年版。

27. ［德］古斯塔夫·拉德布鲁赫：《法律智慧警句集》，舒国滢译，中国法制出版社 2001 年版。

28. ［德］G. 拉德布鲁赫：《法哲学》，王朴译，法律出版社 2005 年版。

29. ［德］罗伯特·阿列克西：《法律论证理论——作为法律证立理论的理性论辩理论》，舒国滢译，中国法制出版社 2002 年版。

30. ［德］罗伯特·阿列克西：《法律判决的逻辑分析》，载氏著：《法

理性 商谈：法哲学研究》，朱光、雷磊译，中国法制出版社 2011 年版。

31. ［德］罗伯特·阿列克西：《法律解释》，载氏著：《法 理性 商谈：法哲学研究》，朱光、雷磊译，中国法制出版社 2011 年版。

32. ［德］哈贝马斯：《社会科学的逻辑》，转引自［德］得特勒夫·霍尔斯特：《哈贝马斯传》，章国锋译，东方出版中心 2000 年版。

33. ［德］哈贝马斯：《交往与社会进化》，张博树译，重庆出版社 1992 年版。

34. ［德］马丁·海德格尔：《存在与时间》，陈嘉映、王庆节译，生活·读书·新知三联书店 1987 年版。

35. ［丹麦］阿尔夫·罗斯：《指令与规范》，雷磊译，中国法制出版社 2013 年版。

36. ［英］A. J. M. 米尔恩：《人的权利与人的多样性——人权哲学》，夏勇、张志铭译，中国大百科全书出版社 1995 年版。

37. ［英］亨利·西季威克：《伦理学方法》，廖申白译，中国社会科学出版社 1993 年版。

38. ［英］卡尔·波普尔：《猜想与反驳——科学知识的增长》，傅季重等译，上海译文出版社 1986 年版。

39. ［英］罗素：《西方哲学史》（下册），马元德译，商务印书馆 1982 年版。

40. ［英］罗素：《人类的知识——其范围与限度》，张金言译，商务印书馆 1983 年版。

41. ［英］罗素：《我们关于外间世界的知识》，陈启伟译，上海译文出版社 1998 年版。

42. ［英］哈特：《法律的概念》，许家馨、李冠宜译，商周出版社 2000 年版。

43. ［荷］扬·斯密茨：《法学的观念与方法》，魏磊杰、吴雅婷译，法律出版社 2017 年版。

44. ［意］彼德罗·彭梵得：《罗马法教科书》，黄风译，中国政法大学出版社 1992 年版。

45. ［意］登特列夫：《自然法——法律哲学导论》，李日章译，联经出版事业公司 1984 年版。

46. ［比利时］Ch. 佩雷尔曼：《逻辑学与修辞学》，许毅力译，张兆梅校，载《哲学译丛》1988 年第 4 期。

47. ［日］棚濑孝雄：《作为话语的法律援引——法的叙事和律师伦理》，载氏著：《现代日本的法和秩序》，易平译，中国政法大学出版社 2002 年版。

（二）专著与论文

1. 蔡定剑：《中国宪法实施的私法化之路》，载《中国社会科学》2004 年第 2 期。

2. 陈光中、陈海光、魏晓娜：《刑事证据制度与认识论——兼与误区论、法律真实论、相对真实论商榷》，载《中国法学》2001 年第 1 期。

3. 陈嘉映：《海德格尔哲学概论》，生活·读书·新知三联书店 1995 年版。

4. 陈嘉映：《私有语言问题》，载湖北大学哲学研究所《德国哲学》编委会编：《德国哲学》（第 8 辑），北京大学出版社 1990 年版。

5. 陈嘉映：《事物，事实，论证》，载赵汀阳主编：《论证》，辽海出版社 1999 年版。

6. 陈显武：《法律推理与逻辑程式化》，载《政大法学评论》1996 年第 56 期。

7. 陈显武：《论法学上规则与原则之区分——由非单调逻辑之观点出发》，载《台湾大学法学论丛》2005 年第 1 期。

8. 陈一云主编：《证据学》（第 2 版），中国人民大学出版社 2000 年版。

9. 陈志辉：《刑法上的法条竞合》，作者自刊，1998 年。

10. 何家弘：《论司法证明的目的和标准——兼论司法证明的基本概念和范畴》，载《法学研究》2001 年第 6 期。

11. 贺卫方：《司法的理念与制度》，中国政法大学出版社 1998 年版。

12. 胡玉鸿：《试论法律位阶划分的标准——兼及行政法规与地方性法规之间的位阶问题》，载《中国法学》2004 年第 3 期。

13. 黄建辉：《法律阐释论》，新学林出版股份有限公司 2000 年版。

14. 黄茂荣：《法学方法与现代民法》（第 5 版），法律出版社 2007 年版。

15. 季卫东：《法治秩序的建构》，中国政法大学出版社 1999 年版。

16. 江伟、吴泽勇：《证据法若干基本问题的法哲学分析》，载《中国法学》2002 年第 1 期。

17. 焦宝乾：《法的发现与证立》，载《法学研究》2005 年第 5 期。

18. 孔祥俊：《法律规范冲突的选择适用与漏洞填补》，人民法院出版社 2004 年版。

19. 林立：《法学方法论与德沃金》，中国政法大学出版社 2002 年版。

20. 雷磊：《规范、逻辑与法律论证》，中国政法大学出版社 2016 年版。

21. 雷磊：《论依据一般法律原则的法律修正—— 以"台湾地区大法官会议"释字 362 号为例》，载《华东政法大学学报》2014 年第 6 期。

22. 梁慧星：《民法解释学》，中国政法大学出版社 1995 年版。

23. 梁慧星：《裁判的方法》，法律出版社 2003 年版。

24. 刘治斌：《作为司法判断的依据》，载葛洪义主编：《法律方法与法律思维》（第 4 辑），法律出版社 2007 年版。

25. 龙宗智、衡静：《直觉在证据判断中的作用》，载何家弘编：《证据学论坛》（第 2 卷），中国检察出版社 2001 年版。

26. 秦季芳：《法律规范竞合关系的再思考》，载《玄奘法律学报》2005 年第 4 期。

27. 阮新邦：《批判诠释与知识重建——哈伯玛斯视野下的社会研究》，社会科学文献出版社 1999 年版。

28. 沈宗灵主编：《法理学》，高等教育出版社 1994 年版。

29. 舒国滢主编：《法理学导论》，北京大学出版社 2006 年版。

30. 舒国滢等：《法学方法论问题研究》，中国政法大学出版社 2007 年版。

31. 舒国滢：《罗马法学成长中的方法论因素》，载《比较法研究》2013 年第 1 期。

32. 舒炜光：《科学认识论的总体设计》，吉林人民出版社 1993 年版。

33. 苏力：《解释的难题：对几种法律文本解释方法的追问》，载梁治平编：《法律解释问题》，法律出版社 1998 年版。

34. 王鹏翔：《论涵摄的逻辑结构——兼评 Larenz 的类型理论》，载《成大法学》2005 年第 9 期。

35. 王鹏翔、张永健：《经验面向的规范意义——论实证研究在法学中的角色》，载《"中研院"法学期刊》2015 年第 17 期。

36. 王夏昊：《法律规则与法律原则的抵触之解决——以阿列克西的理论为线索》，中国政法大学出版社 2009 年版。

37. 王夏昊：《法适用视角下的法的渊源》，载《法律适用》2011 年第 10 期。

38. 王晓升：《商谈道德与商议民主——哈贝马斯政治伦理思想研究》，社会科学文献出版社 2009 年版。

39. 王泽鉴：《法律思维与民法实例——请求权基础理论体系》，中国政法大学出版社 2001 年版。

40. 王作堂：《试论遗赠抚养协议》，载《政治与法律》1985 年第 6 期。

41. 吴从周：《从概念法学到利益法学：以耶林（R. v. Jhering）对海克（Ph. Heck）思想之影响为线索开展》，台湾大学 2003 年博士学位论文。

42. 谢晖：《法律思维特征之我见》，载葛洪义主编：《法律方法与法律思维》（第 1 辑）。

43. 薛梅卿主编：《新编中国法制史教程》，中国政法大学出版社 1995 年版。

44. 颜厥安:《规范、论证与行动——法认识论论文集》,元照出版公司 2004 年版。

45. 颜厥安:《法与实践理性》,中国政法大学出版社 2003 年版。

46. 颜厥安:《法、理性、论证——Robert Alexy 的法论证理论》,载颜厥安:《法与实践理性》,允晨文化实业股份有限公司 2003 年版。

47. 杨仁寿:《法学方法论》,中国政法大学出版社 1999 年版。

48. 雍琦主编:《法律适用中的逻辑》,中国政法大学出版社 2002 年版。

49. 于飞:《公序良俗原则研究——以基本原则的具体化为中心》,北京大学出版社 2006 年版。

50. 喻敏:《证据学问题的语言哲学初步思考》,载《北大法律评论》2001 年第 2 期。

51. 张继成、杨宗辉:《对"法律真实"证明标准的质疑》,载《法学研究》2002 年第 4 期。

52. 张文显主编:《法理学》,高等教育出版社、北京大学出版社 2007 年版。

53. 张祥龙主讲:《朝向事情本身——现象学导论七讲》,团结出版社 2003 年版。

54. 郑成良:《法律思维是一种职业的思考方式》,载葛洪义主编:《法律方法与法律思维》(第 1 辑),中国政法大学出版社 2002 年版。

55. 周春生:《直觉与东西方文化》,上海人民出版社 2001 年版。

图书在版编目（ＣＩＰ）数据

法学方法论前沿问题研究/舒国滢，王夏昊，雷磊著. —北京：中国政法大学出版社，2020.8（2022.11重印）

ISBN 978-7-5620-9441-8

Ⅰ.①法⋯　Ⅱ.①舒⋯　②王⋯　③雷⋯　Ⅲ.①法学－方法论－研究生－教材　Ⅳ.①D90-03

中国版本图书馆CIP数据核字(2020)第017323号

出 版 者	中国政法大学出版社
地　　址	北京市海淀区西土城路 25 号
邮寄地址	北京 100088 信箱 8034 分箱　邮编 100088
网　　址	http://www.cuplpress.com (网络实名：中国政法大学出版社)
电　　话	010-58908289(编辑部) 58908334(邮购部)
承　　印	北京中科印刷有限公司
开　　本	880mm×1230mm　1/32
印　　张	14.75
字　　数	335 千字
版　　次	2020 年 8 月第 1 版
印　　次	2022 年 11 月第 2 次印刷
定　　价	59.00 元